南京市经济普查办公室
南　京　市　统　计　局　编
南　京　市　统　计　学　会

南京经济普查年鉴

2008 下

NANJINGJINGJIPUCHANIANJIAN

南京出版社

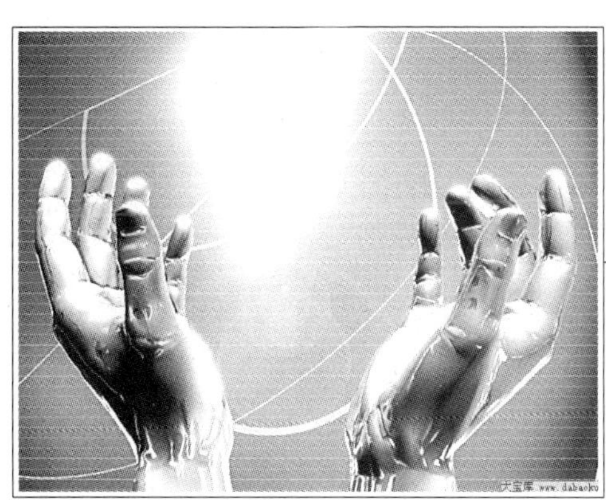

● 科　技

规模以上工业企业科技活动情况(一)

	企业数(个)	有科技活动	有研发活动	科技活动人员(人)	科学家和工程师	R&D人员	机构人员
总　计	**3389**	**398**	**278**	**46785**	**31336**	**26165**	**17752**
一、按工业行业中类分组							
采矿业	47	3	2	318	172	141	44
黑色金属矿采选业	5	1	1	113	69	69	0
铁矿采选	5	1	1	113	69	69	0
有色金属矿采选业	3	1	1	199	100	72	44
常用有色金属矿采选	2	1	1	199	100	72	44
贵金属矿采选	1			0	0	0	0
非金属矿采选业	39	1		6	3	0	0
土砂石开采	36	1		6	3	0	0
化学矿采选	1			0	0	0	0
石棉及其他非金属矿采选	2			0	0	0	0
制造业	3302	392	275	46389	31086	26014	17640
农副食品加工业	63	2	2	205	168	191	116
谷物磨制	14			0	0	0	0
饲料加工	6	1	1	8	8	8	8
植物油加工	6			0	0	0	0
屠宰及肉类加工	21	1	1	197	160	183	108
水产品加工	2			0	0	0	0
蔬菜、水果和坚果加工	6			0	0	0	0
其他农副食品加工	8			0	0	0	0
食品制造业	49	6	4	161	146	70	79
焙烤食品制造	9			0	0	0	0
糖果、巧克力及蜜饯制造	3			0	0	0	0
方便食品制造	8			0	0	0	0
液体乳及乳制品制造	5	3	2	97	85	52	35
罐头制造	2			0	0	0	0
调味品、发酵制品制造	1			0	0	0	0
其他食品制造	21	3	2	64	61	18	44
饮料制造业	18			0	0	0	0

规模以上工业企业科技活动情况(一)(续表1)

	企业数(个)	有科技活动	有研发活动	科技活动人员(人)	科学家和工程师	R&D人员	机构人员
酒的制造	3			0	0	0	0
软饮料制造	13			0	0	0	0
精制茶加工	2			0	0	0	0
烟草制品业	1	1	1	127	107	101	0
卷烟制造	1	1	1	127	107	101	0
纺织业	83	1		31	30	0	0
棉、化纤纺织及印染精加工	24			0	0	0	0
毛纺织和染整精加工	3			0	0	0	0
麻纺织	2			0	0	0	0
丝绢纺织及精加工	6			0	0	0	0
纺织制成品制造	32			0	0	0	0
针织品、编织品及其制品制造	16	1		31	30	0	0
纺织服装、鞋、帽制造业	243	7	2	243	177	44	125
纺织服装制造	230	7	2	243	177	44	125
纺织面料鞋的制造	7			0	0	0	0
制帽	6			0	0	0	0
皮革、毛皮、羽毛(绒)及其制品业	26	1		42	42	0	42
皮革鞣制加工	1			0	0	0	0
皮革制品制造	12	1		42	42	0	42
毛皮鞣制及制品加工	1			0	0	0	0
羽毛(绒)加工及制品制造	12			0	0	0	0
木材加工及木、竹、藤、棕、草制品业	22			0	0	0	0
人造板制造	10			0	0	0	0
木制品制造	11			0	0	0	0
竹、藤、棕、草制品制造	1			0	0	0	0
家具制造业	24	1	1	17	15	15	9
木质家具制造	15			0	0	0	0
竹、藤家具制造	1			0	0	0	0
金属家具制造	4			0	0	0	0
塑料家具制造	1			0	0	0	0

规模以上工业企业科技活动情况(一)(续表2)

	企业数(个)	有科技活动	有研发活动	科技活动人员(人)	科学家和工程师	R&D人员	机构人员
其他家具制造	3	1	1	17	15	15	9
造纸及纸制品业	65			0	0	0	0
造纸	12			0	0	0	0
纸制品制造	53			0	0	0	0
印刷业和记录媒介的复制	72	2	2	16	3	16	0
印刷	66	2	2	16	3	16	0
装订及其他印刷服务活动	5			0	0	0	0
记录媒介的复制	1			0	0	0	0
文教体育用品制造业	50	1		20	5	0	0
文化用品制造	3			0	0	0	0
体育用品制造	14			0	0	0	0
乐器制造	2	1		20	5	0	0
玩具制造	31			0	0	0	0
石油加工、炼焦及核燃料加工业	18	3	2	44	36	11	0
精炼石油产品的制造	18	3	2	44	36	11	0
化学原料及化学制品制造业	334	53	37	10550	6162	8191	2049
基础化学原料制造	106	14	9	8932	5311	7348	1678
肥料制造	9	1	1	4	4	4	2
农药制造	17	6	4	743	167	251	95
涂料、油墨、颜料及类似产品制造	42	4	3	85	65	51	29
合成材料制造	38	11	9	448	370	335	181
专用化学产品制造	106	16	10	317	224	181	64
日用化学产品制造	16	1	1	21	21	21	0
医药制造业	48	23	18	1886	1153	937	912
化学药品原药制造	5	3	3	40	34	34	22
化学药品制剂制造	25	13	9	799	469	310	394
中药饮片加工	1	1	1	48	18	18	30
中成药制造	2	2	2	809	478	469	414
兽用药品制造	7	2	2	137	112	86	29
生物、生化制品的制造	5	2	1	53	42	20	23

规模以上工业企业科技活动情况(一)(续表3)

	企业数(个)	有科技活动	有研发活动	科技活动人员(人)	科学家和工程师	R&D人员	机构人员
卫生材料及医药用品制造	3			0	0	0	0
化学纤维制造业	6	2	1	485	150	207	35
纤维素纤维原料及纤维制造	3	1	1	442	127	207	35
合成纤维制造	3	1		43	23	0	0
橡胶制品业	26	4	3	194	118	70	20
轮胎制造	1			0	0	0	0
橡胶板、管、带的制造	13	4	3	194	118	70	20
橡胶零件制造	1			0	0	0	0
再生橡胶制造	4			0	0	0	0
其他橡胶制品制造	7			0	0	0	0
塑料制品业	127	7	5	416	230	197	235
塑料薄膜制造	14	2		123	42	0	45
塑料板、管、型材的制造	24	2	2	23	23	18	0
塑料丝、绳及编织品的制造	13			0	0	0	0
泡沫塑料制造	11	1	1	225	145	158	170
塑料包装箱及容器制造	19			0	0	0	0
塑料零件制造	13	1	1	25	0	1	0
日用塑料制造	11			0	0	0	0
其他塑料制品制造	22	1	1	20	20	20	20
非金属矿物制品业	236	13	7	1000	565	621	337
水泥、石灰和石膏的制造	35	2	1	150	120	120	38
水泥及石膏制品制造	79	2	1	73	28	10	2
砖瓦、石材及其他建筑材料制造	46	2		20	13	0	16
玻璃及玻璃制品制造	48	3	3	446	186	377	10
陶瓷制品制造	8	3	2	305	212	114	265
耐火材料制品制造	4	1		6	6	0	6
石墨及其他非金属矿物制品制造	16			0	0	0	0
黑色金属冶炼及压延加工业	49	6	5	2214	1602	1328	688
炼铁	9			0	0	0	0
炼钢	1			0	0	0	0

规模以上工业企业科技活动情况(一)(续表4)

	企业数(个)	有科技活动	有研发活动	科技活动人员(人)	科学家和工程师	R&D人员	机构人员
钢压延加工	35	5	4	2204	1592	1318	688
铁合金冶炼	4	1	1	10	10	10	0
有色金属冶炼及压延加工业	80	11	9	838	678	405	238
常用有色金属冶炼	10	3	3	185	185	113	37
贵金属冶炼	2			0	0	0	0
稀有稀土金属冶炼	3	2	1	86	60	35	19
有色金属合金制造	15	3	2	198	81	106	32
有色金属压延加工	50	3	3	369	352	151	150
金属制品业	299	16	9	1078	811	504	526
结构性金属制品制造	145	8	4	315	167	114	162
金属工具制造	27	1	1	34	29	34	0
集装箱及金属包装容器制造	25	3	2	372	307	85	225
金属丝绳及其制品的制造	14			0	0	0	0
建筑、安全用金属制品制造	20			0	0	0	0
金属表面处理及热处理加工	33			0	0	0	0
搪瓷制品制造	2	1		18	4	0	15
不锈钢及类似日用金属制品制造	15			0	0	0	0
其他金属制品制造	18	3	2	339	304	271	124
通用设备制造业	387	49	32	3785	2784	2180	1605
锅炉及原动机制造	17	3	2	571	494	444	171
金属加工机械制造	60	12	7	539	421	248	382
起重运输设备制造	16	1	1	90	90	90	32
泵、阀门、压缩机及类似机械的制造	39	3	3	291	190	224	43
轴承、齿轮、传动和驱动部件的制造	18	8	5	526	383	162	188
烘炉、熔炉及电炉制造	10	3	2	129	81	17	19
风机、衡器、包装设备等通用设备制造	47	9	5	827	530	532	404
通用零部件制造及机械修理	73	5	4	602	480	299	212
金属铸、锻加工	107	5	3	210	115	164	154
专用设备制造业	191	25	19	988	726	475	398
矿山、冶金、建筑专用设备制造	33	3	2	125	80	99	43

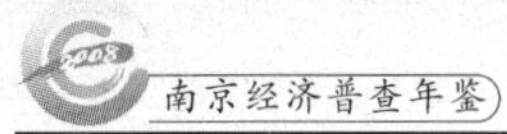

规模以上工业企业科技活动情况(一)(续表5)

	企业数(个)	有科技活动	有研发活动	科技活动人员(人)	科学家和工程师	R&D人员	机构人员
化工、木材、非金属加工专用设备制造	43	5	4	207	145	47	70
食品、饮料、烟草及饲料生产专用设备制造	17			0	0	0	0
印刷、制药、日化生产专用设备制造	9			0	0	0	0
纺织、服装和皮革工业专用设备制造	3			0	0	0	0
电子和电工机械专用设备制造	24	3	3	97	87	71	43
农、林、牧、渔专用机械制造	6	1	1	17	17	17	6
医疗仪器设备及器械制造	20	3	2	120	84	79	22
环保、社会公共安全及其他专用设备制造	36	10	7	422	313	162	214
交通运输设备制造业	207	23	19	6474	4721	3337	3981
铁路运输设备制造	36	4	3	819	717	652	393
汽车制造	109	12	9	4142	3077	2065	2783
摩托车制造	9			0	0	0	0
自行车制造	6	1	1	70	46	35	45
船舶及浮动装置制造	39	3	3	612	405	477	427
航空航天器制造	3	2	2	766	440	54	333
交通器材及其他交通运输设备制造	5	1	1	65	36	54	0
电气机械及器材制造业	265	44	30	3520	2871	1592	1112
电机制造	28	5	3	49	38	21	13
输配电及控制设备制造	127	31	21	2185	1780	1074	820
电线、电缆、光缆及电工器材制造	36	2	2	158	95	73	36
电池制造	6			0	0	0	0
家用电力器具制造	12	2	1	956	856	330	161
非电力家用器具制造	10			0	0	0	0
照明器具制造	39	2	1	56	37	28	18
其他电气机械及器材制造	7	2	2	116	65	66	64
通信设备、计算机及其他电子设备制造业	182	50	40	8819	5334	3700	3819
通信设备制造	28	14	9	3621	2754	1511	2030
雷达及配套设备制造	5	4	3	1416	628	453	612
广播电视设备制造	10	6	6	472	337	209	244
电子计算机制造	23	6	3	796	290	103	124

规模以上工业企业科技活动情况(一)(续表6)

	企业数(个)			科技活动人员(人)			
		有科技活动	有研发活动		科学家和工程师	R&D人员	机构人员
电子器件制造	34	10	10	1130	814	770	510
电子元件制造	60	6	5	570	251	213	60
家用视听设备制造	7	1	1	714	198	372	139
其他电子设备制造	15	3	3	100	62	69	100
仪器仪表及文化、办公用机械制造业	91	39	27	3202	2448	1822	1300
通用仪器仪表制造	55	25	18	2454	1910	1388	858
专用仪器仪表制造	14	6	4	188	91	86	67
光学仪器及眼镜制造	15	7	5	525	428	348	375
文化、办公用机械制造	4	1		35	19	0	0
其他仪器仪表的制造及修理	3			0	0	0	0
工艺品及其他制造业	27	2		34	4	0	14
工艺美术品制造	20	2		34	4	0	14
日用杂品制造	5			0	0	0	0
其他未列明的制造业	2			0	0	0	0
废弃资源和废旧材料回收加工业	13			0	0	0	0
金属废料和碎屑的加工处理	13			0	0	0	0
电力、燃气及水的生产和供应业	40	3	1	78	78	10	68
电力、热力的生产和供应业	17	2	1	10	10	10	0
电力生产	16	2	1	10	10	10	0
电力供应	1			0	0	0	0
燃气生产和供应业	10			0	0	0	0
燃气生产和供应业	10			0	0	0	0
水的生产和供应业	13	1		68	68	0	68
自来水的生产和供应	11	1		68	68	0	68
污水处理及其再生利用	2			0	0	0	0
二、按登记注册类型分组							
内资企业	2564	296	214	37976	25187	21586	14209
国有企业	89	34	25	11784	7773	9151	2489
集体企业	113	3	1	131	72	10	16
股份合作企业	39	5	3	127	112	67	103

规模以上工业企业科技活动情况(一)(续表7)

	企业数(个)	有科技活动	有研发活动	科技活动人员(人)	科学家和工程师	R&D人员	机构人员
联营企业	15			0	0	0	0
国有联营企业	3			0	0	0	0
集体联营企业	5			0	0	0	0
国有与集体联营企业	5			0	0	0	0
其他联营企业	2			0	0	0	0
有限责任公司	357	95	67	17744	11538	8559	8249
国有独资公司	14	5	4	5087	3126	2909	2098
其他有限责任公司	343	90	63	12657	8412	5650	6151
股份有限公司	69	25	22	3493	2431	1598	1391
私营企业	1858	130	93	4311	3133	2131	1816
私营独资企业	216	4	4	92	83	75	68
私营合伙企业	62	2	1	30	15	8	18
私营有限责任公司	1509	113	79	3655	2616	1789	1452
私营股份有限公司	71	11	9	534	419	259	278
其他企业	24	4	3	386	128	70	145
港、澳、台商投资企业	285	34	20	2787	2298	2127	1719
合资经营企业(港或澳、台资)	127	19	10	939	753	560	249
合作经营企业(港或澳、台资)	8			0	0	0	0
港、澳、台商独资经营企业	141	14	10	1848	1545	1567	1470
港、澳、台商投资股份有限公司	9	1		0	0	0	0
外商投资企业	540	68	44	6022	3851	2452	1824
中外合资经营企业	222	38	23	2821	2231	1103	1258
中外合作经营企业	17	2	1	50	24	16	4
外资企业	290	27	19	3006	1451	1253	530
外商投资股份有限公司	11	1	1	145	145	80	32
三、按企业规模分组							
大中型企业	304	147	104	38626	25574	22314	14873
小型企业	3085	251	174	8159	5762	3851	2879

规模以上工业企业科技活动情况(二)

	科技活动经费筹集总额(千元)	企业资金	政府资金	科技活动经费内部支出(千元)	R&D经费	新产品开发经费
总　计	**10569133**	**9518956**	**447014**	**10634609**	**5572497**	**6220828**
一、按工业行业中类分组						
采矿业	20900	19400	210	22639	6574	11939
黑色金属矿采选业	5000	5000	0	4739	4739	4739
铁矿采选	5000	5000	0	4739	4739	4739
有色金属矿采选业	15100	13600	210	17200	1835	7100
常用有色金属矿采选	15100	13600	210	17200	1835	7100
贵金属矿采选	0	0	0	0	0	0
非金属矿采选业	800	800	0	700	0	100
土砂石开采	800	800	0	700	0	100
化学矿采选	0	0	0	0	0	0
石棉及其他非金属矿采选	0	0	0	0	0	0
制造业	10535783	9489106	444804	10572469	5559653	6208889
农副食品加工业	86170	65315	1797	86528	31020	30190
谷物磨制	0	0	0	0	0	0
饲料加工	1500	1000	500	1500	500	500
植物油加工	0	0	0	0	0	0
屠宰及肉类加工	84670	64315	1297	85028	30520	29690
水产品加工	0	0	0	0	0	0
蔬菜、水果和坚果加工	0	0	0	0	0	0
其他农副食品加工	0	0	0	0	0	0
食品制造业	23574	22479	1095	24601	3889	7206
焙烤食品制造	0	0	0	0	0	0
糖果、巧克力及蜜饯制造	0	0	0	0	0	0
方便食品制造	0	0	0	0	0	0
液体乳及乳制品制造	18490	18420	70	19643	3203	3043
罐头制造	0	0	0	0	0	0
调味品、发酵制品制造	0	0	0	0	0	0
其他食品制造	5084	4059	1025	4958	686	4163
饮料制造业	0	0	0	0	0	0

规模以上工业企业科技活动情况(二)(续表1)

	科技活动经费筹集总额(千元)	企业资金	政府资金	科技活动经费内部支出(千元)	R&D经费	新产品开发经费
酒的制造	0	0	0	0	0	0
软饮料制造	0	0	0	0	0	0
精制茶加工	0	0	0	0	0	0
烟草制品业	37080	37080	0	31200	19770	18810
卷烟制造	37080	37080	0	31200	19770	18810
纺织业	2000	2000	0	2000	0	2000
棉、化纤纺织及印染精加工	0	0	0	0	0	0
毛纺织和染整精加工	0	0	0	0	0	0
麻纺织	0	0	0	0	0	0
丝绢纺织及精加工	0	0	0	0	0	0
纺织制成品制造	0	0	0	0	0	0
针织品、编织品及其制品制造	2000	2000	0	2000	0	2000
纺织服装、鞋、帽制造业	18798	18798	0	17682	10183	15461
纺织服装制造	18798	18798	0	17682	10183	15461
纺织面料鞋的制造	0	0	0	0	0	0
制帽	0	0	0	0	0	0
皮革、毛皮、羽毛(绒)及其制品业	3100	3100	0	3100	0	3100
皮革鞣制加工	0	0	0	0	0	0
皮革制品制造	3100	3100	0	3100	0	3100
毛皮鞣制及制品加工	0	0	0	0	0	0
羽毛(绒)加工及制品制造	0	0	0	0	0	0
木材加工及木、竹、藤、棕、草制品业	0	0	0	0	0	0
人造板制造	0	0	0	0	0	0
木制品制造	0	0	0	0	0	0
竹、藤、棕、草制品制造	0	0	0	0	0	0
家具制造业	6000	6000	0	2190	978	1690
木质家具制造	0	0	0	0	0	0
竹、藤家具制造	0	0	0	0	0	0
金属家具制造	0	0	0	0	0	0
塑料家具制造	0	0	0	0	0	0

规模以上工业企业科技活动情况(二)(续表2)

	科技活动经费筹集总额(千元)	企业资金	政府资金	科技活动经费内部支出(千元)	R&D经费	新产品开发经费
其他家具制造	6000	6000	0	2190	978	1690
造纸及纸制品业	0	0	0	0	0	0
造纸	0	0	0	0	0	0
纸制品制造	0	0	0	0	0	0
印刷业和记录媒介的复制	851	851	0	851	851	254
印刷	851	851	0	851	851	254
装订及其他印刷服务活动	0	0	0	0	0	0
记录媒介的复制	0	0	0	0	0	0
文教体育用品制造业	1100	1100	0	1100	0	900
文化用品制造	0	0	0	0	0	0
体育用品制造	0	0	0	0	0	0
乐器制造	1100	1100	0	1100	0	900
玩具制造	0	0	0	0	0	0
石油加工、炼焦及核燃料加工业	16335	12515	820	7304	944	741
精炼石油产品的制造	16335	12515	820	7304	944	741
化学原料及化学制品制造业	2741200	2607233	39647	2659116	2189614	1121353
基础化学原料制造	2314093	2244273	15600	2221848	1946933	1000350
肥料制造	200	200	0	200	200	200
农药制造	272790	249090	21700	274643	131711	29713
涂料、油墨、颜料及类似产品制造	13000	11000	0	13963	9950	11510
合成材料制造	105240	71110	1030	106603	76172	53350
专用化学产品制造	33160	28843	1317	39142	22639	24221
日用化学产品制造	2717	2717	0	2717	2009	2009
医药制造业	273359	243381	20978	277143	125508	170038
化学药品原药制造	8241	8241	0	4566	4279	4035
化学药品制剂制造	112242	99367	3875	149152	34612	71090
中药饮片加工	50000	50000	0	18250	14907	14535
中成药制造	73978	73420	558	78045	60895	57679
兽用药品制造	6350	6120	230	5669	5669	5669
生物、生化制品的制造	22548	6233	16315	21461	5146	17030

规模以上工业企业科技活动情况(二)(续表3)

	科技活动经费筹集总额(千元)	企业资金	政府资金	科技活动经费内部支出(千元)	R&D经费	新产品开发经费
卫生材料及医药用品制造	0	0	0	0	0	0
化学纤维制造业	127500	127500	0	109000	19000	5850
纤维素纤维原料及纤维制造	19000	19000	0	19000	19000	5850
合成纤维制造	108500	108500	0	90000	0	0
橡胶制品业	24488	19088	400	33215	6789	13581
轮胎制造	0	0	0	0	0	0
橡胶板、管、带的制造	24488	19088	400	33215	6789	13581
橡胶零件制造	0	0	0	0	0	0
再生橡胶制造	0	0	0	0	0	0
其他橡胶制品制造	0	0	0	0	0	0
塑料制品业	72974	61194	1750	71374	47740	57690
塑料薄膜制造	14520	14520	0	14520	0	14520
塑料板、管、型材的制造	2374	2344	0	2074	2000	2000
塑料丝、绳及编织品的制造	0	0	0	0	0	0
泡沫塑料制造	46200	34450	1750	45630	43100	36400
塑料包装箱及容器制造	0	0	0	0	0	0
塑料零件制造	2250	2250	0	2150	20	2150
日用塑料制造	0	0	0	0	0	0
其他塑料制品制造	7630	7630	0	7000	2620	2620
非金属矿物制品业	119723	94173	550	111489	42670	104194
水泥、石灰和石膏的制造	6938	6938	0	6968	3141	5638
水泥及石膏制品制造	20420	420	0	13884	640	13824
砖瓦、石材及其他建筑材料制造	1460	1460	0	1100	0	1100
玻璃及玻璃制品制造	13475	13475	0	13375	10486	11910
陶瓷制品制造	76530	71080	450	75362	28403	70922
耐火材料制品制造	900	800	100	800	0	800
石墨及其他非金属矿物制品制造	0	0	0	0	0	0
黑色金属冶炼及压延加工业	1895530	1868060	26430	1866718	663654	808773
炼铁	0	0	0	0	0	0
炼钢	0	0	0	0	0	0

规模以上工业企业科技活动情况(二)(续表4)

	科技活动经费筹集总额(千元)	企业资金	政府资金	科技活动经费内部支出(千元)	R&D经费	新产品开发经费
钢压延加工	1894630	1867700	26430	1865828	662764	808773
铁合金冶炼	900	360	0	890	890	0
有色金属冶炼及压延加工业	179949	110997	19582	222616	156948	164328
常用有色金属冶炼	110867	66017	13500	141683	104785	107437
贵金属冶炼	0	0	0	0	0	0
稀有稀土金属冶炼	25445	9233	5212	39405	22054	21701
有色金属合金制造	24107	18237	870	21981	13272	18400
有色金属压延加工	19530	17510	0	19547	16837	16790
金属制品业	147522	127877	12995	153550	47707	92421
结构性金属制品制造	41496	40796	700	57438	22272	32080
金属工具制造	1000	750	100	1000	1000	1000
集装箱及金属包装容器制造	68630	53230	8900	66158	8672	41211
金属丝绳及其制品的制造	0	0	0	0	0	0
建筑、安全用金属制品制造	0	0	0	0	0	0
金属表面处理及热处理加工	0	0	0	0	0	0
搪瓷制品制造	400	400	0	400	0	400
不锈钢及类似日用金属制品制造	0	0	0	0	0	0
其他金属制品制造	35996	32701	3295	28554	15763	17730
通用设备制造业	612097	532197	20695	705701	275003	424738
锅炉及原动机制造	170574	150819	16755	95003	87373	86045
金属加工机械制造	41708	39163	2245	38394	17646	23954
起重运输设备制造	3780	3780	0	3730	3730	3730
泵、阀门、压缩机及类似机械的制造	37364	16064	300	31015	25902	15337
轴承、齿轮、传动和驱动部件的制造	86968	82868	0	84388	47778	83295
烘炉、熔炉及电炉制造	11652	10102	295	15802	3510	7848
风机、衡器、包装设备等通用设备制造	79333	62483	850	101128	32848	54942
通用零部件制造及机械修理	154418	153418	0	313371	46846	139717
金属铸、锻加工	26300	13500	250	22870	9370	9870
专用设备制造业	143517	114077	5800	154909	77492	106588
矿山、冶金、建筑专用设备制造	36140	17340	3000	50853	23947	28129

规模以上工业企业科技活动情况(二)(续表5)

	科技活动经费筹集总额(千元)	企业资金	政府资金	科技活动经费内部支出(千元)	R&D经费	新产品开发经费
化工、木材、非金属加工专用设备制造	14526	14526	0	13506	5777	12346
食品、饮料、烟草及饲料生产专用设备制造	0	0	0	0	0	0
印刷、制药、日化生产专用设备制造	0	0	0	0	0	0
纺织、服装和皮革工业专用设备制造	0	0	0	0	0	0
电子和电工机械专用设备制造	26368	23658	0	26208	25008	24807
农、林、牧、渔专用机械制造	1424	1394	0	1421	1421	1421
医疗仪器设备及器械制造	8433	8433	0	7733	6391	6470
环保、社会公共安全及其他专用设备制造	56626	48726	2800	55188	14948	33415
交通运输设备制造业	1234449	868634	190407	1309804	483202	826410
铁路运输设备制造	129442	110166	11745	134769	76731	79509
汽车制造	829657	550623	136350	758880	326547	548020
摩托车制造	0	0	0	0	0	0
自行车制造	5330	5330	0	4500	4500	4500
船舶及浮动装置制造	110525	86625	500	245518	60858	52788
航空航天器制造	154168	110563	41812	160810	9239	136266
交通器材及其他交通运输设备制造	5327	5327	0	5327	5327	5327
电气机械及器材制造业	566043	523398	5775	584686	305850	422116
电机制造	4679	3808	200	4210	3344	3852
输配电及控制设备制造	397492	358068	3225	429344	249121	321040
电线、电缆、光缆及电工器材制造	8400	6050	2350	14240	5163	6110
电池制造	0	0	0	0	0	0
家用电力器具制造	138698	138698	0	120425	43239	81291
非电力家用器具制造	0	0	0	0	0	0
照明器具制造	6390	6390	0	6440	241	5180
其他电气机械及器材制造	10384	10384	0	10027	4742	4643
通信设备、计算机及其他电子设备制造业	1872896	1763472	79427	1809757	852062	1547539
通信设备制造	1076025	1033610	37418	956101	325834	883061
雷达及配套设备制造	109859	92205	17654	108216	57247	72146
广播电视设备制造	90011	63111	3900	104292	30153	62938
电子计算机制造	86907	86907	0	92167	13984	54008

规模以上工业企业科技活动情况(二)(续表 6)

	科技活动经费筹集总额(千元)	企业资金	政府资金	科技活动经费内部支出(千元)	R&D经费	新产品开发经费
电子器件制造	138209	117754	20455	177546	95992	111590
电子元件制造	76886	76886	0	76636	74969	75636
家用视听设备制造	287360	287360	0	287360	248124	287360
其他电子设备制造	7639	5639	0	7439	5759	800
仪器仪表及文化、办公用机械制造业	328525	257584	16656	325832	198779	262416
通用仪器仪表制造	251368	194150	4733	259266	158815	208631
专用仪器仪表制造	29614	22039	6275	26743	13518	21567
光学仪器及眼镜制造	46283	40235	5548	38913	26446	31308
文化、办公用机械制造	1260	1160	100	910	0	910
其他仪器仪表的制造及修理	0	0	0	0	0	0
工艺品及其他制造业	1003	1003	0	1003	0	502
工艺美术品制造	1003	1003	0	1003	0	502
日用杂品制造	0	0	0	0	0	0
其他未列明的制造业	0	0	0	0	0	0
废弃资源和废旧材料回收加工业	0	0	0	0	0	0
金属废料和碎屑的加工处理	0	0	0	0	0	0
电力、燃气及水的生产和供应业	12450	10450	2000	39501	6270	0
电力、热力的生产和供应业	6270	6270	0	35286	6270	0
电力生产	6270	6270	0	35286	6270	0
电力供应	0	0	0	0	0	0
燃气生产和供应业	0	0	0	0	0	0
燃气生产和供应业	0	0	0	0	0	0
水的生产和供应业	6180	4180	2000	4215	0	0
自来水的生产和供应	6180	4180	2000	4215	0	0
污水处理及其再生利用	0	0	0	0	0	0
二、按登记注册类型分组						
内资企业	8059751	7241312	387022	8163939	4586604	4459024
国有企业	2610786	2553692	21953	2701268	2158658	1161322
集体企业	21738	16463	275	15094	3800	13345
股份合作企业	14659	14659	0	15009	8380	13569

规模以上工业企业科技活动情况(二)(续表 7)

	科技活动经费筹集总额(千元)	企业资金	政府资金	科技活动经费内部支出(千元)	R&D经费	新产品开发经费
联营企业	0	0	0	0	0	0
国有联营企业	0	0	0	0	0	0
集体联营企业	0	0	0	0	0	0
国有与集体联营企业	0	0	0	0	0	0
其他联营企业	0	0	0	0	0	0
有限责任公司	4356799	3828611	317484	4256414	1851258	2541070
国有独资公司	726824	415232	162789	781739	295043	567593
其他有限责任公司	3629975	3413379	154695	3474675	1556215	1973477
股份有限公司	412711	360576	16328	404942	250989	292827
私营企业	614813	442383	30665	743012	305713	408821
私营独资企业	8670	7360	770	8095	7105	4205
私营合伙企业	1660	1460	100	1525	615	1115
私营有限责任公司	512335	377415	22795	628164	255761	349319
私营股份有限公司	92148	56148	7000	105228	42232	54182
其他企业	28245	24928	317	28200	7806	28070
港、澳、台商投资企业	577295	526065	19152	578168	337430	371055
合资经营企业(港或澳、台资)	218591	198666	16905	165321	103141	120730
合作经营企业(港或澳、台资)	0	0	0	0	0	0
港、澳、台商独资经营企业	358704	327399	2247	358047	234289	250325
港、澳、台商投资股份有限公司	0	0	0	54800	0	0
外商投资企业	1932087	1751579	40840	1892502	648463	1390749
中外合资经营企业	1276786	1173411	18390	1227593	198064	836455
中外合作经营企业	6661	6661	0	6661	4100	6661
外资企业	563973	516690	8950	543385	359557	464016
外商投资股份有限公司	84667	54817	13500	114863	86742	83617
三、按企业规模分组						
大中型企业	9383134	8581906	391814	9386589	5017122	5449755
小型企业	1185999	937050	55200	1248020	555375	771073

规模以上工业企业科技活动情况(三)

	企业办科技机构数(个)	科技项目数(项)		项目经费(千元)	新产品销售收入(千元)
			新产品项目数		
总　计	**340**	**4275**	**2818**	**8685813**	**93459789**
一、按工业行业中类分组					
采矿业	1	32	21	17489	8100
黑色金属矿采选业	0	14	14	4739	0
铁矿采选	0	14	14	4739	0
有色金属矿采选业	1	13	4	12250	7800
常用有色金属矿采选	1	13	4	12250	7800
贵金属矿采选	0	0	0	0	0
非金属矿采选业	0	5	3	500	300
土砂石开采	0	5	3	500	300
化学矿采选	0	0	0	0	0
石棉及其他非金属矿采选	0	0	0	0	0
制造业	338	4236	2797	8657874	93451689
农副食品加工业	5	37	30	66946	546985
谷物磨制	0	0	0	0	0
饲料加工	1	1	1	500	100000
植物油加工	0	0	0	0	0
屠宰及肉类加工	4	36	29	66446	446985
水产品加工	0	0	0	0	0
蔬菜、水果和坚果加工	0	0	0	0	0
其他农副食品加工	0	0	0	0	0
食品制造业	6	18	16	22892	36518
焙烤食品制造	0	0	0	0	0
糖果、巧克力及蜜饯制造	0	0	0	0	0
方便食品制造	0	0	0	0	0
液体乳及乳制品制造	3	9	8	18043	18589
罐头制造	0	0	0	0	0
调味品、发酵制品制造	0	0	0	0	0
其他食品制造	3	9	8	4849	17929
饮料制造业	0	0	0	0	116480

规模以上工业企业科技活动情况(三)(续表1)

	企业办科技机构数(个)	科技项目数(项)	新产品项目数	项目经费(千元)	新产品销售收入(千元)
酒的制造	0	0	0	0	0
软饮料制造	0	0	0	0	116480
精制茶加工	0	0	0	0	0
烟草制品业	0	15	14	19770	57564
卷烟制造	0	15	14	19770	57564
纺织业	0	1	1	2000	10045
棉、化纤纺织及印染精加工	0	0	0	0	0
毛纺织和染整精加工	0	0	0	0	0
麻纺织	0	0	0	0	0
丝绢纺织及精加工	0	0	0	0	0
纺织制成品制造	0	0	0	0	0
针织品、编织品及其制品制造	0	1	1	2000	10045
纺织服装、鞋、帽制造业	2	42	42	16219	1176355
纺织服装制造	2	42	42	16219	1176355
纺织面料鞋的制造	0	0	0	0	0
制帽	0	0	0	0	0
皮革、毛皮、羽毛(绒)及其制品业	1	2	2	3100	195033
皮革鞣制加工	0	0	0	0	0
皮革制品制造	1	2	2	3100	195033
毛皮鞣制及制品加工	0	0	0	0	0
羽毛(绒)加工及制品制造	0	0	0	0	0
木材加工及木、竹、藤、棕、草制品业	0	0	0	0	0
人造板制造	0	0	0	0	0
木制品制造	0	0	0	0	0
竹、藤、棕、草制品制造	0	0	0	0	0
家具制造业	1	4	4	1690	2000
木质家具制造	0	0	0	0	0
竹、藤家具制造	0	0	0	0	0
金属家具制造	0	0	0	0	0
塑料家具制造	0	0	0	0	0

规模以上工业企业科技活动情况(三)(续表2)

	企业办科技机构数(个)	科技项目数(项)	新产品项目数	项目经费(千元)	新产品销售收入(千元)
其他家具制造	1	4	4	1690	2000
造纸及纸制品业	0	0	0	0	0
造纸	0	0	0	0	0
纸制品制造	0	0	0	0	0
印刷业和记录媒介的复制	0	2	2	254	0
印刷	0	2	2	254	0
装订及其他印刷服务活动	0	0	0	0	0
记录媒介的复制	0	0	0	0	0
文教体育用品制造业	0	1	1	900	4572
文化用品制造	0	0	0	0	0
体育用品制造	0	0	0	0	0
乐器制造	0	1	1	900	4572
玩具制造	0	0	0	0	0
石油加工、炼焦及核燃料加工业	0	20	2	6496	23493
精炼石油产品的制造	0	20	2	6496	23493
化学原料及化学制品制造业	40	559	306	2364977	20819707
基础化学原料制造	12	408	196	2139171	18944745
肥料制造	1	1	1	200	0
农药制造	11	47	31	102945	928653
涂料、油墨、颜料及类似产品制造	3	7	6	12150	220576
合成材料制造	7	38	32	83269	444489
专用化学产品制造	6	55	37	25233	280438
日用化学产品制造	0	3	3	2009	806
医药制造业	25	215	185	194627	1956564
化学药品原药制造	2	9	6	4566	74637
化学药品制剂制造	8	107	85	87739	1349288
中药饮片加工	1	5	5	14535	0
中成药制造	11	83	79	64174	532639
兽用药品制造	2	4	4	5669	0
生物、生化制品的制造	1	7	6	17944	0

规模以上工业企业科技活动情况(三)(续表3)

	企业办科技机构数(个)	科技项目数(项)	新产品项目数	项目经费(千元)	新产品销售收入(千元)
卫生材料及医药用品制造	0	0	0	0	0
化学纤维制造业	1	10	2	109000	361050
纤维素纤维原料及纤维制造	1	7	2	19000	361050
合成纤维制造	0	3	0	90000	0
橡胶制品业	2	69	48	20338	117285
轮胎制造	0	0	0	0	0
橡胶板、管、带的制造	2	69	48	20338	117285
橡胶零件制造	0	0	0	0	0
再生橡胶制造	0	0	0	0	0
其他橡胶制品制造	0	0	0	0	0
塑料制品业	6	41	28	59367	905411
塑料薄膜制造	1	3	3	14520	16731
塑料板、管、型材的制造	0	19	8	2000	12000
塑料丝、绳及编织品的制造	0	0	0	0	0
泡沫塑料制造	4	14	13	38077	787480
塑料包装箱及容器制造	0	0	0	0	0
塑料零件制造	0	3	2	2150	88000
日用塑料制造	0	0	0	0	0
其他塑料制品制造	1	2	2	2620	1200
非金属矿物制品业	16	147	120	110559	562115
水泥、石灰和石膏的制造	2	3	2	6938	14755
水泥及石膏制品制造	1	6	5	13884	38930
砖瓦、石材及其他建筑材料制造	1	2	2	1100	247
玻璃及玻璃制品制造	1	124	101	13375	273040
陶瓷制品制造	5	11	9	74462	235143
耐火材料制品制造	6	1	1	800	0
石墨及其他非金属矿物制品制造	0	0	0	0	0
黑色金属冶炼及压延加工业	2	350	78	1864071	14032986
炼铁	0	0	0	0	0
炼钢	0	0	0	0	0

规模以上工业企业科技活动情况(三)(续表4)

	企业办科技机构数(个)	科技项目数(项)	新产品项目数	项目经费(千元)	新产品销售收入(千元)
钢压延加工	2	349	78	1863181	13980986
铁合金冶炼	0	1	0	890	52000
有色金属冶炼及压延加工业	8	35	34	157480	2605342
常用有色金属冶炼	3	7	7	107437	2318187
贵金属冶炼	0	0	0	0	0
稀有稀土金属冶炼	2	8	7	15203	85666
有色金属合金制造	2	7	7	18050	58448
有色金属压延加工	1	13	13	16790	143041
金属制品业	10	85	52	96071	737056
结构性金属制品制造	5	13	9	41080	35481
金属工具制造	0	1	1	1000	0
集装箱及金属包装容器制造	2	9	8	28891	305925
金属丝绳及其制品的制造	0	0	0	0	0
建筑、安全用金属制品制造	0	0	0	0	0
金属表面处理及热处理加工	0	0	0	0	0
搪瓷制品制造	1	1	1	400	4214
不锈钢及类似日用金属制品制造	0	0	0	0	0
其他金属制品制造	2	61	33	24700	391436
通用设备制造业	50	363	248	481505	3707715
锅炉及原动机制造	3	100	70	91873	1383870
金属加工机械制造	12	50	38	32729	148203
起重运输设备制造	1	6	6	3730	56406
泵、阀门、压缩机及类似机械的制造	4	31	26	30321	129049
轴承、齿轮、传动和驱动部件的制造	5	28	25	83987	983474
烘炉、熔炉及电炉制造	1	10	6	9348	24055
风机、衡器、包装设备等通用设备制造	5	70	35	59570	432585
通用零部件制造及机械修理	7	59	36	147077	389490
金属铸、锻加工	12	9	6	22870	160583
专用设备制造业	17	114	89	110257	242144
矿山、冶金、建筑专用设备制造	3	10	10	25029	124250

规模以上工业企业科技活动情况(三)(续表5)

	企业办科技机构数(个)	科技项目数(项)	新产品项目数	项目经费(千元)	新产品销售收入(千元)
化工、木材、非金属加工专用设备制造	4	28	24	13051	13602
食品、饮料、烟草及饲料生产专用设备制造	0	0	0	0	0
印刷、制药、日化生产专用设备制造	0	0	0	0	0
纺织、服装和皮革工业专用设备制造	0	0	0	0	0
电子和电工机械专用设备制造	1	8	7	26208	4450
农、林、牧、渔专用机械制造	1	1	1	1421	11823
医疗仪器设备及器械制造	1	7	4	6676	2985
环保、社会公共安全及其他专用设备制造	7	60	43	37872	85034
交通运输设备制造业	37	666	588	938716	13268088
铁路运输设备制造	6	47	47	79509	315333
汽车制造	16	499	433	651869	8057568
摩托车制造	0	0	0	0	0
自行车制造	1	15	14	4500	25000
船舶及浮动装置制造	7	43	36	86948	4057220
航空航天器制造	7	55	51	110563	808324
交通器材及其他交通运输设备制造	0	7	7	5327	4643
电气机械及器材制造业	28	261	135	468956	6911014
电机制造	1	4	4	3852	17420
输配电及控制设备制造	17	142	105	334656	3663140
电线、电缆、光缆及电工器材制造	3	12	8	4570	77962
电池制造	0	0	0	0	0
家用电力器具制造	3	9	5	116579	3051248
非电力家用器具制造	0	0	0	0	0
照明器具制造	2	45	8	6000	33576
其他电气机械及器材制造	2	49	5	3299	67668
通信设备、计算机及其他电子设备制造业	59	761	524	1257621	22466511
通信设备制造	19	215	178	537454	19474877
雷达及配套设备制造	5	88	85	91525	217319
广播电视设备制造	8	50	31	55447	448228
电子计算机制造	9	34	30	81167	127254

规模以上工业企业科技活动情况(三)(续表6)

	企业办科技机构数(个)	科技项目数(项)	新产品项目数	项目经费(千元)	新产品销售收入(千元)
电子器件制造	11	286	150	123031	1698621
电子元件制造	2	29	29	74936	500212
家用视听设备制造	1	8	8	287360	0
其他电子设备制造	4	51	13	6701	0
仪器仪表及文化、办公用机械制造业	21	413	242	283059	2565680
通用仪器仪表制造	12	320	169	228003	2145400
专用仪器仪表制造	2	43	29	22243	124936
光学仪器及眼镜制造	7	44	38	31903	295344
文化、办公用机械制造	0	6	6	910	0
其他仪器仪表的制造及修理	0	0	0	0	0
工艺品及其他制造业	1	5	4	1003	23976
工艺美术品制造	1	5	4	1003	23976
日用杂品制造	0	0	0	0	0
其他未列明的制造业	0	0	0	0	0
废弃资源和废旧材料回收加工业	0	0	0	0	0
金属废料和碎屑的加工处理	0	0	0	0	0
电力、燃气及水的生产和供应业	1	7	0	10450	0
电力、热力的生产和供应业	0	2	0	6270	0
电力生产	0	2	0	6270	0
电力供应	0	0	0	0	0
燃气生产和供应业	0	0	0	0	0
燃气生产和供应业	0	0	0	0	0
水的生产和供应业	1	5	0	4180	0
自来水的生产和供应	1	5	0	4180	0
污水处理及其再生利用	0	0	0	0	0
二、按登记注册类型分组					
内资企业	272	3628	2396	6990642	62959205
国有企业	31	1180	538	2404028	23927153
集体企业	3	24	23	14894	134952
股份合作企业	4	10	7	13480	326506

规模以上工业企业科技活动情况(三)(续表 7)

	企业办科技机构数(个)	科技项目数(项)	新产品项目数	项目经费(千元)	新产品销售收入(千元)
联营企业	0	0	0	0	0
国有联营企业	0	0	0	0	0
集体联营企业	0	0	0	0	0
国有与集体联营企业	0	0	0	0	0
其他联营企业	0	0	0	0	0
有限责任公司	114	1565	1199	3748565	29620553
国有独资公司	12	242	217	620046	6140959
其他有限责任公司	102	1323	982	3128519	23479594
股份有限公司	31	242	196	320709	3620271
私营企业	86	580	409	460766	5198826
私营独资企业	2	14	10	5745	95952
私营合伙企业	2	5	5	1115	20000
私营有限责任公司	73	528	372	383421	4685789
私营股份有限公司	9	33	22	70485	397085
其他企业	3	27	24	28200	130944
港、澳、台商投资企业	29	260	189	452467	4770489
合资经营企业(港或澳、台资)	7	179	118	135786	1662051
合作经营企业(港或澳、台资)	0	0	0	0	0
港、澳、台商独资经营企业	22	81	71	316681	3093138
港、澳、台商投资股份有限公司	0	0	0	0	15300
外商投资企业	39	387	233	1242704	25730095
中外合资经营企业	19	212	135	629030	21409333
中外合作经营企业	1	6	6	6661	67017
外资企业	17	166	89	523396	2243778
外商投资股份有限公司	2	3	3	83617	2009967
三、按企业规模分组					
大中型企业	192	3181	2078	7793802	88359460
小型企业	148	1094	740	892011	5100329

规模以上工业企业科技活动情况(四)

	专利申请数(件)	发明专利	技术改造经费支出(千元)	技术引进经费支出(千元)	消化吸收经费支出(千元)	购买国内技术经费支出(千元)
总　计	**2404**	**813**	**9826759**	**551928**	**34404**	**107757**
一、按工业行业中类分组						
采矿业	10	6	7216	0	3200	100
黑色金属矿采选业	5	3	0	0	0	0
铁矿采选	5	3	0	0	0	0
有色金属矿采选业	3	3	4200	0	3200	0
常用有色金属矿采选	3	3	4200	0	3200	0
贵金属矿采选	0	0	0	0	0	0
非金属矿采选业	2	0	3016	0	0	100
土砂石开采	2	0	150	0	0	100
化学矿采选	0	0	2866	0	0	0
石棉及其他非金属矿采选	0	0	0	0	0	0
制造业	2394	807	7273933	551928	31204	107657
农副食品加工业	32	15	22230	5200	3000	1500
谷物磨制	0	0	0	0	0	0
饲料加工	2	2	0	0	0	0
植物油加工	0	0	88	0	0	0
屠宰及肉类加工	27	13	22142	5200	3000	1500
水产品加工	0	0	0	0	0	0
蔬菜、水果和坚果加工	0	0	0	0	0	0
其他农副食品加工	3	0	0	0	0	0
食品制造业	42	13	4960	0	0	500
焙烤食品制造	0	0	0	0	0	0
糖果、巧克力及蜜饯制造	0	0	0	0	0	0
方便食品制造	0	0	0	0	0	0
液体乳及乳制品制造	0	0	4210	0	0	0
罐头制造	0	0	0	0	0	0
调味品、发酵制品制造	0	0	0	0	0	0
其他食品制造	42	13	750	0	0	500
饮料制造业	0	0	0	0	0	0

规模以上工业企业科技活动情况(四)(续表1)

	专利申请数(件)	发明专利	技术改造经费支出(千元)	技术引进经费支出(千元)	消化吸收经费支出(千元)	购买国内技术经费支出(千元)
酒的制造	0	0	0	0	0	0
软饮料制造	0	0	0	0	0	0
精制茶加工	0	0	0	0	0	0
烟草制品业	0	0	0	0	0	0
卷烟制造	0	0	0	0	0	0
纺织业	100	0	1980	0	0	0
棉、化纤纺织及印染精加工	0	0	0	0	0	0
毛纺织和染整精加工	0	0	0	0	0	0
麻纺织	0	0	0	0	0	0
丝绢纺织及精加工	0	0	0	0	0	0
纺织制成品制造	0	0	0	0	0	0
针织品、编织品及其制品制造	100	0	1980	0	0	0
纺织服装、鞋、帽制造业	21	11	983	0	0	0
纺织服装制造	21	11	983	0	0	0
纺织面料鞋的制造	0	0	0	0	0	0
制帽	0	0	0	0	0	0
皮革、毛皮、羽毛(绒)及其制品业	0	0	0	0	0	0
皮革鞣制加工	0	0	0	0	0	0
皮革制品制造	0	0	0	0	0	0
毛皮鞣制及制品加工	0	0	0	0	0	0
羽毛(绒)加工及制品制造	0	0	0	0	0	0
木材加工及木、竹、藤、棕、草制品业	0	0	0	0	0	0
人造板制造	0	0	0	0	0	0
木制品制造	0	0	0	0	0	0
竹、藤、棕、草制品制造	0	0	0	0	0	0
家具制造业	6	6	1000	1000	500	200
木质家具制造	0	0	0	0	0	0
竹、藤家具制造	0	0	0	0	0	0
金属家具制造	0	0	0	0	0	0
塑料家具制造	0	0	0	0	0	0

规模以上工业企业科技活动情况(四)(续表2)

	专利申请数(件)	发明专利	技术改造经费支出(千元)	技术引进经费支出(千元)	消化吸收经费支出(千元)	购买国内技术经费支出(千元)
其他家具制造	6	6	1000	1000	500	200
造纸及纸制品业	0	0	0	0	0	0
造纸	0	0	0	0	0	0
纸制品制造	0	0	0	0	0	0
印刷业和记录媒介的复制	0	0	254	0	0	0
印刷	0	0	254	0	0	0
装订及其他印刷服务活动	0	0	0	0	0	0
记录媒介的复制	0	0	0	0	0	0
文教体育用品制造业	0	0	200	50	0	0
文化用品制造	0	0	0	0	0	0
体育用品制造	0	0	0	0	0	0
乐器制造	0	0	200	50	0	0
玩具制造	0	0	0	0	0	0
石油加工、炼焦及核燃料加工业	1	0	1670220	0	0	0
精炼石油产品的制造	1	0	1670220	0	0	0
化学原料及化学制品制造业	160	120	2222536	29642	2500	6606
基础化学原料制造	68	64	2189956	19193	2000	2040
肥料制造	0	0	0	0	0	0
农药制造	12	10	16513	0	100	3986
涂料、油墨、颜料及类似产品制造	18	15	3550	0	0	0
合成材料制造	35	11	5417	10449	400	400
专用化学产品制造	21	14	7100	0	0	180
日用化学产品制造	6	6	0	0	0	0
医药制造业	82	53	83490	0	0	1800
化学药品原药制造	12	7	0	0	0	0
化学药品制剂制造	58	34	33000	0	0	1800
中药饮片加工	0	0	0	0	0	0
中成药制造	11	11	50490	0	0	0
兽用药品制造	1	1	0	0	0	0
生物、生化制品的制造	0	0	0	0	0	0

规模以上工业企业科技活动情况(四)(续表3)

	专利申请数(件)	发明专利	技术改造经费支出(千元)	技术引进经费支出(千元)	消化吸收经费支出(千元)	购买国内技术经费支出(千元)
卫生材料及医药用品制造	0	0	0	0	0	0
化学纤维制造业	10	5	179430	1170	0	0
纤维素纤维原料及纤维制造	10	5	1430	0	0	0
合成纤维制造	0	0	178000	1170	0	0
橡胶制品业	6	1	78240	0	5	0
轮胎制造	0	0	0	0	0	0
橡胶板、管、带的制造	6	1	78240	0	5	0
橡胶零件制造	0	0	0	0	0	0
再生橡胶制造	0	0	0	0	0	0
其他橡胶制品制造	0	0	0	0	0	0
塑料制品业	26	10	1050	0	0	0
塑料薄膜制造	2	2	650	0	0	0
塑料板、管、型材的制造	4	2	400	0	0	0
塑料丝、绳及编织品的制造	0	0	0	0	0	0
泡沫塑料制造	6	6	0	0	0	0
塑料包装箱及容器制造	0	0	0	0	0	0
塑料零件制造	10	0	0	0	0	0
日用塑料制造	0	0	0	0	0	0
其他塑料制品制造	4	0	0	0	0	0
非金属矿物制品业	194	18	21286	405	0	661
水泥、石灰和石膏的制造	0	0	3800	0	0	0
水泥及石膏制品制造	0	0	2488	405	0	301
砖瓦、石材及其他建筑材料制造	6	2	0	0	0	260
玻璃及玻璃制品制造	9	2	13130	0	0	100
陶瓷制品制造	179	14	1068	0	0	0
耐火材料制品制造	0	0	800	0	0	0
石墨及其他非金属矿物制品制造	0	0	0	0	0	0
黑色金属冶炼及压延加工业	144	58	1562487	25642	0	29593
炼铁	0	0	0	0	0	0
炼钢	0	0	0	0	0	0

规模以上工业企业科技活动情况(四)(续表 4)

	专利申请数（件）	发明专利	技术改造经费支出（千元）	技术引进经费支出（千元）	消化吸收经费支出（千元）	购买国内技术经费支出（千元）
钢压延加工	144	58	1562487	25642	0	29593
铁合金冶炼	0	0	0	0	0	0
有色金属冶炼及压延加工业	61	38	21520	0	0	0
常用有色金属冶炼	34	20	19653	0	0	0
贵金属冶炼	0	0	0	0	0	0
稀有稀土金属冶炼	20	17	1016	0	0	0
有色金属合金制造	1	1	770	0	0	0
有色金属压延加工	6	0	81	0	0	0
金属制品业	47	22	35720	18826	473	4113
结构性金属制品制造	1	0	25000	0	150	3490
金属工具制造	0	0	0	0	0	0
集装箱及金属包装容器制造	34	12	4740	0	0	0
金属丝绳及其制品的制造	0	0	0	0	0	0
建筑、安全用金属制品制造	0	0	0	0	0	0
金属表面处理及热处理加工	0	0	0	0	0	0
搪瓷制品制造	0	0	0	434	0	0
不锈钢及类似日用金属制品制造	0	0	0	0	0	0
其他金属制品制造	12	10	5980	18392	323	623
通用设备制造业	204	35	361300	15144	17299	40753
锅炉及原动机制造	23	9	181145	14744	12299	39345
金属加工机械制造	77	5	4229	400	0	150
起重运输设备制造	0	0	0	0	0	5
泵、阀门、压缩机及类似机械的制造	10	2	20980	0	0	475
轴承、齿轮、传动和驱动部件的制造	33	4	43216	0	0	0
烘炉、熔炉及电炉制造	4	0	6680	0	5000	300
风机、衡器、包装设备等通用设备制造	25	5	87187	0	0	78
通用零部件制造及机械修理	26	10	17863	0	0	0
金属铸、锻加工	6	0	0	0	0	400
专用设备制造业	96	39	12246	0	200	0
矿山、冶金、建筑专用设备制造	22	14	5250	0	0	0

规模以上工业企业科技活动情况(四)(续表5)

	专利申请数(件)	发明专利	技术改造经费支出(千元)	技术引进经费支出(千元)	消化吸收经费支出(千元)	购买国内技术经费支出(千元)
化工、木材、非金属加工专用设备制造	21	9	126	0	200	0
食品、饮料、烟草及饲料生产专用设备制造	0	0	0	0	0	0
印刷、制药、日化生产专用设备制造	0	0	0	0	0	0
纺织、服装和皮革工业专用设备制造	0	0	0	0	0	0
电子和电工机械专用设备制造	17	4	560	0	0	0
农、林、牧、渔专用机械制造	1	1	0	0	0	0
医疗仪器设备及器械制造	4	3	0	0	0	0
环保、社会公共安全及其他专用设备制造	31	8	6310	0	0	0
交通运输设备制造业	238	41	609835	26407	3167	1572
铁路运输设备制造	46	9	59550	3107	3107	0
汽车制造	56	17	314949	18730	0	602
摩托车制造	0	0	0	0	0	0
自行车制造	4	1	0	0	0	0
船舶及浮动装置制造	8	1	229586	0	0	0
航空航天器制造	115	8	5750	4570	60	970
交通器材及其他交通运输设备制造	9	5	0	0	0	0
电气机械及器材制造业	277	64	36892	20069	0	8690
电机制造	4	0	0	0	0	400
输配电及控制设备制造	81	40	3081	0	0	6140
电线、电缆、光缆及电工器材制造	68	1	1172	0	0	0
电池制造	0	0	0	0	0	0
家用电力器具制造	65	14	30739	20069	0	2050
非电力家用器具制造	54	4	0	0	0	0
照明器具制造	0	0	600	0	0	0
其他电气机械及器材制造	5	5	1300	0	0	100
通信设备、计算机及其他电子设备制造业	471	183	340930	327141	230	11669
通信设备制造	272	97	25677	320	180	0
雷达及配套设备制造	34	12	27550	0	0	11526
广播电视设备制造	75	21	20880	0	50	143
电子计算机制造	55	49	2223	0	0	0

规模以上工业企业科技活动情况(四)(续表 6)

	专利申请数(件)	发明专利	技术改造经费支出(千元)	技术引进经费支出(千元)	消化吸收经费支出(千元)	购买国内技术经费支出(千元)
电子器件制造	20	3	65730	86	0	0
电子元件制造	1	1	8216	0	0	0
家用视听设备制造	0	0	190654	326735	0	0
其他电子设备制造	14	0	0	0	0	0
仪器仪表及文化、办公用机械制造业	175	74	4751	81232	3830	0
通用仪器仪表制造	153	63	2330	76632	0	0
专用仪器仪表制造	10	5	291	0	50	0
光学仪器及眼镜制造	12	6	2130	4600	3780	0
文化、办公用机械制造	0	0	0	0	0	0
其他仪器仪表的制造及修理	0	0	0	0	0	0
工艺品及其他制造业	1	1	393	0	0	0
工艺美术品制造	1	1	393	0	0	0
日用杂品制造	0	0	0	0	0	0
其他未列明的制造业	0	0	0	0	0	0
废弃资源和废旧材料回收加工业	0	0	0	0	0	0
金属废料和碎屑的加工处理	0	0	0	0	0	0
电力、燃气及水的生产和供应业	0	0	2545610	0	0	0
电力、热力的生产和供应业	0	0	2545610	0	0	0
电力生产	0	0	2545610	0	0	0
电力供应	0	0	0	0	0	0
燃气生产和供应业	0	0	0	0	0	0
燃气生产和供应业	0	0	0	0	0	0
水的生产和供应业	0	0	0	0	0	0
自来水的生产和供应	0	0	0	0	0	0
污水处理及其再生利用	0	0	0	0	0	0
二、按登记注册类型分组						
内资企业	1879	600	8816894	73312	17905	63692
国有企业	281	132	1998955	33312	4540	2330
集体企业	9	2	393	0	0	0
股份合作企业	34	9	600	0	400	400

规模以上工业企业科技活动情况(四)(续表7)

	专利申请数（件）	发明专利	技术改造经费支出（千元）	技术引进经费支出（千元）	消化吸收经费支出（千元）	购买国内技术经费支出（千元）
联营企业	0	0	16	0	0	0
国有联营企业	0	0	0	0	0	0
集体联营企业	0	0	16	0	0	0
国有与集体联营企业	0	0	0	0	0	0
其他联营企业	0	0	0	0	0	0
有限责任公司	782	216	2407784	34030	3250	50737
国有独资公司	147	34	1479105	6950	0	970
其他有限责任公司	635	182	928679	27080	3250	49767
股份有限公司	296	68	4251667	320	180	3455
私营企业	450	158	157479	5650	9535	6770
私营独资企业	30	3	800	0	0	0
私营合伙企业	4	4	1000	0	0	0
私营有限责任公司	362	116	138569	4650	9035	6570
私营股份有限公司	54	35	17110	1000	500	200
其他企业	27	15	0	0	0	0
港、澳、台商投资企业	132	69	290402	25344	16299	41350
合资经营企业(港或澳、台资)	34	12	172995	15144	12299	39345
合作经营企业(港或澳、台资)	0	0	0	0	0	0
港、澳、台商独资经营企业	97	56	117307	10200	4000	2005
港、澳、台商投资股份有限公司	1	1	100	0	0	0
外商投资企业	393	144	719463	453272	200	2715
中外合资经营企业	282	93	500395	126103	0	2579
中外合作经营企业	14	14	115	0	0	0
外资企业	64	17	201310	327169	200	136
外商投资股份有限公司	33	20	17643	0	0	0
三、按企业规模分组						
大中型企业	1483	543	9413202	534588	27099	101490
小型企业	921	270	413541	17340	7305	6267

大中型工业企业科技活动情况(一)

	企业数(个)	其中:有科技活动	其中:有研发活动	科技活动人员(人)	其中:科学家和工程师	其中:R&D人员	其中:机构人员
总　计	**304**	**147**	**104**	**38626**	**25574**	**22314**	**14873**
一、按工业行业中类分组							
采矿业	4	2	2	312	169	141	44
黑色金属矿采选业	2	1	1	113	69	69	0
铁矿采选	2	1	1	113	69	69	0
有色金属矿采选业	1	1	1	199	100	72	44
常用有色金属矿采选	1	1	1	199	100	72	44
非金属矿采选业	1			0	0	0	0
化学矿采选	1			0	0	0	0
制造业	289	143	102	38246	25337	22173	14761
农副食品加工业	4	1	1	197	160	183	108
屠宰及肉类加工	4	1	1	197	160	183	108
食品制造业	7	1	1	36	36	36	26
焙烤食品制造	2			0	0	0	0
糖果、巧克力及蜜饯制造	1			0	0	0	0
方便食品制造	2			0	0	0	0
液体乳及乳制品制造	1	1	1	36	36	36	26
其他食品制造	1			0	0	0	0
饮料制造业	4			0	0	0	0
酒的制造	1			0	0	0	0
软饮料制造	3			0	0	0	0
烟草制品业	1	1	1	127	107	101	0
卷烟制造	1	1	1	127	107	101	0
纺织业	6			0	0	0	0
棉、化纤纺织及印染精加工	3			0	0	0	0
毛纺织和染整精加工	1			0	0	0	0
纺织制成品制造	1			0	0	0	0
针织品、编织品及其制品制造	1			0	0	0	0
纺织服装、鞋、帽制造业	19	5	1	182	148	30	96
纺织服装制造	19	5	1	182	148	30	96

大中型工业企业科技活动情况(一)(续表1)

	企业数(个)	其中:有科技活动	其中:有研发活动	科技活动人员(人)	其中:科学家和工程师	其中:R&D人员	其中:机构人员
皮革、毛皮、羽毛(绒)及其制品业	3	1		42	42	0	42
皮革制品制造	2	1		42	42	0	42
羽毛(绒)加工及制品制造	1			0	0	0	0
家具制造业	3			0	0	0	0
木质家具制造	2			0	0	0	0
金属家具制造	1			0	0	0	0
造纸及纸制品业	2			0	0	0	0
造纸	1			0	0	0	0
纸制品制造	1			0	0	0	0
印刷业和记录媒介的复制	2			0	0	0	0
印刷	2			0	0	0	0
文教体育用品制造业	3	1		20	5	0	0
文化用品制造	1			0	0	0	0
体育用品制造	1			0	0	0	0
乐器制造	1	1		20	5	0	0
石油加工、炼焦及核燃料加工业	2	1		19	19	0	0
精炼石油产品的制造	2	1		19	19	0	0
化学原料及化学制品制造业	21	10	7	9709	5508	7683	1694
基础化学原料制造	7	4	2	8718	5153	7232	1545
肥料制造	1			0	0	0	0
农药制造	2	2	2	690	124	227	56
涂料、油墨、颜料及类似产品制造	2	1	1	20	17	9	11
合成材料制造	2	2	2	266	201	215	82
专用化学产品制造	6	1		15	13	0	0
日用化学产品制造	1			0	0	0	0
医药制造业	5	5	5	1012	643	536	613
化学药品原药制造	1	1	1	14	14	14	14

大中型工业企业科技活动情况(一)(续表 2)

	企业数(个)	其中:有科技活动	其中:有研发活动	科技活动人员(人)	其中:科学家和工程师	其中:R&D人员	其中:机构人员
化学药品制剂制造	3	3	3	383	212	123	255
中成药制造	1	1	1	615	417	399	344
化学纤维制造业	4	2	1	485	150	207	35
纤维素纤维原料及纤维制造	3	1	1	442	127	207	35
合成纤维制造	1	1		43	23	0	0
橡胶制品业	3	2	1	145	72	52	5
轮胎制造	1			0	0	0	0
橡胶板、管、带的制造	2	2	1	145	72	52	5
塑料制品业	6	4	3	296	198	188	190
塑料薄膜制造	1	1		36	18	0	0
塑料板、管、型材的制造	1	1	1	15	15	10	0
塑料丝、绳及编织品的制造	1			0	0	0	0
泡沫塑料制造	2	1	1	225	145	158	170
其他塑料制品制造	1	1	1	20	20	20	20
非金属矿物制品业	12	4	3	778	415	576	245
水泥、石灰和石膏的制造	7	2	1	150	120	120	38
水泥及石膏制品制造	1			0	0	0	0
玻璃及玻璃制品制造	3	1	1	410	153	350	0
陶瓷制品制造	1	1	1	218	142	106	207
黑色金属冶炼及压延加工业	8	3	3	2147	1548	1310	688
炼铁	2			0	0	0	0
钢压延加工	6	3	3	2147	1548	1310	688
有色金属冶炼及压延加工业	7	4	4	654	582	322	229
常用有色金属冶炼	3	1	1	145	145	80	32
稀有稀土金属冶炼	1	1	1	52	52	35	15
有色金属合金制造	1	1	1	110	48	72	32
有色金属压延加工	2	1	1	347	337	135	150

大中型工业企业科技活动情况(一)(续表3)

	企业数(个)	其中:有科技活动	其中:有研发活动	科技活动人员(人)	其中:科学家和工程师	其中:R&D人员	其中:机构人员
金属制品业	16	8	4	773	591	332	424
结构性金属制品制造	9	4	2	203	100	45	98
集装箱及金属包装容器制造	2	2	1	294	242	35	225
建筑、安全用金属制品制造	2			0	0	0	0
金属表面处理及热处理加工	1			0	0	0	0
搪瓷制品制造	1	1		18	4	0	15
其他金属制品制造	1	1	1	258	245	252	86
通用设备制造业	30	23	16	2924	2175	1810	1252
锅炉及原动机制造	4	3	2	571	494	444	171
金属加工机械制造	5	4	2	289	224	90	169
起重运输设备制造	1	1	1	90	90	90	32
泵、阀门、压缩机及类似机械的制造	3	2	2	231	130	179	43
轴承、齿轮、传动和驱动部件的制造	4	4	2	393	292	114	172
风机、衡器、包装设备等通用设备制造	7	4	3	659	404	497	327
通用零部件制造及机械修理	3	3	2	528	447	245	187
金属铸、锻加工	3	2	2	163	94	151	151
专用设备制造业	12	6	4	433	301	202	266
矿山、冶金、建筑专用设备制造	5	2	1	113	68	87	37
化工、木材、非金属加工专用设备制造	2	1		120	96	0	55
电子和电工机械专用设备制造	2	1	1	43	39	39	43
环保、社会公共安全及其他专用设备制造	3	2	2	157	98	76	131
交通运输设备制造业	32	16	12	6103	4447	3078	3708
铁路运输设备制造	5	2	1	674	579	543	249
汽车制造	18	10	7	4125	3073	2048	2773
摩托车制造	1			0	0	0	0
船舶及浮动装置制造	6	2	2	538	355	433	353
航空航天器制造	2	2	2	766	440	54	333

大中型工业企业科技活动情况(一)(续表4)

	企业数(个)	其中:有科技活动	其中:有研发活动	科技活动人员(人)	其中:科学家和工程师	其中:R&D人员	其中:机构人员
电气机械及器材制造业	20	12	7	2388	2024	983	871
电机制造	2	1		7	7	0	0
输配电及控制设备制造	9	7	4	1285	1089	573	652
电线、电缆、光缆及电工器材制造	2			0	0	0	0
电池制造	1			0	0	0	0
家用电力器具制造	2	2	1	956	856	330	161
照明器具制造	3	1	1	38	21	28	8
其他电气机械及器材制造	1	1	1	102	51	52	50
通信设备、计算机及其他电子设备制造业	44	25	21	7651	4582	3122	3277
通信设备制造	9	6	5	3202	2509	1352	1980
雷达及配套设备制造	4	4	3	1416	628	453	612
广播电视设备制造	2	1	1	139	131	37	32
电子计算机制造	8	4	2	725	228	85	82
电子器件制造	9	5	5	929	652	624	384
电子元件制造	9	4	4	526	236	199	48
家用视听设备制造	2	1	1	714	198	372	139
其他电子设备制造	1			0	0	0	0
仪器仪表及文化、办公用机械制造业	10	8	7	2125	1584	1422	992
通用仪器仪表制造	3	3	3	1628	1179	1093	645
光学仪器及眼镜制造	6	5	4	497	405	329	347
文化、办公用机械制造	1			0	0	0	0
工艺品及其他制造业	1			0	0	0	0
工艺美术品制造	1			0	0	0	0
废弃资源和废旧材料回收加工业	2			0	0	0	0
金属废料和碎屑的加工处理	2			0	0	0	0
电力、燃气及水的生产和供应业	11	2		68	68	0	68
电力、热力的生产和供应业	7	1		0	0	0	0
电力生产	7	1		0	0	0	0
燃气生产和供应业	2			0	0	0	0
燃气生产和供应业	2			0	0	0	0

大中型工业企业科技活动情况(一)(续表5)

	企业数(个)	其中:有科技活动	其中:有研发活动	科技活动人员(人)	其中:科学家和工程师	其中:R&D人员	其中:机构人员
水的生产和供应业	2	1		68	68	0	68
自来水的生产和供应	2	1		68	68	0	68
二、按登记注册类型分组							
内资企业	175	104	76	31251	20346	18457	11755
国有企业	34	25	20	11273	7441	8996	2418
集体企业	7			0	0	0	0
股份合作企业	2	1		42	42	0	42
联营企业	1			0	0	0	0
集体联营企业	1			0	0	0	0
有限责任公司	62	39	30	15177	9736	7485	7424
国有独资公司	8	5	4	5087	3126	2909	2098
其他有限责任公司	54	34	26	10090	6610	4576	5326
股份有限公司	17	15	13	3102	2189	1390	1230
私营企业	50	23	13	1349	878	586	544
私营独资企业	2			0	0	0	0
私营有限责任公司	43	20	11	1045	654	462	417
私营股份有限公司	5	3	2	304	224	124	127
其他企业	2	1		308	60	0	97
港、澳、台商投资企业	39	14	10	2374	2007	1960	1604
合资经营企业(港或澳、台资)	19	6	4	685	576	485	162
港、澳、台商独资经营企业	20	8	6	1689	1431	1475	1442
外商投资企业	90	29	18	5001	3221	1897	1514
中外合资经营企业	39	18	10	2242	1833	861	1113
中外合作经营企业	1			0	0	0	0
外资企业	48	10	7	2614	1243	956	369
外商投资股份有限公司	2	1	1	145	145	80	32
三、按企业规模分组							
大型企业	40	30	27	23080	14747	14372	7472
中型企业	264	117	77	15546	10827	7942	7401

大中型工业企业科技活动情况(二)

	科技活动经费筹集总额(千元)	企业资金	政府资金	科技活动经费内部支出(千元)	其中：R&D经费	其中：新产品开发经费
总　计	**9383134**	**8581906**	**391814**	**9386589**	**5017122**	**5449755**
一、按工业行业中类分组						
采矿业	20100	18600	210	21939	6574	11839
黑色金属矿采选业	5000	5000	0	4739	4739	4739
铁矿采选	5000	5000	0	4739	4739	4739
有色金属矿采选业	15100	13600	210	17200	1835	7100
常用有色金属矿采选	15100	13600	210	17200	1835	7100
非金属矿采选业	0	0	0	0	0	0
化学矿采选	0	0	0	0	0	0
制造业	9356854	8559126	389604	9331419	5010548	5437916
农副食品加工业	84670	64315	1297	85028	30520	29690
屠宰及肉类加工	84670	64315	1297	85028	30520	29690
食品制造业	2770	2770	0	3990	2550	2390
焙烤食品制造	0	0	0	0	0	0
糖果、巧克力及蜜饯制造	0	0	0	0	0	0
方便食品制造	0	0	0	0	0	0
液体乳及乳制品制造	2770	2770	0	3990	2550	2390
其他食品制造	0	0	0	0	0	0
饮料制造业	0	0	0	0	0	0
酒的制造	0	0	0	0	0	0
软饮料制造	0	0	0	0	0	0
烟草制品业	37080	37080	0	31200	19770	18810
卷烟制造	37080	37080	0	31200	19770	18810
纺织业	0	0	0	0	0	0
棉、化纤纺织及印染精加工	0	0	0	0	0	0
毛纺织和染整精加工	0	0	0	0	0	0
纺织制成品制造	0	0	0	0	0	0
针织品、编织品及其制品制造	0	0	0	0	0	0
纺织服装、鞋、帽制造业	14296	14296	0	13601	8600	12598
纺织服装制造	14296	14296	0	13601	8600	12598

大中型工业企业科技活动情况(二)(续表1)

	科技活动经费筹集总额(千元)	企业资金	政府资金	科技活动经费内部支出(千元)	其中:R&D经费	其中:新产品开发经费
皮革、毛皮、羽毛(绒)及其制品业	3100	3100	0	3100	0	3100
皮革制品制造	3100	3100	0	3100	0	3100
羽毛(绒)加工及制品制造	0	0	0	0	0	0
家具制造业	0	0	0	0	0	0
木质家具制造	0	0	0	0	0	0
金属家具制造	0	0	0	0	0	0
造纸及纸制品业	0	0	0	0	0	0
造纸	0	0	0	0	0	0
纸制品制造	0	0	0	0	0	0
印刷业和记录媒介的复制	0	0	0	0	0	0
印刷	0	0	0	0	0	0
文教体育用品制造业	1100	1100	0	1100	0	900
文化用品制造	0	0	0	0	0	0
体育用品制造	0	0	0	0	0	0
乐器制造	1100	1100	0	1100	0	900
石油加工、炼焦及核燃料加工业	10568	10568	0	4549	0	0
精炼石油产品的制造	10568	10568	0	4549	0	0
化学原料及化学制品制造业	2607361	2492371	34500	2522302	2108980	1038409
基础化学原料制造	2261671	2196681	14500	2176131	1924064	980786
肥料制造	0	0	0	0	0	0
农药制造	265420	245420	20000	268883	129158	26233
涂料、油墨、颜料及类似产品制造	1000	1000	0	913	100	900
合成材料制造	77070	47070	0	75875	55658	30390
专用化学产品制造	2200	2200	0	500	0	100
日用化学产品制造	0	0	0	0	0	0
医药制造业	124607	123049	1558	120686	74189	95958
化学药品原药制造	3100	3100	0	3100	3100	3100

大中型工业企业科技活动情况(二)(续表2)

	科技活动经费筹集总额(千元)	企业资金	政府资金	科技活动经费内部支出(千元)	其中:R&D经费	其中:新产品开发经费
化学药品制剂制造	54774	53774	1000	46786	17439	42424
中成药制造	66733	66175	558	70800	53650	50434
化学纤维制造业	127500	127500	0	109000	19000	5850
纤维素纤维原料及纤维制造	19000	19000	0	19000	19000	5850
合成纤维制造	108500	108500	0	90000	0	0
橡胶制品业	14640	9540	100	21650	500	7440
轮胎制造	0	0	0	0	0	0
橡胶板、管、带的制造	14640	9540	100	21650	500	7440
塑料制品业	54854	43074	1750	53654	46020	39970
塑料薄膜制造	650	650	0	650	0	650
塑料板、管、型材的制造	374	344	0	374	300	300
塑料丝、绳及编织品的制造	0	0	0	0	0	0
泡沫塑料制造	46200	34450	1750	45630	43100	36400
其他塑料制品制造	7630	7630	0	7000	2620	2620
非金属矿物制品业	77345	77345	0	77375	41109	74580
水泥、石灰和石膏的制造	6938	6938	0	6968	3141	5638
水泥及石膏制品制造	0	0	0	0	0	0
玻璃及玻璃制品制造	12175	12175	0	12175	9736	10710
陶瓷制品制造	58232	58232	0	58232	28232	58232
黑色金属冶炼及压延加工业	1889040	1862610	26430	1860458	662464	804603
炼铁	0	0	0	0	0	0
钢压延加工	1889040	1862610	26430	1860458	662464	804603
有色金属冶炼及压延加工业	129942	83510	19082	173668	126656	120007
常用有色金属冶炼	84667	54817	13500	114863	86742	83617
稀有稀土金属冶炼	22884	6672	5212	36844	22054	19140
有色金属合金制造	9391	9021	370	9021	7210	6600
有色金属压延加工	13000	13000	0	12940	10650	10650

大中型工业企业科技活动情况(二)(续表3)

	科技活动经费筹集总额(千元)	企业资金	政府资金	科技活动经费内部支出(千元)	其中:R&D经费	其中:新产品开发经费
金属制品业	123086	103691	12895	116208	29759	70453
结构性金属制品制造	29100	28400	700	34042	12342	19842
集装箱及金属包装容器制造	61630	46230	8900	57252	2514	35211
建筑、安全用金属制品制造	0	0	0	0	0	0
金属表面处理及热处理加工	0	0	0	0	0	0
搪瓷制品制造	400	400	0	400	0	400
其他金属制品制造	31956	28661	3295	24514	14903	15000
通用设备制造业	476957	445782	19175	547061	229405	364927
锅炉及原动机制造	170574	150819	16755	95003	87373	86045
金属加工机械制造	19349	18079	1270	18366	6424	14642
起重运输设备制造	3780	3780	0	3730	3730	3730
泵、阀门、压缩机及类似机械的制造	17364	12064	300	17015	16902	13337
轴承、齿轮、传动和驱动部件的制造	66769	66769	0	64669	38369	64286
风机、衡器、包装设备等通用设备制造	38403	37553	850	41417	25850	34400
通用零部件制造及机械修理	149418	149418	0	298091	41987	139717
金属铸、锻加工	11300	7300	0	8770	8770	8770
专用设备制造业	76366	54516	4140	88793	46104	55432
矿山、冶金、建筑专用设备制造	34620	16620	3000	49333	22427	26609
化工、木材、非金属加工专用设备制造	6440	6440	0	6440	0	6330
电子和电工机械专用设备制造	16430	13720	0	16270	16270	16270
环保、社会公共安全及其他专用设备制造	18876	17736	1140	16750	7407	6223
交通运输设备制造业	1185575	820005	190162	1262045	436262	779561
铁路运输设备制造	96845	77814	11500	103075	45037	47815
汽车制造	829037	550003	136350	758260	325927	547400
摩托车制造	0	0	0	0	0	0
船舶及浮动装置制造	105525	81625	500	239900	56059	48080
航空航天器制造	154168	110563	41812	160810	9239	136266

大中型工业企业科技活动情况(二)(续表4)

	科技活动经费筹集总额(千元)	企业资金	政府资金	科技活动经费内部支出(千元)	其中:R&D经费	其中:新产品开发经费
电气机械及器材制造业	403214	392243	2875	376487	221283	324988
电机制造	508	508	0	508	0	508
输配电及控制设备制造	257118	246147	2875	248971	173160	237866
电线、电缆、光缆及电工器材制造	0	0	0	0	0	0
电池制造	0	0	0	0	0	0
家用电力器具制造	138698	138698	0	120425	43239	81291
照明器具制造	1890	1890	0	1940	241	680
其他电气机械及器材制造	5000	5000	0	4643	4643	4643
通信设备、计算机及其他电子设备制造业	1693087	1612648	70942	1631951	762555	1413539
通信设备制造	1026100	984185	37418	906857	297914	836131
雷达及配套设备制造	109859	92205	17654	108216	57247	72146
广播电视设备制造	11532	4532	2000	20999	265	9341
电子计算机制造	80525	80525	0	85845	12884	48786
电子器件制造	104242	90372	13870	149205	72652	86306
电子元件制造	73469	73469	0	73469	73469	73469
家用视听设备制造	287360	287360	0	287360	248124	287360
其他电子设备制造	0	0	0	0	0	0
仪器仪表及文化、办公用机械制造业	219696	178013	4698	227513	144822	174711
通用仪器仪表制造	176611	139428	698	191321	120328	146124
光学仪器及眼镜制造	43085	38585	4000	36192	24494	28587
文化、办公用机械制造	0	0	0	0	0	0
工艺品及其他制造业	0	0	0	0	0	0
工艺美术品制造	0	0	0	0	0	0
废弃资源和废旧材料回收加工业	0	0	0	0	0	0
金属废料和碎屑的加工处理	0	0	0	0	0	0
电力、燃气及水的生产和供应业	6180	4180	2000	33231	0	0
电力、热力的生产和供应业	0	0	0	29016	0	0
电力生产	0	0	0	29016	0	0
燃气生产和供应业	0	0	0	0	0	0
燃气生产和供应业	0	0	0	0	0	0

大中型工业企业科技活动情况(二)(续表 5)

	科技活动经费筹集总额(千元)	企业资金	政府资金	科技活动经费内部支出(千元)	其中:R&D经费	其中:新产品开发经费
水的生产和供应业	6180	4180	2000	4215	0	0
自来水的生产和供应	6180	4180	2000	4215	0	0
二、按登记注册类型分组						
内资企业	7149887	6476854	350512	7205953	4130899	3814099
国有企业	2556095	2502501	21953	2653143	2144707	1128813
集体企业	0	0	0	0	0	0
股份合作企业	3100	3100	0	3100	0	3100
联营企业	0	0	0	0	0	0
集体联营企业	0	0	0	0	0	0
有限责任公司	4020399	3511251	307394	3957568	1666168	2276901
国有独资公司	726824	415232	162789	781739	295043	567593
其他有限责任公司	3293575	3096019	144605	3175829	1371125	1709308
股份有限公司	362398	318709	8753	340332	218358	251208
私营企业	187645	121043	12412	231560	101666	133827
私营独资企业	0	0	0	0	0	0
私营有限责任公司	137793	96191	7412	167076	78974	103377
私营股份有限公司	49852	24852	5000	64484	22692	30450
其他企业	20250	20250	0	20250	0	20250
港、澳、台商投资企业	509341	461881	18402	463523	314809	337763
合资经营企业(港或澳、台资)	178124	161319	16805	130189	88571	96426
港、澳、台商独资经营企业	331217	300562	1597	333334	226238	241337
外商投资企业	1723906	1643171	22900	1717113	571414	1297893
中外合资经营企业	1144030	1107045	500	1113501	159128	764111
中外合作经营企业	0	0	0	0	0	0
外资企业	495209	481309	8900	488749	325544	450165
外商投资股份有限公司	84667	54817	13500	114863	86742	83617
三、按企业规模分组						
大型企业	6467166	5927762	322915	6251351	3774073	3289271
中型企业	2915968	2654144	68899	3135238	1243049	2160484

大中型工业企业科技活动情况(三)

	企业办科技机构数(个)	科技项目数(项)	新产品项目数	项目经费(千元)	新产品销售收入(千元)
总　计	**192**	**3181**	**2078**	**7793802**	**88359460**
一、按工业行业中类分组					
采矿业	1	27	18	16989	7800
黑色金属矿采选业	0	14	14	4739	0
铁矿采选	0	14	14	4739	0
有色金属矿采选业	1	13	4	12250	7800
常用有色金属矿采选	1	13	4	12250	7800
非金属矿采选业	0	0	0	0	0
化学矿采选	0	0	0	0	0
制造业	190	3149	2060	7772633	88351660
农副食品加工业	4	36	29	66446	446985
屠宰及肉类加工	4	36	29	66446	446985
食品制造业	1	7	7	2390	17589
焙烤食品制造	0	0	0	0	0
糖果、巧克力及蜜饯制造	0	0	0	0	0
方便食品制造	0	0	0	0	0
液体乳及乳制品制造	1	7	7	2390	17589
其他食品制造	0	0	0	0	0
饮料制造业	0	0	0	0	0
酒的制造	0	0	0	0	0
软饮料制造	0	0	0	0	0
烟草制品业	0	15	14	19770	57564
卷烟制造	0	15	14	19770	57564
纺织业	0	0	0	0	0
棉、化纤纺织及印染精加工	0	0	0	0	0
毛纺织和染整精加工	0	0	0	0	0
纺织制成品制造	0	0	0	0	0
针织品、编织品及其制品制造	0	0	0	0	0
纺织服装、鞋、帽制造业	1	36	36	13356	1103608
纺织服装制造	1	36	36	13356	1103608

大中型工业企业科技活动情况(三)(续表1)

	企业办科技机构数（个）	科技项目数（项）	新产品项目数	项目经费（千元）	新产品销售收入（千元）
皮革、毛皮、羽毛(绒)及其制品业	1	2	2	3100	195033
皮革制品制造	1	2	2	3100	195033
羽毛(绒)加工及制品制造	0	0	0	0	0
家具制造业	0	0	0	0	0
木质家具制造	0	0	0	0	0
金属家具制造	0	0	0	0	0
造纸及纸制品业	0	0	0	0	0
造纸	0	0	0	0	0
纸制品制造	0	0	0	0	0
印刷业和记录媒介的复制	0	0	0	0	0
印刷	0	0	0	0	0
文教体育用品制造业	0	1	1	900	4572
文化用品制造	0	0	0	0	0
体育用品制造	0	0	0	0	0
乐器制造	0	1	1	900	4572
石油加工、炼焦及核燃料加工业	0	16	0	4549	0
精炼石油产品的制造	0	16	0	4549	0
化学原料及化学制品制造业	15	438	214	2274885	20374049
基础化学原料制造	6	389	182	2114581	18813005
肥料制造	0	0	0	0	0
农药制造	7	37	24	97685	924093
涂料、油墨、颜料及类似产品制造	1	2	1	900	137689
合成材料制造	1	9	6	61319	340080
专用化学产品制造	0	1	1	400	159182
日用化学产品制造	0	0	0	0	0
医药制造业	14	120	106	103698	1723046
化学药品原药制造	1	4	4	3100	74637

大中型工业企业科技活动情况(三)(续表2)

	企业办科技机构数(个)	科技项目数(项)	新产品项目数	项目经费(千元)	新产品销售收入(千元)
化学药品制剂制造	3	39	29	43669	1115770
中成药制造	10	77	73	56929	532639
化学纤维制造业	1	10	2	109000	361050
纤维素纤维原料及纤维制造	1	7	2	19000	361050
合成纤维制造	0	3	0	90000	0
橡胶制品业	1	64	45	11080	108705
轮胎制造	0	0	0	0	0
橡胶板、管、带的制造	1	64	45	11080	108705
塑料制品业	5	35	23	41647	788680
塑料薄膜制造	0	1	1	650	0
塑料板、管、型材的制造	0	18	7	300	0
塑料丝、绳及编织品的制造	0	0	0	0	0
泡沫塑料制造	4	14	13	38077	787480
其他塑料制品制造	1	2	2	2620	1200
非金属矿物制品业	4	126	102	77345	495478
水泥、石灰和石膏的制造	2	3	2	6938	14755
水泥及石膏制品制造	0	0	0	0	0
玻璃及玻璃制品制造	0	121	98	12175	268780
陶瓷制品制造	2	2	2	58232	211943
黑色金属冶炼及压延加工业	2	320	61	1859011	13856674
炼铁	0	0	0	0	0
钢压延加工	2	320	61	1859011	13856674
有色金属冶炼及压延加工业	6	24	23	113159	2107146
常用有色金属冶炼	2	3	3	83617	2009967
稀有稀土金属冶炼	1	6	5	12642	69769
有色金属合金制造	2	5	5	6250	18410
有色金属压延加工	1	10	10	10650	9000

大中型工业企业科技活动情况(三)(续表3)

	企业办科技机构数(个)	科技项目数(项)	新产品项目数	项目经费(千元)	新产品销售收入(千元)
金属制品业	6	68	41	73097	579479
结构性金属制品制造	2	4	3	29042	0
集装箱及金属包装容器制造	2	8	7	22995	218285
建筑、安全用金属制品制造	0	0	0	0	0
金属表面处理及热处理加工	0	0	0	0	0
搪瓷制品制造	1	1	1	400	4214
其他金属制品制造	1	55	30	20660	356980
通用设备制造业	35	290	214	380460	3218157
锅炉及原动机制造	3	100	70	91873	1383870
金属加工机械制造	4	25	23	17242	83543
起重运输设备制造	1	6	6	3730	56406
泵、阀门、压缩机及类似机械的制造	4	28	24	16321	129049
轴承、齿轮、传动和驱动部件的制造	4	22	21	64268	680103
风机、衡器、包装设备等通用设备制造	3	50	32	35179	401613
通用零部件制造及机械修理	5	57	36	143077	374490
金属铸、锻加工	11	2	2	8770	109083
专用设备制造业	7	43	40	51327	168720
矿山、冶金、建筑专用设备制造	2	9	9	23509	101560
化工、木材、非金属加工专用设备制造	2	5	4	6440	2
电子和电工机械专用设备制造	1	5	5	16270	3300
环保、社会公共安全及其他专用设备制造	2	24	22	5108	63858
交通运输设备制造业	25	622	545	891867	13227268
铁路运输设备制造	1	35	35	47815	305230
汽车制造	15	497	431	651249	8057374
摩托车制造	0	0	0	0	0
船舶及浮动装置制造	2	35	28	82240	4056340
航空航天器制造	7	55	51	110563	808324

大中型工业企业科技活动情况(三)(续表4)

	企业办科技机构数(个)	科技项目数(项)	新产品项目数	项目经费(千元)	新产品销售收入(千元)
电气机械及器材制造业	12	122	71	357523	5784049
电机制造	0	1	1	508	1503
输配电及控制设备制造	7	55	53	235736	2708840
电线、电缆、光缆及电工器材制造	0	0	0	0	0
电池制造	0	0	0	0	0
家用电力器具制造	3	9	5	116579	3051248
照明器具制造	1	44	7	1500	18910
其他电气机械及器材制造	1	13	5	3200	3548
通信设备、计算机及其他电子设备制造业	42	479	359	1124301	21829664
通信设备制造	18	161	132	489731	19123299
雷达及配套设备制造	5	88	85	91525	217319
广播电视设备制造	1	9	3	10379	221885
电子计算机制造	8	30	27	74845	116893
电子器件制造	8	156	77	96992	1650056
电子元件制造	1	27	27	73469	500212
家用视听设备制造	1	8	8	287360	0
其他电子设备制造	0	0	0	0	0
仪器仪表及文化、办公用机械制造业	8	275	125	193722	1904144
通用仪器仪表制造	3	237	93	164540	1619109
光学仪器及眼镜制造	5	38	32	29182	285035
文化、办公用机械制造	0	0	0	0	0
工艺品及其他制造业	0	0	0	0	0
工艺美术品制造	0	0	0	0	0
废弃资源和废旧材料回收加工业	0	0	0	0	0
金属废料和碎屑的加工处理	0	0	0	0	0
电力、燃气及水的生产和供应业	1	5	0	4180	0
电力、热力的生产和供应业	0	0	0	0	0
电力生产	0	0	0	0	0
燃气生产和供应业	0	0	0	0	0
燃气生产和供应业	0	0	0	0	0

大中型工业企业科技活动情况(三)(续表5)

	企业办科技机构数(个)	科技项目数(项)	新产品项目数	项目经费(千元)	新产品销售收入(千元)
水的生产和供应业	1	5	0	4180	0
自来水的生产和供应	1	5	0	4180	0
二、按登记注册类型分组					
内资企业	146	2806	1787	6287919	58654669
国有企业	28	1143	515	2362637	23876734
集体企业	0	0	0	0	0
股份合作企业	1	2	2	3100	195033
联营企业	0	0	0	0	0
集体联营企业	0	0	0	0	0
有限责任公司	76	1349	1023	3484293	28418937
国有独资公司	12	242	217	620046	6140959
其他有限责任公司	64	1107	806	2864247	22277978
股份有限公司	24	194	154	279150	3283417
私营企业	16	102	77	138489	2785625
私营独资企业	0	0	0	0	0
私营有限责任公司	13	86	68	97801	2514990
私营股份有限公司	3	16	9	40688	270635
其他企业	1	16	16	20250	94923
港、澳、台商投资企业	23	201	146	408566	4538931
合资经营企业(港或澳、台资)	3	141	94	101173	1453896
港、澳、台商独资经营企业	20	60	52	307393	3085035
外商投资企业	23	174	145	1097317	25165860
中外合资经营企业	13	107	90	530830	20904175
中外合作经营企业	0	0	0	0	45270
外资企业	8	64	52	482870	2206448
外商投资股份有限公司	2	3	3	83617	2009967
三、按企业规模分组					
大型企业	69	1731	1025	5746740	50257712
中型企业	123	1450	1053	2047062	38101748

大中型工业企业科技活动情况(四)

	专利申请数(件)	发明专利	技术改造经费支出(千元)	技术引进经费支出(千元)	消化吸收经费支出(千元)	购买国内技术经费支出(千元)
总　计	**1483**	**543**	**9413202**	**534588**	**27099**	**101490**
一、按工业行业中类分组						
采矿业	8	6	7066	0	3200	0
黑色金属矿采选业	5	3	0	0	0	0
铁矿采选	5	3	0	0	0	0
有色金属矿采选业	3	3	4200	0	3200	0
常用有色金属矿采选	3	3	4200	0	3200	0
非金属矿采选业	0	0	2866	0	0	0
化学矿采选	0	0	2866	0	0	0
制造业	1475	537	6861096	534588	23899	101490
农副食品加工业	27	13	22142	5200	3000	1500
屠宰及肉类加工	27	13	22142	5200	3000	1500
食品制造业	0	0	4000	0	0	0
焙烤食品制造	0	0	0	0	0	0
糖果、巧克力及蜜饯制造	0	0	0	0	0	0
方便食品制造	0	0	0	0	0	0
液体乳及乳制品制造	0	0	4000	0	0	0
其他食品制造	0	0	0	0	0	0
饮料制造业	0	0	0	0	0	0
酒的制造	0	0	0	0	0	0
软饮料制造	0	0	0	0	0	0
烟草制品业	0	0	0	0	0	0
卷烟制造	0	0	0	0	0	0
纺织业	0	0	0	0	0	0
棉、化纤纺织及印染精加工	0	0	0	0	0	0
毛纺织和染整精加工	0	0	0	0	0	0
纺织制成品制造	0	0	0	0	0	0
针织品、编织品及其制品制造	0	0	0	0	0	0
纺织服装、鞋、帽制造业	18	9	983	0	0	0
纺织服装制造	18	9	983	0	0	0

大中型工业企业科技活动情况(四)(续表1)

	专利申请数(件)	发明专利	技术改造经费支出(千元)	技术引进经费支出(千元)	消化吸收经费支出(千元)	购买国内技术经费支出(千元)
皮革、毛皮、羽毛(绒)及其制品业	0	0	0	0	0	0
皮革制品制造	0	0	0	0	0	0
羽毛(绒)加工及制品制造	0	0	0	0	0	0
家具制造业	0	0	0	0	0	0
木质家具制造	0	0	0	0	0	0
金属家具制造	0	0	0	0	0	0
造纸及纸制品业	0	0	0	0	0	0
造纸	0	0	0	0	0	0
纸制品制造	0	0	0	0	0	0
印刷业和记录媒介的复制	0	0	0	0	0	0
印刷	0	0	0	0	0	0
文教体育用品制造业	0	0	200	50	0	0
文化用品制造	0	0	0	0	0	0
体育用品制造	0	0	0	0	0	0
乐器制造	0	0	200	50	0	0
石油加工、炼焦及核燃料加工业	0	0	1669020	0	0	0
精炼石油产品的制造	0	0	1669020	0	0	0
化学原料及化学制品制造业	54	46	2198183	14193	1000	5186
基础化学原料制造	47	43	2177783	14193	1000	1600
肥料制造	0	0	0	0	0	0
农药制造	3	1	15713	0	0	3586
涂料、油墨、颜料及类似产品制造	0	0	800	0	0	0
合成材料制造	4	2	1887	0	0	0
专用化学产品制造	0	0	2000	0	0	0
日用化学产品制造	0	0	0	0	0	0
医药制造业	58	35	51290	0	0	0
化学药品原药制造	0	0	0	0	0	0

大中型工业企业科技活动情况(四)(续表 2)

	专利申请数(件)	发明专利	技术改造经费支出(千元)	技术引进经费支出(千元)	消化吸收经费支出(千元)	购买国内技术经费支出(千元)
化学药品制剂制造	50	27	800	0	0	0
中成药制造	8	8	50490	0	0	0
化学纤维制造业	10	5	179430	1170	0	0
纤维素纤维原料及纤维制造	10	5	1430	0	0	0
合成纤维制造	0	0	178000	1170	0	0
橡胶制品业	0	0	67220	0	0	0
轮胎制造	0	0	0	0	0	0
橡胶板、管、带的制造	0	0	67220	0	0	0
塑料制品业	12	6	650	0	0	0
塑料薄膜制造	0	0	650	0	0	0
塑料板、管、型材的制造	2	0	0	0	0	0
塑料丝、绳及编织品的制造	0	0	0	0	0	0
泡沫塑料制造	6	6	0	0	0	0
其他塑料制品制造	4	0	0	0	0	0
非金属矿物制品业	176	4	16630	0	0	100
水泥、石灰和石膏的制造	0	0	3800	0	0	0
水泥及石膏制品制造	0	0	0	0	0	0
玻璃及玻璃制品制造	9	2	12830	0	0	100
陶瓷制品制造	167	2	0	0	0	0
黑色金属冶炼及压延加工业	140	56	1341139	25642	0	29593
炼铁	0	0	0	0	0	0
钢压延加工	140	56	1341139	25642	0	29593
有色金属冶炼及压延加工业	46	24	18544	0	0	0
常用有色金属冶炼	33	20	17643	0	0	0
稀有稀土金属冶炼	6	3	901	0	0	0
有色金属合金制造	1	1	0	0	0	0
有色金属压延加工	6	0	0	0	0	0

大中型工业企业科技活动情况(四)(续表3)

	专利申请数(件)	发明专利	技术改造经费支出(千元)	技术引进经费支出(千元)	消化吸收经费支出(千元)	购买国内技术经费支出(千元)
金属制品业	34	10	14540	18826	473	3623
结构性金属制品制造	0	0	5000	0	150	3000
集装箱及金属包装容器制造	29	7	3560	0	0	0
建筑、安全用金属制品制造	0	0	0	0	0	0
金属表面处理及热处理加工	0	0	0	0	0	0
搪瓷制品制造	0	0	0	434	0	0
其他金属制品制造	5	3	5980	18392	323	623
通用设备制造业	131	28	302738	14744	12299	40375
锅炉及原动机制造	23	9	181145	14744	12299	39345
金属加工机械制造	29	1	1400	0	0	150
起重运输设备制造	0	0	0	0	0	5
泵、阀门、压缩机及类似机械的制造	10	2	980	0	0	475
轴承、齿轮、传动和驱动部件的制造	27	2	23050	0	0	0
风机、衡器、包装设备等通用设备制造	17	5	85000	0	0	0
通用零部件制造及机械修理	25	9	11163	0	0	0
金属铸、锻加工	0	0	0	0	0	400
专用设备制造业	21	3	11560	0	0	0
矿山、冶金、建筑专用设备制造	9	1	5250	0	0	0
化工、木材、非金属加工专用设备制造	0	0	0	0	0	0
电子和电工机械专用设备制造	9	1	0	0	0	0
环保、社会公共安全及其他专用设备制造	3	1	6310	0	0	0
交通运输设备制造业	212	32	609365	26407	3167	1572
铁路运输设备制造	34	6	59550	3107	3107	0
汽车制造	56	17	314949	18730	0	602
摩托车制造	0	0	0	0	0	0
船舶及浮动装置制造	7	1	229116	0	0	0
航空航天器制造	115	8	5750	4570	60	970

大中型工业企业科技活动情况(四)(续表4)

	专利申请数(件)	发明专利	技术改造经费支出(千元)	技术引进经费支出(千元)	消化吸收经费支出(千元)	购买国内技术经费支出(千元)
电气机械及器材制造业	111	43	32739	20069	0	8015
电机制造	0	0	0	0	0	0
输配电及控制设备制造	41	24	100	0	0	5865
电线、电缆、光缆及电工器材制造	0	0	0	0	0	0
电池制造	0	0	0	0	0	0
家用电力器具制造	65	14	30739	20069	0	2050
照明器具制造	0	0	600	0	0	0
其他电气机械及器材制造	5	5	1300	0	0	100
通信设备、计算机及其他电子设备制造业	335	163	318593	327055	180	11526
通信设备制造	228	96	24220	320	180	0
雷达及配套设备制造	34	12	27550	0	0	11526
广播电视设备制造	12	5	0	0	0	0
电子计算机制造	54	49	2223	0	0	0
电子器件制造	7	1	65730	0	0	0
电子元件制造	0	0	8216	0	0	0
家用视听设备制造	0	0	190654	326735	0	0
其他电子设备制造	0	0	0	0	0	0
仪器仪表及文化、办公用机械制造业	90	60	2130	81232	3780	0
通用仪器仪表制造	82	55	0	76632	0	0
光学仪器及眼镜制造	8	5	2130	4600	3780	0
文化、办公用机械制造	0	0	0	0	0	0
工艺品及其他制造业	0	0	0	0	0	0
工艺美术品制造	0	0	0	0	0	0
废弃资源和废旧材料回收加工业	0	0	0	0	0	0
金属废料和碎屑的加工处理	0	0	0	0	0	0
电力、燃气及水的生产和供应业	0	0	2545040	0	0	0
电力、热力的生产和供应业	0	0	2545040	0	0	0
电力生产	0	0	2545040	0	0	0
燃气生产和供应业	0	0	0	0	0	0
燃气生产和供应业	0	0	0	0	0	0

大中型工业企业科技活动情况(四)(续表5)

	专利申请数(件)	发明专利	技术改造经费支出(千元)	技术引进经费支出(千元)	消化吸收经费支出(千元)	购买国内技术经费支出(千元)
水的生产和供应业	0	0	0	0	0	0
自来水的生产和供应	0	0	0	0	0	0
二、按登记注册类型分组						
内资企业	1153	376	8667615	72226	11800	58280
国有企业	255	116	1997945	33312	4490	2223
集体企业	0	0	0	0	0	0
股份合作企业	0	0	0	0	0	0
联营企业	0	0	0	0	0	0
集体联营企业	0	0	0	0	0	0
有限责任公司	533	167	2394910	33944	3200	50177
国有独资公司	147	34	1479105	6950	0	970
其他有限责任公司	386	133	915805	26994	3200	49207
股份有限公司	278	63	4235767	320	180	2875
私营企业	72	19	38993	4650	3930	3005
私营独资企业	0	0	0	0	0	0
私营有限责任公司	51	13	33743	4650	3930	3005
私营股份有限公司	21	6	5250	0	0	0
其他企业	15	11	0	0	0	0
港、澳、台商投资企业	106	52	276952	19944	15299	40910
合资经营企业(港或澳、台资)	23	6	169845	14744	12299	39345
港、澳、台商独资经营企业	83	46	107107	5200	3000	1565
外商投资企业	224	115	468635	442418	0	2300
中外合资经营企业	164	83	250262	115249	0	2200
中外合作经营企业	0	0	0	0	0	0
外资企业	27	12	200730	327169	0	100
外商投资股份有限公司	33	20	17643	0	0	0
三、按企业规模分组						
大型企业	650	223	6122427	395423	19406	89362
中型企业	833	320	3290775	139165	7693	12128

指标解释

科技活动人员：指工业企业在报告年度直接从事或参与科技活动的人员，包括参加科技项目人员、从事科技活动管理和为科技活动提供直接服务的人员（包括工人）。科技活动人员不包括全年累计从事科技活动时间不足制度工作时间10%的人员，也不包括为科技活动提供间接服务的保卫、医疗保健、司机、食堂人员、茶炉工、水暖工、清洁工等人员。

高中级技术职称人员：指企业科技活动人员中已评定高级和中级技术职称（职务）的人员。高级技术职称人员包括：高级工程师、高级经济师、高级会计师、高级统计师、正副教授、正副研究员等；中级技术职称人员包括：工程师、经济师、会计师、统计师、讲师、助理研究员等。

无高中级技术职称的大学本科及以上学历人员：指企业科技活动人员中尚未评定高级和中级技术职称（职务）但拥有大学本科及以上学历的人员。

研究与试验发展（R&D）人员：指企业科技活动人员中从事基础研究、应用研究和试验发展三类活动的人员。包括直接参加上述三类项目活动的人员及这三类项目的管理和直接服务人员。上述三类项目的管理和直接服务人员，可按研究与试验发展（R&D）项目人员占全部科技项目人员的比重进行推算。

科技活动经费筹集总额：指企业在报告年度从各种渠道筹集到的计划用于科技活动的经费，包括企业资金、金融机构贷款、政府资金、国外资金、其他资金等。

科技活动经费筹集总额统计应注意的问题：在实际工作中，企业在为科技活动筹集经费时一般不考虑科技人员的劳务费，如企业开发某一项目准备投资100万元，一般不包括科技人员的劳务费。因此，在科技活动经费筹集总额统计应包括科技活动人员劳务费。

企业资金：指报告年度本企业从自有资金中提取或接受在国内注册的其他企业委托获得的计划用于科技活动的经费。

政府资金：指企业从各级政府部门获得的计划用于科技活动的经费，包括科技专项费、科研基建费、政府专项基金（如中小企业创新基金）等。

科技活动经费支出总额：指企业在报告年度实际支出的全部科技活动费用，包括列入技术开发的经费支出以及技措技改等资金实际用于科技活动的支出。不包括生产性支出和归还贷款支出。科技活动经费支出总额分为企业内部开展科技活动的经费支出和委托外单位开展科技活动的经费支出。

企业内部开展科技活动经费支出：指企业在报告年度用于内部开展科技活动实际支出的费用，包括外协加工费。不包括委托研制或合作研制而支付给外单位的经费。科技活动经费内部支出按用途分为科技活动人员劳务费、原材料费、购买与自制设备支出和其他支出。

研究与试验发展（R&D）经费支出：指报告年度在企业科技活动经费内部支出中用于基础研究、应用研究和试验发展三类项目以及这三类项目的管理和服务的费用支出。不论何种经费来源，只要实际用于上述三类项目的经费支出都应计算在内。具体计算办法：可将企业全部科技项目中确定为基础研究、应用研究和试验发展三类项目的经费支出加总，再加上按上述三类项目支出占全部科技项目经费支出比重计算分摊的科技管理和服务费用取得。上述三类项目经费支出包括的内容与科技活动经费内部支出按用途分组所列的支出项一致。

新产品开发经费支出：指报告年度内在企业科技活动经费内部支出中用于新产品研究开发的经费支出。包括新产品的研究、设计、模型研制、测试、试验等费用支出。

全部科技项目数：指企业在报告年度当年立项并开展研制工作、以前年份立项仍继续进行研制的科技项目数，包括当年完成和年内研制工作已告失败的科技项目，但不包括委托外单位进行研制的科技项目。

新产品开发项目数：指企业在报告年度进行的全部科技项目中，属于新产品研制开发的项目数。

研究与试验发展项目数：指企业在报告年度进行的全部科技项目中，属于研究与试验发展的项目数。

全部科技项目经费内部支出合计：指报告年度本企业内部进行的全部科技项目的经费支出总额。包括外协加工费，但不包括因委托或与外单位合作而支付给对方的经费，也不包括企业科技管理部门的费用和用于科研目的基建支出，以及为科技活动提供间接服务人员的费用等。

企业办科技机构数：企业办科技机构是指企业自办、或与外单位合办，管理上同生产系统相对独立、或者单独核算的专门科技活动机构，如企业开办的技术中心、研究院所、开发中心、开发部、实验室、中试车间、试验基地等。企业办科技机构经过资源整合，被国家或省级有关部门认定为国家级或省级技术中心的，可按一个机构填报。企业科技管理职能科室（如科研处、技术科等）一般不统计在内；若科研处、技术科等同时挂有科技机构牌子，视其报告年度内主要工作任务而定，主要任务是从事科技活动的可以统计，否则不统计。本指标不含企业在中国境外设立的科技机构数。

机构科技活动人员：指企业办科技机构中从事科技活动的人员数合计，与企业科技活动人员的统计口径一致。

新产品销售收入：指报告年度本企业销售新产品实现的销售收入。

专利申请数：指企业在报告年度内向专利行政部门提出专利申请并被受理的件数。

发明专利申请数：指企业在报告年度内向专利行政部门提出发明专利申请并被受理的件数。

技术改造经费支出：指本企业在报告年度进行技术改造而发生的费用支出。技术改造指企业在坚持科技进步的前提下，将科技成果应用于生产的各个领域（产品、设备、工艺等），用先进技术改造落后技术，用先进工艺代替落后工艺、设备，实现以内涵为主的扩大再生产，从而提高产品质量、促进产品更新换代、节约能源、降低消耗，全面提高综合经济效益。

在技术改造经费支出中，属于研究与试验发展的经费支出，除了包含在本项外，还要计入企业研究与试验发展经费支出中。

引进国外技术经费支出：指企业在报告年度用于购买国外技术的费用支出，包括产品设计、工艺流程、图纸、配方、专利等技术资料的费用支出，以及购买关键设备、仪器、样机和样件等的费用支出。

引进技术的消化吸收经费支出：指本企业在报告年度对国外引进项目进行消化吸收所支付的经费。包括：人员培训费、测绘费、参加消化吸收人员的工资、工装、工艺开发费、必备的配套设备费、翻版费等。引进技术的消化吸收指对引进技术的掌握、应用、复制而开展的工作，以及在此基础上的创新。通过消化吸收国外技术，达到掌握引进技术，提高自我创新能力的目的。消化吸收经费支出中属于研究与试验发展的经费支出，除包含在本项外，还要计入企业研究与试验发展经费支出中。

购买国内技术经费支出：指本企业在报告年度购买国内其他单位科技成果的经费支出。包括购买产品设计、工艺流程、图纸、配方、专利、技术诀窍及关键设备的费用支出。

●能　源

规模以上工业能源购进、消费与库存

	计量单位	企业单位数（个）	年初库存量	购进量	
				实物量	金额（千元）
原煤	万吨	582	48.26	1512.00	9938072
洗精煤	万吨	5	22.26	588.00	8089630
其他洗煤	万吨	5	8.73	61.00	356809
煤制品	万吨	5	0	1.00	7934
型煤	万吨	2	0	0.00	272
水煤浆	万吨	2	0	1.00	6722
煤粉	万吨	1	0	0.00	940
焦炭	万吨	106	6.88	86.00	1948361
其他焦化产品	万吨	1	0	0.00	950
焦炉煤气	亿立方米	6	0	0.00	435
高炉煤气	亿立方米	4	0	24.00	75200
其他煤气	亿立方米	6	0	0.00	4351
天然气	亿立方米	52	0	14.00	2385768
液化天然气	万吨	7	0	0.00	4948
原油	万吨	3	35.45	1884.00	86966941
汽油	万吨	1404	0.03	4.00	223053
煤油	万吨	70	0.01	0.00	10647
柴油	万吨	926	0.48	14.00	851823
燃料油	万吨	33	1.60	12.00	433030
液化石油气	万吨	94	0.12	3.00	163431
炼厂干气	万吨	6	0	2.00	38194
其他石油制品	万吨	57	26.91	498.00	36887883
热力合计	万百万千焦	125	0	3029.00	1386727
电力合计	亿千瓦时	3430	0	148.00	10086752
其他燃料	万吨标准煤	4	0	0.00	2607
煤矸石	万吨	2	0	1.00	2136
生物质能	万吨标准煤	0	0	0	0
工业废料	万吨标准煤	2	0	0.00	471
城市固体垃圾	万吨标准煤	0	0	0	0
能源合计	万吨标准煤	3430	0	0	0

规模以上工业能源购进、消费与库存(续表 1)

	计量单位	消费量		
		合计	1. 工业生产消费	
				用于原材料
原煤	万吨	1466.94	1463.64	130.58
洗精煤	万吨	590.99	590.99	0
其他洗煤	万吨	64.54	64.54	0
煤制品	万吨	1.07	1.06	0
型煤	万吨	0.02	0.02	0
水煤浆	万吨	0.90	0.89	0
煤粉	万吨	0.15	0.15	0
焦炭	万吨	412.38	412.38	0.71
其他焦化产品	万吨	0.08	0.08	0
焦炉煤气	亿立方米	6.01	6.01	0
高炉煤气	亿立方米	120.76	120.76	0
其他煤气	亿立方米	4.10	3.73	0
天然气	亿立方米	13.84	13.82	0
液化天然气	万吨	0.09	0.08	0
原油	万吨	1878.75	1878.75	0
汽油	万吨	3.68	2.67	0.01
煤油	万吨	0.16	0.16	0.01
柴油	万吨	14.15	13.03	0.04
燃料油	万吨	25.15	25.15	0
液化石油气	万吨	25.85	25.83	0
炼厂干气	万吨	52.97	52.97	0
其他石油制品	万吨	921.93	921.88	421.23
热力合计	万百万千焦	7226.02	7101.81	0
电力合计	亿千瓦时	191.58	189.12	0
其他燃料	万吨标准煤	0.22	0.22	0.01
煤矸石	万吨	1.18	1.18	0
生物质能	万吨标准煤	0	0	0
工业废料	万吨标准煤	0.01	0.01	0.01
城市固体垃圾	万吨标准煤	0	0	0
能源合计	万吨标准煤	6943.88	6929.96	0

规模以上工业能源购进、消费与库存(续表 2)

	计量单位			年末库存量
		2. 非工业生产消费	合计中:运输工具消费	
原煤	万吨	3.30	0	64.06
洗精煤	万吨	0	0	19.72
其他洗煤	万吨	0	0	4.90
煤制品	万吨	0.01	0	0.01
型煤	万吨	0	0	0.01
水煤浆	万吨	0.01	0	0
煤粉	万吨	0	0	0
焦炭	万吨	0	0	3.02
其他焦化产品	万吨	0	0	0
焦炉煤气	亿立方米	0	0	0
高炉煤气	亿立方米	0	0	0
其他煤气	亿立方米	0.37	0	0
天然气	亿立方米	0.01	0	0
液化天然气	万吨	0	0	0
原油	万吨	0	0	40.40
汽油	万吨	1.01	1.08	0.03
煤油	万吨	0	0.00	0
柴油	万吨	1.12	1.92	0.32
燃料油	万吨	0	0	1.82
液化石油气	万吨	0.02	0	0.12
炼厂干气	万吨	0	0	0
其他石油制品	万吨	0.05	0	11.68
热力合计	万百万千焦	124.22	0	0
电力合计	亿千瓦时	2.46	0	0
其他燃料	万吨标准煤	0	0	0
煤矸石	万吨	0	0	0
生物质能	万吨标准煤	0	0	0
工业废料	万吨标准煤	0	0	0
城市固体垃圾	万吨标准煤	0	0	0
能源合计	万吨标准煤	13.92	0	0

规模以上工业企业分行业主要能源消费量(一)

	一、原煤(吨)	二、洗精煤(吨)	三、其他洗煤(吨)	四、煤制品(吨)
总计	**14669443**	**5909876**	**645416**	**10690**
采矿业	29137	4859	0	0
黑色金属矿采选业	8046	0	0	0
铁矿采选	8046	0	0	0
有色金属矿采选业	338	0	0	0
常用有色金属矿采选	338	0	0	0
贵金属矿采选	0	0	0	0
非金属矿采选业	20753	4859	0	0
土砂石开采	17179	4859	0	0
化学矿采选	3574	0	0	0
石棉及其他非金属矿采选	0	0	0	0
制造业	6398102	5905017	162051	10690
农副食品加工业	19202	0	0	7361
谷物磨制	7944	0	0	0
饲料加工	356	0	0	0
植物油加工	7441	0	0	0
屠宰及肉类加工	3037	0	0	7361
水产品加工	0	0	0	0
蔬菜、水果和坚果加工	234	0	0	0
其他农副食品加工	190	0	0	0
食品制造业	19525	0	0	0
焙烤食品制造	0	0	0	0
糖果、巧克力及蜜饯制造	0	0	0	0
方便食品制造	14820	0	0	0
液体乳及乳制品制造	3207	0	0	0
罐头制造	0	0	0	0
调味品、发酵制品制造	0	0	0	0
其他食品制造	1498	0	0	0
饮料制造业	10550	0	0	0
酒的制造	6660	0	0	0

规模以上工业企业分行业主要能源消费量(一)(续表1)

	一、原煤(吨)	二、洗精煤(吨)	三、其他洗煤(吨)	四、煤制品(吨)
软饮料制造	3890	0	0	0
精制茶加工	0	0	0	0
烟草制品业	0	0	0	0
卷烟制造	0	0	0	0
纺织业	19082	0	153	0
棉、化纤纺织及印染精加工	9885	0	153	0
毛纺织和染整精加工	941	0	0	0
麻纺织	375	0	0	0
丝绢纺织及精加工	872	0	0	0
纺织制成品制造	6081	0	0	0
针织品、编织品及其制品制造	928	0	0	0
纺织服装、鞋、帽制造业	21939	0	915	0
纺织服装制造	21839	0	915	0
纺织面料鞋的制造	28	0	0	0
制帽	72	0	0	0
皮革、毛皮、羽毛(绒)及其制品业	2700	0	0	0
皮革鞣制加工	0	0	0	0
皮革制品制造	50	0	0	0
毛皮鞣制及制品加工	0	0	0	0
羽毛(绒)加工及制品制造	2650	0	0	0
木材加工及木、竹、藤、棕、草制品业	5365	0	0	0
人造板制造	5365	0	0	0
木制品制造	0	0	0	0
竹、藤、棕、草制品制造	0	0	0	0
家具制造业	200	0	0	0
木质家具制造	200	0	0	0
竹、藤家具制造	0	0	0	0
金属家具制造	0	0	0	0
塑料家具制造	0	0	0	0
其他家具制造	0	0	0	0

规模以上工业企业分行业主要能源消费量(一)(续表 2)

	一、原煤(吨)	二、洗精煤(吨)	三、其他洗煤(吨)	四、煤制品(吨)
造纸及纸制品业	33363	0	0	0
造纸	18234	0	0	0
纸制品制造	15129	0	0	0
印刷业和记录媒介的复制	504	0	0	0
印刷	504	0	0	0
装订及其他印刷服务活动	0	0	0	0
记录媒介的复制	0	0	0	0
文教体育用品制造业	3020	0	0	0
文化用品制造	0	0	0	0
体育用品制造	2629	0	0	0
乐器制造	81	0	0	0
玩具制造	310	0	0	0
石油加工、炼焦及核燃料加工业	1778925	0	0	0
精炼石油产品的制造	1778925	0	0	0
化学原料及化学制品制造业	1962915	0	0	206
基础化学原料制造	1794889	0	0	206
肥料制造	4418	0	0	0
农药制造	54906	0	0	0
涂料、油墨、颜料及类似产品制造	25935	0	0	0
合成材料制造	15936	0	0	0
专用化学产品制造	54009	0	0	0
日用化学产品制造	12822	0	0	0
医药制造业	10674	1164	0	1593
化学药品原药制造	2704	0	0	0
化学药品制剂制造	1714	1164	0	1593
中药饮片加工	0	0	0	0
中成药制造	6244	0	0	0
兽用药品制造	0	0	0	0
生物、生化制品的制造	0	0	0	0
卫生材料及医药用品制造	12	0	0	0

规模以上工业企业分行业主要能源消费量(一)(续表3)

	一、原煤(吨)	二、洗精煤(吨)	三、其他洗煤(吨)	四、煤制品(吨)
化学纤维制造业	226550	0	0	0
纤维素纤维原料及纤维制造	99330	0	0	0
合成纤维制造	127220	0	0	0
橡胶制品业	24686	0	0	0
轮胎制造	0	0	0	0
橡胶板、管、带的制造	19041	0	0	0
橡胶零件制造	0	0	0	0
再生橡胶制造	3444	0	0	0
其他橡胶制品制造	2201	0	0	0
塑料制品业	18482	0	0	0
塑料薄膜制造	2708	0	0	0
塑料板、管、型材的制造	352	0	0	0
塑料丝、绳及编织品的制造	265	0	0	0
泡沫塑料制造	12957	0	0	0
塑料包装箱及容器制造	634	0	0	0
塑料零件制造	0	0	0	0
日用塑料制造	690	0	0	0
其他塑料制品制造	876	0	0	0
非金属矿物制品业	1854405	0	0	0
水泥、石灰和石膏的制造	1699569	0	0	0
水泥及石膏制品制造	95111	0	0	0
砖瓦、石材及其他建筑材料制造	9402	0	0	0
玻璃及玻璃制品制造	25319	0	0	0
陶瓷制品制造	22791	0	0	0
耐火材料制品制造	652	0	0	0
石墨及其他非金属矿物制品制造	1561	0	0	0
黑色金属冶炼及压延加工业	144530	5903853	160983	0
炼铁	9806	0	160581	0
炼钢	0	0	0	0
钢压延加工	131114	5903853	402	0

规模以上工业企业分行业主要能源消费量(一)(续表4)

	一、原煤(吨)	二、洗精煤(吨)	三、其他洗煤(吨)	四、煤制品(吨)
铁合金冶炼	3610	0	0	0
有色金属冶炼及压延加工业	58688	0	0	0
常用有色金属冶炼	46120	0	0	0
贵金属冶炼	5	0	0	0
稀有稀土金属冶炼	734	0	0	0
有色金属合金制造	365	0	0	0
有色金属压延加工	11464	0	0	0
金属制品业	25700	0	0	0
结构性金属制品制造	3580	0	0	0
金属工具制造	858	0	0	0
集装箱及金属包装容器制造	416	0	0	0
金属丝绳及其制品的制造	99	0	0	0
建筑、安全用金属制品制造	2839	0	0	0
金属表面处理及热处理加工	10109	0	0	0
搪瓷制品制造	0	0	0	0
不锈钢及类似日用金属制品制造	0	0	0	0
其他金属制品制造	7799	0	0	0
通用设备制造业	55902	0	0	1506
锅炉及原动机制造	261	0	0	0
金属加工机械制造	2313	0	0	0
起重运输设备制造	2764	0	0	0
泵、阀门、压缩机及类似机械的制造	540	0	0	0
轴承、齿轮、传动和驱动部件的制造	257	0	0	0
烘炉、熔炉及电炉制造	0	0	0	0
风机、衡器、包装设备等通用设备制造	84	0	0	0
通用零部件制造及机械修理	4067	0	0	0
金属铸、锻加工	45616	0	0	1506
专用设备制造业	12955	0	0	0
矿山、冶金、建筑专用设备制造	5657	0	0	0
化工、木材、非金属加工专用设备制造	0	0	0	0

规模以上工业企业分行业主要能源消费量(一)(续表 5)

	一、原煤(吨)	二、洗精煤(吨)	三、其他洗煤(吨)	四、煤制品(吨)
食品、饮料、烟草及饲料生产专用设备制造	1203	0	0	0
印刷、制药、日化生产专用设备制造	0	0	0	0
纺织、服装和皮革工业专用设备制造	0	0	0	0
电子和电工机械专用设备制造	1483	0	0	0
农、林、牧、渔专用机械制造	1032	0	0	0
医疗仪器设备及器械制造	460	0	0	0
环保、社会公共安全及其他专用设备制造	3120	0	0	0
交通运输设备制造业	62669	0	0	0
铁路运输设备制造	13097	0	0	0
汽车制造	44207	0	0	0
摩托车制造	195	0	0	0
自行车制造	0	0	0	0
船舶及浮动装置制造	552	0	0	0
航空航天器制造	3648	0	0	0
交通器材及其他交通运输设备制造	970	0	0	0
电气机械及器材制造业	13495	0	0	0
电机制造	1224	0	0	0
输配电及控制设备制造	4089	0	0	0
电线、电缆、光缆及电工器材制造	1809	0	0	0
电池制造	0	0	0	0
家用电力器具制造	0	0	0	0
非电力家用器具制造	0	0	0	0
照明器具制造	6373	0	0	0
其他电气机械及器材制造	0	0	0	0
通信设备、计算机及其他电子设备制造业	9785	0	0	0
通信设备制造	3592	0	0	0
雷达及配套设备制造	0	0	0	0
广播电视设备制造	0	0	0	0
电子计算机制造	0	0	0	0
电子器件制造	1980	0	0	0

规模以上工业企业分行业主要能源消费量(一)(续表6)

	一、原煤(吨)	二、洗精煤(吨)	三、其他洗煤(吨)	四、煤制品(吨)
电子元件制造	4213	0	0	0
家用视听设备制造	0	0	0	0
其他电子设备制造	0	0	0	0
仪器仪表及文化、办公用机械制造业	155	0	0	24
通用仪器仪表制造	155	0	0	0
专用仪器仪表制造	0	0	0	0
光学仪器及眼镜制造	0	0	0	24
文化、办公用机械制造	0	0	0	0
其他仪器仪表的制造及修理	0	0	0	0
工艺品及其他制造业	306	0	0	0
工艺美术品制造	24	0	0	0
日用杂品制造	282	0	0	0
其他未列明的制造业	0	0	0	0
废弃资源和废旧材料回收加工业	1830	0	0	0
金属废料和碎屑的加工处理	1830	0	0	0
电力、燃气及水的生产和供应业	8242204	0	483365	0
电力、热力的生产和供应业	8242204	0	483365	0
电力生产	8127754	0	483365	0
电力供应	114450	0	0	0
燃气生产和供应业	0	0	0	0
燃气生产和供应业	0	0	0	0
水的生产和供应业	0	0	0	0
自来水的生产和供应	0	0	0	0
污水处理及其再生利用	0	0	0	0

规模以上工业企业分行业主要能源消费量(二)

	五、型煤合计(吨)	六、水煤浆合计(吨)	七、煤粉合计(吨)	八、焦炭合计(吨)
总 计	**230**	**8954**	**1506**	**4123810**
采矿业	0	0	0	0
黑色金属矿采选业	0	0	0	0
铁矿采选	0	0	0	0
有色金属矿采选业	0	0	0	0
常用有色金属矿采选	0	0	0	0
贵金属矿采选	0	0	0	0
非金属矿采选业	0	0	0	0
土砂石开采	0	0	0	0
化学矿采选	0	0	0	0
石棉及其他非金属矿采选	0	0	0	0
制造业	230	8954	1506	4123810
农副食品加工业	0	7361	0	93
谷物磨制	0	0	0	93
饲料加工	0	0	0	0
植物油加工	0	0	0	0
屠宰及肉类加工	0	7361	0	0
水产品加工	0	0	0	0
蔬菜、水果和坚果加工	0	0	0	0
其他农副食品加工	0	0	0	0
食品制造业	0	0	0	0
焙烤食品制造	0	0	0	0
糖果、巧克力及蜜饯制造	0	0	0	0
方便食品制造	0	0	0	0
液体乳及乳制品制造	0	0	0	0
罐头制造	0	0	0	0
调味品、发酵制品制造	0	0	0	0
其他食品制造	0	0	0	0
饮料制造业	0	0	0	256
酒的制造	0	0	0	0

规模以上工业企业分行业主要能源消费量(二)(续表1)

	五、型煤合计(吨)	六、水煤浆合计(吨)	七、煤粉合计(吨)	八、焦炭合计(吨)
软饮料制造	0	0	0	256
精制茶加工	0	0	0	0
烟草制品业	0	0	0	0
卷烟制造	0	0	0	0
纺织业	0	0	0	145
棉、化纤纺织及印染精加工	0	0	0	0
毛纺织和染整精加工	0	0	0	0
麻纺织	0	0	0	0
丝绢纺织及精加工	0	0	0	0
纺织制成品制造	0	0	0	145
针织品、编织品及其制品制造	0	0	0	0
纺织服装、鞋、帽制造业	0	0	0	655
纺织服装制造	0	0	0	655
纺织面料鞋的制造	0	0	0	0
制帽	0	0	0	0
皮革、毛皮、羽毛(绒)及其制品业	0	0	0	75
皮革鞣制加工	0	0	0	0
皮革制品制造	0	0	0	0
毛皮鞣制及制品加工	0	0	0	75
羽毛(绒)加工及制品制造	0	0	0	0
木材加工及木、竹、藤、棕、草制品业	0	0	0	0
人造板制造	0	0	0	0
木制品制造	0	0	0	0
竹、藤、棕、草制品制造	0	0	0	0
家具制造业	0	0	0	0
木质家具制造	0	0	0	0
竹、藤家具制造	0	0	0	0
金属家具制造	0	0	0	0
塑料家具制造	0	0	0	0
其他家具制造	0	0	0	0

规模以上工业企业分行业主要能源消费量(二)(续表2)

	五、型煤合计(吨)	六、水煤浆合计(吨)	七、煤粉合计(吨)	八、焦炭合计(吨)
造纸及纸制品业	0	0	0	0
造纸	0	0	0	0
纸制品制造	0	0	0	0
印刷业和记录媒介的复制	0	0	0	0
印刷	0	0	0	0
装订及其他印刷服务活动	0	0	0	0
记录媒介的复制	0	0	0	0
文教体育用品制造业	0	0	0	0
文化用品制造	0	0	0	0
体育用品制造	0	0	0	0
乐器制造	0	0	0	0
玩具制造	0	0	0	0
石油加工、炼焦及核燃料加工业	0	0	0	0
精炼石油产品的制造	0	0	0	0
化学原料及化学制品制造业	206	0	0	7340
基础化学原料制造	206	0	0	1633
肥料制造	0	0	0	0
农药制造	0	0	0	0
涂料、油墨、颜料及类似产品制造	0	0	0	4357
合成材料制造	0	0	0	0
专用化学产品制造	0	0	0	1350
日用化学产品制造	0	0	0	0
医药制造业	0	1593	0	0
化学药品原药制造	0	0	0	0
化学药品制剂制造	0	1593	0	0
中药饮片加工	0	0	0	0
中成药制造	0	0	0	0
兽用药品制造	0	0	0	0
生物、生化制品的制造	0	0	0	0
卫生材料及医药用品制造	0	0	0	0

规模以上工业企业分行业主要能源消费量(二)(续表3)

	五、型煤合计(吨)	六、水煤浆合计(吨)	七、煤粉合计(吨)	八、焦炭合计(吨)
化学纤维制造业	0	0	0	0
纤维素纤维原料及纤维制造	0	0	0	0
合成纤维制造	0	0	0	0
橡胶制品业	0	0	0	0
轮胎制造	0	0	0	0
橡胶板、管、带的制造	0	0	0	0
橡胶零件制造	0	0	0	0
再生橡胶制造	0	0	0	0
其他橡胶制品制造	0	0	0	0
塑料制品业	0	0	0	0
塑料薄膜制造	0	0	0	0
塑料板、管、型材的制造	0	0	0	0
塑料丝、绳及编织品的制造	0	0	0	0
泡沫塑料制造	0	0	0	0
塑料包装箱及容器制造	0	0	0	0
塑料零件制造	0	0	0	0
日用塑料制造	0	0	0	0
其他塑料制品制造	0	0	0	0
非金属矿物制品业	0	0	0	1318
水泥、石灰和石膏的制造	0	0	0	1318
水泥及石膏制品制造	0	0	0	0
砖瓦、石材及其他建筑材料制造	0	0	0	0
玻璃及玻璃制品制造	0	0	0	0
陶瓷制品制造	0	0	0	0
耐火材料制品制造	0	0	0	0
石墨及其他非金属矿物制品制造	0	0	0	0
黑色金属冶炼及压延加工业	0	0	0	4015441
炼铁	0	0	0	182980
炼钢	0	0	0	0
钢压延加工	0	0	0	3832434

规模以上工业企业分行业主要能源消费量(二)(续表4)

	五、型煤合计(吨)	六、水煤浆合计(吨)	七、煤粉合计(吨)	八、焦炭合计(吨)
铁合金冶炼	0	0	0	27
有色金属冶炼及压延加工业	0	0	0	27302
常用有色金属冶炼	0	0	0	22493
贵金属冶炼	0	0	0	45
稀有稀土金属冶炼	0	0	0	26
有色金属合金制造	0	0	0	398
有色金属压延加工	0	0	0	4340
金属制品业	0	0	0	4469
结构性金属制品制造	0	0	0	67
金属工具制造	0	0	0	1787
集装箱及金属包装容器制造	0	0	0	0
金属丝绳及其制品的制造	0	0	0	0
建筑、安全用金属制品制造	0	0	0	0
金属表面处理及热处理加工	0	0	0	399
搪瓷制品制造	0	0	0	2201
不锈钢及类似日用金属制品制造	0	0	0	0
其他金属制品制造	0	0	0	15
通用设备制造业	0	0	1506	57027
锅炉及原动机制造	0	0	0	0
金属加工机械制造	0	0	0	1639
起重运输设备制造	0	0	0	0
泵、阀门、压缩机及类似机械的制造	0	0	0	843
轴承、齿轮、传动和驱动部件的制造	0	0	0	53
烘炉、熔炉及电炉制造	0	0	0	0
风机、衡器、包装设备等通用设备制造	0	0	0	1562
通用零部件制造及机械修理	0	0	0	270
金属铸、锻加工	0	0	1506	52660
专用设备制造业	0	0	0	3817
矿山、冶金、建筑专用设备制造	0	0	0	2131
化工、木材、非金属加工专用设备制造	0	0	0	0

规模以上工业企业分行业主要能源消费量(二)(续表5)

	五、型煤合计(吨)	六、水煤浆合计(吨)	七、煤粉合计(吨)	八、焦炭合计(吨)
食品、饮料、烟草及饲料生产专用设备制造	0	0	0	48
印刷、制药、日化生产专用设备制造	0	0	0	0
纺织、服装和皮革工业专用设备制造	0	0	0	0
电子和电工机械专用设备制造	0	0	0	1638
农、林、牧、渔专用机械制造	0	0	0	0
医疗仪器设备及器械制造	0	0	0	0
环保、社会公共安全及其他专用设备制造	0	0	0	0
交通运输设备制造业	0	0	0	4810
铁路运输设备制造	0	0	0	1239
汽车制造	0	0	0	2361
摩托车制造	0	0	0	300
自行车制造	0	0	0	0
船舶及浮动装置制造	0	0	0	910
航空航天器制造	0	0	0	0
交通器材及其他交通运输设备制造	0	0	0	0
电气机械及器材制造业	0	0	0	562
电机制造	0	0	0	160
输配电及控制设备制造	0	0	0	0
电线、电缆、光缆及电工器材制造	0	0	0	402
电池制造	0	0	0	0
家用电力器具制造	0	0	0	0
非电力家用器具制造	0	0	0	0
照明器具制造	0	0	0	0
其他电气机械及器材制造	0	0	0	0
通信设备、计算机及其他电子设备制造业	0	0	0	25
通信设备制造	0	0	0	0
雷达及配套设备制造	0	0	0	0
广播电视设备制造	0	0	0	0
电子计算机制造	0	0	0	0
电子器件制造	0	0	0	0

规模以上工业企业分行业主要能源消费量(二)(续表6)

	五、型煤合计(吨)	六、水煤浆合计(吨)	七、煤粉合计(吨)	八、焦炭合计(吨)
电子元件制造	0	0	0	25
家用视听设备制造	0	0	0	0
其他电子设备制造	0	0	0	0
仪器仪表及文化、办公用机械制造业	24	0	0	0
通用仪器仪表制造	0	0	0	0
专用仪器仪表制造	0	0	0	0
光学仪器及眼镜制造	24	0	0	0
文化、办公用机械制造	0	0	0	0
其他仪器仪表的制造及修理	0	0	0	0
工艺品及其他制造业	0	0	0	0
工艺美术品制造	0	0	0	0
日用杂品制造	0	0	0	0
其他未列明的制造业	0	0	0	0
废弃资源和废旧材料回收加工业	0	0	0	475
金属废料和碎屑的加工处理	0	0	0	475
电力、燃气及水的生产和供应业	0	0	0	0
电力、热力的生产和供应业	0	0	0	0
电力生产	0	0	0	0
电力供应	0	0	0	0
燃气生产和供应业	0	0	0	0
燃气生产和供应业	0	0	0	0
水的生产和供应业	0	0	0	0
自来水的生产和供应	0	0	0	0
污水处理及其再生利用	0	0	0	0

规模以上工业企业分行业主要能源消费量(三)

	九、其他焦化产品合计(吨)	十、焦炉煤气合计(万立方米)	十一、高炉煤气合计(万立方米)	十二、其他煤气合计(万立方米)
总　计	**800**	**60082**	**1207577**	**41032**
采矿业	0	0	0	0
黑色金属矿采选业	0	0	0	0
铁矿采选	0	0	0	0
有色金属矿采选业	0	0	0	0
常用有色金属矿采选	0	0	0	0
贵金属矿采选	0	0	0	0
非金属矿采选业	0	0	0	0
土砂石开采	0	0	0	0
化学矿采选	0	0	0	0
石棉及其他非金属矿采选	0	0	0	0
制造业	800	59907	975295	39015
农副食品加工业	0	0	0	0
谷物磨制	0	0	0	0
饲料加工	0	0	0	0
植物油加工	0	0	0	0
屠宰及肉类加工	0	0	0	0
水产品加工	0	0	0	0
蔬菜、水果和坚果加工	0	0	0	0
其他农副食品加工	0	0	0	0
食品制造业	0	0	0	0
焙烤食品制造	0	0	0	0
糖果、巧克力及蜜饯制造	0	0	0	0
方便食品制造	0	0	0	0
液体乳及乳制品制造	0	0	0	0
罐头制造	0	0	0	0
调味品、发酵制品制造	0	0	0	0
其他食品制造	0	0	0	0
饮料制造业	0	0	0	0
酒的制造	0	0	0	0

规模以上工业企业分行业主要能源消费量(三)(续表1)

	九、其他焦化产品合计(吨)	十、焦炉煤气合计(万立方米)	十一、高炉煤气合计(万立方米)	十二、其他煤气合计(万立方米)
软饮料制造	0	0	0	0
精制茶加工	0	0	0	0
烟草制品业	0	0	0	0
卷烟制造	0	0	0	0
纺织业	0	0	0	0
棉、化纤纺织及印染精加工	0	0	0	0
毛纺织和染整精加工	0	0	0	0
麻纺织	0	0	0	0
丝绢纺织及精加工	0	0	0	0
纺织制成品制造	0	0	0	0
针织品、编织品及其制品制造	0	0	0	0
纺织服装、鞋、帽制造业	0	0	0	0
纺织服装制造	0	0	0	0
纺织面料鞋的制造	0	0	0	0
制帽	0	0	0	0
皮革、毛皮、羽毛(绒)及其制品业	0	0	0	0
皮革鞣制加工	0	0	0	0
皮革制品制造	0	0	0	0
毛皮鞣制及制品加工	0	0	0	0
羽毛(绒)加工及制品制造	0	0	0	0
木材加工及木、竹、藤、棕、草制品业	0	0	0	0
人造板制造	0	0	0	0
木制品制造	0	0	0	0
竹、藤、棕、草制品制造	0	0	0	0
家具制造业	0	0	0	0
木质家具制造	0	0	0	0
竹、藤家具制造	0	0	0	0
金属家具制造	0	0	0	0
塑料家具制造	0	0	0	0
其他家具制造	0	0	0	0

规模以上工业企业分行业主要能源消费量(三)(续表2)

	九、其他焦化产品合计(吨)	十、焦炉煤气合计(万立方米)	十一、高炉煤气合计(万立方米)	十二、其他煤气合计(万立方米)
造纸及纸制品业	0	0	0	0
造纸	0	0	0	0
纸制品制造	0	0	0	0
印刷业和记录媒介的复制	0	0	0	0
印刷	0	0	0	0
装订及其他印刷服务活动	0	0	0	0
记录媒介的复制	0	0	0	0
文教体育用品制造业	0	0	0	0
文化用品制造	0	0	0	0
体育用品制造	0	0	0	0
乐器制造	0	0	0	0
玩具制造	0	0	0	0
石油加工、炼焦及核燃料加工业	0	0	0	0
精炼石油产品的制造	0	0	0	0
化学原料及化学制品制造业	0	0	0	42
基础化学原料制造	0	0	0	0
肥料制造	0	0	0	0
农药制造	0	0	0	0
涂料、油墨、颜料及类似产品制造	0	0	0	0
合成材料制造	0	0	0	0
专用化学产品制造	0	0	0	42
日用化学产品制造	0	0	0	0
医药制造业	0	0	0	0
化学药品原药制造	0	0	0	0
化学药品制剂制造	0	0	0	0
中药饮片加工	0	0	0	0
中成药制造	0	0	0	0
兽用药品制造	0	0	0	0
生物、生化制品的制造	0	0	0	0
卫生材料及医药用品制造	0	0	0	0

规模以上工业企业分行业主要能源消费量(三)(续表 3)

	九、其他焦化产品合计(吨)	十、焦炉煤气合计(万立方米)	十一、高炉煤气合计(万立方米)	十二、其他煤气合计(万立方米)
化学纤维制造业	0	0	0	0
纤维素纤维原料及纤维制造	0	0	0	0
合成纤维制造	0	0	0	0
橡胶制品业	0	0	0	0
轮胎制造	0	0	0	0
橡胶板、管、带的制造	0	0	0	0
橡胶零件制造	0	0	0	0
再生橡胶制造	0	0	0	0
其他橡胶制品制造	0	0	0	0
塑料制品业	0	0	0	0
塑料薄膜制造	0	0	0	0
塑料板、管、型材的制造	0	0	0	0
塑料丝、绳及编织品的制造	0	0	0	0
泡沫塑料制造	0	0	0	0
塑料包装箱及容器制造	0	0	0	0
塑料零件制造	0	0	0	0
日用塑料制造	0	0	0	0
其他塑料制品制造	0	0	0	0
非金属矿物制品业	0	6	7834	30
水泥、石灰和石膏的制造	0	0	0	0
水泥及石膏制品制造	0	0	0	0
砖瓦、石材及其他建筑材料制造	0	6	7834	0
玻璃及玻璃制品制造	0	0	0	0
陶瓷制品制造	0	0	0	30
耐火材料制品制造	0	0	0	0
石墨及其他非金属矿物制品制造	0	0	0	0
黑色金属冶炼及压延加工业	0	59873	967461	38943
炼铁	0	0	0	0
炼钢	0	0	0	0
钢压延加工	0	59873	967461	38943

规模以上工业企业分行业主要能源消费量(三)(续表4)

	九、其他焦化产品合计(吨)	十、焦炉煤气合计(万立方米)	十一、高炉煤气合计(万立方米)	十二、其他煤气合计(万立方米)
铁合金冶炼	0	0	0	0
有色金属冶炼及压延加工业	0	0	0	0
常用有色金属冶炼	0	0	0	0
贵金属冶炼	0	0	0	0
稀有稀土金属冶炼	0	0	0	0
有色金属合金制造	0	0	0	0
有色金属压延加工	0	0	0	0
金属制品业	0	0	0	0
结构性金属制品制造	0	0	0	0
金属工具制造	0	0	0	0
集装箱及金属包装容器制造	0	0	0	0
金属丝绳及其制品的制造	0	0	0	0
建筑、安全用金属制品制造	0	0	0	0
金属表面处理及热处理加工	0	0	0	0
搪瓷制品制造	0	0	0	0
不锈钢及类似日用金属制品制造	0	0	0	0
其他金属制品制造	0	0	0	0
通用设备制造业	0	28	0	0
锅炉及原动机制造	0	0	0	0
金属加工机械制造	0	28	0	0
起重运输设备制造	0	0	0	0
泵、阀门、压缩机及类似机械的制造	0	0	0	0
轴承、齿轮、传动和驱动部件的制造	0	0	0	0
烘炉、熔炉及电炉制造	0	0	0	0
风机、衡器、包装设备等通用设备制造	0	0	0	0
通用零部件制造及机械修理	0	0	0	0
金属铸、锻加工	0	0	0	0
专用设备制造业	0	0	0	0
矿山、冶金、建筑专用设备制造	0	0	0	0
化工、木材、非金属加工专用设备制造	0	0	0	0

规模以上工业企业分行业主要能源消费量(三)(续表5)

	九、其他焦化产品合计(吨)	十、焦炉煤气合计(万立方米)	十一、高炉煤气合计(万立方米)	十二、其他煤气合计(万立方米)
食品、饮料、烟草及饲料生产专用设备制造	0	0	0	0
印刷、制药、日化生产专用设备制造	0	0	0	0
纺织、服装和皮革工业专用设备制造	0	0	0	0
电子和电工机械专用设备制造	0	0	0	0
农、林、牧、渔专用机械制造	0	0	0	0
医疗仪器设备及器械制造	0	0	0	0
环保、社会公共安全及其他专用设备制造	0	0	0	0
交通运输设备制造业	0	0	0	0
铁路运输设备制造	0	0	0	0
汽车制造	0	0	0	0
摩托车制造	0	0	0	0
自行车制造	0	0	0	0
船舶及浮动装置制造	0	0	0	0
航空航天器制造	0	0	0	0
交通器材及其他交通运输设备制造	0	0	0	0
电气机械及器材制造业	0	0	0	0
电机制造	0	0	0	0
输配电及控制设备制造	0	0	0	0
电线、电缆、光缆及电工器材制造	0	0	0	0
电池制造	0	0	0	0
家用电力器具制造	0	0	0	0
非电力家用器具制造	0	0	0	0
照明器具制造	0	0	0	0
其他电气机械及器材制造	0	0	0	0
通信设备、计算机及其他电子设备制造业	0	0	0	0
通信设备制造	0	0	0	0
雷达及配套设备制造	0	0	0	0
广播电视设备制造	0	0	0	0
电子计算机制造	0	0	0	0
电子器件制造	0	0	0	0

规模以上工业企业分行业主要能源消费量(三)(续表6)

	九、其他焦化产品合计(吨)	十、焦炉煤气合计(万立方米)	十一、高炉煤气合计(万立方米)	十二、其他煤气合计(万立方米)
电子元件制造	0	0	0	0
家用视听设备制造	0	0	0	0
其他电子设备制造	0	0	0	0
仪器仪表及文化、办公用机械制造业	0	0	0	0
通用仪器仪表制造	0	0	0	0
专用仪器仪表制造	0	0	0	0
光学仪器及眼镜制造	0	0	0	0
文化、办公用机械制造	0	0	0	0
其他仪器仪表的制造及修理	0	0	0	0
工艺品及其他制造业	0	0	0	0
工艺美术品制造	0	0	0	0
日用杂品制造	0	0	0	0
其他未列明的制造业	0	0	0	0
废弃资源和废旧材料回收加工业	800	0	0	0
金属废料和碎屑的加工处理	800	0	0	0
电力、燃气及水的生产和供应业	0	175	232282	2017
电力、热力的生产和供应业	0	175	232282	2017
电力生产	0	175	232282	2017
电力供应	0	0	0	0
燃气生产和供应业	0	0	0	0
燃气生产和供应业	0	0	0	0
水的生产和供应业	0	0	0	0
自来水的生产和供应	0	0	0	0
污水处理及其再生利用	0	0	0	0

规模以上工业企业分行业主要能源消费量(四)

	十三、天然气合计（万立方米）	十四、液化天然气合计(吨)	十五、原油合计(吨)	十六、汽油合计（吨）
总　计	**138368**	**887**	**18787491**	**36830**
采矿业	0	0	0	475
黑色金属矿采选业	0	0	0	264
铁矿采选	0	0	0	264
有色金属矿采选业	0	0	0	31
常用有色金属矿采选	0	0	0	31
贵金属矿采选	0	0	0	0
非金属矿采选业	0	0	0	180
土砂石开采	0	0	0	164
化学矿采选	0	0	0	16
石棉及其他非金属矿采选	0	0	0	0
制造业	95336	887	18787491	35768
农副食品加工业	0	0	0	1615
谷物磨制	0	0	0	157
饲料加工	0	0	0	19
植物油加工	0	0	0	1154
屠宰及肉类加工	0	0	0	213
水产品加工	0	0	0	10
蔬菜、水果和坚果加工	0	0	0	36
其他农副食品加工	0	0	0	26
食品制造业	0	0	0	386
焙烤食品制造	0	0	0	91
糖果、巧克力及蜜饯制造	0	0	0	16
方便食品制造	0	0	0	12
液体乳及乳制品制造	0	0	0	185
罐头制造	0	0	0	0
调味品、发酵制品制造	0	0	0	15
其他食品制造	0	0	0	67
饮料制造业	0	0	0	210
酒的制造	0	0	0	101

规模以上工业企业分行业主要能源消费量(四)(续表1)

	十三、天然气合计(万立方米)	十四、液化天然气合计(吨)	十五、原油合计(吨)	十六、汽油合计(吨)
软饮料制造	0	0	0	109
精制茶加工	0	0	0	0
烟草制品业	565	0	0	0
卷烟制造	565	0	0	0
纺织业	297	25	0	749
棉、化纤纺织及印染精加工	0	0	0	93
毛纺织和染整精加工	0	25	0	416
麻纺织	0	0	0	0
丝绢纺织及精加工	0	0	0	14
纺织制成品制造	297	0	0	116
针织品、编织品及其制品制造	0	0	0	110
纺织服装、鞋、帽制造业	126	8	0	1599
纺织服装制造	126	8	0	1541
纺织面料鞋的制造	0	0	0	19
制帽	0	0	0	39
皮革、毛皮、羽毛(绒)及其制品业	0	0	0	220
皮革鞣制加工	0	0	0	19
皮革制品制造	0	0	0	169
毛皮鞣制及制品加工	0	0	0	8
羽毛(绒)加工及制品制造	0	0	0	24
木材加工及木、竹、藤、棕、草制品业	0	0	0	125
人造板制造	0	0	0	48
木制品制造	0	0	0	71
竹、藤、棕、草制品制造	0	0	0	6
家具制造业	0	0	0	102
木质家具制造	0	0	0	61
竹、藤家具制造	0	0	0	0
金属家具制造	0	0	0	12
塑料家具制造	0	0	0	15
其他家具制造	0	0	0	14

规模以上工业企业分行业主要能源消费量(四)(续表2)

	十三、天然气合计(万立方米)	十四、液化天然气合计(吨)	十五、原油合计(吨)	十六、汽油合计(吨)
造纸及纸制品业	0	0	0	884
造纸	0	0	0	325
纸制品制造	0	0	0	559
印刷业和记录媒介的复制	65	0	0	521
印刷	65	0	0	464
装订及其他印刷服务活动	0	0	0	45
记录媒介的复制	0	0	0	12
文教体育用品制造业	0	0	0	460
文化用品制造	0	0	0	19
体育用品制造	0	0	0	64
乐器制造	0	0	0	13
玩具制造	0	0	0	364
石油加工、炼焦及核燃料加工业	547	0	11275800	54
精炼石油产品的制造	547	0	11275800	54
化学原料及化学制品制造业	87621	0	7511691	5645
基础化学原料制造	83405	0	7511691	4182
肥料制造	0	0	0	11
农药制造	0	0	0	18
涂料、油墨、颜料及类似产品制造	290	0	0	406
合成材料制造	39	0	0	242
专用化学产品制造	3887	0	0	735
日用化学产品制造	0	0	0	51
医药制造业	4	0	0	819
化学药品原药制造	0	0	0	44
化学药品制剂制造	4	0	0	456
中药饮片加工	0	0	0	0
中成药制造	0	0	0	206
兽用药品制造	0	0	0	39
生物、生化制品的制造	0	0	0	74
卫生材料及医药用品制造	0	0	0	0

规模以上工业企业分行业主要能源消费量(四)(续表3)

	十三、天然气合计(万立方米)	十四、液化天然气合计(吨)	十五、原油合计(吨)	十六、汽油合计(吨)
化学纤维制造业	0	0	0	38
纤维素纤维原料及纤维制造	0	0	0	38
合成纤维制造	0	0	0	0
橡胶制品业	1119	0	0	191
轮胎制造	1119	0	0	0
橡胶板、管、带的制造	0	0	0	175
橡胶零件制造	0	0	0	0
再生橡胶制造	0	0	0	5
其他橡胶制品制造	0	0	0	11
塑料制品业	0	0	0	605
塑料薄膜制造	0	0	0	38
塑料板、管、型材的制造	0	0	0	264
塑料丝、绳及编织品的制造	0	0	0	23
泡沫塑料制造	0	0	0	49
塑料包装箱及容器制造	0	0	0	45
塑料零件制造	0	0	0	69
日用塑料制造	0	0	0	21
其他塑料制品制造	0	0	0	96
非金属矿物制品业	1782	0	0	3714
水泥、石灰和石膏的制造	0	0	0	632
水泥及石膏制品制造	0	0	0	2405
砖瓦、石材及其他建筑材料制造	99	0	0	95
玻璃及玻璃制品制造	1376	0	0	430
陶瓷制品制造	307	0	0	57
耐火材料制品制造	0	0	0	17
石墨及其他非金属矿物制品制造	0	0	0	78
黑色金属冶炼及压延加工业	0	0	0	794
炼铁	0	0	0	4
炼钢	0	0	0	3
钢压延加工	0	0	0	784

规模以上工业企业分行业主要能源消费量(四)(续表4)

	十三、天然气合计(万立方米)	十四、液化天然气合计(吨)	十五、原油合计(吨)	十六、汽油合计(吨)
铁合金冶炼	0	0	0	3
有色金属冶炼及压延加工业	1505	0	0	453
常用有色金属冶炼	788	0	0	26
贵金属冶炼	0	0	0	5
稀有稀土金属冶炼	0	0	0	26
有色金属合金制造	0	0	0	55
有色金属压延加工	717	0	0	341
金属制品业	17	186	0	2014
结构性金属制品制造	0	0	0	1012
金属工具制造	0	0	0	104
集装箱及金属包装容器制造	17	186	0	198
金属丝绳及其制品的制造	0	0	0	87
建筑、安全用金属制品制造	0	0	0	132
金属表面处理及热处理加工	0	0	0	252
搪瓷制品制造	0	0	0	0
不锈钢及类似日用金属制品制造	0	0	0	77
其他金属制品制造	0	0	0	152
通用设备制造业	0	0	0	3175
锅炉及原动机制造	0	0	0	197
金属加工机械制造	0	0	0	285
起重运输设备制造	0	0	0	301
泵、阀门、压缩机及类似机械的制造	0	0	0	278
轴承、齿轮、传动和驱动部件的制造	0	0	0	337
烘炉、熔炉及电炉制造	0	0	0	41
风机、衡器、包装设备等通用设备制造	0	0	0	496
通用零部件制造及机械修理	0	0	0	1000
金属铸、锻加工	0	0	0	240
专用设备制造业	0	0	0	936
矿山、冶金、建筑专用设备制造	0	0	0	109
化工、木材、非金属加工专用设备制造	0	0	0	217

规模以上工业企业分行业主要能源消费量(四)(续表5)

	十三、天然气合计(万立方米)	十四、液化天然气合计(吨)	十五、原油合计(吨)	十六、汽油合计(吨)
食品、饮料、烟草及饲料生产专用设备制造	0	0	0	69
印刷、制药、日化生产专用设备制造	0	0	0	41
纺织、服装和皮革工业专用设备制造	0	0	0	6
电子和电工机械专用设备制造	0	0	0	135
农、林、牧、渔专用机械制造	0	0	0	11
医疗仪器设备及器械制造	0	0	0	129
环保、社会公共安全及其他专用设备制造	0	0	0	219
交通运输设备制造业	545	620	0	4615
铁路运输设备制造	0	0	0	349
汽车制造	471	0	0	2361
摩托车制造	0	0	0	135
自行车制造	0	0	0	0
船舶及浮动装置制造	74	0	0	950
航空航天器制造	0	0	0	756
交通器材及其他交通运输设备制造	0	620	0	64
电气机械及器材制造业	493	0	0	2507
电机制造	0	0	0	192
输配电及控制设备制造	0	0	0	1541
电线、电缆、光缆及电工器材制造	0	0	0	271
电池制造	209	0	0	40
家用电力器具制造	281	0	0	131
非电力家用器具制造	0	0	0	74
照明器具制造	3	0	0	180
其他电气机械及器材制造	0	0	0	78
通信设备、计算机及其他电子设备制造业	633	48	0	1973
通信设备制造	8	7	0	330
雷达及配套设备制造	0	0	0	142
广播电视设备制造	0	0	0	265
电子计算机制造	0	0	0	230
电子器件制造	219	41	0	341

规模以上工业企业分行业主要能源消费量(四)(续表6)

	十三、天然气合计(万立方米)	十四、液化天然气合计(吨)	十五、原油合计(吨)	十六、汽油合计(吨)
电子元件制造	406	0	0	513
家用视听设备制造	0	0	0	42
其他电子设备制造	0	0	0	110
仪器仪表及文化、办公用机械制造业	17	0	0	1162
通用仪器仪表制造	1	0	0	867
专用仪器仪表制造	0	0	0	36
光学仪器及眼镜制造	16	0	0	222
文化、办公用机械制造	0	0	0	34
其他仪器仪表的制造及修理	0	0	0	3
工艺品及其他制造业	0	0	0	139
工艺美术品制造	0	0	0	138
日用杂品制造	0	0	0	1
其他未列明的制造业	0	0	0	0
废弃资源和废旧材料回收加工业	0	0	0	63
金属废料和碎屑的加工处理	0	0	0	63
电力、燃气及水的生产和供应业	43032	0	0	587
电力、热力的生产和供应业	43032	0	0	56
电力生产	43032	0	0	56
电力供应	0	0	0	0
燃气生产和供应业	0	0	0	290
燃气生产和供应业	0	0	0	290
水的生产和供应业	0	0	0	241
自来水的生产和供应	0	0	0	241
污水处理及其再生利用	0	0	0	0

规模以上工业企业分行业主要能源消费量(五)

	十七、煤油合计(吨)	十八、柴油合计(吨)	十九、燃料油合计(吨)	二十、液化石油气合计(吨)
总　计	**1629**	**141506**	**251487**	**258535**
采矿业	0	10341	0	0
黑色金属矿采选业	0	1334	0	0
铁矿采选	0	1334	0	0
有色金属矿采选业	0	374	0	0
常用有色金属矿采选	0	374	0	0
贵金属矿采选	0	0	0	0
非金属矿采选业	0	8633	0	0
土砂石开采	0	8377	0	0
化学矿采选	0	106	0	0
石棉及其他非金属矿采选	0	150	0	0
制造业	1629	122618	250491	258535
农副食品加工业	0	2284	0	108
谷物磨制	0	0	0	0
饲料加工	0	78	0	0
植物油加工	0	503	0	0
屠宰及肉类加工	0	1529	0	108
水产品加工	0	47	0	0
蔬菜、水果和坚果加工	0	101	0	0
其他农副食品加工	0	26	0	0
食品制造业	0	2042	67	1254
焙烤食品制造	0	553	0	1055
糖果、巧克力及蜜饯制造	0	259	0	0
方便食品制造	0	19	67	175
液体乳及乳制品制造	0	980	0	4
罐头制造	0	0	0	0
调味品、发酵制品制造	0	10	0	0
其他食品制造	0	221	0	20
饮料制造业	0	1229	60	0
酒的制造	0	501	0	0

规模以上工业企业分行业主要能源消费量(五)(续表1)

	十七、煤油合计(吨)	十八、柴油合计(吨)	十九、燃料油合计(吨)	二十、液化石油气合计(吨)
软饮料制造	0	728	60	0
精制茶加工	0	0	0	0
烟草制品业	0	1621	0	0
卷烟制造	0	1621	0	0
纺织业	10	1870	4473	269
棉、化纤纺织及印染精加工	0	488	4473	0
毛纺织和染整精加工	0	0	0	0
麻纺织	0	0	0	0
丝绢纺织及精加工	0	23	0	0
纺织制成品制造	0	1211	0	269
针织品、编织品及其制品制造	10	148	0	0
纺织服装、鞋、帽制造业	0	1060	0	1
纺织服装制造	0	1041	0	1
纺织面料鞋的制造	0	0	0	0
制帽	0	19	0	0
皮革、毛皮、羽毛(绒)及其制品业	0	71	0	0
皮革鞣制加工	0	15	0	0
皮革制品制造	0	28	0	0
毛皮鞣制及制品加工	0	0	0	0
羽毛(绒)加工及制品制造	0	28	0	0
木材加工及木、竹、藤、棕、草制品业	0	132	0	0
人造板制造	0	74	0	0
木制品制造	0	58	0	0
竹、藤、棕、草制品制造	0	0	0	0
家具制造业	0	61	0	0
木质家具制造	0	1	0	0
竹、藤家具制造	0	0	0	0
金属家具制造	0	60	0	0
塑料家具制造	0	0	0	0
其他家具制造	0	0	0	0

规模以上工业企业分行业主要能源消费量(五)(续表2)

	十七、煤油合计(吨)	十八、柴油合计(吨)	十九、燃料油合计(吨)	二十、液化石油气合计(吨)
造纸及纸制品业	0	1558	781	0
造纸	0	734	0	0
纸制品制造	0	824	781	0
印刷业和记录媒介的复制	12	197	0	2
印刷	12	187	0	2
装订及其他印刷服务活动	0	10	0	0
记录媒介的复制	0	0	0	0
文教体育用品制造业	0	260	0	0
文化用品制造	0	94	0	0
体育用品制造	0	74	0	0
乐器制造	0	0	0	0
玩具制造	0	92	0	0
石油加工、炼焦及核燃料加工业	0	1460	14468	6097
精炼石油产品的制造	0	1460	14468	6097
化学原料及化学制品制造业	99	15274	179955	233909
基础化学原料制造	5	10277	145604	233350
肥料制造	0	16	0	0
农药制造	0	1221	2992	0
涂料、油墨、颜料及类似产品制造	0	821	0	554
合成材料制造	14	652	0	0
专用化学产品制造	80	1347	31359	5
日用化学产品制造	0	940	0	0
医药制造业	0	2644	869	3
化学药品原药制造	0	492	0	0
化学药品制剂制造	0	2067	0	0
中药饮片加工	0	0	0	0
中成药制造	0	85	869	0
兽用药品制造	0	0	0	3
生物、生化制品的制造	0	0	0	0
卫生材料及医药用品制造	0	0	0	0

规模以上工业企业分行业主要能源消费量(五)(续表 3)

	十七、煤油合计(吨)	十八、柴油合计(吨)	十九、燃料油合计(吨)	二十、液化石油气合计(吨)
化学纤维制造业	0	9472	0	101
纤维素纤维原料及纤维制造	0	6824	0	101
合成纤维制造	0	2648	0	0
橡胶制品业	0	104	2538	0
轮胎制造	0	0	2538	0
橡胶板、管、带的制造	0	99	0	0
橡胶零件制造	0	0	0	0
再生橡胶制造	0	0	0	0
其他橡胶制品制造	0	5	0	0
塑料制品业	0	2858	0	119
塑料薄膜制造	0	1514	0	0
塑料板、管、型材的制造	0	441	0	0
塑料丝、绳及编织品的制造	0	21	0	0
泡沫塑料制造	0	56	0	119
塑料包装箱及容器制造	0	62	0	0
塑料零件制造	0	144	0	0
日用塑料制造	0	8	0	0
其他塑料制品制造	0	612	0	0
非金属矿物制品业	255	36934	34361	3792
水泥、石灰和石膏的制造	208	7622	0	0
水泥及石膏制品制造	0	27550	0	0
砖瓦、石材及其他建筑材料制造	0	556	0	1
玻璃及玻璃制品制造	47	598	33645	3173
陶瓷制品制造	0	117	0	618
耐火材料制品制造	0	36	0	0
石墨及其他非金属矿物制品制造	0	455	716	0
黑色金属冶炼及压延加工业	44	5371	0	1124
炼铁	0	184	0	0
炼钢	0	31	0	0
钢压延加工	44	5156	0	1124

规模以上工业企业分行业主要能源消费量(五)(续表4)

	十七、煤油合计(吨)	十八、柴油合计(吨)	十九、燃料油合计(吨)	二十、液化石油气合计(吨)
铁合金冶炼	0	0	0	0
有色金属冶炼及压延加工业	22	2039	535	1557
常用有色金属冶炼	0	702	535	354
贵金属冶炼	0	0	0	0
稀有稀土金属冶炼	0	30	0	0
有色金属合金制造	0	581	0	0
有色金属压延加工	22	726	0	1203
金属制品业	485	3100	20	657
结构性金属制品制造	123	1753	8	564
金属工具制造	20	62	0	0
集装箱及金属包装容器制造	50	512	0	69
金属丝绳及其制品的制造	0	9	0	0
建筑、安全用金属制品制造	12	60	12	0
金属表面处理及热处理加工	3	324	0	0
搪瓷制品制造	274	81	0	0
不锈钢及类似日用金属制品制造	0	46	0	0
其他金属制品制造	3	253	0	24
通用设备制造业	260	5674	0	130
锅炉及原动机制造	38	1237	0	0
金属加工机械制造	19	459	0	69
起重运输设备制造	109	275	0	0
泵、阀门、压缩机及类似机械的制造	0	633	0	16
轴承、齿轮、传动和驱动部件的制造	34	494	0	0
烘炉、熔炉及电炉制造	0	25	0	0
风机、衡器、包装设备等通用设备制造	1	726	0	7
通用零部件制造及机械修理	21	352	0	37
金属铸、锻加工	38	1473	0	1
专用设备制造业	19	1240	1	89
矿山、冶金、建筑专用设备制造	6	606	0	8
化工、木材、非金属加工专用设备制造	2	96	1	8

规模以上工业企业分行业主要能源消费量(五)(续表5)

	十七、煤油合计(吨)	十八、柴油合计(吨)	十九、燃料油合计(吨)	二十、液化石油气合计(吨)
食品、饮料、烟草及饲料生产专用设备制造	0	19	0	0
印刷、制药、日化生产专用设备制造	0	13	0	44
纺织、服装和皮革工业专用设备制造	0	0	0	0
电子和电工机械专用设备制造	0	274	0	0
农、林、牧、渔专用机械制造	7	26	0	0
医疗仪器设备及器械制造	0	48	0	29
环保、社会公共安全及其他专用设备制造	4	157	0	0
交通运输设备制造业	362	17055	7265	2398
铁路运输设备制造	18	2268	0	14
汽车制造	217	7648	1720	2060
摩托车制造	0	170	0	39
自行车制造	0	0	0	0
船舶及浮动装置制造	68	6194	5545	14
航空航天器制造	59	415	0	0
交通器材及其他交通运输设备制造	0	360	0	271
电气机械及器材制造业	6	1137	1241	2579
电机制造	0	440	0	11
输配电及控制设备制造	1	211	0	0
电线、电缆、光缆及电工器材制造	5	90	0	0
电池制造	0	13	0	0
家用电力器具制造	0	90	0	0
非电力家用器具制造	0	253	0	0
照明器具制造	0	39	1241	2568
其他电气机械及器材制造	0	1	0	0
通信设备、计算机及其他电子设备制造业	3	2388	3522	4299
通信设备制造	0	292	0	0
雷达及配套设备制造	0	134	0	0
广播电视设备制造	0	251	0	7
电子计算机制造	0	21	0	45
电子器件制造	0	256	3522	1059

规模以上工业企业分行业主要能源消费量(五)(续表6)

	十七、煤油合计(吨)	十八、柴油合计(吨)	十九、燃料油合计(吨)	二十、液化石油气合计(吨)
电子元件制造	3	1333	0	3188
家用视听设备制造	0	99	0	0
其他电子设备制造	0	2	0	0
仪器仪表及文化、办公用机械制造业	3	386	0	2
通用仪器仪表制造	0	252	0	1
专用仪器仪表制造	0	7	0	1
光学仪器及眼镜制造	3	122	0	0
文化、办公用机械制造	0	5	0	0
其他仪器仪表的制造及修理	0	0	0	0
工艺品及其他制造业	49	484	335	45
工艺美术品制造	0	83	335	0
日用杂品制造	49	0	0	45
其他未列明的制造业	0	401	0	0
废弃资源和废旧材料回收加工业	0	2613	0	0
金属废料和碎屑的加工处理	0	2613	0	0
电力、燃气及水的生产和供应业	0	8547	996	0
电力、热力的生产和供应业	0	8113	996	0
电力生产	0	7997	996	0
电力供应	0	116	0	0
燃气生产和供应业	0	314	0	0
燃气生产和供应业	0	314	0	0
水的生产和供应业	0	120	0	0
自来水的生产和供应	0	120	0	0
污水处理及其再生利用	0	0	0	0

规模以上工业企业分行业主要能源消费量(六)

	二十一、炼厂干气合计(吨)	二十二、其他石油制品合计(吨)	二十三、热力合计(百万千焦)	二十四、电力合计(万千瓦时)
总　计	**529666**	**9219293**	**72260243**	**1915773**
采矿业	0	0	0	30500
黑色金属矿采选业	0	0	0	20223
铁矿采选	0	0	0	20223
有色金属矿采选业	0	0	0	3930
常用有色金属矿采选	0	0	0	3686
贵金属矿采选	0	0	0	244
非金属矿采选业	0	0	0	6347
土砂石开采	0	0	0	4752
化学矿采选	0	0	0	1466
石棉及其他非金属矿采选	0	0	0	129
制造业	529666	9187038	71742966	1733016
农副食品加工业	0	0	604061	8755
谷物磨制	0	0	0	2766
饲料加工	0	0	0	324
植物油加工	0	0	588631	2416
屠宰及肉类加工	0	0	8035	2804
水产品加工	0	0	558	133
蔬菜、水果和坚果加工	0	0	0	125
其他农副食品加工	0	0	6837	187
食品制造业	0	0	383126	8600
焙烤食品制造	0	0	0	1355
糖果、巧克力及蜜饯制造	0	0	233173	2711
方便食品制造	0	0	0	1385
液体乳及乳制品制造	0	0	91628	1542
罐头制造	0	0	0	48
调味品、发酵制品制造	0	0	58325	152
其他食品制造	0	0	0	1407
饮料制造业	0	0	193178	9392
酒的制造	0	0	35550	1073

规模以上工业企业分行业主要能源消费量(六)(续表1)

	二十一、炼厂干气合计(吨)	二十二、其他石油制品合计(吨)	二十三、热力合计(百万千焦)	二十四、电力合计(万千瓦时)
软饮料制造	0	0	157628	8276
精制茶加工				43
烟草制品业	0	0	0	2940
卷烟制造	0	0	0	2940
纺织业	0	0	79447	24582
棉、化纤纺织及印染精加工	0	0	0	15347
毛纺织和染整精加工	0	0	42263	1115
麻纺织	0	0	0	242
丝绢纺织及精加工	0	0	0	387
纺织制成品制造	0	0	34109	6679
针织品、编织品及其制品制造	0	0	3075	812
纺织服装、鞋、帽制造业	0	0	60370	15250
纺织服装制造	0	0	60370	14767
纺织面料鞋的制造	0	0	0	194
制帽	0	0	0	289
皮革、毛皮、羽毛(绒)及其制品业	0	0	0	2033
皮革鞣制加工	0	0	0	76
皮革制品制造	0	0	0	615
毛皮鞣制及制品加工	0	0	0	233
羽毛(绒)加工及制品制造	0	0	0	1109
木材加工及木、竹、藤、棕、草制品业	0	0	0	1851
人造板制造	0	0	0	1406
木制品制造	0	0	0	414
竹、藤、棕、草制品制造	0	0	0	31
家具制造业	0	0	0	1850
木质家具制造	0	0	0	843
竹、藤家具制造	0	0	0	49
金属家具制造	0	0	0	757
塑料家具制造	0	0	0	79
其他家具制造	0	0	0	122

规模以上工业企业分行业主要能源消费量(六)(续表2)

	二十一、炼厂干气合计(吨)	二十二、其他石油制品合计(吨)	二十三、热力合计(百万千焦)	二十四、电力合计(万千瓦时)
造纸及纸制品业	0	0	33279	5883
造纸	0	0	0	1969
纸制品制造	0	0	33279	3914
印刷业和记录媒介的复制	0	0	4686	4404
印刷	0	0	4686	4217
装订及其他印刷服务活动	0	0	0	115
记录媒介的复制	0	0	0	72
文教体育用品制造业	0	0	0	2814
文化用品制造	0	0	0	474
体育用品制造	0	0	0	1003
乐器制造	0	0	0	61
玩具制造	0	0	0	1276
石油加工、炼焦及核燃料加工业	346266	2618584	11349147	116710
精炼石油产品的制造	346266	2618584	11349147	116710
化学原料及化学制品制造业	178744	6463957	37331617	564731
基础化学原料制造	172700	6301985	36356740	482057
肥料制造	0	0	1944	666
农药制造	0	0	0	9209
涂料、油墨、颜料及类似产品制造	0	17647	0	5132
合成材料制造	6044	143759	735540	16248
专用化学产品制造	0	566	176861	49018
日用化学产品制造	0	0	60532	2401
医药制造业	0	0	415067	8056
化学药品原药制造	0	0	43985	933
化学药品制剂制造	0	0	32350	3372
中药饮片加工	0	0	0	324
中成药制造	0	0	323155	2516
兽用药品制造	0	0	15577	696
生物、生化制品的制造	0	0	0	176
卫生材料及医药用品制造	0	0	0	39

规模以上工业企业分行业主要能源消费量(六)(续表3)

	二十一、炼厂干气合计(吨)	二十二、其他石油制品合计(吨)	二十三、热力合计(百万千焦)	二十四、电力合计(万千瓦时)
化学纤维制造业	0	78334	5240037	31791
纤维素纤维原料及纤维制造	0	0	2650368	22559
合成纤维制造	0	78334	2589669	9232
橡胶制品业	0	0	128789	16746
轮胎制造	0	0	128789	12714
橡胶板、管、带的制造	0	0	0	3277
橡胶零件制造	0	0	0	26
再生橡胶制造	0	0	0	375
其他橡胶制品制造	0	0	0	354
塑料制品业	0	431	112977	24593
塑料薄膜制造	0	0	850	6915
塑料板、管、型材的制造	0	0	110040	3019
塑料丝、绳及编织品的制造	0	0	0	2182
泡沫塑料制造	0	0	2087	2548
塑料包装箱及容器制造	0	0	0	4105
塑料零件制造	0	0	0	759
日用塑料制造	0	431	0	762
其他塑料制品制造	0	0	0	4303
非金属矿物制品业	4656	19803	309362	146207
水泥、石灰和石膏的制造	0	600	0	111251
水泥及石膏制品制造	0	0	55834	11215
砖瓦、石材及其他建筑材料制造	0	18869	10958	5744
玻璃及玻璃制品制造	4656	334	239048	14258
陶瓷制品制造	0	0	3522	1939
耐火材料制品制造	0	0	0	984
石墨及其他非金属矿物制品制造	0	0	0	816
黑色金属冶炼及压延加工业	0	2284	14173888	418399
炼铁	0	0	0	3603
炼钢	0	0	0	100
钢压延加工	0	2284	14173888	413020

规模以上工业企业分行业主要能源消费量(六)(续表4)

	二十一、炼厂干气合计(吨)	二十二、其他石油制品合计(吨)	二十三、热力合计(百万千焦)	二十四、电力合计(万千瓦时)
铁合金冶炼	0	0	0	1676
有色金属冶炼及压延加工业	0	0	0	27537
常用有色金属冶炼	0	0	0	12269
贵金属冶炼	0	0	0	50
稀有稀土金属冶炼	0	0	0	660
有色金属合金制造	0	0	0	2234
有色金属压延加工	0	0	0	12324
金属制品业	0	35	0	26831
结构性金属制品制造	0	0	0	9523
金属工具制造	0	0	0	2818
集装箱及金属包装容器制造	0	0	0	1947
金属丝绳及其制品的制造	0	0	0	1108
建筑、安全用金属制品制造	0	0	0	1342
金属表面处理及热处理加工	0	0	0	4397
搪瓷制品制造	0	0	0	1381
不锈钢及类似日用金属制品制造	0	0	0	463
其他金属制品制造	0	35	0	3852
通用设备制造业	0	722	0	52538
锅炉及原动机制造	0	361	0	6526
金属加工机械制造	0	61	0	4811
起重运输设备制造	0	0	0	1087
泵、阀门、压缩机及类似机械的制造	0	0	0	2376
轴承、齿轮、传动和驱动部件的制造	0	201	0	9730
烘炉、熔炉及电炉制造	0	0	0	376
风机、衡器、包装设备等通用设备制造	0	0	0	6943
通用零部件制造及机械修理	0	85	0	5129
金属铸、锻加工	0	14	0	15560
专用设备制造业	0	99	16764	12702
矿山、冶金、建筑专用设备制造	0	86	0	3174
化工、木材、非金属加工专用设备制造	0	0	0	2586

规模以上工业企业分行业主要能源消费量(六)(续表5)

	二十一、炼厂干气合计(吨)	二十二、其他石油制品合计(吨)	二十三、热力合计(百万千焦)	二十四、电力合计(万千瓦时)
食品、饮料、烟草及饲料生产专用设备制造	0	0	268	556
印刷、制药、日化生产专用设备制造	0	0	0	400
纺织、服装和皮革工业专用设备制造	0	0	0	45
电子和电工机械专用设备制造	0	13	16496	3422
农、林、牧、渔专用机械制造	0	0	0	502
医疗仪器设备及器械制造	0	0	0	468
环保、社会公共安全及其他专用设备制造	0	0	0	1549
交通运输设备制造业	0	1489	311775	67871
铁路运输设备制造	0	0	36464	6254
汽车制造	0	310	275311	41255
摩托车制造	0	0	0	1803
自行车制造	0	0	0	205
船舶及浮动装置制造	0	1179	0	11900
航空航天器制造	0	0	0	6383
交通器材及其他交通运输设备制造	0	0	0	71
电气机械及器材制造业	0	1	61511	25026
电机制造	0	0	0	1286
输配电及控制设备制造	0	0	2684	7805
电线、电缆、光缆及电工器材制造	0	0	0	5510
电池制造	0	0	0	1206
家用电力器具制造	0	0	51055	4836
非电力家用器具制造	0	0	0	1188
照明器具制造	0	0	7772	2948
其他电气机械及器材制造	0	0	0	247
通信设备、计算机及其他电子设备制造业	0	0	899926	95264
通信设备制造	0	0	0	9080
雷达及配套设备制造	0	0	4861	1117
广播电视设备制造	0	0	52527	3169
电子计算机制造	0	0	250785	23537
电子器件制造	0	0	528200	39155

规模以上工业企业分行业主要能源消费量(六)(续表6)

	二十一、炼厂干气合计(吨)	二十二、其他石油制品合计(吨)	二十三、热力合计(百万千焦)	二十四、电力合计(万千瓦时)
电子元件制造	0	0	38375	15177
家用视听设备制造	0	0	25178	3506
其他电子设备制造	0	0	0	523
仪器仪表及文化、办公用机械制造业	0	0	33960	6664
通用仪器仪表制造	0	0	0	2516
专用仪器仪表制造	0	0	0	392
光学仪器及眼镜制造	0	0	31474	2609
文化、办公用机械制造	0	0	2486	837
其他仪器仪表的制造及修理	0	0	0	310
工艺品及其他制造业	0	0	0	1155
工艺美术品制造	0	0	0	901
日用杂品制造	0	0	0	76
其他未列明的制造业	0	0	0	0
废弃资源和废旧材料回收加工业	0	1300	0	1841
金属废料和碎屑的加工处理	0	1300	0	1841
电力、燃气及水的生产和供应业	0	32255	517277	152257
电力、热力的生产和供应业	0	32255	510916	129604
电力生产	0	32255	510916	128150
电力供应	0	0	0	1456
燃气生产和供应业	0	0	6361	837
燃气生产和供应业	0	0	6361	837
水的生产和供应业	0	0	0	21816
自来水的生产和供应	0	0	0	19556
污水处理及其再生利用	0	0	0	2260

规模以上工业企业分行业主要能源消费量(七)

	二十五、其他燃料合计(吨标准煤)	二十六、煤矸石合计(吨)	二十七、工业废料合计(吨标准煤)
总　计	**2206**	**11767**	**103**
采矿业	0	0	0
黑色金属矿采选业	0	0	0
铁矿采选	0	0	0
有色金属矿采选业	0	0	0
常用有色金属矿采选	0	0	0
贵金属矿采选	0	0	0
非金属矿采选业	0	0	0
土砂石开采	0	0	0
化学矿采选	0	0	0
石棉及其他非金属矿采选	0	0	0
制造业	2206	11767	103
农副食品加工业	0	0	0
谷物磨制	0	0	0
饲料加工	0	0	0
植物油加工	0	0	0
屠宰及肉类加工	0	0	0
水产品加工	0	0	0
蔬菜、水果和坚果加工	0	0	0
其他农副食品加工	0	0	0
食品制造业	0	0	0
焙烤食品制造	0	0	0
糖果、巧克力及蜜饯制造	0	0	0
方便食品制造	0	0	0
液体乳及乳制品制造	0	0	0
罐头制造	0	0	0
调味品、发酵制品制造	0	0	0
其他食品制造	0	0	0
饮料制造业	0	0	0
酒的制造	0	0	0

规模以上工业企业分行业主要能源消费量(七)(续表1)

	二十五、其他燃料合计(吨标准煤)	二十六、煤矸石合计(吨)	二十七、工业废料合计(吨标准煤)
软饮料制造	0	0	0
精制茶加工	0	0	0
烟草制品业	0	0	0
卷烟制造	0	0	0
纺织业	0	0	0
棉、化纤纺织及印染精加工	0	0	0
毛纺织和染整精加工	0	0	0
麻纺织	0	0	0
丝绢纺织及精加工	0	0	0
纺织制成品制造	0	0	0
针织品、编织品及其制品制造	0	0	0
纺织服装、鞋、帽制造业	0	0	0
纺织服装制造	0	0	0
纺织面料鞋的制造	0	0	0
制帽	0	0	0
皮革、毛皮、羽毛(绒)及其制品业	0	0	0
皮革鞣制加工	0	0	0
皮革制品制造	0	0	0
毛皮鞣制及制品加工	0	0	0
羽毛(绒)加工及制品制造	0	0	0
木材加工及木、竹、藤、棕、草制品业	0	0	0
人造板制造	0	0	0
木制品制造	0	0	0
竹、藤、棕、草制品制造	0	0	0
家具制造业	0	0	0
木质家具制造	0	0	0
竹、藤家具制造	0	0	0
金属家具制造	0	0	0
塑料家具制造	0	0	0
其他家具制造	0	0	0

规模以上工业企业分行业主要能源消费量(七)(续表2)

	二十五、其他燃料合计(吨标准煤)	二十六、煤矸石合计(吨)	二十七、工业废料合计(吨标准煤)
造纸及纸制品业	0	0	0
造纸	0	0	0
纸制品制造	0	0	0
印刷业和记录媒介的复制	0	0	0
印刷	0	0	0
装订及其他印刷服务活动	0	0	0
记录媒介的复制	0	0	0
文教体育用品制造业	0	0	0
文化用品制造	0	0	0
体育用品制造	0	0	0
乐器制造	0	0	0
玩具制造	0	0	0
石油加工、炼焦及核燃料加工业	0	0	0
精炼石油产品的制造	0	0	0
化学原料及化学制品制造业	0	0	0
基础化学原料制造	0	0	0
肥料制造	0	0	0
农药制造	0	0	0
涂料、油墨、颜料及类似产品制造	0	0	0
合成材料制造	0	0	0
专用化学产品制造	0	0	0
日用化学产品制造	0	0	0
医药制造业	0	0	0
化学药品原药制造	0	0	0
化学药品制剂制造	0	0	0
中药饮片加工	0	0	0
中成药制造	0	0	0
兽用药品制造	0	0	0
生物、生化制品的制造	0	0	0
卫生材料及医药用品制造	0	0	0

规模以上工业企业分行业主要能源消费量(七)(续表3)

	二十五、其他燃料合计(吨标准煤)	二十六、煤矸石合计(吨)	二十七、工业废料合计(吨标准煤)
化学纤维制造业	0	0	0
纤维素纤维原料及纤维制造	0	0	0
合成纤维制造	0	0	0
橡胶制品业	0	0	0
轮胎制造	0	0	0
橡胶板、管、带的制造	0	0	0
橡胶零件制造	0	0	0
再生橡胶制造	0	0	0
其他橡胶制品制造	0	0	0
塑料制品业	1	0	1
塑料薄膜制造	0	0	0
塑料板、管、型材的制造	0	0	0
塑料丝、绳及编织品的制造	0	0	0
泡沫塑料制造	0	0	0
塑料包装箱及容器制造	1	0	1
塑料零件制造	0	0	0
日用塑料制造	0	0	0
其他塑料制品制造	0	0	0
非金属矿物制品业	2205	11767	102
水泥、石灰和石膏的制造	338	1890	0
水泥及石膏制品制造	0	0	0
砖瓦、石材及其他建筑材料制造	1867	9877	102
玻璃及玻璃制品制造	0	0	0
陶瓷制品制造	0	0	0
耐火材料制品制造	0	0	0
石墨及其他非金属矿物制品制造	0	0	0
黑色金属冶炼及压延加工业	0	0	0
炼铁	0	0	0
炼钢	0	0	0
钢压延加工	0	0	0

规模以上工业企业分行业主要能源消费量(七)(续表 4)

	二十五、其他燃料合计(吨标准煤)	二十六、煤矸石合计(吨)	二十七、工业废料合计(吨标准煤)
铁合金冶炼	0	0	0
有色金属冶炼及压延加工业	0	0	0
常用有色金属冶炼	0	0	0
贵金属冶炼	0	0	0
稀有稀土金属冶炼	0	0	0
有色金属合金制造	0	0	0
有色金属压延加工	0	0	0
金属制品业	0	0	0
结构性金属制品制造	0	0	0
金属工具制造	0	0	0
集装箱及金属包装容器制造	0	0	0
金属丝绳及其制品的制造	0	0	0
建筑、安全用金属制品制造	0	0	0
金属表面处理及热处理加工	0	0	0
搪瓷制品制造	0	0	0
不锈钢及类似日用金属制品制造	0	0	0
其他金属制品制造	0	0	0
通用设备制造业	0	0	0
锅炉及原动机制造	0	0	0
金属加工机械制造	0	0	0
起重运输设备制造	0	0	0
泵、阀门、压缩机及类似机械的制造	0	0	0
轴承、齿轮、传动和驱动部件的制造	0	0	0
烘炉、熔炉及电炉制造	0	0	0
风机、衡器、包装设备等通用设备制造	0	0	0
通用零部件制造及机械修理	0	0	0
金属铸、锻加工	0	0	0
专用设备制造业	0	0	0
矿山、冶金、建筑专用设备制造	0	0	0
化工、木材、非金属加工专用设备制造	0	0	0

规模以上工业企业分行业主要能源消费量(七)(续表5)

	二十五、其他燃料合计(吨标准煤)	二十六、煤矸石合计(吨)	二十七、工业废料合计(吨标准煤)
食品、饮料、烟草及饲料生产专用设备制造	0	0	0
印刷、制药、日化生产专用设备制造	0	0	0
纺织、服装和皮革工业专用设备制造	0	0	0
电子和电工机械专用设备制造	0	0	0
农、林、牧、渔专用机械制造	0	0	0
医疗仪器设备及器械制造	0	0	0
环保、社会公共安全及其他专用设备制造	0	0	0
交通运输设备制造业	0	0	0
铁路运输设备制造	0	0	0
汽车制造	0	0	0
摩托车制造	0	0	0
自行车制造	0	0	0
船舶及浮动装置制造	0	0	0
航空航天器制造	0	0	0
交通器材及其他交通运输设备制造	0	0	0
电气机械及器材制造业	0	0	0
电机制造	0	0	0
输配电及控制设备制造	0	0	0
电线、电缆、光缆及电工器材制造	0	0	0
电池制造	0	0	0
家用电力器具制造	0	0	0
非电力家用器具制造	0	0	0
照明器具制造	0	0	0
其他电气机械及器材制造	0	0	0
通信设备、计算机及其他电子设备制造业	0	0	0
通信设备制造	0	0	0
雷达及配套设备制造	0	0	0
广播电视设备制造	0	0	0
电子计算机制造	0	0	0
电子器件制造	0	0	0

规模以上工业企业分行业主要能源消费量(七)(续表6)

	二十五、其他燃料合计（吨标准煤）	二十六、煤矸石合计（吨）	二十七、工业废料合计（吨标准煤）
电子元件制造	0	0	0
家用视听设备制造	0	0	0
其他电子设备制造	0	0	0
仪器仪表及文化、办公用机械制造业	0	0	0
通用仪器仪表制造	0	0	0
专用仪器仪表制造	0	0	0
光学仪器及眼镜制造	0	0	0
文化、办公用机械制造	0	0	0
其他仪器仪表的制造及修理	0	0	0
工艺品及其他制造业	0	0	0
工艺美术品制造	0	0	0
日用杂品制造	0	0	0
其他未列明的制造业	0	0	0
废弃资源和废旧材料回收加工业	0	0	0
金属废料和碎屑的加工处理	0	0	0
电力、燃气及水的生产和供应业	0	0	0
电力、热力的生产和供应业	0	0	0
电力生产	0	0	0
电力供应	0	0	0
燃气生产和供应业	0	0	0
燃气生产和供应业	0	0	0
水的生产和供应业	0	0	0
自来水的生产和供应	0	0	0
污水处理及其再生利用	0	0	0

规模以上工业能源加工转换

	计量单位	企业数(个)	工业生产消费量	加工转换投入合计
原煤	万吨	14	1127.87	1018.87
洗精煤	万吨	2	590.39	463.91
其他洗煤	万吨	1	48.34	48.34
煤制品	万吨			
型煤	万吨			
水煤浆	万吨			
煤粉	万吨			
焦炭	万吨	2	383.24	
其他焦化产品	万吨	2		
焦炉煤气	亿立方米	3	6.00	2.00
高炉煤气	亿立方米	3	119.97	48.81
其他煤气	亿立方米	3	3.73	2.69
天然气	亿立方米	6	12.51	8.60
液化天然气	万吨			
原油	万吨	2	1878.75	1878.37
汽油	万吨	9	0.11	
煤油	万吨	4	0.01	
柴油	万吨	17	1.58	0.79
燃料油	万吨	4	14.85	0.74
液化石油气	万吨	4	23.87	0.85
炼厂干气	万吨	3	51.90	2.53
其他石油制品	万吨	11	900.72	437.29
热力合计	万百万千焦	21	6274.13	306.23
电力合计	亿千瓦时	24	102.11	
其他燃料	万吨标准煤	2		
煤矸石	万吨			
生物质能	万吨标准煤			
工业废料	万吨标准煤			
城市固体垃圾	万吨标准煤			
能源合计	万吨标准煤	24	6437.63	4633.11

规模以上工业能源加工转换（续表 1）

	计量单位	火力发电	供热	炼焦
原煤	万吨	695.27	323.60	
洗精煤	万吨			463.91
其他洗煤	万吨	33.21	15.13	
煤制品	万吨			
型煤	万吨			
水煤浆	万吨			
煤粉	万吨			
焦炭	万吨			
其他焦化产品	万吨			
焦炉煤气	亿立方米	1.38	0.62	
高炉煤气	亿立方米	21.92	26.90	
其他煤气	亿立方米	2.58	0.11	
天然气	亿立方米	5.67	2.93	
液化天然气	万吨			
原油	万吨			
汽油	万吨			
煤油	万吨			
柴油	万吨	0.58	0.21	
燃料油	万吨	0.05	0.69	
液化石油气	万吨		0.85	
炼厂干气	万吨	0.28	2.25	
其他石油制品	万吨	2.71	3.32	
热力合计	万百万千焦	306.23		
电力合计	亿千瓦时			
其他燃料	万吨标准煤			
煤矸石	万吨			
生物质能	万吨标准煤			
工业废料	万吨标准煤			
城市固体垃圾	万吨标准煤			
能源合计	万吨标准煤	624.30	318.22	408.32

规模以上工业能源加工转换(续表 2)

	计量单位	炼油	能源加工转换产出	回收利用
原煤	万吨			
洗精煤	万吨			
其他洗煤	万吨			
煤制品	万吨			
型煤	万吨			
水煤浆	万吨			
煤粉	万吨			
焦炭	万吨		321.55	
其他焦化产品	万吨		19.20	
焦炉煤气	亿立方米		6.62	
高炉煤气	亿立方米			121.44
其他煤气	亿立方米			5.53
天然气	亿立方米			
液化天然气	万吨			
原油	万吨	1878.37		
汽油	万吨		187.78	
煤油	万吨		104.81	
柴油	万吨		696.61	
燃料油	万吨		69.52	
液化石油气	万吨		93.11	
炼厂干气	万吨		53.13	
其他石油制品	万吨	431.26	1025.32	
热力合计	万百万千焦		7569.90	463.20
电力合计	亿千瓦时		196.82	
其他燃料	万吨标准煤		0.75	2.84
煤矸石	万吨			
生物质能	万吨标准煤			
工业废料	万吨标准煤			
城市固体垃圾	万吨标准煤			
能源合计	万吨标准煤	3282.27	4083.28	161.71

规模以上工业企业水消费量

	企业单位数	水消费数量（立方米）	水消费金额（千元）
工业取水总量	3430	1637981951	586344.58
1. 地表水	160	1455732308	180522.73
2. 地下水	109	10178243	5273.92
3. 自来水	3319	169137116	399763.18
4. 管道供应的未经达标处理的水	21	2004030	452.06
5. 中水	7	104692	332.69
6. 其他水	15	825562	0.00
7. 重复用水	136	6223764527	0.00

工业企业分行业水消费量——取水总量

	企业单位数(个)	数量(立方米)
一、取水总量合计	3430	1637981951
按工业行业小类分组		
采矿业	52	19424488
黑色金属矿采选业	7	18525568
铁矿采选	7	18525568
有色金属矿采选业	3	524800
常用有色金属矿采选	2	517375
贵金属矿采选	1	7425
非金属矿采选业	42	374120
土砂石开采	39	282364
化学矿采选	1	90000
石棉及其他非金属矿采选	2	1756
制造业	3338	393123382
农副食品加工业	63	2988955
谷物磨制	14	417514
饲料加工	6	47444
植物油加工	6	252789
屠宰及肉类加工	21	1911833
水产品加工	2	6655
蔬菜、水果和坚果加工	6	84426
其他农副食品加工	8	268294
食品制造业	49	3277310
焙烤食品制造	9	180407
糖果、巧克力及蜜饯制造	3	819687
方便食品制造	8	126062
液体乳及乳制品制造	5	1259305
罐头制造	2	6178
调味品、发酵制品制造	1	148742
其他食品制造	21	736929
饮料制造业	18	4340038

工业企业分行业水消费量——取水总量(续表1)

	企业单位数(个)	数量(立方米)
酒的制造	3	1006263
软饮料制造	13	3332718
精制茶加工	2	1057
烟草制品业	1	609604
卷烟制造	1	609604
纺织业	83	3424586
棉、化纤纺织及印染精加工	24	1650225
毛纺织和染整精加工	3	342100
麻纺织	2	28310
丝绢纺织及精加工	6	211930
纺织制成品制造	32	1010530
针织品、编织品及其制品制造	16	181491
纺织服装、鞋、帽制造业	246	3351338
纺织服装制造	233	3291716
纺织面料鞋的制造	7	39622
制帽	6	20000
皮革、毛皮、羽毛(绒)及其制品业	26	582726
皮革鞣制加工	1	17913
皮革制品制造	12	182674
毛皮鞣制及制品加工	1	1640
羽毛(绒)加工及制品制造	12	380499
木材加工及木、竹、藤、棕、草制品业	22	100901
人造板制造	10	72521
木制品制造	11	25080
竹、藤、棕、草制品制造	1	3300
家具制造业	26	130576
木质家具制造	17	75050
竹、藤家具制造	1	2750
金属家具制造	4	11700
塑料家具制造	1	13312

工业企业分行业水消费量——取水总量(续表2)

	企业单位数(个)	数量(立方米)
其他家具制造	3	27764
造纸及纸制品业	67	1683655
造纸	13	1225145
纸制品制造	54	458510
印刷业和记录媒介的复制	72	538807
印刷	66	503713
装订及其他印刷服务活动	5	32894
记录媒介的复制	1	2200
文教体育用品制造业	52	494181
文化用品制造	3	40315
体育用品制造	15	247159
乐器制造	2	21205
玩具制造	32	185502
石油加工、炼焦及核燃料加工业	18	36443258
精炼石油产品的制造	18	36443258
化学原料及化学制品制造业	335	170867256
基础化学原料制造	106	158557759
肥料制造	10	190961
农药制造	17	2188083
涂料、油墨、颜料及类似产品制造	42	2655906
合成材料制造	38	2413735
专用化学产品制造	106	4359390
日用化学产品制造	16	501422
医药制造业	49	3897574
化学药品原药制造	5	370724
化学药品制剂制造	25	1649707
中药饮片加工	1	129796
中成药制造	2	1520884
兽用药品制造	7	130405
生物、生化制品的制造	5	64038

工业企业分行业水消费量——取水总量(续表3)

	企业单位数(个)	数量(立方米)
卫生材料及医药用品制造	4	32020
化学纤维制造业	6	12071351
纤维素纤维原料及纤维制造	3	7864668
合成纤维制造	3	4206683
橡胶制品业	26	1175090
轮胎制造	1	611239
橡胶板、管、带的制造	13	505263
橡胶零件制造	1	2685
再生橡胶制造	4	10653
其他橡胶制品制造	7	45250
塑料制品业	129	2030477
塑料薄膜制造	15	325638
塑料板、管、型材的制造	24	141289
塑料丝、绳及编织品的制造	13	221040
泡沫塑料制造	11	432345
塑料包装箱及容器制造	19	195716
塑料零件制造	13	64670
日用塑料制造	11	125991
其他塑料制品制造	23	523788
非金属矿物制品业	238	15527162
水泥、石灰和石膏的制造	35	8540393
水泥及石膏制品制造	79	3587558
砖瓦、石材及其他建筑材料制造	47	418924
玻璃及玻璃制品制造	48	2250135
陶瓷制品制造	9	600085
耐火材料制品制造	4	56462
石墨及其他非金属矿物制品制造	16	73605
黑色金属冶炼及压延加工业	49	78040813
炼铁	9	1166300
炼钢	1	3341

工业企业分行业水消费量——取水总量(续表4)

	企业单位数(个)	数量(立方米)
钢压延加工	35	76831072
铁合金冶炼	4	40100
有色金属冶炼及压延加工业	80	2029570
常用有色金属冶炼	10	835159
贵金属冶炼	2	29784
稀有稀土金属冶炼	3	175013
有色金属合金制造	15	113847
有色金属压延加工	50	875767
金属制品业	304	4085509
结构性金属制品制造	146	1074352
金属工具制造	28	134486
集装箱及金属包装容器制造	26	628117
金属丝绳及其制品的制造	14	186943
建筑、安全用金属制品制造	21	240969
金属表面处理及热处理加工	34	574218
搪瓷制品制造	2	175958
不锈钢及类似日用金属制品制造	15	66799
其他金属制品制造	18	1003667
通用设备制造业	393	5998859
锅炉及原动机制造	17	623067
金属加工机械制造	60	1156485
起重运输设备制造	16	221162
泵、阀门、压缩机及类似机械的制造	40	703030
轴承、齿轮、传动和驱动部件的制造	20	677880
烘炉、熔炉及电炉制造	10	31339
风机、衡器、包装设备等通用设备制造	48	964596
通用零部件制造及机械修理	73	729540
金属铸、锻加工	109	891760
专用设备制造业	193	2117420
矿山、冶金、建筑专用设备制造	34	339346

工业企业分行业水消费量——取水总量(续表5)

	企业单位数(个)	数量(立方米)
化工、木材、非金属加工专用设备制造	44	514406
食品、饮料、烟草及饲料生产专用设备制造	17	91920
印刷、制药、日化生产专用设备制造	9	72338
纺织、服装和皮革工业专用设备制造	3	24248
电子和电工机械专用设备制造	24	437592
农、林、牧、渔专用机械制造	6	25178
医疗仪器设备及器械制造	20	119544
环保、社会公共安全及其他专用设备制造	36	492848
交通运输设备制造业	210	14803935
铁路运输设备制造	36	2981698
汽车制造	112	7767288
摩托车制造	9	202316
自行车制造	6	56699
船舶及浮动装置制造	39	1738331
航空航天器制造	3	2033544
交通器材及其他交通运输设备制造	5	24059
电气机械及器材制造业	268	4666511
电机制造	28	142890
输配电及控制设备制造	128	1579597
电线、电缆、光缆及电工器材制造	37	454080
电池制造	6	830434
家用电力器具制造	12	900317
非电力家用器具制造	10	123530
照明器具制造	40	554332
其他电气机械及器材制造	7	81331
通信设备、计算机及其他电子设备制造业	183	15979574
通信设备制造	28	952665
雷达及配套设备制造	5	301153
广播电视设备制造	10	320449
电子计算机制造	23	3917067

工业企业分行业水消费量——取水总量(续表6)

	企业单位数(个)	数量(立方米)
电子器件制造	34	7078467
电子元件制造	60	2693293
家用视听设备制造	7	624652
其他电子设备制造	16	91828
仪器仪表及文化、办公用机械制造业	92	1385771
通用仪器仪表制造	55	602965
专用仪器仪表制造	14	135793
光学仪器及眼镜制造	16	545251
文化、办公用机械制造	4	84006
其他仪器仪表的制造及修理	3	17756
工艺品及其他制造业	27	327901
工艺美术品制造	20	273123
日用杂品制造	5	35985
其他未列明的制造业	2	18793
废弃资源和废旧材料回收加工业	13	152674
金属废料和碎屑的加工处理	13	152674
电力、燃气及水的生产和供应业	40	1225434081
电力、热力的生产和供应业	17	649872755
电力生产	16	649010755
电力供应	1	862000
燃气生产和供应业	10	209518
燃气生产和供应业	10	209518
水的生产和供应业	13	575351808
自来水的生产和供应	11	574689569
污水处理及其再生利用	2	662239

工业企业分行业水消费量——地表水

	企业单位数(个)	数量(立方米)
二、地表水合计	160	1455732308
按工业行业小类分组		
采矿业	19	19008633
黑色金属矿采选业	2	18520435
铁矿采选	2	18520435
有色金属矿采选业	1	280000
常用有色金属矿采选	1	280000
非金属矿采选业	16	208198
土砂石开采	13	116442
化学矿采选	1	90000
石棉及其他非金属矿采选	2	1756
制造业	119	216028705
农副食品加工业	2	7420
植物油加工	1	6700
屠宰及肉类加工	1	720
肉制品及副产品加工	1	720
纺织业	3	53600
麻纺织	1	14000
纺织制成品制造	2	39600
纺织服装、鞋、帽制造业	11	188974
纺织服装制造	11	188974
皮革、毛皮、羽毛(绒)及其制品业	2	3500
皮革制品制造	2	3500
造纸及纸制品业	3	1127724
造纸	1	1100000
纸制品制造	2	27724
印刷业和记录媒介的复制	1	2000
印刷	1	2000
文教体育用品制造业	1	2880
玩具制造	1	2880

工业企业分行业水消费量——地表水(续表 1)

	企业单位数(个)	数量(立方米)
石油加工、炼焦及核燃料加工业	2	31970260
精炼石油产品的制造	2	31970260
化学原料及化学制品制造业	31	96568527
基础化学原料制造	18	94576541
农药制造	4	1165351
涂料、油墨、颜料及类似产品制造	4	776434
合成材料制造	2	29101
专用化学产品制造	2	14200
日用化学产品制造	1	6900
化学纤维制造业	2	3881995
纤维素纤维原料及纤维制造	1	3879487
合成纤维制造	1	2508
塑料制品业	4	15480
塑料板、管、型材的制造	1	930
塑料包装箱及容器制造	2	9050
其他塑料制品制造	1	5500
非金属矿物制品业	30	3739802
水泥、石灰和石膏的制造	9	2229649
水泥及石膏制品制造	11	590993
砖瓦、石材及其他建筑材料制造	6	87800
玻璃及玻璃制品制造	1	350010
陶瓷制品制造	1	480000
耐火材料制品制造	1	150
石墨及其他非金属矿物制品制造	1	1200
黑色金属冶炼及压延加工业	7	76141584
炼铁	2	406000
钢压延加工	5	75735584
有色金属冶炼及压延加工业	1	1005
有色金属压延加工	1	1005
金属制品业	5	62250

工业企业分行业水消费量——地表水(续表2)

	企业单位数(个)	数量(立方米)
结构性金属制品制造	1	2000
集装箱及金属包装容器制造	2	12890
金属表面处理及热处理加工	2	47360
通用设备制造业	9	34018
起重运输设备制造	1	3300
泵、阀门、压缩机及类似机械的制造	2	2642
轴承、齿轮、传动和驱动部件的制造	1	23920
通用零部件制造及机械修理	2	1350
金属铸、锻加工	3	2806
交通运输设备制造业	3	2209086
铁路运输设备制造	1	1930000
汽车制造	2	279086
电气机械及器材制造业	1	7600
电线、电缆、光缆及电工器材制造	1	7600
废弃资源和废旧材料回收加工业	1	11000
金属废料和碎屑的加工处理	1	11000
电力、燃气及水的生产和供应业	22	1220694970
电力、热力的生产和供应业	11	646281429
电力生产	10	645451429
电力供应	1	830000
水的生产和供应业	11	574413541
自来水的生产和供应	11	574413541

工业企业分行业水消费量——地下水

	企业单位数(个)	数量(立方米)
三、地下水合计	109	10178243
按工业行业小类分组		
采矿业	5	68540
非金属矿采选业	5	68540
土砂石开采	5	68540
制造业	104	10109703
纺织业	5	45650
棉、化纤纺织及印染精加工	1	1600
麻纺织	1	11150
丝绢纺织及精加工	1	9800
纺织制成品制造	2	23100
纺织服装、鞋、帽制造业	12	51026
纺织服装制造	12	51026
木材加工及木、竹、藤、棕、草制品业	1	36430
人造板制造	1	36430
印刷业和记录媒介的复制	1	4800
印刷	1	4800
文教体育用品制造业	3	6900
玩具制造	3	6900
化学原料及化学制品制造业	16	715035
基础化学原料制造	6	450487
肥料制造	1	6000
农药制造	1	55000
涂料、油墨、颜料及类似产品制造	3	110720
合成材料制造	2	81028
专用化学产品制造	3	11800
化学纤维制造业	1	3829212
合成纤维制造	1	3829212
塑料制品业	7	17441
塑料板、管、型材的制造	2	2320

工业企业分行业水消费量——地下水(续表1)

	企业单位数(个)	数量(立方米)
塑料包装箱及容器制造	4	9920
日用塑料制造	1	5201
非金属矿物制品业	17	4608018
水泥、石灰和石膏的制造	6	4380534
水泥及石膏制品制造	8	212814
砖瓦、石材及其他建筑材料制造	3	14670
黑色金属冶炼及压延加工业	1	70292
钢压延加工	1	70292
有色金属冶炼及压延加工业	9	223353
常用有色金属冶炼	1	7688
稀有稀土金属冶炼	3	175013
有色金属合金制造	1	2732
有色金属压延加工	4	37920
金属制品业	6	28022
结构性金属制品制造	3	3302
集装箱及金属包装容器制造	1	1200
金属表面处理及热处理加工	1	20000
不锈钢及类似日用金属制品制造	1	3520
通用设备制造业	11	217720
金属加工机械制造	1	550
泵、阀门、压缩机及类似机械的制造	2	193250
轴承、齿轮、传动和驱动部件的制造	1	275
金属铸、锻加工	7	23645
专用设备制造业	2	440
农、林、牧、渔专用机械制造	2	440
交通运输设备制造业	4	116842
汽车制造	4	116842
电气机械及器材制造业	4	12520
电机制造	3	10470
电线、电缆、光缆及电工器材制造	1	2050

工业企业分行业水消费量——地下水(续表 2)

	企业单位数(个)	数量(立方米)
通信设备、计算机及其他电子设备制造业	1	2300
电子元件制造	1	2300
仪器仪表及文化、办公用机械制造业	1	100000
通用仪器仪表制造	1	100000
工艺品及其他制造业	1	5874
工艺美术品制造	1	5874
废弃资源和废旧材料回收加工业	1	17828
金属废料和碎屑的加工处理	1	17828

工业企业分行业水消费量——自来水

	企业单位数(个)	数量(立方米)
四、自来水合计	3319	169137116
按工业行业小类分组		
采矿业	29	346315
黑色金属矿采选业	4	4133
铁矿采选	4	4133
有色金属矿采选业	2	244800
常用有色金属矿采选	1	237375
贵金属矿采选	1	7425
非金属矿采选业	23	97382
土砂石开采	23	97382
制造业	3257	165642021
农副食品加工业	63	2941886
谷物磨制	14	417514
饲料加工	6	47444
植物油加工	6	246089
屠宰及肉类加工	21	1911113
水产品加工	2	6655
蔬菜、水果和坚果加工	6	84426
其他农副食品加工	8	228645
食品制造业	49	3277310
焙烤食品制造	9	180407
糖果、巧克力及蜜饯制造	3	819687
方便食品制造	8	126062
液体乳及乳制品制造	5	1259305
罐头制造	2	6178
调味品、发酵制品制造	1	148742
其他食品制造	21	736929
饮料制造业	18	4340038
酒的制造	3	1006263
软饮料制造	13	3332718

工业企业分行业水消费量——自来水(续表 1)

	企业单位数(个)	数量(立方米)
精制茶加工	2	1057
烟草制品业	1	609604
卷烟制造	1	609604
纺织业	79	3325336
棉、化纤纺织及印染精加工	24	1648625
毛纺织和染整精加工	3	342100
麻纺织	1	3160
丝绢纺织及精加工	6	202130
纺织制成品制造	29	947830
针织品、编织品及其制品制造	16	181491
纺织服装、鞋、帽制造业	242	3109338
纺织服装制造	229	3049716
纺织面料鞋的制造	7	39622
制帽	6	20000
皮革、毛皮、羽毛(绒)及其制品业	25	576803
皮革鞣制加工	1	17913
皮革制品制造	11	176751
毛皮鞣制及制品加工	1	1640
羽毛(绒)加工及制品制造	12	380499
木材加工及木、竹、藤、棕、草制品业	22	64471
人造板制造	10	36091
木制品制造	11	25080
竹、藤、棕、草制品制造	1	3300
家具制造业	26	130576
木质家具制造	17	75050
竹、藤家具制造	1	2750
金属家具制造	4	11700
塑料家具制造	1	13312
其他家具制造	3	27764
造纸及纸制品业	65	555931

工业企业分行业水消费量——自来水(续表2)

	企业单位数(个)	数量(立方米)
造纸	12	125145
纸制品制造	53	430786
印刷业和记录媒介的复制	72	532007
印刷	66	496913
装订及其他印刷服务活动	5	32894
记录媒介的复制	1	2200
文教体育用品制造业	51	484401
文化用品制造	3	40315
体育用品制造	15	247159
乐器制造	2	21205
玩具制造	31	175722
石油加工、炼焦及核燃料加工业	17	4448060
精炼石油产品的制造	17	4448060
化学原料及化学制品制造业	322	72714165
基础化学原料制造	100	63419778
肥料制造	10	25689
农药制造	16	967732
涂料、油墨、颜料及类似产品制造	40	1768752
合成材料制造	38	1854288
专用化学产品制造	102	4183404
日用化学产品制造	16	494522
医药制造业	49	3895574
化学药品原药制造	5	368724
化学药品制剂制造	25	1649707
中药饮片加工	1	129796
中成药制造	2	1520884
兽用药品制造	7	130405
生物、生化制品的制造	5	64038
卫生材料及医药用品制造	4	32020
化学纤维制造业	5	4360144

工业企业分行业水消费量——自来水(续表3)

	企业单位数(个)	数量(立方米)
纤维素纤维原料及纤维制造	2	3985181
合成纤维制造	3	374963
橡胶制品业	26	1175090
轮胎制造	1	611239
橡胶板、管、带的制造	13	505263
橡胶零件制造	1	2685
再生橡胶制造	4	10653
其他橡胶制品制造	7	45250
塑料制品业	127	1997556
塑料薄膜制造	15	325638
塑料板、管、型材的制造	24	138039
塑料丝、绳及编织品的制造	13	221040
泡沫塑料制造	11	432345
塑料包装箱及容器制造	17	176746
塑料零件制造	13	64670
日用塑料制造	11	120790
其他塑料制品制造	23	518288
非金属矿物制品业	222	6835312
水泥、石灰和石膏的制造	29	1930210
水泥及石膏制品制造	73	2443344
砖瓦、石材及其他建筑材料制造	45	314854
玻璃及玻璃制品制造	47	1898125
陶瓷制品制造	9	120085
耐火材料制品制造	4	56312
石墨及其他非金属矿物制品制造	15	72382
黑色金属冶炼及压延加工业	44	1828937
炼铁	9	760300
炼钢	1	3341
钢压延加工	30	1025196
铁合金冶炼	4	40100

工业企业分行业水消费量——自来水(续表4)

	企业单位数(个)	数量(立方米)
有色金属冶炼及压延加工业	75	1805208
常用有色金属冶炼	9	827471
贵金属冶炼	2	29784
有色金属合金制造	14	111115
有色金属压延加工	50	836838
金属制品业	298	3983183
结构性金属制品制造	144	1062810
金属工具制造	28	134486
集装箱及金属包装容器制造	26	614027
金属丝绳及其制品的制造	13	182701
建筑、安全用金属制品制造	21	240969
金属表面处理及热处理加工	31	505298
搪瓷制品制造	2	175958
不锈钢及类似日用金属制品制造	15	63279
其他金属制品制造	18	1003655
通用设备制造业	383	5726433
锅炉及原动机制造	17	623067
金属加工机械制造	60	1155935
起重运输设备制造	15	217862
泵、阀门、压缩机及类似机械的制造	38	507138
轴承、齿轮、传动和驱动部件的制造	18	653685
烘炉、熔炉及电炉制造	10	31339
风机、衡器、包装设备等通用设备制造	48	964596
通用零部件制造及机械修理	71	707502
金属铸、锻加工	106	865309
专用设备制造业	192	2116971
矿山、冶金、建筑专用设备制造	34	339346
化工、木材、非金属加工专用设备制造	44	514397
食品、饮料、烟草及饲料生产专用设备制造	17	91920
印刷、制药、日化生产专用设备制造	9	72338

工业企业分行业水消费量——自来水(续表5)

	企业单位数(个)	数量(立方米)
纺织、服装和皮革工业专用设备制造	3	24248
电子和电工机械专用设备制造	24	437592
农、林、牧、渔专用机械制造	5	24738
医疗仪器设备及器械制造	20	119544
环保、社会公共安全及其他专用设备制造	36	492848
交通运输设备制造业	207	12458970
铁路运输设备制造	35	1051698
汽车制造	110	7352323
摩托车制造	9	202316
自行车制造	6	56699
船舶及浮动装置制造	39	1738331
航空航天器制造	3	2033544
交通器材及其他交通运输设备制造	5	24059
电气机械及器材制造业	264	4640131
电机制造	28	132420
输配电及控制设备制造	126	1576695
电线、电缆、光缆及电工器材制造	35	441072
电池制造	6	830434
家用电力器具制造	12	900317
非电力家用器具制造	10	123530
照明器具制造	40	554332
其他电气机械及器材制造	7	81331
通信设备、计算机及其他电子设备制造业	183	15977242
通信设备制造	28	952665
雷达及配套设备制造	5	301153
广播电视设备制造	10	320449
电子计算机制造	23	3917035
电子器件制造	34	7078467
电子元件制造	60	2690993
家用视听设备制造	7	624652

工业企业分行业水消费量——自来水(续表6)

	企业单位数(个)	数量(立方米)
其他电子设备制造	16	91828
仪器仪表及文化、办公用机械制造业	90	1285471
通用仪器仪表制造	53	502665
专用仪器仪表制造	14	135793
光学仪器及眼镜制造	16	545251
文化、办公用机械制造	4	84006
其他仪器仪表的制造及修理	3	17756
工艺品及其他制造业	27	322027
工艺美术品制造	20	267249
日用杂品制造	5	35985
其他未列明的制造业	2	18793
废弃资源和废旧材料回收加工业	13	123846
金属废料和碎屑的加工处理	13	123846
电力、燃气及水的生产和供应业	33	3148780
电力、热力的生产和供应业	14	2000995
电力生产	13	1968995
电力供应	1	32000
燃气生产和供应业	10	209518
燃气生产和供应业	10	209518
水的生产和供应业	9	938267
自来水的生产和供应	7	276028
污水处理及其再生利用	2	662239

工业企业分行业水消费量——管道供应的未经达标处理的水

	企业单位数(个)	数量(立方米)
五、管道供应的未经达标处理的水合计	21	2004030
按工业行业小类分组		
采矿业	1	1000
黑色金属矿采选业	1	1000
铁矿采选	1	1000
制造业	19	412699
农副食品加工业	1	39649
其他农副食品加工	1	39649
纺织服装、鞋、帽制造业	1	2000
纺织服装制造	1	2000
皮革、毛皮、羽毛(绒)及其制品业	1	2423
皮革制品制造	1	2423
化学原料及化学制品制造业	4	181363
基础化学原料制造	1	8261
肥料制造	1	159272
专用化学产品制造	2	13830
非金属矿物制品业	3	145407
水泥及石膏制品制造	2	143407
玻璃及玻璃制品制造	1	2000
金属制品业	3	12042
结构性金属制品制造	1	6240
金属丝绳及其制品的制造	1	4242
金属表面处理及热处理加工	1	1560
通用设备制造业	1	20688
通用零部件制造及机械修理	1	20688
交通运输设备制造业	1	2567
汽车制造	1	2567
电气机械及器材制造业	3	6260
输配电及控制设备制造	2	2902
电线、电缆、光缆及电工器材制造	1	3358

工业企业分行业水消费量——管道供应的未经达标处理的水(续表1)

	企业单位数(个)	数量(立方米)
仪器仪表及文化、办公用机械制造业	1	300
通用仪器仪表制造	1	300
电力、燃气及水的生产和供应业	1	1590331
电力、热力的生产和供应业	1	1590331
电力生产	1	1590331

工业企业分行业水消费量——中水

	企业单位数(个)	数量(立方米)
六、中水合计	7	104692
按工业行业小类分组		
制造业	7	104692
化学原料及化学制品制造业	6	102692
基础化学原料制造	6	102692
医药制造业	1	2000
化学药品原药制造	1	2000

工业企业分行业水消费量——其他水

	企业单位数(个)	数量(立方米)
七、其他水合计	15	825562
按工业行业小类分组		
制造业	15	825562
石油加工、炼焦及核燃料加工业	1	24938
精炼石油产品的制造	1	24938
化学原料及化学制品制造业	5	585474
合成材料制造	1	449318
专用化学产品制造	4	136156
非金属矿物制品业	4	198623
水泥及石膏制品制造	2	197000
砖瓦、石材及其他建筑材料制造	1	1600
石墨及其他非金属矿物制品制造	1	23
有色金属冶炼及压延加工业	1	4
有色金属压延加工	1	4
金属制品业	1	12
其他金属制品制造	1	12
专用设备制造业	1	9
化工、木材、非金属加工专用设备制造	1	9
交通运输设备制造业	1	16470
汽车制造	1	16470
通信设备、计算机及其他电子设备制造业	1	32
电子计算机制造	1	32

工业企业分行业水消费量——重复用水

	企业单位数(个)	数量(立方米)
八、重复用水合计	136	6223764527
按工业行业小类分组		
采矿业	4	2830960
黑色金属矿采选业	1	1151992
铁矿采选	1	1151992
有色金属矿采选业	1	1227968
常用有色金属矿采选	1	1227968
非金属矿采选业	2	451000
化学矿采选	1	450000
石棉及其他非金属矿采选	1	1000
制造业	124	5614574936
农副食品加工业	2	150010
屠宰及肉类加工	1	10010
其他农副食品加工	1	140000
饮料制造业	1	5195687
酒的制造	1	5195687
纺织业	2	126800
麻纺织	1	16800
丝绢纺织及精加工	1	110000
造纸及纸制品业	5	2006915
造纸	3	2006355
纸制品制造	2	560
印刷业和记录媒介的复制	1	1823
印刷	1	1823
石油加工、炼焦及核燃料加工业	1	8640000
精炼石油产品的制造	1	8640000
化学原料及化学制品制造业	27	3879666941
基础化学原料制造	14	3775630785
农药制造	2	18129370
涂料、油墨、颜料及类似产品制造	2	116566
合成材料制造	3	26815736
专用化学产品制造	6	58974484
医药制造业	2	621115

工业企业分行业水消费量——重复用水(续表1)

	企业单位数(个)	数量(立方米)
化学药品原药制造	1	609235
化学药品制剂制造	1	11880
化学纤维制造业	1	4741595
纤维素纤维原料及纤维制造	1	4741595
橡胶制品业	4	1030550
轮胎制造	1	580677
橡胶板、管、带的制造	3	449873
塑料制品业	8	7409129
塑料薄膜制造	2	5624537
塑料板、管、型材的制造	1	27012
塑料丝、绳及编织品的制造	1	18620
泡沫塑料制造	1	1718400
塑料包装箱及容器制造	1	60
日用塑料制造	1	500
其他塑料制品制造	1	20000
非金属矿物制品业	21	19339797
水泥、石灰和石膏的制造	5	5831200
水泥及石膏制品制造	7	842156
砖瓦、石材及其他建筑材料制造	2	3750
玻璃及玻璃制品制造	3	11401243
陶瓷制品制造	1	472430
耐火材料制品制造	2	788518
石墨及其他非金属矿物制品制造	1	500
黑色金属冶炼及压延加工业	7	1595248733
炼铁	1	400000
钢压延加工	6	1594848733
有色金属冶炼及压延加工业	5	2960176
稀有稀土金属冶炼	2	2953426
有色金属合金制造	2	5300
有色金属压延加工	1	1450

工业企业分行业水消费量——重复用水(续表 2)

	企业单位数(个)	数量(立方米)
金属制品业	5	13636
结构性金属制品制造	1	4916
金属丝绳及其制品的制造	1	1200
金属表面处理及热处理加工	3	7520
通用设备制造业	11	345637
金属加工机械制造	2	16943
泵、阀门、压缩机及类似机械的制造	2	23147
风机、衡器、包装设备等通用设备制造	1	77657
通用零部件制造及机械修理	1	199002
金属铸、锻加工	5	28888
交通运输设备制造业	7	9929091
铁路运输设备制造	1	9675
汽车制造	3	5443631
船舶及浮动装置制造	1	3263200
航空航天器制造	1	1212225
交通器材及其他交通运输设备制造	1	360
电气机械及器材制造业	1	40320
照明器具制造	1	40320
通信设备、计算机及其他电子设备制造业	10	76991133
通信设备制造	1	311248
雷达及配套设备制造	1	155000
电子计算机制造	1	117750
电子器件制造	3	74116024
电子元件制造	4	2291111
仪器仪表及文化、办公用机械制造业	3	115848
专用仪器仪表制造	1	61430
光学仪器及眼镜制造	2	54418
电力、燃气及水的生产和供应业	8	606358631
电力、热力的生产和供应业	8	606358631
电力生产	8	606358631

指标解释

规模以上工业企业能源购消存及水消费

购进量:根据企业生产、经营性质划分,购进量分两种情况,一种是能源经销企业(批发和零售业企业)用于销售的能源购进数量,另一种是能源使用企业用于消费的能源购进数量,这两种能源购进量分别在不同表式中统计。

能源经销企业能源购进量,指能源经销企业在报告期内购入的、用于销售的各种一次能源和二次能源。能源经销企业能源购进量由能源经销企业(批发、零售企业)填报。

能源使用企业能源购进量,指能源使用单位在报告期内外购的、用于本企业消费的各种一次能源和二次能源。能源使用企业能源购进量由能源使用企业填报。

购进量的核算原则是:

(1) 计算购进量的能源必须具备以下三个条件:

一是已实际到达本单位;

二是经过验收、检验;

三是办理完入库手续;

但是,在未办理完入库手续前,已经投入使用的或已经销售的,要计算在购进量中使用多少,计算多少。

(2)"谁购进,谁统计"。

凡属本单位实际购进的,符合上述原则,不论从何处购进,均应计算在内,包括作价购进的加工来料。

凡属本报告期实际购进的,办理完入库手续,即计算购进量;什么时间办理入库手续,什么时间计算购进量。

根据以上原则,下述情况不能计算在购进量内:

(1) 供货单位已发货,但尚未运到本单位,即使已经付款;

(2) 货已运到本单位,但尚未办理验收、入库手续的;

(3) 经验收发现的亏吨(按验收后的实际数量计算购进量);

(4) 借入的,自产自用的,车间、工地上年领用今年退回的,以及加工来料(作价的除外)。

购进量金额:指本单位在报告期实际购进的、已办理验收入库手续的各种一次能源和二次能源的金额。其金额以购货发票上的总金额(含增值税)计算,统计原则、范围与购进量相同。

统计购进量金额要注意:

(1) 价值量指标要与实物量指标相一致,即计算实物量的,亦计算价值量,反之亦然;

(2) 已验收入库尚未结算,购货发票未到,购进量以实际验收数量计算,购进量金额以货物的上期平均价或合同价格乘购进量计算,待结算后再作调整;

(3) 实物量与价值量之一,如不够一个计量单位,两者都不填报,待以后两者都达到一个计量单位时,再同时填报;

(4) 购进量金额不应包括运费和装卸费用。

能源消费量:指能源使用单位在报告期内实际消费的一次能源或二次能源的数量。就每种能源的实物消耗而言,是其消费量;如果将实际消费的各种能源折标准量相加所得到的能源消费量合计数据是企业投入消费的全部能源,没有扣除能源品种加工转换的重复因素。P201 表和 P201－1 表中的消费量合计就是此种概念。企业综合能源消费量的含义见相关指标解释。

能源消费量统计的原则是：

(1) 谁消费、谁统计。即不论其所有权的归属，由哪个单位消费，就由哪个单位统计其消费量。

(2) 何时投入使用，何时计算消费量。企业的能源消费，在时间、工艺界限上，以投入第一道生产工序为标志，即投入第一道生产工序就计算消费；何时投入第一道生产工序，何时计算消费量。

(3) 在计算综合能源消费量时，不应重复计算，应扣除二次能源的产出量和余热、余能的回收利用量。

(4) 耗能工质（如水、氧气、压缩空气等），不论是外购的还是自产自用的，均不统计在能源消费量中（计算单位产品能耗时应根据具体的指标规定将某些耗能工质包括在内）。

(5) 企业自产的能源，凡作为企业生产另一种产品的原材料、燃料，又分别计算产量的，消费量要统计，如煤矿用原煤生产洗煤，炼焦厂用焦炭生产煤气，炼油厂用燃料油发电等。但产品生产过程中消费的半成品和中间产品，不统计消费量，如炼油厂用原油生产出燃料油后，又用燃料油生产其他产品，在这种情况下，如果燃料油不计算产量，那么作为中间产品的燃料油也不计算消费量（如果燃料油计算产量，那么也要计算消费量）。

工业企业的能源消费量包括工业企业在生产过程中作为燃料、动力、原料、辅助材料使用的能源以及工艺用能、非生产用能。作为能源加工转换企业，还要包括能源加工转换的投入量（这部分能源不能理解为用作原材料，用作原材料的概念见后面的解释）。具体包括：

(1) 用于本企业产品生产、工业性作业和其他生产性活动的能源；

(2) 用于技术更新改造措施、新技术研究和新产品试制以及科学试验等方面的能源；

(3) 用于经营维修、建筑及设备大修理、机电设备和交通运输工具等方面的能源；

(4) 用于劳动保护的能源；

(5) 生产交通运输工具的企业（如造船厂、汽车制造厂），向成品轮船、汽车中添加动力用油，应算作企业的能源消费，但不作为工业生产消费，应作为非工业生产消费和交通运输工具消费；

(6) 其他非生产消费的能源。

不包括：

(1) 由仓库发到车间，但在报告期最后一天没有消费的能源。这部分能源应在办理假退料手续后计入库存量。

(2) 拨到外单位，委托外单位加工用的能源。

(3) 调出本单位或借给外单位的能源。

除工业企业以外的其他企业（非工业企业）的能源消费包括：

(1) 用于生产经营活动的能源；

(2) 用于技术更新改造措施、新技术研究以及科学试验等方面的能源；

(3) 用于经营维修、建筑及设备大修理、机电设备和交通运输工具等方面的能源；

(4) 用于劳动保护的能源；

(5) 其他非生产消费的能源。

工业生产能源消费：指工业企业为进行工业生产活动所消费的能源。主要包括：

(1) 用于本企业产品生产、工业性作业的能源，包括用作原料、材料、燃料、动力；作为能源加工转换企业，还包括用作加工转换的能源（这部分能源不能理解为用作原材料，用作原材料的概念见后面的解释）。

(2) 产品生产过程中作为辅助材料使用的能源。

(3) 生产工艺过程使用的能源。

(4) 新技术研究、新产品试制、科学试验使用的能源。

(5) 为了工业生产活动而在进行的各种修理过程中使用的能源。

(6) 生产区内的劳动保护用能等。

非工业生产能源消费：指在工业企业能源消费中，除"工业生产能源消费"以外的能源消费，即非工业生产用能和工业企业附属的不从事工业生产活动的非独立核算单位用能。比如本企业施工单位进行技术更

新改造、维修等过程用能，非生产区的劳动保护用能，科研单位、农场、车队、学校、医院、食堂、托儿所等单位用能。但是必须注意，上述单位如果是独立核算的，其用能既不能包括在“工业企业能源消费”中，亦不能包括在“非工业生产能源消费”中。

生产交通运输工具的企业(如造船厂、汽车制造厂)，向成品轮船、汽车中添加动力用油，应算作企业的非工业生产消费。

交通运输工具用能：指在厂区内、外进行交通运输活动的交通运输工具所消费的能源。生产交通运输工具的企业(如造船厂、汽车制造厂)，向成品轮船、汽车中添加动力用油，应作为交通运输工具消费。

如果工业企业所属的车队是独立核算的企业，其消费的能源既不能包括在“工业企业能源消费”中，亦不能包括在“交通运输工具用能”中，它的消费应为交通运输业企业消费。

能源加工、转换投入：能源加工、转换是为了特定的用途，将一种能源(一般为一次能源)，经过一定的工艺，加工或转换成另外一种能源(二次能源)。

能源加工，是能源物理形态的变化，比如用蒸馏的方式将原油炼制成汽油、煤油、柴油等石油制品；用筛选、水洗的方式将原煤洗选成洗煤；以焦化的方式将煤炭高温干馏成焦炭；以气化的方式将煤炭气化成煤气，等等。这些方法在加工前后能源均未发生质的变化。

能源转换，是能量形态以及物质化学形态的变化，比如经过一定的工艺过程，将煤炭、重油等转换为电力和热力，将热能转换为机械能，将机械能转换为电能，将电能转换为热能等；又比如，经过裂化，将重质石油转换成轻质石油(转换前、后的物质具有不同的化学结构和化学性质)。

能源加工、转换的投入是指能源加工、转换过程所消费能源数量。

用作能源加工、转换的能源不能算作用于原材料。两者的区别是：用作加工、转换，投入的是能源，产出的主要产品还是能源，或产出的产品属于加工、转换过程中产生的不作能源使用的其他副产品和联产品。而用作原材料时，投入的是能源，产出的主要产品却是能源范畴以外的产品，包括产出的某种产品在广义上可以用作能源(比如可以燃烧以提供热量)，但通常意义上不作能源使用的产品。

能源加工、转换企业的能源投入量不包括：

(1) 加工转换本身的工艺用能，如发电装置的电动机用电，发电点火用燃料，通风设备用电；炼焦炉预热原料用的焦炉煤气和设备运转用的动力等。发电厂的厂用电不作为发电的投入统计。

(2) 车间用能。

(3) 辅助生产系统用能。

(4) 经营管理用能。

(5) 除上述项目以外的其他生产用能。

天然气液化投入：专指将天然气经过一定工艺转换成液化天然气所投入的天然气。

能源加工转换产出量：指各种能源经过加工转换后产出的各种二次能源产品(包括不作能源使用的其他副产品和联产品)，比如火力发电产出的电力，热电联产同时产出的电力、蒸汽、热水，洗煤产出的洗精煤、洗中煤、洗煤泥等，炼焦产出的焦炭、焦炉煤气和其他焦化产品，炼油产出的汽油、煤油、柴油、燃料油、液化石油气、炼厂干气和其他石油制品(石脑油、各种原料油、溶剂油、石蜡、润滑油、石油沥青等)，制气产出的是焦炉煤气、其他煤气、焦炭和其他焦化产品(煤焦油、粗苯等)。

能源加工转换损失量：指能源在加工、转换过程中的各种损失量，计算式如下：

能源加工转换损失量＝能源加工、转换过程中投入的能源数量－产出的能源数量

在计算能源加工、转换损失量时，需要将加工、转换的投入量和产出量分别折算为标准燃料，如标准煤。

用作原材料的能源消费：指能源产品不作能源使用，即不作燃料、动力使用，而作为生产另外一种产品(非能源产品)的原料或作为辅助材料使用，作原料使用时通常构成这种产品的实体。它与用作加工、转换的区别是：用作加工、转换，投入的是能源，产出的主要产品还是能源(或产出的产品属于加工、转换过程中产生的不作能源使用的其他副产品和联产品)；而用作原材料时，投入的是能源，产出的主要产品却是能源范畴以外的产品，包括产出的某种产品在广义上可以用作能源(比如可以燃烧以提供热量)，但通常意义上不作能源使用的产品。

综合能源消费量:指报告期内工业企业在工业生产活动中实际消费的各种能源的总和净值。计算综合能源消费量时,需要先将使用的各种能源折算成标准燃料后再进行计算。根据生产活动的性质,综合能源消费量在不同的企业有不同的计算方法。根据P201和P201-1表计算综合能源消费量方法如下:

综合能源消费量=工业生产消费的能源合计-加工转换产出能源合计-回收利用能源合计。

终端能源消费量:是全国能源平衡表和地区能源平衡表中使用的概念,能源消费分两个部分,即加工转换消费和终端消费。终端能源消费,是在能源核算时,为反映能源的实际消费情况而设置的一个综合指标,它是指没有经过加工转换的一次能源或经过加工转换后的二次能源直接用作原料、材料、燃料、动力以及工艺性消费的数量,不包括用于加工转换的能源。

能源库存量:本制度中所涉及的能源库存量是指企业能源库存量,它是企业在报告期的某时间点所拥有的各种能源数量。根据企业的生产经营活动性质,企业库存量分为生产企业产成品库存、经销企业(批发、零售企业)用于经营销售的库存、使用企业用于消费的库存。

1. 库存量的核算原则:

(1) 时点性原则。库存量是指企业在报告期的某时间点所拥有的各种能源数量,所以必须按照制度所规定的时间点盘点库存,不得提前或推后。

(2) 实际数量原则。企业在库存盘点后,可能出现账面数字与实际库存数量不一致的现象,在这种情况下,应以盘点数量为准来调整账面数字,差额作盘盈或盘亏处理。

(3) 库存量的核算,以验收合格、办理完入库手续为准,未经验收或不合格的,不能计入库存。

(4) 能源生产企业产成品库存和能源经销企业(批发、零售企业)用于经营销售的库存按照能源的所有权原则统计,能源使用企业用于消费的库存按照能源的使用权原则统计(建筑业库存按照"谁管理、谁统计"的原则统计)。

其他焦化产品:是指在炼焦过程中,除焦炭、焦炉煤气以外产生的其他副产品,如煤焦油、初苯等。炼焦的产品很多,目录中只列出了焦炭、焦炉煤气这两个品种,统计时为了简化,把除这两个品种以外的其他炼焦副产品归并在"其他焦化产品"名称下一起填报。

其他石油制品:是指石油加工过程中除汽油、煤油、柴油、燃料油、液化石油气、炼厂干气以外的其他炼油产品,如润滑油、润滑脂、石脑油、石蜡、石油沥青等。石油制品很多,目录中只列出了汽油、煤油、柴油、燃料油、液化石油气、炼厂干气这几个主要品种,统计时为了简化,把除这几个主要品种以外的其他石油产品归并在"其他石油制品"名称下一起填报。

液化天然气:当天然气在1个大气压状态下冷却至约-162摄氏度时,或在常温状态下压力增加到一定值时,天然气由气态转变成液态,称液化天然气。液化天然气无色、无味、无毒且无腐蚀性,其体积约为同量气态天然气体积的1/600,液化天然气的重量仅为同体积水的45%左右。液化天然气的折标系数为1.7572千克标准煤/千克。

其他燃料:指能源统计目录标明以外的作为燃料使用的物质。注意:填报时每个具体燃料品种都要按照各自的实际热值折算成标准量(标准煤)。

热力:是指可提供热源的热水、蒸汽。在统计上要求外供热量作为产量统计,外购热力作为消费统计。自产自用热力不统计。

几个产品的单位换算系数:

(1) 1千克液化天然气=1.38立方米天然气;1立方米天然气=0.7256千克液化天然气

(2) 汽油,1升=0.74千克,1千克=1.35升

(3) 重柴油,1升=0.92千克,1千克=1.087升

(4) 轻柴油,1升=0.87千克,1千克=1.149升

几种产品加工转换计算的规定:

(1) 天然气:企业购入天然气,添加一些其他成分后,又以天然气为产品进行销售,这种情况下不作加工转换计算,天然气消费量只计算加工过程中的损失部分(如果没有损失,则消费量为"0")。

(2) 成品油:企业购入某种成品油,添加一些其他成分后,又以这种成品油为产品进行销售(购入和销售

的产品在统计上为同名称的产品），这种情况下不作加工转换计算，其消费量只计算加工过程中的损失部分（如果没有损失，则消费量为“0”）。但是企业购入某种成品油，经过某种生产工艺加工成另外一种产品，比如将重油加工成汽油、煤油等轻质油或其他石油制品，这种情况应视作加工转换，并按照能源加工转换的统计规定，填报相应产品的投入量和产出量。

(3) 蓄能发电：企业用电力进行抽水蓄能，再用蓄水发电，这种情况不应视作能源加工转换。企业电力消费只填报抽水用电和蓄水发电的差额部分以及与抽水蓄能发电没有直接关系的企业其他用电。

取水总量：指工业企业从各种水源提取的，并用于工业生产活动的水量总和，包括地表水、地下水、自来水、由管道供应的未经达标处理的水、经城市污水处理厂处理后回用的中水、海水，以及企业从市场购得的其他水或水的产品（如纯净水、矿泉水、蒸汽、热水、地热水等）。取水总量包括主要工业生产用水、辅助生产（包括机修、运输、空压站等）用水和附属生产（包括厂内绿化、职工食堂、非营业的浴室及保健站、厕所等）用水；不包括非工业生产单位的用水，如厂内居民家庭用水和企业附属幼儿园、学校、对外营业的浴室、游泳池等的用水量。

地表水：指企业直接采自河流、水库、湖泊等地表水源的水（包括企业采自河流、水库、湖泊用于冷却，不重复使用，又排出的水，俗称自流水），不包括水力发电厂的发电动力用水。金额是指报告期企业消费地表水所支付的费用，计算范围与形成当地地表水价格的费用结构相一致，如水费、资源税、排水（污）费等，有哪项就计算哪项。金额不包括取水过程的成本费用，如电费、设备费用、人工费用等。如果企业使用地表水不需支付费用，则免填金额。在计算平均单位水费时，应剔除没有金额费用的水量。

地下水：指企业通过自备井直接采自地下的水。金额是指报告期企业消费地下水所支付的费用，计算范围与形成当地地下水价格的费用结构相一致，如水费、资源税、排水（污）费等，有哪项就计算哪项。金额不包括取水过程的成本费用，如电费、设备费用、人工费用等。如果企业使用地下水不需支付费用，则免填金额。

自来水：指地表水、地下水等经过供水企业加工处理，经认定达到自来水供水标准，通过城镇自来水管道供应的水；取水量按报告期自来水表的流量计算。金额是指报告期企业消费自来水所支付的费用，计算范围与形成当地自来水价格的费用结构相一致，如水费、资源税、排水（污）费等。

管道供应的未经达标处理的水：指地表水、地下水等，未经过供水企业净化处理或经净化处理而未达标准，通过管道供应的水。金额是指报告期企业消费此类水所支付的费用，计算范围与形成当地这类水价格的费用结构相一致，如水费、资源税、排水（污）费等，有哪项就计算哪项。

中水：指城市污水经过污水处理厂净化处理，达到相关标准，通过管道或其他方式供应的水。金额是指报告期企业消费中水所支付的费用，计算范围与形成当地中水价格的费用结构相一致，如水费、资源税、排水（污）费等，有哪项就计算哪项。

重复用水量：工业企业重复用水量就是指在企业内部，对生产和生活排放的废水直接或经过处理后回收再利用的水量，不包括企业从城市污水处理厂购买的中水。企业废水在报告期每重复利用一次，计算一次重复用水量。

重复用水量的计算原则：

1. 开放原则。即水的循环在开放系统进行，循环一次计算一次，封闭式循环系统的循环水不计算重复用水量。

2. “源头”计算原则。对循环水来说，使用后的水，又回流到系统的取水源头，流经源头一次，计算一次。循环系统中的中间环节用水不得计算重复用水量。

3. 异地原则。对于非循环系统，根据不同工艺对不同水质的要求，在一个地方（工艺）使用过的水，在另外一个地方（工艺）中又进行使用，使用一次，计算一次。在同一地方（容器）多次使用的水，不得计算重复用水量。

4. 经过净化处理后的水重复再用，在任何情况下都按照重复用水计算。

● 建筑业

按登记注册类型分组建筑企业情况

计量单位：千元

	建筑业企业个数（个）	建筑业总产值	固定资产原价	其中：本年折旧
内资企业	3761	122065798	21077812	1398832
国有企业	112	18431023	3720297	270398
集体企业	146	3816920	403638	28032
股份合作企业	39	937975	184877	14319
联营企业	27	759782	96086	6039
国有联营企业	3	34782	8540	740
集体联营企业	3	43576	14052	841
国有与集体联营企业	0	0	0	0
其他联营企业	21	681424	73494	4458
有限责任公司	595	48780599	7616725	421058
国有独资公司	5	572871	2447163	42506
其他有限责任公司	590	48207728	5169562	378552
股份有限公司	129	6168044	1148090	104138
私营企业	2712	43153892	7903409	554476
私营独资企业	328	2138645	394096	31602
私营合伙企业	86	509885	95227	6766
私营有限责任公司	2179	38614863	7229890	497062
私营股份有限公司	119	1890499	184196	19046
其他企业	1	17563	4690	372
港、澳、台商投资企业	17	415445	74943	10290
合资经营企业（港或澳、台资）	12	288075	56999	9693
合作经营企业（港或澳、台资）	0	0	0	0
港、澳、台商独资经营企业	5	127370	17944	597
港、澳、台商投资股份有限公司	0	0	0	0
外商投资企业	26	1263389	71193	4789
中外合资经营企业	12	487144	39116	2609
中外合作经营企业	2	5121	6562	182
外资企业	12	771124	25515	1998
外商投资股份有限公司	0	0	0	0

按登记注册类型分组建筑企业情况(续表1)

计量单位:千元

	所有者权益合计	工程结算收入	工程结算成本	工程结算税金及附加
内资企业	42995184	114002187	99718526	3685894
国有企业	5464448	19247858	17230951	605246
集体企业	677903	2005541	1526257	76400
股份合作企业	317979	789588	653470	27944
联营企业	231819	608390	597733	23661
国有联营企业	15196	35385	26136	1344
集体联营企业	47608	47836	29386	1781
国有与集体联营企业	0	0	0	0
其他联营企业	169015	525169	542211	20536
有限责任公司	14964848	45653782	40417678	1520656
国有独资公司	1511974	557525	477738	32106
其他有限责任公司	13452874	45096257	39939940	1488550
股份有限公司	2046528	6467284	5762787	173713
私营企业	19288350	39218214	33520988	1257890
私营独资企业	739810	1951244	1585681	53753
私营合伙企业	409179	376577	289175	12017
私营有限责任公司	17531396	35341911	30309844	1142857
私营股份有限公司	607965	1548482	1336288	49263
其他企业	3309	11530	8662	384
港、澳、台商投资企业	446086	572453	441456	16037
合资经营企业(港或澳、台资)	387574	445370	354595	9687
合作经营企业(港或澳、台资)	0	0	0	0
港、澳、台商独资经营企业	58512	127083	86861	6350
港、澳、台商投资股份有限公司	0	0	0	0
外商投资企业	507546	1611993	1397470	52750
中外合资经营企业	157148	728928	642662	26680
中外合作经营企业	8005	3889	1483	599
外资企业	342393	879176	753325	25471
外商投资股份有限公司	0	0	0	0

按登记注册类型分组建筑企业情况(续表2)

计量单位:千元

	三项费用	营业利润	工资福利费	全部从业人员年平均人数(人)
内资企业	6691821	4677762	14504760	660863
国有企业	1080049	570816	1768468	73609
集体企业	236127	184595	555702	21969
股份合作企业	83520	28198	211681	8846
联营企业	51371	-59804	155072	5934
国有联营企业	6392	1513	3633	203
集体联营企业	7241	13437	13262	406
国有与集体联营企业	0	0	0	0
其他联营企业	37738	-74754	138177	5325
有限责任公司	2209474	1746970	5868452	256262
国有独资公司	30272	37886	27178	1170
其他有限责任公司	2179202	1709084	5841274	255092
股份有限公司	292349	293255	1036465	36597
私营企业	2737143	1913036	4905557	257516
私营独资企业	174402	143551	252752	11770
私营合伙企业	49393	41466	73517	3681
私营有限责任公司	2417548	1657626	4233827	226559
私营股份有限公司	95800	70393	345461	15506
其他企业	1788	696	3363	130
港、澳、台商投资企业	73360	55908	56934	2164
合资经营企业(港或澳、台资)	42573	52720	46323	1676
合作经营企业(港或澳、台资)	0	0	0	0
港、澳、台商独资经营企业	30787	3188	10611	488
港、澳、台商投资股份有限公司	0	0	0	0
外商投资企业	85505	82730	133728	5863
中外合资经营企业	49718	14144	45680	2336
中外合作经营企业	3091	483	1219	77
外资企业	32696	68103	86829	3450
外商投资股份有限公司	0	0	0	0

按登记注册类型分组总承包及专业承包建筑企业合同情况

计量单位：千元

	建筑业企业个数（个）	签订的合同额	1. 上年结转合同额	2. 本年新签合同额
内资企业	1413	153638738	47379220	106259518
国有企业	83	28681295	11188477	17492818
集体企业	29	2383992	668356	1715636
股份合作企业	15	1208149	320564	887585
联营企业	22	882039	196101	685938
国有联营企业	3	39592	1800	37792
集体联营企业	1	17900	0	17900
国有与集体联营企业				
其他联营企业	18	824547	194301	630246
有限责任公司	417	60537263	17047799	43489464
国有独资公司	4	136725	29563	107162
其他有限责任公司	413	60400538	17018236	43382302
股份有限公司	79	5351056	2651478	2699578
私营企业	767	54577076	15306445	39270631
私营独资企业	42	800895	93532	707363
私营合伙企业	16	582708	81300	501408
私营有限责任公司	669	51482983	14920845	36562138
私营股份有限公司	40	1710490	210768	1499722
其他企业	1	17868	0	17868
港、澳、台商投资企业	14	534024	192906	341118
合资经营企业(港或澳、台资)	12	422688	158296	264392
合作经营企业(港或澳、台资)				
港、澳、台商独资经营企业	2	111336	34610	76726
港、澳、台商投资股份有限公司				
外商投资企业	20	1130439	200557	929882
中外合资经营企业	9	320123	41415	278708
中外合作经营企业	1	7928	4720	3208
外资企业	10	802388	154422	647966
外商投资股份有限公司				

按登记注册类型分组总承包及专业承包建筑企业承包工程完成情况

计量单位：千元

	1. 直接从建设单位承揽工程完成的产值	(1) 自行完成施工产值	(2) 分包出去工程的产值	2. 从建设单位以外承揽工程完成的产值
内资企业	106502299	103978866	2523433	6634852
国有企业	18631705	16744702	1887003	1192154
集体企业	1992283	1951147	41136	249873
股份合作企业	869252	869252	0	22382
联营企业	715909	715909	0	11497
国有联营企业	30862	30862	0	3920
集体联营企业	8600	8600	0	6700
国有与集体联营企业				
其他联营企业	676447	676447	0	877
有限责任公司	43893999	43436268	457731	2635238
国有独资公司	111248	111248	0	57000
其他有限责任公司	43782751	43325020	457731	2578238
股份有限公司	3946584	3893782	52802	439577
私营企业	36435004	36350243	84761	2084131
私营独资企业	744201	723513	20688	294327
私营合伙企业	404482	404432	50	40159
私营有限责任公司	33772539	33708516	64023	1635884
私营股份有限公司	1513782	1513782	0	113761
其他企业	17563	17563	0	0
港、澳、台商投资企业	360744	360744	0	43207
合资经营企业(港或澳、台资)	244868	244868	0	43207
合作经营企业(港或澳、台资)				
港、澳、台商独资经营企业	115876	115876	0	0
港、澳、台商投资股份有限公司				
外商投资企业	915866	915866	0	305182
中外合资经营企业	233550	233550	0	212341
中外合作经营企业	4913	4913	0	0
外资企业	677403	677403	0	92841
外商投资股份有限公司				

按登记注册类型分组总承包及专业承包建筑企业产值完成情况

计量单位：千元

	建筑业总产值（千元）	其中：建筑工程产值	其中：安装工程产值	其中：其他产值
内资企业	110613718	97335334	12359949	918435
国有企业	17936856	14552425	3289301	95130
集体企业	2201020	2066747	132773	1500
股份合作企业	891634	837779	43660	10195
联营企业	727406	520495	206911	0
国有联营企业	34782	29062	5720	0
集体联营企业	15300	15300	0	0
国有与集体联营企业				
其他联营企业	677324	476133	201191	0
有限责任公司	46071506	40501601	5163336	406569
国有独资公司	168248	109366	47682	11200
其他有限责任公司	45903258	40392235	5115654	395369
股份有限公司	4333359	3771476	559514	2369
私营企业	38434374	35067248	2964454	402672
私营独资企业	1017840	877504	140336	0
私营合伙企业	444591	428044	16547	0
私营有限责任公司	35344400	32620039	2583104	141257
私营股份有限公司	1627543	1141661	224467	261415
其他企业	17563	17563	0	0
港、澳、台商投资企业	403951	265654	138297	0
合资经营企业(港或澳、台资)	288075	187654	100421	0
合作经营企业(港或澳、台资)				
港、澳、台商独资经营企业	115876	78000	37876	0
港、澳、台商投资股份有限公司				
外商投资企业	1221048	859179	361869	0
中外合资经营企业	445891	241187	204704	0
中外合作经营企业	4913	4861	52	0
外资企业	770244	613131	157113	0
外商投资股份有限公司				

按登记注册类型分组总承包及专业承包建筑企业房屋建筑施工面积情况

计量单位：平方米

	房屋建筑施工面积	其中：本年新开工面积	其中：实行投标承包面积	其中：本年新开工
内资企业	73459620	35947728	68282234	33253813
国有企业	6889790	2675002	6856202	2646414
集体企业	1915898	1338715	1821561	1299878
股份合作企业	1160456	677622	572874	285622
联营企业	520736	272166	488596	240026
国有联营企业	0	0	0	0
集体联营企业	0	0	0	0
国有与集体联营企业				
其他联营企业	520736	272166	488596	240026
有限责任公司	29931228	15154957	27899482	14398766
国有独资公司	95830	51014	95830	51014
其他有限责任公司	29835398	15103943	27803652	14347752
股份有限公司	3489186	1086731	3327814	1047459
私营企业	29552326	14742535	27315705	13335648
私营独资企业	120020	85918	114520	85918
私营合伙企业	446377	305577	259410	168610
私营有限责任公司	28065843	13751763	26155189	12593343
私营股份有限公司	920086	599277	786586	487777
其他企业	0	0	0	0
港、澳、台商投资企业	178820	0	178820	0
合资经营企业(港或澳、台资)	178820	0	178820	0
合作经营企业(港或澳、台资)				
港、澳、台商独资经营企业	0	0	0	0
港、澳、台商投资股份有限公司				
外商投资企业	261979	147140	221455	116316
中外合资经营企业	9700	0	0	0
中外合作经营企业	0	0	0	0
外资企业	252279	147140	221455	116316
外商投资股份有限公司				

按登记注册类型分组总承包及专业承包建筑企业从业人员情况

计量单位：人

	年末从业人数	其中：管理人员	其中：工程技术人员	其中：一级建造师
内资企业	479541	101608	71006	3819
国有企业	34696	10797	7078	839
集体企业	15527	2356	1946	46
股份合作企业	5987	2133	711	21
联营企业	4280	1039	724	24
国有联营企业	178	65	56	0
集体联营企业	366	42	20	0
国有与集体联营企业				
其他联营企业	3736	932	648	24
有限责任公司	212389	37884	29670	1444
国有独资公司	710	309	207	12
其他有限责任公司	211679	37575	29463	1432
股份有限公司	18045	4703	3090	237
私营企业	188476	42646	27741	1208
私营独资企业	6596	1166	800	41
私营合伙企业	3764	604	347	10
私营有限责任公司	165535	38311	25326	1112
私营股份有限公司	12581	2565	1268	45
其他企业	141	50	46	0
港、澳、台商投资企业	1537	684	564	31
合资经营企业(港或澳、台资)	1278	529	416	31
合作经营企业(港或澳、台资)				
港、澳、台商独资经营企业	259	155	148	0
港、澳、台商投资股份有限公司				
外商投资企业	2912	1276	1033	54
中外合资经营企业	1394	549	439	45
中外合作经营企业	33	8	6	0
外资企业	1485	719	588	9
外商投资股份有限公司				

按登记注册类型分组总承包及专业承包建筑企业总产值情况

计量单位：千元

	企业总产值	在境外完成的营业额	在外省完成的产值	竣工产值
内资企业	115868470	1718575	33609786	77761820
国有企业	18904866	1531985	6236098	9946138
集体企业	2218460	0	17342	1456867
股份合作企业	891634	0	52293	754514
联营企业	813124	14290	293364	638467
国有联营企业	34782	0	18742	35282
集体联营企业	15300	0	0	21668
国有与集体联营企业				
其他联营企业	763042	14290	274622	581517
有限责任公司	47535129	104873	14465232	32686070
国有独资公司	208563	4325	85210	119588
其他有限责任公司	47326566	100548	14380022	32566482
股份有限公司	5057802	36662	1834754	2120661
私营企业	40429892	30765	10710703	30141540
私营独资企业	1112902	77	165142	764575
私营合伙企业	456049	0	2200	327184
私营有限责任公司	37168912	30688	10414435	27428817
私营股份有限公司	1692029	0	128926	1620964
其他企业	17563	0	0	17563
港、澳、台商投资企业	803510	0	7874	222100
合资经营企业(港或澳、台资)	687529	0	7874	161920
合作经营企业(港或澳、台资)				
港、澳、台商独资经营企业	115981	0	0	60180
港、澳、台商投资股份有限公司				
外商投资企业	1221506	0	552742	1319238
中外合资经营企业	446349	0	270337	471730
中外合作经营企业	4913	0	0	3473
外资企业	770244	0	282405	844035
外商投资股份有限公司				

按登记注册类型分组总承包及专业承包建筑企业财务情况

计量单位：千元

	资产合计	流动资产	长期投资	无形及递延资产
内资企业	96715236	77464176	3731293	2062021
国有企业	19076885	15888697	1040212	368035
集体企业	1015345	731744	71565	1969
股份合作企业	706314	587981	40077	3
联营企业	460468	374312	10000	2336
国有联营企业	21404	16910	0	19
集体联营企业	18968	15253	0	0
国有与集体联营企业				
其他联营企业	420096	342149	10000	2317
有限责任公司	36053028	28454838	1362526	670085
国有独资公司	3943543	1884779	377976	4355
其他有限责任公司	32109485	26570059	984550	665730
股份有限公司	3974807	3077266	177715	85814
私营企业	35424945	28348882	1029198	933779
私营独资企业	799607	615439	50350	7276
私营合伙企业	452722	325593	38200	2574
私营有限责任公司	33301644	26671654	935940	915401
私营股份有限公司	870972	736196	4708	8528
其他企业	3444	456	0	0
港、澳、台商投资企业	1733658	1634055	53812	1621
合资经营企业(港或澳、台资)	1435902	1345351	53812	1563
合作经营企业(港或澳、台资)				
港、澳、台商独资经营企业	297756	288704	0	58
港、澳、台商投资股份有限公司				
外商投资企业	1206145	1138757	24339	3856
中外合资经营企业	508534	475857	7317	1239
中外合作经营企业	7371	7046	0	0
外资企业	690240	655854	17022	2617
外商投资股份有限公司				

按登记注册类型分组总承包及专业承包建筑企业财务情况(续表1)

计量单位:千元

	其他资产	固定资产合计	累计折旧	其中:本年折旧
内资企业	507554	12950192	7373789	1202755
国有企业	76446	1703495	1214409	228031
集体企业	1412	208655	125409	18890
股份合作企业	1014	77239	86424	12329
联营企业	194	73626	24275	5608
国有联营企业	0	4475	4065	740
集体联营企业	0	3715	2324	422
国有与集体联营企业				
其他联营企业	194	65436	17886	4446
有限责任公司	300164	5265415	2997843	395468
国有独资公司	32720	1643713	1046356	39711
其他有限责任公司	267444	3621702	1951487	355757
股份有限公司	12473	621539	411862	92625
私营企业	115851	4997235	2511865	449432
私营独资企业	1404	125138	64477	14130
私营合伙企业	11	86344	9591	4740
私营有限责任公司	113642	4665007	2384692	415391
私营股份有限公司	794	120746	53105	15171
其他企业	0	2988	1702	372
港、澳、台商投资企业	70	44100	33892	10233
合资经营企业(港或澳、台资)	70	35106	25456	9693
合作经营企业(港或澳、台资)				
港、澳、台商独资经营企业	0	8994	8436	540
港、澳、台商投资股份有限公司				
外商投资企业	74	39119	27321	4483
中外合资经营企业	67	24054	16209	2430
中外合作经营企业	0	325	789	90
外资企业	7	14740	10323	1963
外商投资股份有限公司				

按登记注册类型分组总承包及专业承包建筑企业财务情况（续表2）

计量单位：千元

	负债合计			所有者权益
		流动负债	长期负债	
内资企业	58870335	56752691	2117644	37844901
国有企业	14688441	14220288	468153	4388444
集体企业	496419	494669	1750	518926
股份合作企业	435668	435642	26	270646
联营企业	271359	265459	5900	189109
国有联营企业	6208	6208	0	15196
集体联营企业	12319	12319	0	6649
国有与集体联营企业				
其他联营企业	252832	246932	5900	167264
有限责任公司	22185163	21404722	780441	13867865
国有独资公司	2448569	2109789	338780	1494974
其他有限责任公司	19736594	19294933	441661	12372891
股份有限公司	2190475	2100272	90203	1784332
私营企业	18602675	17831504	771171	16822270
私营独资企业	378446	377530	916	421161
私营合伙企业	92554	92554	0	360168
私营有限责任公司	17667898	16902612	765286	15633746
私营股份有限公司	463777	458808	4969	407195
其他企业	135	135	0	3309
港、澳、台商投资企业	1291084	1291084	0	442574
合资经营企业(港或澳、台资)	1048328	1048328	0	387574
合作经营企业(港或澳、台资)				
港、澳、台商独资经营企业	242756	242756	0	55000
港、澳、台商投资股份有限公司				
外商投资企业	721841	721259	582	484304
中外合资经营企业	366865	366865	0	141669
中外合作经营企业	3212	3212	0	4159
外资企业	351764	351182	582	338476
外商投资股份有限公司				

按登记注册类型分组总承包及专业承包建筑企业财务情况(续表3)

计量单位:千元

	工程结算收入	工程结算成本	经营费用	工程结算税金及附加
内资企业	104253819	91559453	1021380	3412931
国有企业	18746905	16809526	89795	596371
集体企业	1717882	1292505	134550	65688
股份合作企业	741759	615439	39005	25877
联营企业	576714	582703	10253	22425
国有联营企业	35385	26136	1211	1344
集体联营企业	19560	16626	978	640
国有与集体联营企业				
其他联营企业	521769	539941	8064	20441
有限责任公司	43060446	38233957	283844	1417596
国有独资公司	152902	124715	5952	5661
其他有限责任公司	42907544	38109242	277892	1411935
股份有限公司	4654721	4094667	37849	152784
私营企业	34743862	29921994	425851	1131806
私营独资企业	894157	726462	23974	32667
私营合伙企业	314151	245593	28039	10265
私营有限责任公司	32243014	27839393	358722	1045355
私营股份有限公司	1292540	1110546	15116	43519
其他企业	11530	8662	233	384
港、澳、台商投资企业	561246	431617	19859	15762
合资经营企业(港或澳、台资)	445370	354595	11979	9687
合作经营企业(港或澳、台资)				
港、澳、台商独资经营企业	115876	77022	7880	6075
港、澳、台商投资股份有限公司				
外商投资企业	1569643	1372844	9606	42375
中外合资经营企业	687675	618946	1175	16797
中外合作经营企业	3681	1330	1878	143
外资企业	878287	752568	6553	25435
外商投资股份有限公司				

按登记注册类型分组总承包及专业承包建筑企业财务情况(续表4)

计量单位:千元

	工程结算利润	其他业务收入	其他业务利润	管理费用
内资企业	8260055	7419508	536409	4236382
国有企业	1251213	5234640	220316	890767
集体企业	225139	25692	15830	68815
股份合作企业	61438	3509	3210	35151
联营企业	-38667	115753	392	28463
国有联营企业	6694	0	0	5108
集体联营企业	1316	0	0	822
国有与集体联营企业				
其他联营企业	-46677	115753	392	22533
有限责任公司	3125049	854080	124290	1529463
国有独资公司	16574	19710	218	19073
其他有限责任公司	3108475	834370	124072	1510390
股份有限公司	369421	585326	52113	174086
私营企业	3264211	600508	120258	1508082
私营独资企业	111054	33550	4620	55077
私营合伙企业	30254	638	138	9904
私营有限责任公司	2999544	563053	113984	1384888
私营股份有限公司	123359	3267	1516	58213
其他企业	2251	0	0	1555
港、澳、台商投资企业	94008	310553	14308	46868
合资经营企业(港或澳、台资)	69109	310361	14205	25015
合作经营企业(港或澳、台资)				
港、澳、台商独资经营企业	24899	192	103	21853
港、澳、台商投资股份有限公司				
外商投资企业	144818	7174	4695	65259
中外合资经营企业	50757	6720	4276	38967
中外合作经营企业	330	0	0	60
外资企业	93731	454	419	26232
外商投资股份有限公司				

按登记注册类型分组总承包及专业承包建筑企业财务情况(续表5)

计量单位:千元

	管理费中:			
	税金	财产保险费	差旅费	工会经费
内资企业	177626	23980	270172	33128
国有企业	19169	5623	48521	7098
集体企业	2594	214	3461	2613
股份合作企业	2073	436	1718	231
联营企业	1613	291	4880	442
国有联营企业	49	0	2158	2
集体联营企业	73	0	180	220
国有与集体联营企业				
其他联营企业	1491	291	2542	220
有限责任公司	83879	7876	86473	10099
国有独资公司	498	0	622	161
其他有限责任公司	83381	7876	85851	9938
股份有限公司	5420	524	8197	1662
私营企业	62874	9016	116375	10983
私营独资企业	8279	910	4297	858
私营合伙企业	934	286	1021	243
私营有限责任公司	50482	6995	104686	9479
私营股份有限公司	3179	825	6371	403
其他企业	4	0	547	0
港、澳、台商投资企业	1070	167	2493	249
合资经营企业(港或澳、台资)	1044	64	2012	249
合作经营企业(港或澳、台资)				
港、澳、台商独资经营企业	26	103	481	0
港、澳、台商投资股份有限公司				
外商投资企业	1727	423	4545	228
中外合资经营企业	391	313	2750	130
中外合作经营企业	3	0	32	0
外资企业	1333	110	1763	98
外商投资股份有限公司				

按登记注册类型分组总承包及专业承包建筑企业财务情况(续表6)

计量单位:千元

	财务费用	投资收益	营业外收入	营业外支出
内资企业	631866	193106	139363	119130
国有企业	64603	21137	30948	17900
集体企业	2698	20065	4753	1354
股份合作企业	2272	-8841	1116	512
联营企业	6938	0	161	464
国有联营企业	73	0	56	10
集体联营企业	224	0	0	0
国有与集体联营企业				
其他联营企业	6641	0	105	454
有限责任公司	172849	105219	38229	28883
国有独资公司	1152	21412	140	918
其他有限责任公司	171697	83807	38089	27965
股份有限公司	42497	7224	5390	10212
私营企业	340009	48302	58766	59805
私营独资企业	8399	512	2693	1805
私营合伙企业	3053	15214	1	5229
私营有限责任公司	321967	32538	55576	52292
私营股份有限公司	6590	38	496	479
其他企业	0	0	0	0
港、澳、台商投资企业	5421	997	3076	1352
合资经营企业(港或澳、台资)	5579	997	2788	781
合作经营企业(港或澳、台资)				
港、澳、台商独资经营企业	-158	0	288	571
港、澳、台商投资股份有限公司				
外商投资企业	4218	0	901	4225
中外合资经营企业	4498	0	498	2370
中外合作经营企业	49	0	0	1
外资企业	-329	0	403	1854
外商投资股份有限公司				

按登记注册类型分组总承包及专业承包建筑企业财务情况（续表 7）

计量单位：千元

	营业利润	利润总额	劳动、失业保险费	住房公积金及住房补贴
内资企业	4090797	4208081	642446	169028
国有企业	534420	613278	207147	75127
集体企业	169456	194270	11022	1718
股份合作企业	27217	19262	5976	1068
联营企业	-73706	-73771	4071	533
国有联营企业	1513	1559	567	67
集体联营企业	270	540	495	0
国有与集体联营企业				
其他联营企业	-75489	-75870	3009	466
有限责任公司	1648387	1654108	209766	65508
国有独资公司	16826	16048	1115	1248
其他有限责任公司	1631561	1638060	208651	64260
股份有限公司	206204	202722	32616	8220
私营企业	1578123	1597516	170844	16854
私营独资企业	52710	53710	4655	183
私营合伙企业	32646	39942	1366	263
私营有限责任公司	1432657	1443942	160318	16092
私营股份有限公司	60110	59922	4505	316
其他企业	696	696	1004	0
港、澳、台商投资企业	56027	58748	3707	1370
合资经营企业(港或澳、台资)	52720	55724	3388	1008
合作经营企业(港或澳、台资)				
港、澳、台商独资经营企业	3307	3024	319	362
港、澳、台商投资股份有限公司				
外商投资企业	80036	76695	5727	628
中外合资经营企业	11568	9679	1991	453
中外合作经营企业	221	220	1	0
外资企业	68247	66796	3735	175
外商投资股份有限公司				

按登记注册类型分组总承包及专业承包建筑企业财务情况(续表8)

计量单位:千元

	本年应付工资总额	其中:主营业务应付工资总额	本年应付福利费总额	其中:主营业务应付福利费总额
内资企业	11815050	11410408	963872	925697
国有企业	1587386	1511873	146622	141774
集体企业	454201	453747	55983	55941
股份合作企业	183469	162413	18508	16208
联营企业	142376	141950	8584	8506
国有联营企业	3382	3292	251	220
集体联营企业	9686	9686	1356	1356
国有与集体联营企业				
其他联营企业	129308	128972	6977	6930
有限责任公司	5176579	5006356	387838	375616
国有独资公司	15659	14803	1574	1454
其他有限责任公司	5160920	4991553	386264	374162
股份有限公司	433703	415332	33127	32093
私营企业	3834386	3715873	312797	295158
私营独资企业	122823	119242	7056	6826
私营合伙企业	60456	60189	2122	2083
私营有限责任公司	3417398	3304762	279950	262851
私营股份有限公司	233709	231680	23669	23398
其他企业	2950	2864	413	401
港、澳、台商投资企业	51678	49418	4715	4564
合资经营企业(港或澳、台资)	42578	40330	3745	3595
合作经营企业(港或澳、台资)				
港、澳、台商独资经营企业	9100	9088	970	969
港、澳、台商投资股份有限公司				
外商投资企业	121482	115106	9177	8720
中外合资经营企业	40741	36562	2943	2526
中外合作经营企业	421	421	41	41
外资企业	80320	78123	6193	6153
外商投资股份有限公司				

按登记注册类型分组总承包及专业承包建筑企业财务情况(续表9)

计量单位:千元

	应收工程款	竣工工程	资产减值损失	公允价值变动收益
内资企业	14294516	8319665	9603	-2405
国有企业	3552037	1614016	1667	0
集体企业	143488	78562	0	0
股份合作企业	154504	98156	31	0
联营企业	113802	66877	30	0
国有联营企业	2199	2199	0	0
集体联营企业	0	0	0	0
国有与集体联营企业				
其他联营企业	111603	64678	30	0
有限责任公司	3709369	1758934	324	-3411
国有独资公司	4320	460	31	-1122
其他有限责任公司	3705049	1758474	293	-2289
股份有限公司	615308	308499	5971	0
私营企业	5999945	4388558	1580	1006
私营独资企业	75522	48444	0	0
私营合伙企业	26124	18252	3	0
私营有限责任公司	5702801	4222074	1577	1006
私营股份有限公司	195498	99788	0	0
其他企业	6063	6063	0	0
港、澳、台商投资企业	48518	17237	0	0
合资经营企业(港或澳、台资)	39931	14661	0	0
合作经营企业(港或澳、台资)				
港、澳、台商独资经营企业	8587	2576	0	0
港、澳、台商投资股份有限公司				
外商投资企业	153299	62575	0	0
中外合资经营企业	91524	17421	0	0
中外合作经营企业	4005	4	0	0
外资企业	57770	45150	0	0
外商投资股份有限公司				

按行业中类、隶属关系、控股和资质分组建筑企业情况

计量单位：千元

	建筑业企业个数(个)	建筑业总产值	固定资产原价	其中：本年折旧
建筑业	3804	123744632	21223948	1413911
房屋和土木工程建筑业	1235	92206710	16473172	1037818
房屋工程建筑	523	57575625	7505298	426642
土木工程建筑	712	34631085	8967874	611176
建筑安装业	1066	18881355	2994902	230993
建筑安装业	1066	18881355	2994902	230993
建筑装饰业	1141	8088317	969443	79591
建筑装饰业	1141	8088317	969443	79591
其他建筑业	362	4568250	786431	65509
工程准备	100	424258	222372	10928
提供施工设备服务	34	172731	47663	3122
其他未列明的建筑活动	228	3971261	516396	51459
中央	25	17491387	1677832	171555
省	115	21328627	4675349	173125
市	271	11962239	2679816	191512
县区	135	11573254	1878628	110113
街道	59	766199	128321	7989
镇	49	2651115	257000	17696
居民委员会	14	101334	16861	4410
村民委员会	21	52861	12612	882
其他	3115	57817616	9897529	736629
国有控股	179	27966912	7295776	389588
集体控股	218	9169534	1108785	104823
私人控股	3365	84930647	12673345	904423
港澳台商控股	17	415445	74943	10290
外商控股	25	1262094	71099	4787
其他	0	0	0	0
资质以内企业				
施工总承包及专业承包	1447	112238717	18666059	1217471
劳务分包	264	785576	99554	14001
无资质企业	2093	10720339	2458335	182439

按行业中类、隶属关系、控股和资质分组建筑企业情况(续表1)

计量单位:千元

	所有者权益合计	工程结算收入	工程结算成本	工程结算税金及附加
建筑业	43948816	116186633	101557452	3754681
房屋和土木工程建筑业	32955688	84807905	74839248	2799398
房屋工程建筑	13151934	49806903	44808842	1680478
土木工程建筑	19803754	35001002	30030406	1118920
建筑安装业	6670332	20819243	17984238	602994
建筑安装业	6670332	20819243	17984238	602994
建筑装饰业	2900410	7526383	6343369	244587
建筑装饰业	2900410	7526383	6343369	244587
其他建筑业	1422386	3033102	2390597	107702
工程准备	197397	404555	330994	10758
提供施工设备服务	98308	179869	143019	5842
其他未列明的建筑活动	1126681	2448678	1916584	91102
中央	2651910	18817655	17105104	535451
省	6355145	21131237	19016316	676516
市	5516291	11913047	10361186	377087
县区	4279819	8784678	7591956	357500
街道	261827	625026	542083	23522
镇	509306	1927343	1569297	73421
居民委员会	65316	125138	96613	4716
村民委员会	9750	50681	43726	1885
其他	24299452	52811828	45231171	1704583
国有控股	9452174	29614947	26563032	877276
集体控股	2619132	7346216	6175443	231818
私人控股	30924121	77042319	66980549	2576886
港澳台商控股	446086	572453	441456	16037
外商控股	507303	1610698	1396972	52664
其他	0	0	0	0
资质以内企业	39105039	107121039	94007636	3502642
施工总承包及专业承包	38771779	106384708	93363914	3471068
劳务分包	333260	736331	643722	31574
无资质企业	4843777	9065594	7549816	252039

按行业中类、隶属关系、控股和资质分组建筑企业情况(续表2)

计量单位:千元

	三项费用	营业利润	工资福利费	全部从业人员年平均人数(人)
建筑业	6850686	4816400	14695422	668890
房屋和土木工程建筑业	4134437	3578362	11166999	503121
房屋工程建筑	2001338	1610246	7903528	343475
土木工程建筑	2133099	1968116	3263471	159646
建筑安装业	1660656	730141	2365850	101629
建筑安装业	1660656	730141	2365850	101629
建筑装饰业	703781	262897	683863	42918
建筑装饰业	703781	262897	683863	42918
其他建筑业	351812	245000	478710	21222
工程准备	43107	26473	48323	2328
提供施工设备服务	21932	9238	45720	1960
其他未列明的建筑活动	286773	209289	384667	16934
中央	715630	518078	1833538	63571
省	981013	694800	2266806	104608
市	870233	443091	1164085	60326
县区	476638	384008	2085257	74549
街道	34826	26123	136665	6339
镇	190993	94344	531250	20911
居民委员会	12704	11105	40088	2430
村民委员会	2019	3118	5872	458
其他	3566630	2641733	6631861	335698
国有控股	1648725	836028	3058976	114914
集体控股	506662	476334	1489579	55475
私人控股	4536629	3365916	9956505	490502
港澳台商控股	73360	55908	56934	2164
外商控股	85310	82214	133428	5835
其他				
资质以内企业				
施工总承包及专业承包	6040859	4226860	12965974	595139
劳务分包	61718	9567	492698	29744
无资质企业	748109	579973	1236750	44007

按行业中类、隶属关系、控股和资质分组总承包及专业承包建筑企业合同情况

计量单位：千元

	建筑业企业个数	签订的合同额	1. 上年结转合同额	2. 本年新签合同额
建筑业	1447	155303201	47772683	107530518
房屋和土木工程建筑业	521	123116637	39096203	84020434
房屋工程建筑	229	77615430	26254177	51361253
土木工程建筑	292	45501207	12842026	32659181
建筑安装业	424	22324665	7187617	15137048
建筑安装业	424	22324665	7187617	15137048
建筑装饰业	388	7676761	966641	6710120
建筑装饰业	388	7676761	966641	6710120
其他建筑业	114	2185138	522222	1662916
工程准备	13	215122	52801	162321
提供施工设备服务	12	148464	9767	138697
其他未列明的建筑活动	89	1821552	459654	1361898
中央	17	25176903	10217090	14959813
省	104	29940794	9686271	20254523
市	222	13154037	3113190	10040847
县区	90	12991732	3764169	9227563
街道	31	819223	218435	600788
镇	25	3020896	588046	2432850
居民委员会	2	131735	68180	63555
村民委员会				
其他	956	70067881	20117302	49950579
国有控股	130	38210624	15182256	23028368
集体控股	77	8130156	2262419	5867737
私人控股	1206	107297958	29934545	77363413
港澳台商控股	14	534024	192906	341118
外商控股	20	1130439	200557	929882
其他				
施工总承包	437	130974791	42037046	88937745
特级	5	20445848	8152226	12293622
一级	54	75710958	26631532	49079426
二级	140	23624893	5342715	18282178
三级及以下	238	11193092	1910573	9282519
专业承包	1010	24328410	5735637	18592773
一级	78	12948711	3673439	9275272
二级	203	5381928	1258648	4123280
三级及以下	729	5997771	803550	5194221

按行业中类、隶属关系、控股和资质分组总承包及专业承包建筑企业承包工程完成情况

计量单位：千元

	1. 直接从建设单位承揽工程完成的产值	自行完成施工产值	分包出去工程的产值	2. 从建设单位以外承揽工程完成的产值
建筑业	107778909	105255476	2523433	6983241
房屋和土木工程建筑业	83873756	82634456	1239300	3910637
房屋工程建筑	55441996	55321661	120335	938271
土木工程建筑	28431760	27312795	1118965	2972366
建筑安装业	14759167	13524240	1234927	1939617
建筑安装业	14759167	13524240	1234927	1939617
建筑装饰业	6859954	6850558	9396	530499
建筑装饰业	6859954	6850558	9396	530499
其他建筑业	2286032	2246222	39810	602488
工程准备	205273	205273	0	108237
提供施工设备服务	143126	143126	0	8773
其他未列明的建筑活动	1937633	1897823	39810	485478
中央	15019671	13325423	1694248	817959
省	20103383	19639050	464333	1511384
市	10880388	10755879	124509	940806
县区	10812576	10812576	0	295359
街道	671486	646888	24598	40194
镇	2570416	2570416	0	26524
居民委员会	83097	83097	0	0
村民委员会				
其他	47637892	47422147	215745	3351015
国有控股	24548318	22441239	2107079	1662550
集体控股	6618575	6540868	77707	759604
私人控股	75335406	74996759	338647	4212698
港澳台商控股	360744	360744	0	43207
外商控股	915866	915866	0	305182
其他				
施工总承包	89200835	86820868	2379967	3354660
特级	12940548	12881969	58579	255179
一级	47828047	45604030	2224017	1066582
二级	18861775	18822300	39475	1231935
三级及以下	9570465	9512569	57896	800964
专业承包	18578074	18434608	143466	3628581
一级	9178414	9154854	23560	873404
二级	4267105	4207524	59581	1514256
三级及以下	5132555	5072230	60325	1240921

按行业中类、隶属关系、控股和资质分组总承包及专业承包建筑企业产值完成情况

计量单位：千元

	三、建筑业总产值	按构成分：		
		1. 建筑工程产值	2. 安装工程产值	3. 其他产值
建筑业	112238717	98460167	12860115	918435
房屋和土木工程建筑业	86545093	81357045	4297115	890933
房屋工程建筑	56259932	54320765	1306810	632357
土木工程建筑	30285161	27036280	2990305	258576
建筑安装业	15463857	7330155	8119135	14567
建筑安装业	15463857	7330155	8119135	14567
建筑装饰业	7381057	7308596	65999	6462
建筑装饰业	7381057	7308596	65999	6462
其他建筑业	2848710	2464371	377866	6473
工程准备	313510	273265	40245	0
提供施工设备服务	151899	117351	34548	0
其他未列明的建筑活动	2383301	2073755	303073	6473
中央	14143382	12161367	1886335	95680
省	21150434	16979195	4056208	115031
市	11696685	9938893	1654625	103167
县区	11107935	10791137	288094	28704
街道	687082	638418	48664	0
镇	2596940	2508849	9315	78776
居民委员会	83097	83097	0	0
村民委员会				
其他	50773162	45359211	4916874	497077
国有控股	24103789	18947113	4968957	187719
集体控股	7300472	6723556	535908	41008
私人控股	79209457	71664665	6855084	689708
港澳台商控股	403951	265654	138297	0
外商控股	1221048	859179	361869	0
其他				
施工总承包	90175528	82295836	7045831	833861
特级	13137148	12563573	478080	95495
一级	46670612	40751998	5471559	447055
二级	20054235	19246544	704149	103542
三级及以下	10313533	9733721	392043	187769
专业承包	22063189	16164331	5814284	84574
一级	10028258	9031584	996674	0
二级	5721780	3790734	1856370	74676
三级及以下	6313151	3342013	2961240	9898

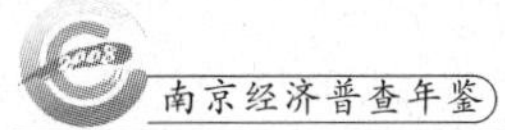

按行业中类、隶属关系、控股和资质分组总承包及专业承包建筑企业房屋施工面积情况

计量单位：平方米

	房屋建筑施工面积	其中：本年新开工面积	其中：实行投标承包面积	其中：本年新开工
建筑业	73900419	36094868	68682509	33370129
房屋和土木工程建筑业	72445299	35288745	67419361	32580763
房屋工程建筑	71304934	34827402	66413867	32254291
土木工程建筑	1140365	461343	1005494	326472
建筑安装业	1070958	646757	982313	630000
建筑安装业	1070958	646757	982313	630000
建筑装饰业	0	0	0	0
建筑装饰业	0	0	0	0
其他建筑业	384162	159366	280835	159366
工程准备	0	0	0	0
提供施工设备服务	0	0	0	0
其他未列明的建筑活动	384162	159366	280835	159366
中央	4155307	1775565	4155307	1775565
省	14281978	7141438	13432749	6877457
市	3462908	1596272	3108348	1463113
县区	11080311	5513838	10695061	5266570
街道	805799	373659	770409	360769
镇	2745955	1904009	2283081	1607822
居民委员会	163320	64430	163320	64430
村民委员会				
其他	37204841	17725657	34074234	15954403
国有控股	7011482	2739318	6969894	2710730
集体控股	5859388	3202768	5116749	2767899
私人控股	60588750	30005642	56195591	27775184
港澳台商控股	178820	0	178820	0
外商控股	261979	147140	221455	116316
其他				
施工总承包	73482794	35860991	68453019	33255859
特级	16568171	6711115	15846516	6418734
一级	30644311	13959077	29537491	13384872
二级	16362711	9025100	14970301	8393324
三级及以下	9907601	6165699	8098711	5058929
专业承包	417625	233877	229490	114270
一级	177500	94000	177500	94000
二级	58928	0	0	0
三级及以下	181197	139877	51990	20270

按行业中类、隶属关系、控股和资质分组总承包及专业承包建筑企业从业人员情况

计量单位：人

	年末从业人数	管理人员	工程技术人员	一级建造师
建筑业	483990	103568	72603	3904
房屋和土木工程建筑业	393158	73921	51758	2427
房屋工程建筑	288397	43987	32856	1374
土木工程建筑	104761	29934	18902	1053
建筑安装业	50760	17994	12411	846
建筑安装业	50760	17994	12411	846
建筑装饰业	28688	7591	5269	519
建筑装饰业	28688	7591	5269	519
其他建筑业	11384	4062	3165	112
工程准备	1192	483	391	17
提供施工设备服务	1521	413	294	3
其他未列明的建筑活动	8671	3166	2480	92
中央	15303	6877	4144	511
省	92548	12939	10043	790
市	40767	12751	8980	520
县区	68454	11424	9369	327
街道	4781	1243	954	5
镇	19753	2700	2370	54
居民委员会	2035	1259	143	0
村民委员会				
其他	240349	54375	36600	1697
国有控股	48015	15533	10352	1069
集体控股	45691	10959	7453	225
私人控股	385835	75116	53201	2525
港澳台商控股	1537	684	564	31
外商控股	2912	1276	1033	54
其他				
施工总承包	401491	75844	52738	2454
特级	43333	3073	2263	271
一级	175562	33215	23309	1432
二级	110089	21820	16615	519
三级及以下	72507	17736	10551	232
专业承包	82499	27724	19865	1450
一级	23350	6966	4603	724
二级	22092	7754	5775	333
三级及以下	37057	13004	9487	393

按行业中类、隶属关系、控股和资质分组总承包及专业承包建筑企业总产值情况

计量单位：千元

	企业总产值	在境外完成的营业额	在外省完成的产值	竣工产值
建筑业	117893486	1718575	34170402	79303158
房屋和土木工程建筑业	89823609	1603457	26207569	60723504
房屋工程建筑	58250395	494188	16228648	43273930
土木工程建筑	31573214	1109269	9978921	17449574
建筑安装业	16738151	113030	5748019	10022940
建筑安装业	16738151	113030	5748019	10022940
建筑装饰业	8029102	2088	1744760	6593236
建筑装饰业	8029102	2088	1744760	6593236
其他建筑业	3302624	0	470054	1963478
工程准备	313615	0	17792	168427
提供施工设备服务	154399	0	17526	96767
其他未列明的建筑活动	2834610	0	434736	1698284
中央	14826656	978614	7244629	4729796
省	21875062	622718	9737864	15657397
市	12679550	48110	2128822	7917169
县区	11179450	0	383003	9358628
街道	692752	0	13136	447557
镇	2631669	0	83120	2141626
居民委员会	83097	0	0	64044
村民委员会				
其他	53925250	69133	14579828	38986941
国有控股	25800215	1557262	9237102	11924398
集体控股	7463568	0	1058574	4580527
私人控股	82604687	161313	23314110	61256895
港澳台商控股	803510	0	7874	222100
外商控股	1221506	0	552742	1319238
其他				
施工总承包	93603641	1696335	28152334	63814367
特级	13264014	0	7560569	9590348
一级	49156426	1652709	16746006	29877973
二级	20464833	43626	3150127	16039938
三级及以下	10718368	0	695632	8306108
专业承包	24289845	22240	6018068	15488791
一级	10627458	4325	3254536	6352167
二级	6259530	3548	1253444	4223051
三级及以下	7402857	14367	1510088	4913573

按行业中类、隶属关系、控股和资质分组总承包及专业承包建筑企业财务情况

计量单位：千元

	资产合计	流动资产合计	长期投资	无形及递延资产小计
建筑业	99655039	80236988	3809444	2067498
房屋和土木工程建筑业	73740612	59272441	2647260	1495112
房屋工程建筑	37200403	29778724	1437039	931115
土木工程建筑	36540209	29493717	1210221	563997
建筑安装业	16791656	13363540	874207	506116
建筑安装业	16791656	13363540	874207	506116
建筑装饰业	5613519	4601143	182107	50808
建筑装饰业	5613519	4601143	182107	50808
其他建筑业	3509252	2999864	105870	15462
工程准备	265287	216261	450	161
提供施工设备服务	156216	131311	1500	5
其他未列明的建筑活动	3087749	2652292	103920	15296
中央	10104060	8380272	43573	458175
省	19065833	14616106	1187821	164140
市	14250017	10995886	1097615	267860
县区	6842845	5925854	83851	65221
街道	427291	324294	4041	480
镇	913923	731233	11644	8330
居民委员会	153181	145204	0	0
村民委员会				
其他	47897889	39118139	1380899	1103292
国有控股	28499818	22057789	1529616	585864
集体控股	5933223	5043504	185009	42133
私人控股	62282195	50362883	2016668	1434024
港澳台商控股	1733658	1634055	53812	1621
外商控股	1206145	1138757	24339	3856
其他				
施工总承包	76757733	61595852	2920002	1688366
特级	7677657	6876879	75570	197733
一级	40068705	33002810	1217729	1275258
二级	19589117	14483292	947382	148959
三级及以下	9422254	7232871	679321	66416
专业承包	22897306	18641136	889442	379132
一级	8451248	7058230	321292	213761
二级	6060664	4917520	249666	52982
三级及以下	8385394	6665386	318484	112389

按行业中类、隶属关系、控股和资质分组总承包及专业承包建筑企业财务情况(续表1)

计量单位:千元

	固定资产合计	累计折旧	本年折旧	其他资产
建筑业	13033411	7435002	1217471	507698
房屋和土木工程建筑业	9988659	6019442	928938	337140
房屋工程建筑	4998657	2833146	403765	54868
土木工程建筑	4990002	3186296	525173	282272
建筑安装业	1948332	905923	178852	99461
建筑安装业	1948332	905923	178852	99461
建筑装饰业	734537	283475	62062	44924
建筑装饰业	734537	283475	62062	44924
其他建筑业	361883	226162	47619	26173
工程准备	48260	44078	7540	155
提供施工设备服务	22500	25480	2902	900
其他未列明的建筑活动	291123	156604	37177	25118
中央	943545	580571	158424	278495
省	3055326	1912199	170122	42440
市	1835038	1101183	182415	53618
县区	765854	387546	66838	2065
街道	98400	41674	6077	76
镇	162016	97519	16661	700
居民委员会	7977	7675	4002	0
村民委员会				
其他	6165255	3306635	612932	130304
国有控股	4001589	2639623	329046	324960
集体控股	657430	431282	92954	5147
私人控股	8291173	4302884	780755	177447
港澳台商控股	44100	33892	10233	70
外商控股	39119	27321	4483	74
其他				
施工总承包	10187455	5974103	957022	366058
特级	524970	318647	96886	2505
一级	4304142	2830896	445528	268766
二级	3948947	2319209	290898	60537
三级及以下	1409396	505351	123710	34250
专业承包	2845956	1460899	260449	141640
一级	794700	485051	68416	63265
二级	822487	493472	77431	18009
三级及以下	1228769	482376	114602	60366

按行业中类、隶属关系、控股和资质分组总承包及专业承包建筑企业财务情况(续表2)

计量单位:千元

	负债合计	流动负债合计	长期负债合计	所有者权益合计
建筑业	60883260	58765034	2118226	38771779
房屋和土木工程建筑业	43886679	42265728	1620951	29853933
房屋工程建筑	24614130	23401932	1212198	12586273
土木工程建筑	19272549	18863796	408753	17267660
建筑安装业	11323416	10873663	449753	5468240
建筑安装业	11323416	10873663	449753	5468240
建筑装饰业	3318918	3304329	14589	2294601
建筑装饰业	3318918	3304329	14589	2294601
其他建筑业	2354247	2321314	32933	1155005
工程准备	145613	146567	－954	119674
提供施工设备服务	70983	70983	0	85233
其他未列明的建筑活动	2137651	2103764	33887	950098
中央	8376618	8140518	236100	1727442
省	12800111	12235438	564673	6265722
市	9021840	8718804	303036	5228177
县区	3377729	3287088	90641	3465116
街道	202620	202620	0	224671
镇	437406	435586	1820	476517
居民委员会	90542	90542	0	62639
村民委员会				
其他	26576394	25654438	921956	21321495
国有控股	21025332	20044914	980418	7474486
集体控股	3592319	3543557	48762	2340904
私人控股	34252684	33164220	1088464	28029511
港澳台商控股	1291084	1291084	0	442574
外商控股	721841	721259	582	484304
其他				
施工总承包	46960535	45299825	1660710	29797198
特级	5141964	4895843	246121	2535693
一级	24944410	24127316	817094	15124295
二级	11317553	10806076	511477	8271564
三级及以下	5556608	5470590	86018	3865646
专业承包	13922725	13465209	457516	8974581
一级	6027042	5898062	128980	2424206
二级	3540096	3463948	76148	2520568
三级及以下	4355587	4103199	252388	4029807

按行业中类、隶属关系、控股和资质分组总承包及专业承包建筑企业财务情况(续表3)

计量单位：千元

	工程结算收入	工程结算成本	经营费用	工程结算税金及附加
建筑业	106384708	93363914	1050845	3471068
房屋和土木工程建筑业	79261156	70025747	674755	2636612
房屋工程建筑	48601141	43772206	364609	1630888
土木工程建筑	30660015	26253541	310146	1005724
建筑安装业	17512666	15290569	193966	517507
建筑安装业	17512666	15290569	193966	517507
建筑装饰业	6954228	5935082	112971	222883
建筑装饰业	6954228	5935082	112971	222883
其他建筑业	2656658	2112516	69153	94066
工程准备	293845	247834	11940	6127
提供施工设备服务	163140	130767	2346	5357
其他未列明的建筑活动	2199673	1733915	54867	82582
中央	15470221	14109595	15614	486476
省	20974178	18903643	81473	660290
市	11642008	10134688	177164	369916
县区	8382695	7265822	103415	344995
街道	564374	489183	7674	20922
镇	1876895	1528580	136499	71209
居民委员会	106901	82524	0	4135
村民委员会				
其他	47367436	40849879	529006	1513125
国有控股	25805018	23171246	128419	811344
集体控股	6819880	5749363	179129	217574
私人控股	71628921	62638844	713832	2384013
港澳台商控股	561246	431617	19859	15762
外商控股	1569643	1372844	9606	42375
其他				
施工总承包	84054630	74388649	686314	2750385
特级	12251045	11298564	3518	416933
一级	44594226	39739117	266223	1428045
二级	17946901	15607098	212765	567471
三级及以下	9262458	7743870	203808	337936
专业承包	22330078	18975265	364531	720683
一级	9621609	8622426	61640	318180
二级	6080463	5019218	111703	193296
三级及以下	6628006	5333621	191188	209207

按行业中类、隶属关系、控股和资质分组总承包及专业承包建筑企业财务情况(续表 4)

计量单位:千元

	工程结算利润	其他业务收入	其他业务利润	管理费用
建筑业	8498881	7737235	555412	4348509
房屋和土木工程建筑业	5924042	6475812	352339	2570215
房屋工程建筑	2833438	5943148	247110	1245616
土木工程建筑	3090604	532664	105229	1324599
建筑安装业	1510624	733586	127864	1094202
建筑安装业	1510624	733586	127864	1094202
建筑装饰业	683292	71337	23198	453057
建筑装饰业	683292	71337	23198	453057
其他建筑业	380923	456500	52011	231035
工程准备	27944	1640	−32	22325
提供施工设备服务	24670	1	0	15906
其他未列明的建筑活动	328309	454859	52043	192804
中央	858536	178717	34500	517839
省	1328772	5574439	225858	805228
市	960240	344654	59971	583180
县区	668463	53792	14846	288662
街道	46595	1002	308	21097
镇	140607	1486	444	47839
居民委员会	20242	0	0	11490
村民委员会				
其他	4475426	1583145	219485	2073174
国有控股	1694009	5906207	263013	1237741
集体控股	673814	54038	29526	236391
私人控股	5892232	1459263	243870	2762250
港澳台商控股	94008	310553	14308	46868
外商控股	144818	7174	4695	65259
其他				
施工总承包	6229282	6406273	336039	2763560
特级	532030	115626	9564	192512
一级	3160841	6075489	281134	1389764
二级	1559567	73427	13910	713110
三级及以下	976844	141731	31431	468174
专业承包	2269599	1330962	219373	1584949
一级	619363	398842	43465	383950
二级	756246	194490	37887	457704
三级及以下	893990	737630	138021	743295

按行业中类、隶属关系、控股和资质分组总承包及专业承包建筑企业财务情况(续表5)

计量单位:千元

	管理费中:			
	税金	财产保险费	差旅费	工会经费
建筑业	180423	24570	277210	33605
房屋和土木工程建筑业	122493	13878	147154	21768
房屋工程建筑	56872	4955	80258	10846
土木工程建筑	65621	8923	66896	10922
建筑安装业	29141	7479	83613	8503
建筑安装业	29141	7479	83613	8503
建筑装饰业	23224	2500	29769	2328
建筑装饰业	23224	2500	29769	2328
其他建筑业	5565	713	16674	1006
工程准备	479	103	761	54
提供施工设备服务	612	9	2771	50
其他未列明的建筑活动	4474	601	13142	902
中央	10871	3510	37751	3819
省	26837	1612	36001	5051
市	18522	4670	36871	4866
县区	19670	2153	11729	2092
街道	909	299	1577	1285
镇	2128	58	1831	643
居民委员会	580	350	137	0
村民委员会				
其他	100906	11918	151313	15849
国有控股	30685	6938	72367	10057
集体控股	32125	981	13213	3829
私人控股	114816	16061	184592	19242
港澳台商控股	1070	167	2493	249
外商控股	1727	423	4545	228
其他				
施工总承包	120260	14316	162289	24081
特级	4413	386	9635	340
一级	44016	5890	68485	10188
二级	54768	4998	58038	8088
三级及以下	17063	3042	26131	5465
专业承包	60163	10254	114921	9524
一级	11899	1743	21561	1571
二级	24125	3603	34369	3910
三级及以下	24139	4908	58991	4043

按行业中类、隶属关系、控股和资质分组总承包及专业承包建筑企业财务情况(续表6)

计量单位:千元

	财务费用	投资收益	营业外收入	营业外支出
建筑业	641505	194103	143340	124707
房屋和土木工程建筑业	546712	184152	92589	85877
房屋工程建筑	306174	32517	45753	25202
土木工程建筑	240538	151635	46836	60675
建筑安装业	53728	12642	33701	22376
建筑安装业	53728	12642	33701	22376
建筑装饰业	33262	3864	8582	12004
建筑装饰业	33262	3864	8582	12004
其他建筑业	7803	-6555	8468	4450
工程准备	444	0	405	542
提供施工设备服务	1362	0	13	242
其他未列明的建筑活动	5997	-6555	8050	3666
中央	40787	18976	20559	12749
省	57948	39727	17870	17814
市	81163	82977	26911	14688
县区	41512	4499	3337	4815
街道	1423	0	318	201
镇	4013	14	689	916
居民委员会	124	0	0	0
村民委员会				
其他	414535	47910	73656	73524
国有控股	89045	47705	38319	24999
集体控股	28419	15592	11513	4106
私人控股	514402	129809	89531	90025
港澳台商控股	5421	997	3076	1352
外商控股	4218	0	901	4225
其他				
施工总承包	549777	136004	109734	88188
特级	85501	493	4983	1911
一级	303393	48328	84658	52177
二级	115711	95208	13538	26961
三级及以下	45172	-8025	6555	7139
专业承包	91728	58099	33606	36519
一级	43212	24827	13902	14760
二级	23940	26889	9772	8704
三级及以下	24576	6383	9932	13055

按行业中类、隶属关系、控股和资质分组总承包及专业承包建筑企业财务情况(续表7)

计量单位:千元

	营业利润	利润总额	劳动、失业保险费	住房公积金及住房补贴
建筑业	4226860	4343524	651880	171026
房屋和土木工程建筑业	3318512	3420365	393817	91996
房屋工程建筑	1563982	1643148	191564	31637
土木工程建筑	1754530	1777217	202253	60359
建筑安装业	495233	515695	185627	66927
建筑安装业	495233	515695	185627	66927
建筑装饰业	217039	216233	39944	5252
建筑装饰业	217039	216233	39944	5252
其他建筑业	196076	191231	32492	6851
工程准备	5179	5042	1009	878
提供施工设备服务	7372	7143	6357	128
其他未列明的建筑活动	183525	179046	25126	5845
中央	356047	371323	135423	55705
省	702784	778701	116917	43738
市	434060	448373	76081	23482
县区	357046	353507	40880	6242
街道	24383	25867	3343	45
镇	89183	88956	8485	9
居民委员会	8628	8628	214	0
村民委员会				
其他	2254729	2268169	270537	41805
国有控股	675509	754639	256973	101852
集体控股	442391	462800	53666	5457
私人控股	2972897	2990642	331807	61719
港澳台商控股	56027	58748	3707	1370
外商控股	80036	76695	5727	628
其他				
施工总承包	3395240	3489798	494031	124968
特级	269072	272144	27995	4205
一级	1792450	1891764	303908	93405
二级	838726	842017	106827	19531
三级及以下	494992	483873	55301	7827
专业承包	831620	853726	157849	46058
一级	252107	253931	34693	17502
二级	315658	336787	52437	16425
三级及以下	263855	263008	70719	12131

按行业中类、隶属关系、控股和资质分组总承包及专业承包建筑企业财务情况(续表8)

计量单位:千元

	本年应付工资总额	其中:主营业务应付工资总额	本年应付福利费总额	其中:主营业务应付福利费总额
建筑业	11988210	11574932	977764	938981
房屋和土木工程建筑业	9322741	9054218	759790	734178
房屋工程建筑	6981067	6848690	535750	518623
土木工程建筑	2341674	2205528	224040	215555
建筑安装业	1750114	1651485	134962	129313
建筑安装业	1750114	1651485	134962	129313
建筑装饰业	544090	520019	43608	39401
建筑装饰业	544090	520019	43608	39401
其他建筑业	371265	349210	39404	36089
工程准备	28963	28951	2615	2607
提供施工设备服务	34296	32726	4451	4276
其他未列明的建筑活动	308006	287533	32338	29206
中央	1190442	1123477	82714	80882
省	2084472	2036276	130640	126784
市	1030485	993035	99237	96105
县区	1812994	1770267	150904	146209
街道	114366	113420	10950	10834
镇	464218	461585	57710	57404
居民委员会	33142	33142	4288	4288
村民委员会				
其他	5258091	5043730	441321	416475
国有控股	2233409	2118474	186346	179996
集体控股	1286230	1201640	145984	141501
私人控股	8295411	8090294	631542	604200
港澳台商控股	51678	49418	4715	4564
外商控股	121482	115106	9177	8720
其他				
施工总承包	9954997	9664947	809473	782985
特级	828276	825829	58660	58339
一级	4974406	4854182	368438	356224
二级	2640836	2515926	242129	233600
三级及以下	1511479	1469010	140246	134822
专业承包	2033213	1909985	168291	155996
一级	580152	524623	36319	33891
二级	617508	594210	60881	57318
三级及以下	835553	791152	71091	64787

按行业中类、隶属关系、控股和资质分组总承包及专业承包建筑企业财务情况(续表9)

计量单位:千元

	应收工程款	竣工工程	资产减值损失	公允价值变动收益
建筑业	14496333	8399477	9603	-2405
房屋和土木工程建筑业	10665888	6517400	2294	-250
房屋工程建筑	6284536	3841769	-3260	872
土木工程建筑	4381352	2675631	5554	-1122
建筑安装业	2766523	1403382	981	-2155
建筑安装业	2766523	1403382	981	-2155
建筑装饰业	639167	307731	6012	0
建筑装饰业	639167	307731	6012	0
其他建筑业	424755	170964	316	0
工程准备	45757	13183	-36	0
提供施工设备服务	29840	13612	30	0
其他未列明的建筑活动	349158	144169	322	0
中央	2581715	1043012	-3812	-1151
省	1341370	729208	8378	-1122
市	2021933	1087575	2592	0
县区	886790	360795	464	0
街道	45092	30831	0	0
镇	163583	94589	30	0
居民委员会	20147	18792	0	0
村民委员会				
其他	7435703	5034675	1951	-132
国有控股	4052476	1795959	-1050	-2273
集体控股	705617	369165	530	0
私人控股	9536423	6154541	10123	-132
港澳台商控股	48518	17237	0	0
外商控股	153299	62575	0	0
其他				
施工总承包	10989218	6927810	-1307	-1418
特级	2904115	2066334	-4998	0
一级	4485445	2804919	982	-2289
二级	1686857	880867	2009	871
三级及以下	1912801	1175690	700	0
专业承包	3507115	1471667	10910	-987
一级	1215769	533992	6432	-1122
二级	1215320	367468	3506	0
三级及以下	1076026	570207	972	135

指 标 解 释

存货：指企业在日常生产经营过程中持有以备销售，或者仍然处在生产过程，或者在生产或提供劳务过程中将消耗的材料或物资等，包括各类材料、商品、在产品、半成品、产成品等。存货根据会计"资产负债表"中"存货"项目填列。其中："年初存货"根据会计"资产负债表"中"存货"项的年初数填列；"年末存货"根据会计"资产负债表"中"存货"项的期末数填列。

流动资产合计：指企业可以在一年内或者超过一年的一个生产周期内变现或者耗用的资产，包括现金及各种存款、短期投资、应收及预付款项、存货等。根据会计"资产负债表"中"流动资产合计"项的期末数填列。

应收账款：指企业因销售商品、产品、提供劳务等，应向购货单位或接受劳务单位收取款项。该指标根据会计"资产负债表"中"应收账款"项的年末数填报。未执行2001年《企业会计制度》的企业，用"应收账款净额"期末数代替。

流动资产年平均余额：指企业在报告期内全部流动资产的平均余额。计算公式为：

$$\text{流动资产年平均余额}=\frac{\text{1至12月各月流动资产平均余额之和}}{12}$$

或：

$$\text{流动资产年平均余额}=\frac{\text{1至12月各月月初、月末流动资产之和}}{24}$$

其中：

$$\text{流动资产月平均余额}=\frac{\text{月初流动资产合计}+\text{月末流动资产合计}}{2}$$

$$\text{流动资产季平均余额}=\frac{\text{季内各月流动资产平均余额}}{3}$$

长期投资：根据会计"资产负债表"中"长期投资"项的年末数填报。

固定资产合计：指企业使用期限超过一年的房屋、建筑物、机器、机械、运输工具以及其他与生产、经营有关的设备、器具、工具等。不属于生产经营主要设备的物品，单位价值在2000元以上，并且使用年限超过2年的，也应当作为固定资产。"固定资产合计"根据会计"资产负债表"中"固定资产合计"项的期末数填列。

固定资产原价：指企业在购置、自行建造、安装、改建、扩建、技术改造某项固定资产时所支出的全部支出总额。根据会计"资产负债表"中"固定资产原价"项目的期末数填列。执行2006年《企业会计准则》的企业，根据"资产负债表附表"中的"固定资产原价"项目的期末数填列。

生产经营用固定资产：固定资产按其经济用途和使用情况综合分为七大类：生产经营用固定资产、非生产经营用固定资产、租出固定资产、不需用固定资产、未使用固定资产、土地、融资租入固定资产。

生产经营用固定资产指直接服务于企业生产、经营过程的各种固定资产，包括生产经营用的房屋、建筑物、机器设备、器具、工具等。

固定资产折旧：指对固定资产由于磨损和损耗而转移到产品中去的那一部分价值的补偿。一般根据固定资产原价（选用双倍余额递减法计提折旧的企业，为固定资产账面净值）和确定的折旧率计算。"累计折旧"：指企业在报告期末提取的历年固定资产折旧累计数。根据会计"资产负债表"中"累计折旧"项的年末数填列。"本年折旧"：指企业在报告期内提取的固定资产折旧合计数。根据会计核算中《资产减值准备、投资及固定资产情况表》内"当年计提的固定资产折旧总额"项本年增加数填列。

在建工程：指建筑业企业在报告期末为自己建造的各项未完工程实际支出和尚未使用的工程物资的实

际成本。根据“资产负债表”中“在建工程”项目的期末数填列。

无形及递延资产小计(建筑业企业填写):根据“资产负债表”中“无形资产”和“递延资产”项目的期末合计数填列。

无形资产:指企业长期使用但没有实物形态的资产,包括专利权、非专利技术、商标权、著作权、土地使用权、商誉等。根据“资产负债表”中“无形资产”项目的期末数填列。递延资产:递延资产指不能全部计入当年损益、应当在以后各年度内分期摊销的各项费用,包括开办费、融资租入的固定资产的改良支出,摊销期限在一年以上的固定资产修理支出以及其他递延支出等。根据“资产负债表”中“递延资产”项目的期末数填列。

其他资产:指除上述资产以外的其他资产。

资产总计:指企业拥有或控制的能以货币计量的经济资源,包括各种财产、债权和其他权利。资产按其流动性(即资产的变现能力和支付能力)划分为流动资产、长期投资、固定资产、无形资产、递延资产和其他资产。根据会计“资产负债表”中“资产总计”项的期末数填列。

流动负债合计:指企业在一年内或超过一年的一个营业周期内需要偿还的债务,包括短期借款、应付票据、应付账款、预收账款、应付工资、应交税金、应付利润、预提费用等。根据企业会计“资产负债表”中“流动负债合计”的期末数填报。

应付账款:根据会计“资产负债表”中的“应付账款”的期末贷方余额填报。

长期负债合计:指企业偿还期在一年以上或者超过一年的一个营业周期以上的债务,包括长期借款、长期应付款、应付债券等。根据会计“资产负债表”中的“长期负债合计”的期末数填报。

负债合计:指企业所承担的能以货币计量,将以资产或劳务偿付的债务,偿还形式包括货币、资产或提供劳务。负债一般按偿还期长短分为流动负债和长期负债。根据会计“资产负债表”中“负债合计”的期末数填列。

所有者权益合计:所有者权益是指所有者在企业资产中享有的经济利益,它等于企业资产减去负债后的余额。包括实收资本(或股本)、资本公积、盈余公积和未分配利润等。根据“资产负债表”中的“所有者权益合计”项填列。

实收资本:指投资者按照企业章程,或合同、协议的约定,实际投入企业的资本。企业实收资本按照投资主体划分为国家资本、集体资本、法人资本、个人资本、港澳台资本和外商资本六种。根据“资产负债表”中的“实收资本”项填列。实收资本中如有以外币形式投入的资本,需折合成人民币形式填写。

国家资本:指有权代表国家投资的政府部门或机构以国有资产投入企业形成的资本。不论企业的资本是哪个政府部门或机构投入的,只要是以国家资金进行投资的,均作为国家资本。根据会计“实收资本”科目期末余额分析填列。

集体资本:指劳动群众集体所有的资产实际投人企业形成的资本。根据会计“实收资本”科目期末余额分析填列。

法人资本:指我国具有法人资格的单位以其依法可以支配的资产投入企业形成的资本。可根据会计“实收资本”科目期末余额分析填列。

个人资本:指我国公民以其合法财产投入企业形成的资本。根据会计“实收资本”科目期末余额分析填列。

港澳台资本:指我国香港、澳门和台湾地区投资者将所有的资产实际投入企业形成的资本。根据会计“实收资本”科目期末余额分析填列。

外商资本:指外国投资者(不包括我国香港、澳门和台湾地区投资者)将所有的资产实际投入企业形成的资本。根据会计“实收资本”科目期末余额分析填列。

主营业务收入(工程结算收入):指企业经营主要业务所取得的收入总额。此项目应根据相关行业的“产品销售收入”、“商品销售收入”、“主营业务收入”、“营业收入”、“经营收入”、“工程结算收入”等科目发生额填列。执行2006年《企业会计准则》的企业,如果未设置该科目,则以营业收入发生额代替填列。

营业成本:指企业(单位)在报告期内从事销售商品、提供劳务等日常活动发生的各种耗费。根据会计

"利润表"中对应指标计算填列。

主营业务成本(工程结算成本):指企业经营主要业务发生的实际成本。根据会计"利润表"中对应指标计算填列。执行2006年《企业会计准则》的企业,如果未设置该科目,则以营业成本发生额代替填列。

营业收入:指企业(单位)在报告期内从事销售商品、提供劳务及转让资产使用权等日常活动中所形成的总收入,包括主营业务收入和其他业务收入。根据会计"利润表"中对应指标计算填列。

营业税金及附加:指企业与营业收入有关的,应由各项经营业务负担的税金及附加。根据会计"利润表"中"营业税金及附加"的本年累计数填列。

主营业务税金及附加(工程结算税金及附加):指企业经营主要业务应负担的营业税、消费税、城市维护建设税、资源税、土地增值税、教育费附加。根据会计"利润表"中对应指标"本年累计数"填列。执行2006年《企业会计准则》的企业,如未设置该项以营业税金及附加代替填列。

主营业务利润(工程结算利润):指企业经营主要业务实现的利润。根据会计"利润表"中对应指标本年累计数填列。执行2006年《企业会计准则》的企业,如果未设置该科目,则以营业利润发生额代替填列。

其他业务收入:是指企业主营业务以外的收入。根据会计"利润表"中对应指标的本年累计数填列。执行2006年《企业会计准则》的企业,如果未设置该科目,则在此处填0。

其他业务利润:指企业经营除主要业务以外的其他业务实现的利润。根据会计"利润表"中对应指标的本年累计数填列。执行2006年《企业会计准则》的企业,如果未设置该科目,则在此处填0。

营业费用、管理费用和财务费用合计:指企业报告期内营业费用、管理费用、财务费用三项费用的合计。

营业费用:指企业在销售商品过程中发生的各项费用,根据"利润表"中对应项目的"本年累计数"填列。

管理费用:指企业行政管理部门和企业的董事会为组织和管理企业生产经营活动而发生的各项费用,根据"利润表"中"管理费用"项的"本年累计数"填列。

财务费用:指企业为筹集生产经营所需资金等发生的费用,包括利息净支出、汇兑净损失(已减汇兑收益)、以及相关的手续费等,根据会计"利润表"中"财务费用"项的"本年累计数"填列。

税金:指企业按照规定从管理费用中支付的房产税、印花税、车船使用税和土地使用税。本指标根据"管理费用"科目中相关项目归纳填列。

财产保险费:指企业向保险公司投保所支付的财产保险费用。根据会计"管理费用"科目中的对应项目的本期累计数填列。

差旅费:根据会计"管理费用"科目中的对应项目填列。

工会经费:根据会计"管理费用"科目中的对应项目填列。

利息支出:指企业短期借款利息、长期借款利息、应付票据利息、票据贴现利息、应付债券利息、长期应付引进国外设备款利息等利息支出(除资本化的利息外)减去银行存款等的利息收入后的净额。根据会计"财务费用明细资料"中的利息支出项目填列。

营业利润:指企业从事生产经营活动所取得的利润,即主营业务收入减主营业务成本和主营业务税金及附加,加上其他业务利润,减去营业费用、管理费用、财务费用后的金额。本指标根据会计"利润表"中对应指标的"本年累计数"填列。执行2006年《企业会计准则》的企业,同样根据会计"利润表"中对应指标的"本年累计数"直接填列。

投资收益:指企业以各种方式对外投资所取得的收益或发生的损失。根据"利润表"中的"投资收益"项填列。若为投资损失,应在本项目金额前加"-"号。

补贴收入:指企业实际收到的补贴收入,包括实际收到的先征后返的增值税;企业按销量或工作量等,依据国家规定的补助定额计算并按期给予的定额补贴。根据"补贴收入"的发生额分析填列。

营业外收入:根据企业会计"利润表"中"营业外收入"项的本年累计数填列。

营业外支出:根据企业会计"利润表"中"营业外支出"项的本年累计数填列。

利润总额:指企业在生产经营过程中各种收入扣除各种耗费后的盈余,反映企业在报告期内实现的亏盈总额,包括营业利润、补贴收入、投资净收益和营业外收支净额。根据会计"利润表"中的对应指标的本期累计数填列。

应交所得税:指企业按税法规定,应从生产经营等活动的所得中交纳的税金。根据会计"利润表"中的对应指标的本期累计数填列。

应付利润:指企业在报告年度内应付给投资者的利润。

劳动、失业保险费:指企业向社会保障部门和保险公司为本单位职工支付的劳动保险、待业保险的费用。根据会计"管理费用"等科目中的相关项目归纳计算填列。

养老保险和医疗保险费:根据会计"营业费用"、"管理费用"科目中的相关项目归纳计算填列。

住房公积金和住房补贴:根据会计"营业费用"、"管理费用"科目中的相关项目归纳计算填列。

本年应付工资总额:指企业在报告期内支付给本单位职工的全部工资,它反映企业本期累计应付的工资总额,而不是会计"应付工资"科目的余额。根据会计"应付工资"科目的本期贷方累计发生额填列。

主营业务应付工资总额:指报告期内企业应付给与主营业务直接有关人员的工资。工业企业是指应付给与工业生产经营活动直接有关的职工工资总额,根据会计"应付工资"科目中本期转入"生产成本"、"制造费用"、"管理费用"、"产品销售费用"科目的贷方发生额(即本期应由上述科目负担的工资)归纳填列。

本年应付福利费总额:指企业在报告期内累计提取的福利费总额,它反映本期应付福利费的全部发生额,而不是会计"应付福利费"科目的余额。根据会计"应付福利费"科目的本期贷方累计发生额填列。

主营业务应付福利费总额:指报告期内企业应付给与主营业务直接有关人员福利费。工业企业是指应付给与工业生产经营活动直接有关的职工福利费总额,根据会计"应付福利费"科目的贷方发生额中从"生产成本"、"制造费用"、"管理费用"、"产品销售费用"科目中提取的福利费归纳填列。

职工工资和福利费:职工工资和福利费包括职工工资总额和职工福利费两部分,是企业为获得职工提供服务而给予的各种形式的报酬以及其他相关支出。其中:工资总额是指企业在报告期内支付给本单位全部职工的劳动报酬,包括工资、奖金、津贴和补贴,它反映企业报告期内累计应付的工资总额。工资总额根据企业会计核算中"应付工资"科目的本期贷方累计发生额填列。职工福利费:指企业在报告期内根据国家有关规定开支的各项福利支出,包括企业为职工提存的基本养老保险基金、基本医疗保险费、失业保险费、工伤保险费、生育保险费、住房公积金、补充养老保险费和补充医疗保险费,以及从成本费用中列支的集体福利补贴、职工生活困难补助、房租补贴、上下班交通补贴、冬季取暖费,以及按规定发生的其他职工福利支出,它反映企业在报告期实际发生的各项福利费用。职工福利费根据企业会计成本和费用科目中的相关项目归纳计算填列。

从业人员劳动报酬:企业在报告期内支付给本单位从业人员的全部劳动报酬,包括工资、福利费、奖金、津贴及各种补助。根据会计"应付工资"、"应付福利费"科目的本年贷方累计发生额填列。

本年应交增值税:指企业按税法规定,从事货物销售或提供加工、修理修配劳务等增加货物价值的活动本期应交纳的税金。指企业在报告期应交增值税额。计算公式为:

本年应交增值税＝销项税额－(进项税额－进项税额转出)

－出口抵减内销产品应纳税额－减免税款＋出口退税

根据企业会计"应交增值税明细表"计算填列。

应收工程款:取自会计科目"应收账款"中的明细科目"应收工程款"。

竣工工程:指建筑业企业在报告期末已完成施工任务,单位工程已全部竣工后应向发包单位收取而未收取的工程款。

资产减值损失:是指企业各项资产发生的减值损失。根据"利润表"中的"资产减值损失"填列。

公允价值变动收益:指企业应当计入当期损益的资产或负债公允价值变动收益。根据"利润表"中的"公允价值变动收益"填列,如为损失以"-"号记。

全部从业人员年平均人数:指企业单位年内各月平均拥有的人数,其计算公式为:

$$全部从业人员年平均人数=\frac{1月平均人数+2月平均人数+\cdots+12月平均人数}{12}$$

$$月平均人数=\frac{月初从业人员数+月末从业人员数}{2}$$

签订的合同额:指建筑业企业在报告期直接同建设单位签订合同的总价款和以前年度同建设单位签订

合同的未完工程跨入本年度继续施工工程合同的总价款余额。

上年结转合同额:指以前年度同建设单位签订合同的未完工程跨入本年度继续施工工程合同的总价款余额。

本年新签合同额:指建筑业企业在报告期内同建设单位直接新签订的各种国内工程合同的总价款,不包括与其他建筑业企业新签的分包合同额。

从建设单位以外承揽的合同额:指建筑业企业在报告期同非建设单位签定的合同额,即从其他建筑业企业转包、分包的工程合同额。

直接从建设单位承揽工程完成的产值:指总承包企业或专业承包企业直接与建设单位(业主)签订的承包合同(包括报告期及以往年度签订的合同,不包括无效合同和中途解除的合同),在报告期内完成的工程总值。包括企业向其他专业承包企业或劳务分包企业分包出去的工程所完成产值,还包括分包企业缴纳的管理费。

自行完成施工产值:指总承包企业或专业承包企业直接与建设单位(业主)签订的总承包合同或专业承包合同中,自行完成的工程总值。包括总承包企业和专业承包企业自行完成的工作量和分包企业缴纳的管理费。

分包出去工程的产值:指专业承包企业或劳务分包企业与总承包企业或专业承包企业签订的专业承包或劳务分包合同中在报告期所完成的产值。分包企业如果是一个独立核算的经济实体,其完成的产量产值,不包括在总承包企业或专业承包企业自行完成产值中。

在当前建筑市场中,还有一些零散的建筑业包工队(组)以小包工队形式从建筑施工企业分包部分“单位工程”或“分部工程”,这些包工队(组)并不具备填报国家统计报表的条件,其完成的产量产值均应由总承包企业或专业承包企业填报。为了保持相关数据的一致性,包工队(组)参与施工的人数也应统计在总承包企业或专业承包企业的人数内。

从建设单位以外承揽工程完成的产值:指总承包企业或专业承包企业从其他总承包企业或专业承包企业处承揽工程而完成的产值。不包括总承包企业或专业承包企业从建设单位承揽工程中自行完成的产值和分包企业缴纳的管理费。

建筑工程产值:指列入建筑工程预算内的各种工程价值,包括:

① 各种房屋如厂房、仓库、办公室、住宅、商店、学校、医院、俱乐部、食堂、车库、招待所等房屋建筑,按照当前预算制度规定,列入房屋工程预算内的暖气、卫生、通风、照明、煤气等设备价值及其装饰油漆工程,以及列入建筑工程预算内的各种管道(如蒸汽、压缩空气、石油、给排水等管道),电力、电讯电缆导线的敷设等工程。

② 设备基础、支柱、操作平台、梯子、烟囱、凉水塔、水池、灰塔等建筑工程、炼焦炉、裂解炉、蒸汽炉等各种窑炉的砌筑工程及金属结构工程。

③ 为施工而进行的建筑场地的布置,工程地质勘探,原有建筑物和障碍物的拆除及平整土地,施工临时用水、电、汽、道路工程,以及完工后建筑场地的清理,环境绿化工作等。

④ 矿井的开凿、井巷掘进延伸、露天矿的剥离、石油、天然气钻井工程和铁路、公路、港口、桥梁等工程。

⑤ 水利工程,如水库、堤坝、灌渠以及河道整治等工程。

⑥ 防空、地下建筑等特殊工程。

⑦ 装饰装修工程。

安装工程产值:指设备安装工程价值,包括:

① 生产、动力、起重、运输、传动和医疗、实验等各种需要安装设备的装配和安装与设备相连的工作台、梯子、栏杆等装设工程,附属于被安装设备的管线敷设工程、被安装设备的绝缘、防腐、保温、油漆等工作。

② 为测定安装工作质量,对单个设备、系统设备进行单机试运和系统联动无负荷试运工作。在设备安装产值中,不得包括被安装设备本身价值。

其他产值:建筑业总产值中除建筑工程、安装工程以外的产值。包括房屋构筑物修理产值、非标准设备制造产值、总包企业向分包企业收取的管理费以及不能明确划分的施工活动所完成的产值。

房屋构筑物修理产值：指房屋和构筑物的修理所完成的产值，但不包括被修理房屋、构筑物本身价值和生产设备的修理价值。

非标准设备制造产值：指加工制造没有定型的非标准生产设备的加工费和原材料价值（如化工厂、炼油厂用的各种罐、槽，矿井生产统一使用的各种漏斗、三角槽、阀门等）以及附属加工厂为本企业承建工程制作的非标准设备的价值。

装饰装修产值：包括装饰、装修两部分产值。装修装饰指对新旧房屋及建筑物进行的内外装修装饰；对新建房屋及建筑物经过施工后，尚未完全达到使用标准，而进行的二次装修装饰；以及对原有房屋经使用若干年后进行的二次内外装饰。包括抹灰、门窗、玻璃、吊顶、隔断、饰面板（砖）、涂料、裱糊、刷浆、花饰等。

在外省完成的产值：指建筑业企业在其他省份施工所完成的建筑业产值。

竣工产值：也称竣工工程产值，是指以货币表现的建筑业生产所形成建筑成品价值。它反映建筑施工活动的最终成果，反映建筑业的成就，是考核建筑业施工速度和经济效益的依据之一。竣工产值一般是以单位工程为对象，当该工程按照设计所规定的工程内容全部完成，达到了设计规定的交工条件，经有关部门检查验收鉴定合格的单位工程价值，即为竣工产值。

房屋建筑面积：指房屋全部平面面积的总和。它从房屋的外墙线算起，包括可供使用的有效面积和墙柱等结构占用面积。多层房屋按各层（包括地下室）面积总合计算。旧房加层或改造，只计算增加的建筑面积；旧房拆除重建，计算其全部面积；临时房屋不计算建筑面积。

(1) 房屋建筑面积计算范围

a. 单层建筑物不论其高度如何均按一层计算，其建筑面积按建筑物外墙勒脚以上的外围水平面积计算，单层建筑物内如带有部分楼层者，亦应计算建筑面积。

b. 高低联跨的单层建筑物，也需分别计算建筑面积。当高跨为边跨时，其建筑面积按勒脚以上两端山墙外表面的水平长度乘勒脚以上的外墙表面至高跨中柱外边线的水平宽度计算。当高跨为中跨时，其建筑面积按勒脚以上两端山墙外表面的水平长度乘以中柱外边线的水平宽度计算。

c. 多层建筑物的建筑面积按各层建筑面积的总和计算，其底层按建筑物外墙勒脚以上的外围水平面积计算，二层及二层以上按外墙外围水平面积计算。

d. 地下室、半地下室、地下车间、仓库、商店、地下指挥部等及相应出入口的建筑面积，按其上口外墙（不包括采光井、防潮层及其保护墙）外围的水平面积计算。

e. 用深基础做地下架空层加以利用，层高超过 2.2 米的按架空层外围的水平面积的一半计算建筑面积。

f. 坡地建筑物利用吊脚做架空层加以利用，且层高超过 2.2 米的，按围护结构外围水平面积计算建筑面积。

g. 穿过建筑物的通道、建筑物内的门厅、大厅不论其高度如何，均按一层计算建筑面积。门厅、大厅内回廊部分按其水平投影面积计算建筑面积。

h. 图书馆的书库按书架层计算建筑面积。

i. 电梯井、提物井、垃圾道、管道井等均按建筑物自然层计算建筑面积。

j. 舞台灯光控制室按围护结构外墙水平面积乘以实际层数计算建筑面积。

k. 建筑物的技术层，层高超过 2.2 米的应计算建筑面积。

l. 柱雨棚按外围水平面积计算建筑面积，独立柱的雨棚按顶盖的水平投影面积的一半计算建筑面积。

m. 有柱的车棚、货棚、站台等按柱外围水平面积计算建筑面积，单排柱、独立柱的车棚、货棚、站台等按顶盖的水平投影面积的一半计算建筑面积。

n. 突出屋面的有围护结构的楼梯间、水箱间、电梯机房等按围护结构外围水平面积计算建筑面积。

o. 突出墙外的门斗按围护结构外围水平面积计算建筑面积。

p. 封闭式阳台、挑廊按其水平投影面积计算建筑面积。凹阳台、挑阳台按其水平投影面积的一半计算建筑面积。

q. 建筑物墙外有顶盖和柱的走廊、檐廊按柱的外边线水平面积计算建筑面积，无柱的走廊、檐廊按其投

影面积的一半计算建筑面积。

r. 两个建筑物间有顶盖的架空通廊，按通廊的投影面积计算建筑面积，无顶盖的架空通廊按其投影面积的一半计算建筑面积。

s. 室外楼梯做为主要通道和用于疏散的均按每层水平投影面积计算建筑面积。楼内有楼梯的室外楼梯按水平投影面积的一半计算建筑面积。

t. 跨越其他建筑物、构筑物的高架单层建筑物，按水平投影面积计算建筑面积，多层者按多层计算。

(2) 房屋不计算建筑面积的范围

a. 突出墙面的构件配件和艺术装饰，如柱垛、勒脚、台阶、无柱雨棚等。

b. 检修、消防等用的室外爬梯。

c. 层高在2.2米以内的技术层。

d. 构筑物，如独立烟囱、烟道、油罐、水塔、贮油(水)池、贮仓、圆库、地下人防干、支线等。

e. 建筑物内外的操作平台、上料平台及利用建筑物的空间安置箱罐的平台。

f. 没有围护结构的屋顶水箱，舞台及台后悬挂幕布，布影的天桥、挑台。

g. 单层建筑物内分隔的操作间、控制室、仪表间等单层房间。

h. 层高小于2.2米的深基础地下架空层、坡地建筑物吊脚架空层。

房屋新开工面积：指在报告期内新开工的各种房屋单位工程的建筑面积之和。它不包括在上期开工跨入报告期继续施工的房屋建筑面积和上期停缓建而在本期复工的建筑面积。新开工面积用于反映报告期内投入施工的房屋建筑规模，为科学组织施工提供依据。

房屋建筑施工面积：指报告期内施过工的全部房屋建筑面积，它用于反映报告期内施工的房屋建筑总规模，为科学组织施工生产、检查施工计划提供依据。

年末自有施工机械设备净值：指本企业(或单位)自有施工机械设备经过使用、磨损后实际存在的价值，即原值减去折旧后的净额。

年末自有施工机械设备总台数：指年末本企业(或单位)自有的直接用于工程施工的各种机械设备的台数。但不包括附属辅助生产机械设备、运输机械设备、生产试验机械设备的台数。

年末自有施工机械设备总功率：指年末本企业(或单位)自有的直接用于工程施工的各种机械设备年末总功率，按设定能力或查定能力计算。包括施工机械本身的动力和为该机械服务的单独动力设备，如电动机等。但不包括附属辅助生产机械设备、运输机械设备、生产试验机械设备的功率。计量单位用千瓦，动力换算可按1马力=0.735千瓦折合成千瓦数。电焊机、变压器、锅炉不计算动力。

年末从业人员中管理人员：指行政管理人员、工程项目管理人员和工程技术管理人员。

年末从业人员中工程技术人员：指负担工程技术和工程技术管理工作，并具有工程技术工作能力的人员，包括：

(1) 取得工程技术职务资格，已被聘或任命工程技术职务，并担任工程技术工作的人员；

(2) 无工程技术职务，但取得工程技术职务资格或从大、中专理工科系毕业，并担任工程技术工作的人员；

(3) 未取得工程技术职务资格或无学历，但实际担任工程技术工作的人员；

(4) 已取得工程技术职务资格或从大学、中专理工科系毕业，在企业中担任工程技术管理工作的人员。包括：总工程师、车间主任以及在计划、生产、生产准备、检查、安全技术、设计、工艺、劳动定额、工具设备、动力、基建、环境保护等科室从事工程技术管理工作的人员。工程技术人员中，不包括已取得工程技术职务资格或从大学、中专理工科系毕业，但未担任工程技术和工程技术管理工作的人员。

年末从业人员中一级建造师：指按照人事部、建设部制定的《建造师执业资格制度暂行规定》(人发[2002]111号)，取得《中华人民共和国一级建造师执业资格证书》和《中华人民共和国一级建造师注册证》，并在建设部或其授权的注册管理机构备案的人员。

年末从业人员中现场施工工人：指在施工现场从事建筑安装工作和直接服务于施工过程的工人。

持证上岗人员：指经过企业培训或劳动部门培训后，考试(考核)合格，经主管部门批准承认并持有各类证书的人员。

钢材:包括重轨、轻轨、大型型钢、中型型钢、小型型钢、带钢、线材、特厚钢板、中厚钢板、薄钢板、硅钢片、优质型材、无缝钢管、焊接钢管和其他钢材等品种,以吨为计量单位。不包括钢锭、钢材边角料,已经使用过的旧钢材、铸铁管,以及钢丝绳、铅丝等金属制品。

木材:包括原木、锯材和各种人造板,统一按原木数量计算,以立方米为计量单位。不经过纵锯就直接使用的原木,如桩木、电杆和脚手杆等,可直接计入消耗量。经过纵锯或加工而成的材料、板材和人造板,必须按规定的出材率和换算方法计算出原木数量后,再计如消耗量。计算木材消耗量,不包括小规格材和废旧材料。

水泥:包括普通建筑水泥、装饰水泥和特种水泥(如快硬高强水泥、膨胀水泥、耐酸耐火、防射线水泥等),以吨为计量单位。不包括无熟料水泥和土水泥。

平板玻璃:建筑用平板玻璃主要指无色的普通平板玻璃和吸热玻璃(即在熔化玻璃液时加入不同的着色剂,可以生产茶、灰、蓝等不同色泽的平板玻璃,俗称彩色玻璃)。计量单位为重量箱和平方米。“每一重量箱”指厚度为2毫米,面积10平方米的平板玻璃。其折算公式如下:

$$\text{某种玻璃的重量箱数}=\frac{\text{某种厚玻璃消耗量(平方米)}\times\text{某种玻璃的厚度}/2}{10}$$

“平方米”指不同厚度玻璃的实际表面面积。

铝材:指铝成品材。包括纯铝及铝合金加工的板材、带材、箔材、管材、棒材、线材、型材、压模件、自由锻件等。不包括边角料、裸铝线及电线厂自产自用的铝盘条。

企业总产值:指建筑业企业在报告期内全部经济活动的最终成果的货币表现。在企业总产值中除包括建筑业总产值外,还包括建筑业企业从事其他经济活动所创造的价值(如工业产值、交通运输产值、商业服务业产值、其他产值收入和劳务收入等)。

本指标所有总承包和专业承包建筑业企业都要填报,填报时注意企业总产值≥建筑业总产值。

对内销售产值:指建筑业企业在报告期内附属企业内部的独立核算单位之间相互提供的劳动和服务的价值。

建筑劳务收入:指总承包和专业承包建筑业企业在报告期内与其他总承包或专业承包建筑业企业签定劳务分包合同,按照合同规定收取的各项收入。

企业营业额:指建筑业企业在报告期内的企业总产值与在境外完成的营业额之和。

境外完成的营业额:指建筑业企业报告期内在国外及港、澳、台等区域所有经营活动的货币表现。

本指标是有境外施工或劳务输出业务的总承包和专业承包建筑业企业填报,填报时注意是外币的,要按照2008年12月31日的人民币汇率折算填报。

境外施工人数:指建筑业企业报告期内在国外及港、澳、台等区域从事建筑业活动的人员数量。

科技活动经费:主要包括科技开发经费、信息化建设支出、应用软件购置经费、科技培训费、科技开发奖励经费、十项新技术推广应用经费和产学研项目经费等与科技活动有关的经费。科技开发经费一般包括新产品设计费、工艺规程制定费、设备调整费、各类试验费、技术资料购置费、研究机构人员工资以及科技研究有关的其他经费或委托其他单位进行科研试制的费用。

安全生产费用:是指企业按照规定标准提取,在成本中列支,专门用于完善和改进企业安全生产条件的费用。

● 交通运输邮电业

交通运输、邮政、电信业主要经济指标(一)

单位:千元

	企业数(个)	年初存货	年末存货	固定资产原价
合　计	**1540**	**797327**	**1229009**	**70878308**
按登记注册类型分				
内资企业	1500	777173	1213307	57295201
国有企业	73	405853	714033	32443845
集体企业	42	2171	1430	635500
股份合作企业	10	143	140	19126
联营企业	4	0	0	1640
国有联营企业	3	0	0	1259
集体联营企业	1	0	0	381
有限责任公司	159	39769	42891	5160695
国有独资公司	6	2703	2323	275116
其他有限责任公司	153	37066	40568	4885579
股份有限公司	31	284589	399898	11464244
私营企业	1172	40975	51349	6541302
私营独资企业	155	4220	5431	199978
私营合伙企业	41	510	510	101432
私营有限责任公司	937	29319	35250	5484495
私营股份有限公司	39	6926	10158	755397
其他企业	9	3673	3566	1028849
港、澳、台商投资企业	15	14758	6871	4160592
合资经营企业(港或澳、台资)	6	667	571	613339
合作经营企业(港或澳、台资)	1	952	1319	129385
港、澳、台商独资经营企业	6	13139	4981	3406223
港、澳、台商投资股份有限公司	2	0	0	11645

交通运输、邮政、电信业主要经济指标(一)(续表1)

单位:千元

	企业数(个)	年初存货	年末存货	固定资产原价
外商投资企业	25	5396	8831	9422515
中外合资经营企业	13	1834	4599	1377390
中外合作经营企业	2	0	0	595
外资企业	7	3552	4152	5455151
外商投资股份有限公司	3	10	80	2589379
按行业分				
交通运输业	1318	716157	1155580	41724551
铁路运输业	4	104	62	454799
铁路货物运输	3	104	62	453794
铁路货物运输	3	104	62	453794
铁路运输辅助活动	1	0	0	1005
其他铁路运输辅助活动	1	0	0	1005
道路运输业	633	123440	159080	11638093
公路旅客运输	37	9482	7737	1961073
公路旅客运输	37	9482	7737	1961073
道路货物运输	567	19953	24660	2353125
道路货物运输	567	19953	24660	2353125
道路运输辅助活动	29	94005	126683	7323895
客运汽车站	2	4	4	14150
公路管理与养护	6	93055	126184	7295622
其他道路运输辅助活动	21	946	495	14123
城市公共交通业	58	38822	57679	3116299
公共电汽车客运	13	36969	55631	2554928
公共电汽车客运	13	36969	55631	2554928

交通运输、邮政、电信业主要经济指标(一)(续表2)

单位:千元

	企业数(个)	年初存货	年末存货	固定资产原价
出租车客运	43	1306	1505	518230
出租车客运	43	1306	1505	518230
城市轮渡	1	547	543	42759
城市轮渡	1	547	543	42759
其他城市公共交通	1	0	0	382
其他城市公共交通	1	0	0	382
水上运输业	125	395981	760454	18177447
水上旅客运输	5	1042	931	61424
内河旅客运输	5	1042	931	61424
水上货物运输	99	235966	628543	15366759
远洋货物运输	5	127861	194404	2432832
沿海货物运输	32	3265	5198	1993033
内河货物运输	62	104840	428941	10940894
水上运输辅助活动	21	158973	130980	2749264
货运港口	12	158402	130649	2733767
其他水上运输辅助活动	9	571	331	15497
航空运输业	12	129785	137207	5549106
航空客货运输	3	54328	56841	3892062
航空旅客运输	2	54328	56841	3890706
航空货物运输	1	0	0	1356
通用航空服务	5	14	199	74639
通用航空服务	5	14	199	74639
航空运输辅助活动	4	75443	80167	1582405
机场	1	75443	80167	1582006

交通运输、邮政、电信业主要经济指标(一)(续表3)

单位：千元

	企业数（个）	年初存货	年末存货	固定资产原价
其他航空运输辅助活动	3	0	0	399
管道运输业	2	962	2038	334903
管道运输业	2	962	2038	334903
管道运输业	2	962	2038	334903
装卸搬运和其他运输服务业	484	27063	39060	2453904
装卸搬运	92	3813	4338	1294613
装卸搬运	92	3813	4338	1294613
运输代理服务	392	23250	34722	1159291
运输代理服务	392	23250	34722	1159291
邮政业	40	32864	31755	1587500
国家邮政	2	32719	31598	1568136
国家邮政	2	32719	31598	1568136
其他寄递服务	38	145	157	19364
其他寄递服务	38	145	157	19364
电信、互联网信息服务	182	48306	41674	27566257
电信	64	44486	38110	27359239
固定电信服务	8	16835	16064	14841490
移动电信服务	21	25269	19136	12393972
其他电信服务	35	2382	2910	123777
互联网信息服务	118	3820	3564	207018

交通运输、邮政、电信业主要经济指标(二)

单位:千元

	本年折旧	营业收入	主营业务收入	营业成本
合　计	**6031998**	**53812722**	**53371997**	**38334438**
按登记注册类型分				
内资企业	5007940	46922251	46518905	34030884
国有企业	2345890	19240109	19067410	15763560
集体企业	66300	992804	987313	554229
股份合作企业	2002	58204	58015	48696
联营企业	155	6654	6654	2902
国有联营企业	140	4860	4860	1858
集体联营企业	15	1794	1794	1044
有限责任公司	467012	5204748	5143082	3691186
国有独资公司	13569	165632	165074	117874
其他有限责任公司	453443	5039116	4978008	3573312
股份有限公司	1334528	10717711	10660029	6566421
私营企业	711739	10648472	10542853	7361492
私营独资企业	19561	374275	373837	278221
私营合伙企业	13047	133890	133832	57208
私营有限责任公司	601779	9365369	9260284	6669190
私营股份有限公司	77352	774938	774900	356873
其他企业	80314	53549	53549	42398
港、澳、台商投资企业	371395	1209382	1200554	897827
合资经营企业(港或澳、台资)	27069	301078	300058	213117
合作经营企业(港或澳、台资)	11528	98090	98090	103147
港、澳、台商独资经营企业	331159	779390	771582	558814
港、澳、台商投资股份有限公司	1639	30824	30824	22749

交通运输、邮政、电信业主要经济指标(二)(续表1)

单位:千元

	本年折旧	营业收入	主营业务收入	营业成本
外商投资企业	652663	5681089	5652538	3405727
中外合资经营企业	65749	931679	926138	742751
中外合作经营企业	45	635	635	210
外资企业	353975	4714702	4691692	1496279
外商投资股份有限公司	232894	34073	34073	1166487
按行业分				
交通运输业	3726528	43443831	43104796	32034861
铁路运输业	47762	453763	447136	343492
铁路货物运输	47612	451820	445193	342510
铁路货物运输	47612	451820	445193	342510
铁路运输辅助活动	150	1943	1943	982
其他铁路运输辅助活动	150	1943	1943	982
道路运输业	811208	12907578	12779428	7589478
公路旅客运输	230885	1797927	1741678	1427121
公路旅客运输	230885	1797927	1741678	1427121
道路货物运输	211989	4599003	4535121	3235786
道路货物运输	211989	4599003	4535121	3235786
道路运输辅助活动	368334	6510648	6502629	2926571
客运汽车站	1086	12018	12018	3859
公路管理与养护	365878	6470289	6464764	2912182
其他道路运输辅助活动	1370	28341	25847	10530
城市公共交通业	312197	2047843	2016676	1920330
公共电汽车客运	249669	1668546	1645522	1729799
公共电汽车客运	249669	1668546	1645522	1729799

交通运输、邮政、电信业主要经济指标(二)(续表2)

单位:千元

	本年折旧	营业收入	主营业务收入	营业成本
出租车客运	60856	353030	347054	177741
出租车客运	60856	353030	347054	177741
城市轮渡	1634	22519	20352	9924
城市轮渡	1634	22519	20352	9924
其他城市公共交通	38	3748	3748	2866
其他城市公共交通	38	3748	3748	2866
水上运输业	2019413	18839172	18678417	14586425
水上旅客运输	8940	19854	19854	16820
内河旅客运输	8940	19854	19854	16820
水上货物运输	1893115	15205882	15046734	11330237
远洋货物运输	249699	4949539	4921451	3707946
沿海货物运输	207023	1838644	1833692	1360276
内河货物运输	1436393	8417699	8291591	6262015
水上运输辅助活动	117358	3613436	3611829	3239368
货运港口	115771	1370650	1369043	1145428
其他水上运输辅助活动	1587	2242786	2242786	2093940
航空运输业	328332	3766159	3763528	3320095
航空客货运输	225220	3027863	3027545	2931737
航空旅客运输	225084	3021629	3021311	2926749
航空货物运输	136	6234	6234	4988
通用航空服务	8070	21305	21305	22772
通用航空服务	8070	21305	21305	22772
航空运输辅助活动	95042	716991	714678	365586
机场	95002	704185	701872	359038

交通运输、邮政、电信业主要经济指标(二)(续表3)

单位:千元

	本年折旧	营业收入	主营业务收入	营业成本
其他航空运输辅助活动	40	12806	12806	6548
管道运输业	23617	683575	681055	596890
管道运输业	23617	683575	681055	596890
管道运输业	23617	683575	681055	596890
装卸搬运和其他运输服务业	183999	4745741	4738556	3678151
装卸搬运	55918	495068	493345	310536
装卸搬运	55918	495068	493345	310536
运输代理服务	128081	4250673	4245211	3367615
运输代理服务	128081	4250673	4245211	3367615
邮政业	114008	853965	828425	895203
国家邮政	111379	770097	744829	851709
国家邮政	111379	770097	744829	851709
其他寄递服务	2629	83868	83596	43494
其他寄递服务	2629	83868	83596	43494
电信、互联网信息服务	2191462	9514926	9438776	5404374
电信	2162716	9223524	9149263	5325885
固定电信服务	1075774	3791329	3748111	2135551
移动电信服务	1073992	5271408	5240590	3108313
其他电信服务	12950	160787	160562	82021
互联网信息服务	28746	291402	289513	78489

交通运输、邮政、电信业主要经济指标(三)

单位:千元

		营业税金及附加		主营业务利润
	主营业务成本		主营业务税金及附加	
合　计	**37572706**	**1270647**	**1265542**	**10609242**
按登记注册类型分				
内资企业	33296057	1086723	1081741	9679492
国有企业	15193019	475235	474837	1917245
集体企业	493716	11488	11334	422077
股份合作企业	48696	2450	1940	7379
联营企业	2902	396	396	2594
国有联营企业	1858	264	264	1976
集体联营企业	1044	132	132	618
有限责任公司	3645732	107374	105401	1427918
国有独资公司	117793	5938	5938	27845
其他有限责任公司	3527939	101436	99463	1400073
股份有限公司	6545871	239846	239846	3256031
私营企业	7330132	247884	245937	2897719
私营独资企业	278038	10763	10707	83741
私营合伙企业	57208	5367	5305	70394
私营有限责任公司	6638013	207320	205495	2389331
私营股份有限公司	356873	24434	24430	354253
其他企业	35989	2050	2050	－251471
港、澳、台商投资企业	889370	33700	33654	55720
合资经营企业(港或澳、台资)	211689	3294	3248	82364
合作经营企业(港或澳、台资)	103147	7337	7337	－5697
港、澳、台商独资经营企业	551785	22423	22423	－28376
港、澳、台商投资股份有限公司	22749	646	646	7429

交通运输、邮政、电信业主要经济指标(三)(续表1)

单位:千元

	主营业务成本	营业税金及附加	主营业务税金及附加	主营业务利润
外商投资企业	3387279	150224	150147	874030
中外合资经营企业	738953	16100	16023	130747
中外合作经营企业	210	5	5	420
外资企业	1481629	132943	132943	2111895
外商投资股份有限公司	1166487	1176	1176	-1369032
按行业分				
交通运输业	31608451	974502	969398	9580160
铁路运输业	339263	13210	13210	94663
铁路货物运输	338281	13152	13152	93760
铁路货物运输	338281	13152	13152	93760
铁路运输辅助活动	982	58	58	903
其他铁路运输辅助活动	982	58	58	903
道路运输业	7438426	369309	365397	4028695
公路旅客运输	1392865	61540	59599	263862
公路旅客运输	1392865	61540	59599	263862
道路货物运输	3150357	122517	120944	1163642
道路货物运输	3150357	122517	120944	1163642
道路运输辅助活动	2895204	185252	184854	2601191
客运汽车站	3859	340	340	7819
公路管理与养护	2881669	183584	183302	2578475
其他道路运输辅助活动	9676	1328	1212	14897
城市公共交通业	1898687	164200	164164	4138
公共电汽车客运	1711965	150230	150230	-161700
公共电汽车客运	1711965	150230	150230	-161700

交通运输、邮政、电信业主要经济指标(三)(续表 2)

单位:千元

	主营业务成本	营业税金及附加	主营业务税金及附加	主营业务利润
出租车客运	173932	12516	12480	155982
出租车客运	173932	12516	12480	155982
城市轮渡	9924	1433	1433	8995
城市轮渡	9924	1433	1433	8995
其他城市公共交通	2866	21	21	861
其他城市公共交通	2866	21	21	861
水上运输业	14345609	236877	236458	4059168
水上旅客运输	16820	662	662	2344
内河旅客运输	16820	662	662	2344
水上货物运输	11089421	204598	204179	3741495
远洋货物运输	3707946	35566	35566	1172899
沿海货物运输	1358437	53293	53028	422227
内河货物运输	6023038	115739	115585	2146369
水上运输辅助活动	3239368	31617	31617	315329
货运港口	1145428	30960	30960	157260
其他水上运输辅助活动	2093940	657	657	158069
航空运输业	3317953	103467	103467	342108
航空客货运输	2931720	75584	75584	20241
航空旅客运输	2926732	75224	75224	19355
航空货物运输	4988	360	360	886
通用航空服务	22772	807	807	-2274
通用航空服务	22772	807	807	-2274
航空运输辅助活动	363461	27076	27076	324141
机场	356913	26456	26456	318503

交通运输、邮政、电信业主要经济指标(三)(续表3)

单位:千元

	主营业务成本	营业税金及附加	主营业务税金及附加	主营业务利润
其他航空运输辅助活动	6548	620	620	5638
管道运输业	596750	3541	3541	80764
管道运输业	596750	3541	3541	80764
管道运输业	596750	3541	3541	80764
装卸搬运和其他运输服务业	3671763	83898	83161	970624
装卸搬运	310218	16176	15582	167545
装卸搬运	310218	16176	15582	167545
运输代理服务	3361545	67722	67579	803079
运输代理服务	3361545	67722	67579	803079
邮政业	716295	14426	14426	-231789
国家邮政	672801	11980	11980	-269351
国家邮政	672801	11980	11980	-269351
其他寄递服务	43494	2446	2446	37562
其他寄递服务	43494	2446	2446	37562
电信、互联网信息服务	5247960	281719	281718	1260871
电信	5169482	271661	271661	1060281
固定电信服务	2103557	118219	118219	506106
移动电信服务	2983904	148392	148392	485448
其他电信服务	82021	5050	5050	68727
互联网信息服务	78478	10058	10057	200590

交通运输、邮政、电信业主要经济指标(四)

单位:千元

	其他业务利润	营业费用、管理费用、财务费用合计	税金	利息支出
合计	**398974**	**7697222**	**130201**	**1406587**
按登记注册类型分				
内资企业	386675	6091784	114657	1289234
国有企业	132371	2707770	39673	509544
集体企业	46834	79841	2253	949
股份合作企业	189	4350	112	11
联营企业	9	2830	0	-28
国有联营企业	0	2333	0	-28
集体联营企业	9	497	0	0
有限责任公司	60807	635808	21324	29933
国有独资公司	457	22680	4385	2277
其他有限责任公司	60350	613128	16939	27656
股份有限公司	70390	1234282	17605	681754
私营企业	76065	1159371	33241	67064
私营独资企业	786	26463	2151	664
私营合伙企业	64	27509	1016	57
私营有限责任公司	75177	986210	28203	55817
私营股份有限公司	38	119189	1871	10526
其他企业	10	267532	449	7
港、澳、台商投资企业	1761	284832	2949	57667
合资经营企业(港或澳、台资)	-345	37917	339	20444
合作经营企业(港或澳、台资)	1764	19214	18	1444
港、澳、台商独资经营企业	342	226636	2504	35773
港、澳、台商投资股份有限公司	0	1065	88	6

交通运输、邮政、电信业主要经济指标(四)(续表1)

单位：千元

	其他业务利润	营业费用、管理费用、财务费用合计		
			税　金	利息支出
外商投资企业	10538	1320606	12595	59686
中外合资经营企业	1739	124524	1501	27677
中外合作经营企业	0	410	1	0
外资企业	7426	957797	4710	280
外商投资股份有限公司	1373	237875	6383	31729
按行业分				
交通运输业	352194	4730919	95987	1306173
铁路运输业	2398	62566	1988	1198
铁路货物运输	2398	62473	1986	1198
铁路货物运输	2398	62473	1986	1198
铁路运输辅助活动	0	93	2	0
其他铁路运输辅助活动	0	93	2	0
道路运输业	106971	1874142	40994	871047
公路旅客运输	46402	144365	5723	4037
公路旅客运输	46402	144365	5723	4037
道路货物运输	38139	615269	23641	-7001
道路货物运输	38139	615269	23641	-7001
道路运输辅助活动	22430	1114508	11630	874011
客运汽车站	0	7805	312	-23
公路管理与养护	19902	1095417	10818	873833
其他道路运输辅助活动	2528	11286	500	201
城市公共交通业	23950	465943	12171	80997
公共电汽车客运	21237	373312	10091	70732
公共电汽车客运	21237	373312	10091	70732

交通运输、邮政、电信业主要经济指标(四)(续表2)

单位:千元

	其他业务利润	营业费用、管理费用、财务费用合计		
			税　金	利息支出
出租车客运	2299	82137	1978	10332
出租车客运	2299	82137	1978	10332
城市轮渡	414	10412	102	-67
城市轮渡	414	10412	102	-67
其他城市公共交通	0	82	0	0
其他城市公共交通	0	82	0	0
水上运输业	159148	1051958	32762	247531
水上旅客运输	0	1823	39	-67
内河旅客运输	0	1823	39	-67
水上货物运输	157541	832169	25215	160324
远洋货物运输	38478	222901	2343	39971
沿海货物运输	8089	88538	2901	19562
内河货物运输	110974	520730	19971	100791
水上运输辅助活动	1607	217966	7508	87274
货运港口	1607	205366	7223	87264
其他水上运输辅助活动	0	12600	285	10
航空运输业	488	491916	289	61227
航空客货运输	300	312254	4	61204
航空旅客运输	300	311602	3	61203
航空货物运输	0	652	1	1
通用航空服务	0	6439	273	37
通用航空服务	0	6439	273	37
航空运输辅助活动	188	173223	12	-14
机场	188	169279	0	0

交通运输、邮政、电信业主要经济指标(四)(续表3)

单位:千元

	其他业务利润	营业费用、管理费用、财务费用合计	税金	利息支出
其他航空运输辅助活动	0	3944	12	-14
管道运输业	2380	37511	28	410
管道运输业	2380	37511	28	410
管道运输业	2380	37511	28	410
装卸搬运和其他运输服务业	56859	746883	7755	43763
装卸搬运	1392	96121	2236	26570
装卸搬运	1392	96121	2236	26570
运输代理服务	55467	650762	5519	17193
运输代理服务	55467	650762	5519	17193
邮政业	23642	332060	5474	2215
国家邮政	21380	299879	5188	2182
国家邮政	21380	299879	5188	2182
其他寄递服务	2262	32181	286	33
其他寄递服务	2262	32181	286	33
电信、互联网信息服务	23138	2634243	28740	98199
电信	22319	2525789	27674	101471
固定电信服务	15153	996492	13133	28203
移动电信服务	2743	1480592	12428	67564
其他电信服务	4423	48705	2113	5704
互联网信息服务	819	108454	1066	-3272

交通运输、邮政、电信业主要经济指标(五)

单位：千元

	营业利润	职工工资和福利费	本年应交增值税	所有者权益合计
合　计	**7595183**	**5349821**	**94829**	**89272194**
按登记注册类型分				
内资企业	6804152	4916128	94770	59384577
国有企业	888445	2268670	28433	25265331
集体企业	389268	143861	626	504401
股份合作企业	3218	9622	463	12855
联营企业	535	2926	0	6319
国有联营企业	405	1722	0	5815
集体联营企业	130	1204	0	504
有限责任公司	938130	628184	35638	4224954
国有独资公司	22640	27896	6	132245
其他有限责任公司	915490	600288	35632	4092709
股份有限公司	2956961	912708	11648	22788225
私营企业	1886016	911584	17879	5462113
私营独资企业	59355	52409	2568	164859
私营合伙企业	43874	15186	111	74429
私营有限责任公司	1509987	775369	14582	4381838
私营股份有限公司	272800	68620	618	840987
其他企业	－258421	38573	83	1120379
港、澳、台商投资企业	3018	125534	54	400283
合资经营企业(港或澳、台资)	46859	21431	0	331603
合作经营企业(港或澳、台资)	－5697	25312	0	36566
港、澳、台商独资经营企业	－44508	73429	50	16562
港、澳、台商投资股份有限公司	6364	5362	4	15552

交通运输、邮政、电信业主要经济指标(五)(续表1)

单位:千元

	营业利润	职工工资和福利费	本年应交增值税	所有者权益合计
外商投资企业	788013	308159	5	29487334
中外合资经营企业	58174	100328	5	1070222
中外合作经营企业	10	296	0	625
外资企业	2101294	128228	0	78621
外商投资股份有限公司	-1371465	79307	0	28337866
按行业分				
交通运输业	6877887	4310129	93428	45536265
铁路运输业	34495	76816	0	474754
铁路货物运输	33685	76365	0	474073
铁路货物运输	33685	76365	0	474073
铁路运输辅助活动	810	451	0	681
其他铁路运输辅助活动	810	451	0	681
道路运输业	3277319	1062987	27517	22584981
公路旅客运输	194771	238950	752	1051705
公路旅客运输	194771	238950	752	1051705
道路货物运输	632885	460001	16154	2151238
道路货物运输	632885	460001	16154	2151238
道路运输辅助活动	2449663	364036	10611	19382038
客运汽车站	14	3673	0	12099
公路管理与养护	2443436	348195	10607	19356011
其他道路运输辅助活动	6213	12168	4	13928
城市公共交通业	-102878	674608	6067	1592547
公共电汽车客运	-183458	609460	4884	1343787
公共电汽车客运	-183458	609460	4884	1343787

交通运输、邮政、电信业主要经济指标(五)(续表2)

单位:千元

	营业利润	职工工资和福利费	本年应交增值税	所有者权益合计
出租车客运	80804	55306	1183	217351
出租车客运	80804	55306	1183	217351
城市轮渡	-1003	9707	0	31264
城市轮渡	-1003	9707	0	31264
其他城市公共交通	779	135	0	145
其他城市公共交通	779	135	0	145
水上运输业	3356624	1567389	23720	13726357
水上旅客运输	549	3626	0	60908
内河旅客运输	549	3626	0	60908
水上货物运输	3205616	1262013	4449	10866741
远洋货物运输	1120626	295084	442	1289930
沿海货物运输	341778	131819	4	1451569
内河货物运输	1743212	835110	4003	8125242
水上运输辅助活动	150459	301750	19271	2798708
货运港口	-3604	288000	19271	2584751
其他水上运输辅助活动	154063	13750	0	213957
航空运输业	-149320	443042	3614	3141449
航空客货运输	-291713	252989	1060	550358
航空旅客运输	-291947	252589	0	544646
航空货物运输	234	400	1060	5712
通用航空服务	-8713	6449	74	160243
通用航空服务	-8713	6449	74	160243
航空运输辅助活动	151106	183604	2480	2430848
机场	149412	182204	2480	2426149

交通运输、邮政、电信业主要经济指标(五)(续表3)

单位:千元

	营业利润	职工工资和福利费	本年应交增值税	所有者权益合计
其他航空运输辅助活动	1694	1400	0	4699
管道运输业	45633	14144	28506	1065720
管道运输业	45633	14144	28506	1065720
管道运输业	45633	14144	28506	1065720
装卸搬运和其他运输服务业	416014	471143	4004	2950457
装卸搬运	72816	137450	421	996041
装卸搬运	72816	137450	421	996041
运输代理服务	343198	333693	3583	1954416
运输代理服务	343198	333693	3583	1954416
邮政业	-386699	239211	66	2248930
国家邮政	-394436	206900	47	2232679
国家邮政	-394436	206900	47	2232679
其他寄递服务	7737	32311	19	16251
其他寄递服务	7737	32311	19	16251
电信、互联网信息服务	1103995	800481	1335	41486999
电信	1010652	725998	423	41093492
固定电信服务	505433	372742	8	8864195
移动电信服务	479301	324369	296	32065685
其他电信服务	25918	28887	119	163612
互联网信息服务	93343	74483	912	393507

交通运输、邮政、电信业主要经济指标(六)

单位:千元

	实收资本	国家资本	集体资本	法人资本
合　计	**28586787**	**11942471**	**244269**	**7746877**
按登记注册类型分				
内资企业	24247867	11306391	242200	7535380
国有企业	9829647	7141745	11100	2658040
集体企业	50337	0	43944	1940
股份合作企业	12387	0	10610	0
联营企业	6020	520	5500	0
国有联营企业	5520	520	5000	0
集体联营企业	500	0	500	0
有限责任公司	3214938	434555	16846	2186549
国有独资公司	88840	26230	0	62610
其他有限责任公司	3126098	408325	16846	2123939
股份有限公司	7592508	3724151	0	2070289
私营企业	3534530	5420	154200	612812
私营独资企业	116328	0	0	34262
私营合伙企业	47519	0	0	6824
私营有限责任公司	2786365	5420	153680	405482
私营股份有限公司	584318	0	520	166244
其他企业	7500	0	0	5750
港、澳、台商投资企业	410110	150000	0	9147
合资经营企业(港或澳、台资)	337069	150000	0	4147
合作经营企业(港或澳、台资)	50841	0	0	0
港、澳、台商独资经营企业	14000	0	0	5000
港、澳、台商投资股份有限公司	8200	0	0	0

交通运输、邮政、电信业主要经济指标(六)(续表1)

单位:千元

	实收资本	国家资本	集体资本	法人资本
外商投资企业	3928810	486080	2069	202350
中外合资经营企业	1035513	486080	2069	194850
中外合作经营企业	801	0	0	0
外资企业	74196	0	0	0
外商投资股份有限公司	2818300	0	0	7500
按行业分				
交通运输业	24720601	11232488	231242	7666992
铁路运输业	352060	99560	0	142000
铁路货物运输	351560	99560	0	142000
铁路货物运输	351560	99560	0	142000
铁路运输辅助活动	500	0	0	0
其他铁路运输辅助活动	500	0	0	0
道路运输业	9745985	5928446	71284	1472411
公路旅客运输	576699	47002	11739	450302
公路旅客运输	576699	47002	11739	450302
道路货物运输	1340504	382968	48902	279423
道路货物运输	1340504	382968	48902	279423
道路运输辅助活动	7828782	5498476	10643	742686
客运汽车站	7000	0	0	7000
公路管理与养护	7813553	5497043	10100	734956
其他道路运输辅助活动	8229	1433	543	730
城市公共交通业	1110093	372838	5740	339742
公共电汽车客运	770053	311709	0	216099
公共电汽车客运	770053	311709	0	216099

交通运输、邮政、电信业主要经济指标(六)(续表2)

单位:千元

	实收资本	国家资本	集体资本	法人资本
出租车客运	312066	33300	5740	123643
出租车客运	312066	33300	5740	123643
城市轮渡	27829	27829	0	0
城市轮渡	27829	27829	0	0
其他城市公共交通	145	0	0	0
其他城市公共交通	145	0	0	0
水上运输业	7298285	1145905	116060	4024917
水上旅客运输	63940	59540	200	476
内河旅客运输	63940	59540	200	476
水上货物运输	5941903	202000	115860	3764751
远洋货物运输	164000	100000	0	4980
沿海货物运输	1301957	2000	100000	56206
内河货物运输	4475946	100000	15860	3703565
水上运输辅助活动	1292442	884365	0	259690
货运港口	1235242	866365	0	238850
其他水上运输辅助活动	57200	18000	0	20840
航空运输业	3197845	3083448	0	110350
航空客货运输	881650	880000	0	350
航空旅客运输	880650	880000	0	350
航空货物运输	1000	0	0	0
通用航空服务	111147	0	0	110000
通用航空服务	111147	0	0	110000
航空运输辅助活动	2205048	2203448	0	0
机场	2203448	2203448	0	0

交通运输、邮政、电信业主要经济指标(六)(续表3)

单位：千元

	实收资本	国家资本	集体资本	法人资本
其他航空运输辅助活动	1600	0	0	0
管道运输业	1032643	0	0	1032643
管道运输业	1032643	0	0	1032643
管道运输业	1032643	0	0	1032643
装卸搬运和其他运输服务业	1983690	602291	38158	544929
装卸搬运	724224	483197	2589	28761
装卸搬运	724224	483197	2589	28761
运输代理服务	1259466	119094	35569	516168
运输代理服务	1259466	119094	35569	516168
邮政业	349885	328460		14531
国家邮政	324678	318460		6218
国家邮政	324678	318460		6218
其他寄递服务	25207	10000		8313
其他寄递服务	25207	10000		8313
电信、互联网信息服务	3516301	381523	13027	65354
电信	3259474	315523	3027	49650
固定电信服务	314613	311103	0	0
移动电信服务	2815890	1000	0	2780
其他电信服务	128971	3420	3027	46870
互联网信息服务	256827	66000	10000	15704

交通运输、邮政、电信业主要经济指标(七)

单位：千元

	个人资本	港澳台资本	外商资本	全部从业人员年平均人数(人)
合 计	**3973753**	**1523172**	**3156245**	**117739**
按登记注册类型分				
内资企业	3909850	1252001	2045	108249
国有企业	18762	0	0	44929
集体企业	4453	0	0	4290
股份合作企业	1777	0	0	368
联营企业	0	0	0	125
国有联营企业	0	0	0	45
集体联营企业	0	0	0	80
有限责任公司	544988	30000	2000	12694
国有独资公司	0	0	0	377
其他有限责任公司	544988	30000	2000	12317
股份有限公司	576068	1222000	0	14851
私营企业	2762052	1	45	30451
私营独资企业	82066	0	0	2213
私营合伙企业	40695	0	0	523
私营有限责任公司	2221737	1	45	26446
私营股份有限公司	417554	0	0	1269
其他企业	1750	0	0	541
港、澳、台商投资企业	15245	235718	0	2632
合资经营企业(港或澳、台资)	10245	172677	0	445
合作经营企业(港或澳、台资)	0	50841	0	1109
港、澳、台商独资经营企业	5000	4000	0	938
港、澳、台商投资股份有限公司	0	8200	0	140

交通运输、邮政、电信业主要经济指标(七)(续表1)

单位:千元

				全部从业人员年平均人数(人)
	个人资本	港澳台资本	外商资本	
外商投资企业	48658	35453	3154200	6858
中外合资经营企业	30358	35453	286703	3371
中外合作经营企业	0	0	801	15
外资企业	10000	0	64196	2787
外商投资股份有限公司	8300	0	2802500	685
按行业分				
交通运输业	3712726	1520908	356245	97531
铁路运输业	110500	0	0	918
铁路货物运输	110000	0	0	908
铁路货物运输	110000	0	0	908
铁路运输辅助活动	500	0	0	10
其他铁路运输辅助活动	500	0	0	10
道路运输业	939541	1316502	17801	27922
公路旅客运输	42684	24972	0	6048
公路旅客运输	42684	24972	0	6048
道路货物运输	542481	69530	17200	15855
道路货物运输	542481	69530	17200	15855
道路运输辅助活动	354376	1222000	601	6019
客运汽车站	0	0	0	186
公路管理与养护	349454	1222000	0	5458
其他道路运输辅助活动	4922	0	601	375
城市公共交通业	230384	57341	104048	23954
公共电汽车客运	172784	50841	18620	21492
公共电汽车客运	172784	50841	18620	21492

交通运输、邮政、电信业主要经济指标(七)(续表2)

单位:千元

	个人资本	港澳台资本	外商资本	全部从业人员年平均人数(人)
出租车客运	57455	6500	85428	2025
出租车客运	57455	6500	85428	2025
城市轮渡	0	0	0	427
城市轮渡	0	0	0	427
其他城市公共交通	145	0	0	10
其他城市公共交通	145	0	0	10
水上运输业	1888676	122727	0	25171
水上旅客运输	3724	0	0	209
内河旅客运输	3724	0	0	209
水上货物运输	1859292	0	0	18995
远洋货物运输	59020	0	0	3223
沿海货物运输	1143751	0	0	2387
内河货物运输	656521	0	0	13385
水上运输辅助活动	25660	122727	0	5967
货运港口	7300	122727	0	5859
其他水上运输辅助活动	18360	0	0	108
航空运输业	2901	1	1145	5655
航空客货运输	1300	0	0	2508
航空旅客运输	300	0	0	2502
航空货物运输	1000	0	0	6
通用航空服务	1101	1	45	64
通用航空服务	1101	1	45	64
航空运输辅助活动	500	0	1100	3083
机场	0	0	0	3052

交通运输、邮政、电信业主要经济指标(七)(续表3)

单位:千元

	个人资本	港澳台资本	外商资本	全部从业人员年平均人数(人)
其他航空运输辅助活动	500	0	1100	31
管道运输业	0	0	0	69
管道运输业	0	0	0	69
管道运输业	0	0	0	69
装卸搬运和其他运输服务业	540724	24337	233251	13842
装卸搬运	48517	0	161160	4781
装卸搬运	48517	0	161160	4781
运输代理服务	492207	24337	72091	9061
运输代理服务	492207	24337	72091	9061
邮政业	4630	2264		8260
国家邮政				7052
国家邮政				7052
其他寄递服务	4630	2264		1208
其他寄递服务	4630	2264		1208
电信、互联网信息服务	256397	0	2800000	11948
电信	91274	0	2800000	10158
固定电信服务	3510	0	0	4477
移动电信服务	12110	0	2800000	4861
其他电信服务	75654	0	0	820
互联网信息服务	165123	0	0	1790

交通运输业主要经济指标(一)

计量单位:千元

	企业数(个)	年初存货	年末存货	固定资产原价
合　计	**1318**	**716157**	**1155580**	**41724551**
按登记注册类型分				
内资企业	1282	712835	1149235	39522223
国有企业	61	350846	659337	16027716
集体企业	41	2149	1408	635471
股份合作企业	9	143	140	18926
联营企业	4	0	0	1640
国有联营企业	3	0	0	1259
集体联营企业	1	0	0	381
有限责任公司	148	37771	40935	4957993
国有独资公司	6	2703	2323	275116
其他有限责任公司	142	35068	38612	4682877
股份有限公司	29	284589	399898	11463697
私营企业	984	37147	47317	6400741
私营独资企业	122	4016	5301	186713
私营合伙企业	33	510	510	98903
私营有限责任公司	795	25695	31348	5405917
私营股份有限公司	34	6926	10158	709208
其他企业	6	190	200	16039
港、澳、台商投资企业	14	1619	1891	772941
合资经营企业(港或澳、台资)	6	667	571	613339
合作经营企业(港或澳、台资)	1	952	1319	129385
港、澳、台商独资经营企业	5	0	1	18572
港、澳、台商投资股份有限公司	2	0	0	11645
外商投资企业	22	1703	4454	1429387
中外合资经营企业	12	1689	4442	1368091
中外合作经营企业	2	0	0	595

交通运输业主要经济指标(一)(续表 1)

计量单位:千元

	企业数(个)	年初存货	年末存货	固定资产原价
外资企业	6	7	5	48547
外商投资股份有限公司	2	7	7	12154
按行业分				
交通运输业	1318	716157	1155580	41724551
铁路运输业	4	104	62	454799
铁路货物运输	3	104	62	453794
铁路货物运输	3	104	62	453794
铁路运输辅助活动	1	0	0	1005
其他铁路运输辅助活动	1	0	0	1005
道路运输业	633	123440	159080	11638093
公路旅客运输	37	9482	7737	1961073
公路旅客运输	37	9482	7737	1961073
道路货物运输	567	19953	24660	2353125
道路货物运输	567	19953	24660	2353125
道路运输辅助活动	29	94005	126683	7323895
客运汽车站	2	4	4	14150
公路管理与养护	6	93055	126184	7295622
其他道路运输辅助活动	21	946	495	14123
城市公共交通业	58	38822	57679	3116299
公共电汽车客运	13	36969	55631	2554928
公共电汽车客运	13	36969	55631	2554928
出租车客运	43	1306	1505	518230
出租车客运	43	1306	1505	518230
城市轮渡	1	547	543	42759
城市轮渡	1	547	543	42759
其他城市公共交通	1	0	0	382
其他城市公共交通	1	0	0	382

交通运输业主要经济指标(一)(续表 2)

计量单位:千元

	企业数(个)	年初存货	年末存货	固定资产原价
水上运输业	125	395981	760454	18177447
水上旅客运输	5	1042	931	61424
内河旅客运输	5	1042	931	61424
水上货物运输	99	235966	628543	15366759
远洋货物运输	5	127861	194404	2432832
沿海货物运输	32	3265	5198	1993033
内河货物运输	62	104840	428941	10940894
水上运输辅助活动	21	158973	130980	2749264
货运港口	12	158402	130649	2733767
其他水上运输辅助活动	9	571	331	15497
航空运输业	12	129785	137207	5549106
航空客货运输	3	54328	56841	3892062
航空旅客运输	2	54328	56841	3890706
航空货物运输	1	0	0	1356
通用航空服务	5	14	199	74639
通用航空服务	5	14	199	74639
航空运输辅助活动	4	75443	80167	1582405
机场	1	75443	80167	1582006
其他航空运输辅助活动	3	0	0	399
管道运输业	2	962	2038	334903
管道运输业	2	962	2038	334903
管道运输业	2	962	2038	334903
装卸搬运和其他运输服务业	484	27063	39060	2453904
装卸搬运	92	3813	4338	1294613
装卸搬运	92	3813	4338	1294613
运输代理服务	392	23250	34722	1159291
运输代理服务	392	23250	34722	1159291

交通运输业主要经济指标(二)

计量单位:千元

	本年折旧	营业收入	主营业务收入	营业成本
合　计	**3726528**	**43443831**	**43104796**	**32034861**
按登记注册类型分				
内资企业	3611171	41823725	41491251	30726039
国有企业	1070839	14670592	14566651	12674660
集体企业	66296	992776	987285	554206
股份合作企业	1982	57320	57131	47816
联营企业	155	6654	6654	2902
国有联营企业	140	4860	4860	1858
集体联营企业	15	1794	1794	1044
有限责任公司	441478	5071581	5011589	3653590
国有独资公司	13569	165632	165074	117874
其他有限责任公司	427909	4905949	4846515	3535716
股份有限公司	1334459	10716863	10659181	6565780
私营企业	694461	10293671	10188492	7221629
私营独资企业	18644	357283	356845	266510
私营合伙企业	12777	130176	130118	54870
私营有限责任公司	591626	9205487	9100842	6570800
私营股份有限公司	71414	600725	600687	329449
其他企业	1501	14268	14268	5456
港、澳、台商投资企业	42748	511839	510819	404588
合资经营企业(港或澳、台资)	27069	301078	300058	213117
合作经营企业(港或澳、台资)	11528	98090	98090	103147
港、澳、台商独资经营企业	2512	81847	81847	65575
港、澳、台商投资股份有限公司	1639	30824	30824	22749
外商投资企业	72609	1108267	1102726	904234
中外合资经营企业	64387	886381	880840	713206
中外合作经营企业	45	635	635	210

交通运输业主要经济指标(二)(续表1)

计量单位:千元

	本年折旧	营业收入	主营业务收入	营业成本
外资企业	6686	188574	188574	168000
外商投资股份有限公司	1491	32677	32677	22818
按行业分				
交通运输业	3726528	43443831	43104796	32034861
铁路运输业	47762	453763	447136	343492
铁路货物运输	47612	451820	445193	342510
铁路货物运输	47612	451820	445193	342510
铁路运输辅助活动	150	1943	1943	982
其他铁路运输辅助活动	150	1943	1943	982
道路运输业	811208	12907578	12779428	7589478
公路旅客运输	230885	1797927	1741678	1427121
公路旅客运输	230885	1797927	1741678	1427121
道路货物运输	211989	4599003	4535121	3235786
道路货物运输	211989	4599003	4535121	3235786
道路运输辅助活动	368334	6510648	6502629	2926571
客运汽车站	1086	12018	12018	3859
公路管理与养护	365878	6470289	6464764	2912182
其他道路运输辅助活动	1370	28341	25847	10530
城市公共交通业	312197	2047843	2016676	1920330
公共电汽车客运	249669	1668546	1645522	1729799
公共电汽车客运	249669	1668546	1645522	1729799
出租车客运	60856	353030	347054	177741
出租车客运	60856	353030	347054	177741
城市轮渡	1634	22519	20352	9924
城市轮渡	1634	22519	20352	9924
其他城市公共交通	38	3748	3748	2866
其他城市公共交通	38	3748	3748	2866

交通运输业主要经济指标(二)(续表2)

计量单位：千元

	本年折旧	营业收入	主营业务收入	营业成本
水上运输业	2019413	18839172	18678417	14586425
水上旅客运输	8940	19854	19854	16820
内河旅客运输	8940	19854	19854	16820
水上货物运输	1893115	15205882	15046734	11330237
远洋货物运输	249699	4949539	4921451	3707946
沿海货物运输	207023	1838644	1833692	1360276
内河货物运输	1436393	8417699	8291591	6262015
水上运输辅助活动	117358	3613436	3611829	3239368
货运港口	115771	1370650	1369043	1145428
其他水上运输辅助活动	1587	2242786	2242786	2093940
航空运输业	328332	3766159	3763528	3320095
航空客货运输	225220	3027863	3027545	2931737
航空旅客运输	225084	3021629	3021311	2926749
航空货物运输	136	6234	6234	4988
通用航空服务	8070	21305	21305	22772
通用航空服务	8070	21305	21305	22772
航空运输辅助活动	95042	716991	714678	365586
机场	95002	704185	701872	359038
其他航空运输辅助活动	40	12806	12806	6548
管道运输业	23617	683575	681055	596890
管道运输业	23617	683575	681055	596890
管道运输业	23617	683575	681055	596890
装卸搬运和其他运输服务业	183999	4745741	4738556	3678151
装卸搬运	55918	495068	493345	310536
装卸搬运	55918	495068	493345	310536
运输代理服务	128081	4250673	4245211	3367615
运输代理服务	128081	4250673	4245211	3367615

交通运输业主要经济指标(三)

计量单位:千元

	主营业务成本	营业税金及附加	主营业务税金及附加	主营业务利润
合　计	**31608451**	**974502**	**969398**	**9580160**
按登记注册类型分				
内资企业	30310084	938940	933959	9336896
国有企业	12416571	345836	345438	1601409
集体企业	493693	11487	11333	422073
股份合作企业	47816	2447	1937	7378
联营企业	2902	396	396	2594
国有联营企业	1858	264	264	1976
集体联营企业	1044	132	132	618
有限责任公司	3608136	101894	99921	1342489
国有独资公司	117793	5938	5938	27845
其他有限责任公司	3490343	95956	93983	1314644
股份有限公司	6545230	239807	239807	3255863
私营企业	7190280	236463	234517	2696888
私营独资企业	266327	10260	10204	79351
私营合伙企业	54870	5244	5182	69141
私营有限责任公司	6539634	202663	200839	2334794
私营股份有限公司	329449	18296	18292	213602
其他企业	5456	610	610	8202
港、澳、台商投资企业	403160	12080	12034	99565
合资经营企业(港或澳、台资)	211689	3294	3248	82364
合作经营企业(港或澳、台资)	103147	7337	7337	-5697
港、澳、台商独资经营企业	65575	803	803	15469
港、澳、台商投资股份有限公司	22749	646	646	7429
外商投资企业	895207	23182	23405	143699
中外合资经营企业	709408	14728	14651	116366
中外合作经营企业	210	5	5	420

交通运输业主要经济指标(三)(续表1)

计量单位:千元

		营业税金及附加		主营业务利润
	主营业务成本		主营业务税金及附加	
外资企业	162771	7658	7658	18145
外商投资股份有限公司	22818	1091	1091	8768
按行业分				
交通运输业	31608451	974502	969398	9580160
铁路运输业	339263	13210	13210	94663
铁路货物运输	338281	13152	13152	93760
铁路货物运输	338281	13152	13152	93760
铁路运输辅助活动	982	58	58	903
其他铁路运输辅助活动	982	58	58	903
道路运输业	7438426	369309	365397	4028695
公路旅客运输	1392865	61540	59599	263862
公路旅客运输	1392865	61540	59599	263862
道路货物运输	3150357	122517	120944	1163642
道路货物运输	3150357	122517	120944	1163642
道路运输辅助活动	2895204	185252	184854	2601191
客运汽车站	3859	340	340	7819
公路管理与养护	2881669	183584	183302	2578475
其他道路运输辅助活动	9676	1328	1212	14897
城市公共交通业	1898687	164200	164164	4138
公共电汽车客运	1711965	150230	150230	-161700
公共电汽车客运	1711965	150230	150230	-161700
出租车客运	173932	12516	12480	155982
出租车客运	173932	12516	12480	155982
城市轮渡	9924	1433	1433	8995
城市轮渡	9924	1433	1433	8995
其他城市公共交通	2866	21	21	861
其他城市公共交通	2866	21	21	861

交通运输业主要经济指标(三)(续表2)

计量单位:千元

	主营业务成本	营业税金及附加	主营业务税金及附加	主营业务利润
水上运输业	14345609	236877	236458	4059168
水上旅客运输	16820	662	662	2344
内河旅客运输	16820	662	662	2344
水上货物运输	11089421	204598	204179	3741495
远洋货物运输	3707946	35566	35566	1172899
沿海货物运输	1358437	53293	53028	422227
内河货物运输	6023038	115739	115585	2146369
水上运输辅助活动	3239368	31617	31617	315329
货运港口	1145428	30960	30960	157260
其他水上运输辅助活动	2093940	657	657	158069
航空运输业	3317953	103467	103467	342108
航空客货运输	2931720	75584	75584	20241
航空旅客运输	2926732	75224	75224	19355
航空货物运输	4988	360	360	886
通用航空服务	22772	807	807	-2274
通用航空服务	22772	807	807	-2274
航空运输辅助活动	363461	27076	27076	324141
机场	356913	26456	26456	318503
其他航空运输辅助活动	6548	620	620	5638
管道运输业	596750	3541	3541	80764
管道运输业	596750	3541	3541	80764
管道运输业	596750	3541	3541	80764
装卸搬运和其他运输服务业	3671763	83898	83161	970624
装卸搬运	310218	16176	15582	167545
装卸搬运	310218	16176	15582	167545
运输代理服务	3361545	67722	67579	803079
运输代理服务	3361545	67722	67579	803079

交通运输业主要经济指标(四)

计量单位:千元

	其他业务利润	营业费用、管理费用、财务费用合计	税金	利息支出
合计	**352194**	**4730919**	**95987**	**1306173**
按登记注册类型分				
内资企业	341963	4520568	92727	1256393
国有企业	94930	1567622	21258	479159
集体企业	46834	79840	2253	949
股份合作企业	189	4332	112	11
联营企业	9	2830	0	-28
国有联营企业	0	2333	0	-28
集体联营企业	9	497	0	0
有限责任公司	57516	587518	21078	27118
国有独资公司	457	22680	4385	2277
其他有限责任公司	57059	564838	16693	24841
股份有限公司	70390	1234185	17603	681753
私营企业	72095	1037301	29984	67430
私营独资企业	784	24594	2064	656
私营合伙企业	64	27073	959	57
私营有限责任公司	71209	924909	25524	52789
私营股份有限公司	38	60725	1437	13928
其他企业	0	6940	439	1
港、澳、台商投资企业	1419	74328	1475	21894
合资经营企业(港或澳、台资)	-345	37917	339	20444
合作经营企业(港或澳、台资)	1764	19214	18	1444
港、澳、台商独资经营企业	0	16132	1030	0
港、澳、台商投资股份有限公司	0	1065	88	6
外商投资企业	8812	136023	1785	27886
中外合资经营企业	1386	115153	1483	27655
中外合作经营企业	0	410	1	0

交通运输业主要经济指标(四)(续表1)

计量单位:千元

	其他业务利润	营业费用、管理费用、财务费用合计		
			税 金	利息支出
外资企业	7426	18027	171	231
外商投资股份有限公司	0	2433	130	0
按行业分				
交通运输业	352194	4730919	95987	1306173
铁路运输业	2398	62566	1988	1198
铁路货物运输	2398	62473	1986	1198
铁路货物运输	2398	62473	1986	1198
铁路运输辅助活动	0	93	2	0
其他铁路运输辅助活动	0	93	2	0
道路运输业	106971	1874142	40994	871047
公路旅客运输	46402	144365	5723	4037
公路旅客运输	46402	144365	5723	4037
道路货物运输	38139	615269	23641	-7001
道路货物运输	38139	615269	23641	-7001
道路运输辅助活动	22430	1114508	11630	874011
客运汽车站	0	7805	312	-23
公路管理与养护	19902	1095417	10818	873833
其他道路运输辅助活动	2528	11286	500	201
城市公共交通业	23950	465943	12171	80997
公共电汽车客运	21237	373312	10091	70732
公共电汽车客运	21237	373312	10091	70732
出租车客运	2299	82137	1978	10332
出租车客运	2299	82137	1978	10332
城市轮渡	414	10412	102	-67
城市轮渡	414	10412	102	-67
其他城市公共交通	0	82	0	0
其他城市公共交通	0	82	0	0

交通运输业主要经济指标(四)(续表2)

计量单位:千元

	其他业务利润	营业费用、管理费用、财务费用合计	税金	利息支出
水上运输业	159148	1051958	32762	247531
水上旅客运输	0	1823	39	-67
内河旅客运输	0	1823	39	-67
水上货物运输	157541	832169	25215	160324
远洋货物运输	38478	222901	2343	39971
沿海货物运输	8089	88538	2901	19562
内河货物运输	110974	520730	19971	100791
水上运输辅助活动	1607	217966	7508	87274
货运港口	1607	205366	7223	87264
其他水上运输辅助活动	0	12600	285	10
航空运输业	488	491916	289	61227
航空客货运输	300	312254	4	61204
航空旅客运输	300	311602	3	61203
航空货物运输	0	652	1	1
通用航空服务	0	6439	273	37
通用航空服务	0	6439	273	37
航空运输辅助活动	188	173223	12	-14
机场	188	169279	0	0
其他航空运输辅助活动	0	3944	12	-14
管道运输业	2380	37511	28	410
管道运输业	2380	37511	28	410
管道运输业	2380	37511	28	410
装卸搬运和其他运输服务业	56859	746883	7755	43763
装卸搬运	1392	96121	2236	26570
装卸搬运	1392	96121	2236	26570
运输代理服务	55467	650762	5519	17193
运输代理服务	55467	650762	5519	17193

交通运输业主要经济指标(五)

计量单位:千元

	营业利润	职工工资和福利费	本年应交增值税	所有者权益合计
合　计	**6877887**	**4310129**	**93428**	**45536265**
按登记注册类型分				
内资企业	6764324	4138744	93369	43974818
国有企业	714107	1658154	28386	11550713
集体企业	389265	143828	626	504364
股份合作企业	3235	9354	463	12655
联营企业	535	2926	0	6319
国有联营企业	405	1722	0	5815
集体联营企业	130	1204	0	504
有限责任公司	898003	598945	35482	4074971
国有独资公司	22640	27896	6	132245
其他有限责任公司	875363	571049	35476	3942726
股份有限公司	2956890	912596	11648	22787995
私营企业	1801027	808902	16764	5029531
私营独资企业	56444	49855	1806	147424
私营合伙企业	43057	14529	48	71260
私营有限责任公司	1510913	720137	14334	4179106
私营股份有限公司	190613	24381	576	631741
其他企业	1262	4039	0	8270
港、澳、台商投资企业	46863	60540	54	400283
合资经营企业(港或澳、台资)	46859	21431	0	331603
合作经营企业(港或澳、台资)	－5697	25312	0	36566
港、澳、台商独资经营企业	－663	8435	50	16562
港、澳、台商投资股份有限公司	6364	5362	4	15552
外商投资企业	66700	110845	5	1161164
中外合资经营企业	52811	80660	5	1062447
中外合作经营企业	10	296	0	625

交通运输业主要经济指标(五)(续表1)

计量单位:千元

	营业利润	职工工资和福利费	本年应交增值税	所有者权益合计
外资企业	7544	19813	0	78621
外商投资股份有限公司	6335	10076	0	19471
按行业分				
交通运输业	6877887	4310129	93428	45536265
铁路运输业	34495	76816	0	474754
铁路货物运输	33685	76365	0	474073
铁路货物运输	33685	76365	0	474073
铁路运输辅助活动	810	451	0	681
其他铁路运输辅助活动	810	451	0	681
道路运输业	3277319	1062987	27517	22584981
公路旅客运输	194771	238950	752	1051705
公路旅客运输	194771	238950	752	1051705
道路货物运输	632885	460001	16154	2151238
道路货物运输	632885	460001	16154	2151238
道路运输辅助活动	2449663	364036	10611	19382038
客运汽车站	14	3673	0	12099
公路管理与养护	2443436	348195	10607	19356011
其他道路运输辅助活动	6213	12168	4	13928
城市公共交通业	-102878	674608	6067	1592547
公共电汽车客运	-183458	609460	4884	1343787
公共电汽车客运	-183458	609460	4884	1343787
出租车客运	80804	55306	1183	217351
出租车客运	80804	55306	1183	217351
城市轮渡	-1003	9707	0	31264
城市轮渡	-1003	9707	0	31264
其他城市公共交通	779	135	0	145
其他城市公共交通	779	135	0	145

交通运输业主要经济指标(五)(续表2)

计量单位:千元

	营业利润	职工工资和福利费	本年应交增值税	所有者权益合计
水上运输业	3356624	1567389	23720	13726357
水上旅客运输	549	3626	0	60908
内河旅客运输	549	3626	0	60908
水上货物运输	3205616	1262013	4449	10866741
远洋货物运输	1120626	295084	442	1289930
沿海货物运输	341778	131819	4	1451569
内河货物运输	1743212	835110	4003	8125242
水上运输辅助活动	150459	301750	19271	2798708
货运港口	－3604	288000	19271	2584751
其他水上运输辅助活动	154063	13750	0	213957
航空运输业	－149320	443042	3614	3141449
航空客货运输	－291713	252989	1060	550358
航空旅客运输	－291947	252589	0	544646
航空货物运输	234	400	1060	5712
通用航空服务	－8713	6449	74	160243
通用航空服务	－8713	6449	74	160243
航空运输辅助活动	151106	183604	2480	2430848
机场	149412	182204	2480	2426149
其他航空运输辅助活动	1694	1400	0	4699
管道运输业	45633	14144	28506	1065720
管道运输业	45633	14144	28506	1065720
管道运输业	45633	14144	28506	1065720
装卸搬运和其他运输服务业	416014	471143	4004	2950457
装卸搬运	72816	137450	421	996041
装卸搬运	72816	137450	421	996041
运输代理服务	343198	333693	3583	1954416
运输代理服务	343198	333693	3583	1954416

交通运输业主要经济指标(六)

计量单位:千元

	实收资本	国家资本	集体资本	法人资本
合　计	**24720601**	**11232488**	**231242**	**7666992**
按登记注册类型分				
内资企业	23189228	10596408	229173	7460778
国有企业	9170866	6499182	1100	2651822
集体企业	50307	0	43917	1940
股份合作企业	12187	0	10610	0
联营企业	6020	520	5500	0
国有联营企业	5520	520	5000	0
集体联营企业	500	0	500	0
有限责任公司	3125138	368555	16846	2164769
国有独资公司	88840	26230	0	62610
其他有限责任公司	3036298	342325	16846	2102159
股份有限公司	7592278	3724151	0	2070289
私营企业	3225432	4000	151200	566208
私营独资企业	104277	0	0	30863
私营合伙企业	44704	0	0	6824
私营有限责任公司	2594353	4000	150680	362277
私营股份有限公司	482098	0	520	166244
其他企业	7000	0	0	5750
港、澳、台商投资企业	410110	150000	0	9147
合资经营企业(港或澳、台资)	337069	150000	0	4147
合作经营企业(港或澳、台资)	50841	0	0	0
港、澳、台商独资经营企业	14000	0	0	5000
港、澳、台商投资股份有限公司	8200	0	0	0
外商投资企业	1121263	486080	2069	197067
中外合资经营企业	1027966	486080	2069	189567
中外合作经营企业	801	0	0	0

交通运输业主要经济指标(六)(续表1)

计量单位:千元

	实收资本	国家资本	集体资本	法人资本
外资企业	74196	0	0	0
外商投资股份有限公司	18300	0	0	7500
按行业分				
交通运输业	24720601	11232488	231242	7666992
铁路运输业	352060	99560	0	142000
铁路货物运输	351560	99560	0	142000
铁路货物运输	351560	99560	0	142000
铁路运输辅助活动	500	0	0	0
其他铁路运输辅助活动	500	0	0	0
道路运输业	9745985	5928446	71284	1472411
公路旅客运输	576699	47002	11739	450302
公路旅客运输	576699	47002	11739	450302
道路货物运输	1340504	382968	48902	279423
道路货物运输	1340504	382968	48902	279423
道路运输辅助活动	7828782	5498476	10643	742686
客运汽车站	7000	0	0	7000
公路管理与养护	7813553	5497043	10100	734956
其他道路运输辅助活动	8229	1433	543	730
城市公共交通业	1110093	372838	5740	339742
公共电汽车客运	770053	311709	0	216099
公共电汽车客运	770053	311709	0	216099
出租车客运	312066	33300	5740	123643
出租车客运	312066	33300	5740	123643
城市轮渡	27829	27829	0	0
城市轮渡	27829	27829	0	0
其他城市公共交通	145	0	0	0
其他城市公共交通	145	0	0	0

交通运输业主要经济指标(六)(续表2)

计量单位:千元

	实收资本	国家资本	集体资本	法人资本
水上运输业	7298285	1145905	116060	4024917
水上旅客运输	63940	59540	200	476
内河旅客运输	63940	59540	200	476
水上货物运输	5941903	202000	115860	3764751
远洋货物运输	164000	100000	0	4980
沿海货物运输	1301957	2000	100000	56206
内河货物运输	4475946	100000	15860	3703565
水上运输辅助活动	1292442	884365	0	259690
货运港口	1235242	866365	0	238850
其他水上运输辅助活动	57200	18000	0	20840
航空运输业	3197845	3083448	0	110350
航空客货运输	881650	880000	0	350
航空旅客运输	880650	880000	0	350
航空货物运输	1000	0	0	0
通用航空服务	111147	0	0	110000
通用航空服务	111147	0	0	110000
航空运输辅助活动	2205048	2203448	0	0
机场	2203448	2203448	0	0
其他航空运输辅助活动	1600	0	0	0
管道运输业	1032643	0	0	1032643
管道运输业	1032643	0	0	1032643
管道运输业	1032643	0	0	1032643
装卸搬运和其他运输服务业	1983690	602291	38158	544929
装卸搬运	724224	483197	2589	28761
装卸搬运	724224	483197	2589	28761
运输代理服务	1259466	119094	35569	516168
运输代理服务	1259466	119094	35569	516168

交通运输业主要经济指标(七)(续表 2)

计量单位：千元

				全部从业人员年平均人数（人）
	个人资本	港澳台资本	外商资本	
水上运输业	1888676	122727	0	25171
水上旅客运输	3724	0	0	209
内河旅客运输	3724	0	0	209
水上货物运输	1859292	0	0	18995
远洋货物运输	59020	0	0	3223
沿海货物运输	1143751	0	0	2387
内河货物运输	656521	0	0	13385
水上运输辅助活动	25660	122727	0	5967
货运港口	7300	122727	0	5859
其他水上运输辅助活动	18360	0	0	108
航空运输业	2901	1	1145	5655
航空客货运输	1300	0	0	2508
航空旅客运输	300	0	0	2502
航空货物运输	1000	0	0	6
通用航空服务	1101	1	45	64
通用航空服务	1101	1	45	64
航空运输辅助活动	500	0	1100	3083
机场	0	0	0	3052
其他航空运输辅助活动	500	0	1100	31
管道运输业	0	0	0	69
管道运输业	0	0	0	69
管道运输业	0	0	0	69
装卸搬运和其他运输服务业	540724	24337	233251	13842
装卸搬运	48517	0	161160	4781
装卸搬运	48517	0	161160	4781
运输代理服务	492207	24337	72091	9061
运输代理服务	492207	24337	72091	9061

邮政业主要经济指标

计量单位：千元

	企业数（个）	年初存货	年末存货	固定资产原价
合　计	**40**	**32864**	**31755**	**1587500**
按登记注册类型分				
内资企业	39	32719	31598	1578201
国有企业	3	32719	31598	1571803
股份合作企业	1	0	0	200
有限责任公司	2	0	0	139
其他有限责任公司	2	0	0	139
股份有限公司	1	0	0	97
私营企业	32	0	0	5962
私营独资企业	2	0	0	874
私营合伙企业	2	0	0	651
私营有限责任公司	28	0	0	4437
中外投资企业	1	145	157	9299
中外合资经营企业	1	145	157	9299
按行业分				
邮政业	40	32864	31755	1587500
国家邮政	2	32719	31598	1568136
国家邮政	2	32719	31598	1568136
其他寄递服务	38	145	157	19364
其他寄递服务	38	145	157	19364

邮政业主要经济指标(续表1)

计量单位:千元

	本年折旧	营业收入	主营业务收入	营业成本
合　计	**114008**	**853965**	**828425**	**895203**
按登记注册类型分				
内资企业	112646	808667	783127	865658
国有企业	111929	786364	760824	851709
股份合作企业	20	884	884	880
有限责任公司	15	900	900	349
其他有限责任公司	15	900	900	349
股份有限公司	10	128	128	24
私营企业	672	20391	20391	12696
私营独资企业	79	275	275	162
私营合伙企业	90	2157	2157	1315
私营有限责任公司	503	17959	17959	11219
中外投资企业	1362	45298	45298	29545
中外合资经营企业	1362	45298	45298	29545
按行业分				
邮政业	114008	853965	828425	895203
国家邮政	111379	770097	744829	851709
国家邮政	111379	770097	744829	851709
其他寄递服务	2629	83868	83596	43494
其他寄递服务	2629	83868	83596	43494

邮政业主要经济指标(续表 2)

计量单位：千元

	主营业务成本	营业税金及附加	主营业务税金及附加	主营业务利润
合　计	**716295**	**14426**	**14426**	**－231789**
按登记注册类型分				
内资企业	686750	13054	13054	－246170
国有企业	672801	12513	12513	－253889
股份合作企业	880	3	3	1
有限责任公司	349	39	39	512
其他有限责任公司	349	39	39	512
股份有限公司	24	5	5	99
私营企业	12696	494	494	7107
私营独资企业	162	13	13	100
私营合伙企业	1315	41	41	801
私营有限责任公司	11219	440	440	6206
中外投资企业	29545	1372	1372	14381
中外合资经营企业	29545	1372	1372	14381
按行业分				
邮政业	716295	14426	14426	－231789
国家邮政	672801	11980	11980	－269351
国家邮政	672801	11980	11980	－269351
其他寄递服务	43494	2446	2446	37562
其他寄递服务	43494	2446	2446	37562

邮政业主要经济指标(续表 3)

计量单位:千元

	其他业务利润	营业费用、管理费用、财务费用合计	税 金	利息支出
合 计	**23642**	**332060**	**5474**	**2215**
按登记注册类型分				
内资企业	23289	322689	5456	2193
国有企业	21652	315251	5282	2182
股份合作企业	0	18		
有限责任公司	0	143	10	
其他有限责任公司	0	143	10	
股份有限公司	0	95	2	1
私营企业	1637	7182	162	10
私营独资企业	0	25	1	
私营合伙企业	0	198	54	
私营有限责任公司	1637	6959	107	10
中外投资企业	353	9371	18	22
中外合资经营企业	353	9371	18	22
按行业分				
邮政业	23642	332060	5474	2215
国家邮政	21380	299879	5188	2182
国家邮政	21380	299879	5188	2182
其他寄递服务	2262	32181	286	33
其他寄递服务	2262	32181	286	33

邮政业主要经济指标(续表4)

计量单位：千元

	营业利润	职工工资和福利费	本年应交增值税	所有者权益合计
合　计	**－386699**	**239211**	**66**	**2248930**
按登记注册类型分				
内资企业	－392062	219543	66	2241155
国有企业	－394074	214401	47	2229848
股份合作企业	－17	268		200
有限责任公司	369	155		321
其他有限责任公司	369	155		321
股份有限公司	4	55		100
私营企业	1656	4664	19	10686
私营独资企业	75	91		1100
私营合伙企业	603	218		1382
私营有限责任公司	978	4355	19	8204
中外投资企业	5363	19668		7775
中外合资经营企业	5363	19668		7775
按行业分				
邮政业	－386699	239211	66	2248930
国家邮政	－394436	206900	47	2232679
国家邮政	－394436	206900	47	2232679
其他寄递服务	7737	32311	19	16251
其他寄递服务	7737	32311	19	16251

邮政业主要经济指标(续表5)

计量单位:千元

	实收资本	国家资本	集体资本	法人资本
合　计	**349885**	**328460**		**14531**
按登记注册类型分				
内资企业	342338	328460		9248
国有企业	334678	328460		6218
股份合作企业	200			0
有限责任公司	200			100
其他有限责任公司	200			100
股份有限公司	100			0
私营企业	7160			2930
私营独资企业	1100			1100
私营合伙企业	1100			0
私营有限责任公司	4960			1830
中外投资企业	7547			5283
中外合资经营企业	7547			5283
按行业分				
邮政业	349885	328460		14531
国家邮政	324678	318460		6218
国家邮政	324678	318460		6218
其他寄递服务	25207	10000		8313
其他寄递服务	25207	10000		8313

邮政业主要经济指标(续表6)

计量单位:千元

	个人资本	港澳台资本	外商资本	全部从业人员年平均人数(人)
合　计	**4630**	**2264**		**8260**
按登记注册类型分				
内资企业	4630			7658
国有企业	0			7385
股份合作企业	200			14
有限责任公司	100			8
其他有限责任公司	100			8
股份有限公司	100			3
私营企业	4230			248
私营独资企业				5
私营合伙企业	1100			10
私营有限责任公司	3130			233
中外投资企业		2264		602
中外合资经营企业		2264		602
按行业分				
邮政业	4630	2264		8260
国家邮政				7052
国家邮政				7052
其他寄递服务	4630	2264		1208
其他寄递服务	4630	2264		1208

电信、互联网信息服务业主要经济指标

计量单位:千元

	企业数(个)	年初存货	年末存货	固定资产原价
合　计	**182**	**48306**	**41674**	**27566257**
按登记注册类型分				
内资企业	179	31619	32474	16194777
国有企业	9	22288	23098	14844326
集体企业	1	22	22	29
有限责任公司	9	1998	1956	202563
其他有限责任公司	9	1998	1956	202563
股份有限公司	1			450
私营企业	156	3828	4032	134599
私营独资企业	31	204	130	12391
私营合伙企业	6			1878
私营有限责任公司	114	3624	3902	74141
私营股份有限公司	5			46189
其他企业	3	3483	3366	1012810
港、澳、台商投资企业	1	13139	4980	3387651
港、澳、台商独资经营企业	1	13139	4980	3387651
外商投资企业	2	3548	4220	7983829
外资企业	1	3545	4147	5406604
外商投资股份有限公司	1	3	73	2577225
按行业分				
电信、互联网信息服务	182	48306	41674	27566257
电信	64	44486	38110	27359239
固定电信服务	8	16835	16064	14841490
移动电信服务	21	25269	19136	12393972
其他电信服务	35	2382	2910	123777
互联网信息服务	118	3820	3564	207018

电信、互联网信息服务业主要经济指标(续表 1)

计量单位:千元

	本年折旧	营业收入	主营业务收入	营业成本
合　计	**2191462**	**9514926**	**9438776**	**5404374**
按登记注册类型分				
内资企业	1284123	4289859	4244527	2439187
国有企业	1163122	3783153	3739935	2237191
集体企业	4	28	28	23
有限责任公司	25519	132267	130593	37247
其他有限责任公司	25519	132267	130593	37247
股份有限公司	59	720	720	617
私营企业	16606	334410	333970	127167
私营独资企业	838	16717	16717	11549
私营合伙企业	180	1557	1557	1023
私营有限责任公司	9650	141923	141483	87171
私营股份有限公司	5938	174213	174213	27424
其他企业	78813	39281	39281	36942
港、澳、台商投资企业	328647	697543	689735	493239
港、澳、台商独资经营企业	328647	697543	689735	493239
外商投资企业	578692	4527524	4504514	2471948
外资企业	347289	4526128	4503118	1328279
外商投资股份有限公司	231403	1396	1396	1143669
按行业分				
电信、互联网信息服务	2191462	9514926	9438776	5404374
电信	2162716	9223524	9149263	5325885
固定电信服务	1075774	3791329	3748111	2135551
移动电信服务	1073992	5271408	5240590	3108313
其他电信服务	12950	160787	160562	82021
互联网信息服务	28746	291402	289513	78489

电信、互联网信息服务业主要经济指标(续表 2)

计量单位:千元

	主营业务成本	营业税金及附加	主营业务税金及附加	主营业务利润
合　计	**5247960**	**281719**	**281718**	**1260871**
按登记注册类型分				
内资企业	2299223	134729	134728	588766
国有企业	2103647	116886	116886	569725
集体企业	23	1	1	4
有限责任公司	37247	5441	5441	84917
其他有限责任公司	37247	5441	5441	84917
股份有限公司	617	34	34	69
私营企业	127156	10927	10926	193724
私营独资企业	11549	490	490	4290
私营合伙企业	1023	82	82	452
私营有限责任公司	87160	4217	4216	48331
私营股份有限公司	27424	6138	6138	140651
其他企业	30533	1440	1440	-259673
港、澳、台商投资企业	486210	21620	21620	-43845
港、澳、台商独资经营企业	486210	21620	21620	-43845
外商投资企业	2462527	125370	125370	715950
外资企业	1318858	125285	125285	2093750
外商投资股份有限公司	1143669	85	85	-1377800
按行业分				
电信、互联网信息服务	5247960	281719	281718	1260871
电信	5169482	271661	271661	1060281
固定电信服务	2103557	118219	118219	506106
移动电信服务	2983904	148392	148392	485448
其他电信服务	82021	5050	5050	68727
互联网信息服务	78478	10058	10057	200590

电信、互联网信息服务业主要经济指标(续表3)

计量单位:千元

	其他业务利润	营业费用、管理费用、财务费用合计	税　金	利息支出
合　计	**23138**	**2634243**	**28740**	**98199**
按登记注册类型分				
内资企业	21423	1248527	16474	30648
国有企业	15789	824897	13133	28203
集体企业		1		
有限责任公司	3291	48147	236	2815
其他有限责任公司	3291	48147	236	2815
股份有限公司	0	2		
私营企业	2333	114888	3095	-376
私营独资企业	2	1844	86	8
私营合伙企业		238	3	0
私营有限责任公司	2331	54342	2572	3018
私营股份有限公司		58464	434	-3402
其他企业	10	260592	10	6
港、澳、台商投资企业	342	210504	1474	35773
港、澳、台商独资经营企业	342	210504	1474	35773
外商投资企业	1373	1175212	10792	31778
外资企业		939770	4539	49
外商投资股份有限公司	1373	235442	6253	31729
按行业分				
电信、互联网信息服务	23138	2634243	28740	98199
电信	22319	2525789	27674	101471
固定电信服务	15153	996492	13133	28203
移动电信服务	2743	1480592	12428	67564
其他电信服务	4423	48705	2113	5704
互联网信息服务	819	108454	1066	-3272

电信、互联网信息服务业主要经济指标(续表4)

计量单位:千元

	营业利润	职工工资和福利费	本年应交增值税	所有者权益合计
合　计	**1103995**	**800481**	**1335**	**41486999**
按登记注册类型分				
内资企业	431890	557841	1335	13168604
国有企业	568412	396115		11484770
集体企业	3	33		37
有限责任公司	39758	29084	156	149662
其他有限责任公司	39758	29084	156	149662
股份有限公司	67	57	0	130
私营企业	83333	98018	1096	421896
私营独资企业	2836	2463	762	16335
私营合伙企业	214	439	63	1787
私营有限责任公司	-1904	50877	229	194528
私营股份有限公司	82187	44239	42	209246
其他企业	-259683	34534	83	1112109
港、澳、台商投资企业	-43845	64994		
港、澳、台商独资经营企业	-43845	64994		
外商投资企业	715950	177646		28318395
外资企业	2093750	108415		
外商投资股份有限公司	-1377800	69231		28318395
按行业分				
电信、互联网信息服务	1103995	800481	1335	41486999
电信	1010652	725998	423	41093492
固定电信服务	505433	372742	8	8864195
移动电信服务	479301	324369	296	32065685
其他电信服务	25918	28887	119	163612
互联网信息服务	93343	74483	912	393507

电信、互联网信息服务业主要经济指标(续表5)

计量单位:千元

	实收资本	国家资本	集体资本	法人资本
合　计	**3516301**	**381523**	**13027**	**65354**
按登记注册类型分				
内资企业	716301	381523	13027	65354
国有企业	324103	314103	10000	
集体企业	30		27	
有限责任公司	89600	66000		21680
其他有限责任公司	89600	66000		21680
股份有限公司	130			
私营企业	301938	1420	3000	43674
私营独资企业	10951	0	0	2299
私营合伙企业	1715	0	0	0
私营有限责任公司	187052	1420	3000	41375
私营股份有限公司	102220			
其他企业	500			
港、澳、台商投资企业				
港、澳、台商独资经营企业				
外商投资企业	2800000			
外资企业				
外商投资股份有限公司	2800000			
按行业分				
电信、互联网信息服务	3516301	381523	13027	65354
电信	3259474	315523	3027	49650
固定电信服务	314613	311103	0	0
移动电信服务	2815890	1000	0	2780
其他电信服务	128971	3420	3027	46870
互联网信息服务	256827	66000	10000	15704

电信、互联网信息服务业主要经济指标(续表6)

计量单位:千元

				全部从业人员年平均人数(人)
	个人资本	港澳台资本	外商资本	
合　计	**256397**		**2800000**	**11948**
按登记注册类型分				
内资企业	256397			8392
国有企业				4469
集体企业	3			2
有限责任公司	1920			649
其他有限责任公司	1920			649
股份有限公司	130			4
私营企业	253844			2908
私营独资企业	8652			152
私营合伙企业	1715			27
私营有限责任公司	141257			1904
私营股份有限公司	102220			825
其他企业	500			360
港、澳、台商投资企业				803
港、澳、台商独资经营企业				803
外商投资企业			2800000	2753
外资企业				2216
外商投资股份有限公司			2800000	537
按行业分				
电信、互联网信息服务	256397		2800000	11948
电信	91274		2800000	10158
固定电信服务	3510	0	0	4477
移动电信服务	12110	0	2800000	4861
其他电信服务	75654	0	0	820
互联网信息服务	165123			1790

指 标 解 释

存货:指企业在日常生产经营过程中持有以备销售,或者仍然处在生产过程,或者在生产或提供劳务过程中将消耗的材料或物资等,包括各类材料、商品、在产品、半成品、产成品等。根据会计"资产负债表"中"存货"项目填列。其中:"年初存货"根据会计"资产负债表"中"存货"项的年初数填列;"年末存货"根据会计"资产负债表"中"存货"项的期末数填列。

固定资产原价:指企业在购置、自行建造、安装、改建、扩建、技术改造某项固定资产时所支出的全部支出总额。根据会计"资产负债表"中"固定资产原价"项目的期末数填列。执行2006年《企业会计准则》的企业,根据"资产负债表附表"中的"固定资产原价"项目的期末数填列。

固定资产折旧:指对固定资产由于磨损和损耗而转移到产品中去的那一部分价值的补偿。一般根据固定资产原价(选用双倍余额递减法计提折旧的企业,为固定资产账面净值)和确定的折旧率计算。"累计折旧":指企业在报告期末提取的历年固定资产折旧累计数。根据会计"资产负债表"中"累计折旧"项的年末数填列。

"本年折旧":指企业在报告期内提取的固定资产折旧合计数。根据会计核算中《资产减值准备、投资及固定资产情况表》内"当年计提的固定资产折旧总额"项本年增加数填列。

资产总计:指企业拥有或控制的能以货币计量的经济资源,包括各种财产、债权和其他权利。资产按其流动性(即资产的变现能力和支付能力)划分为:流动资产、长期投资、固定资产、无形资产、递延资产和其他资产。根据会计"资产负债表"中"资产总计"项的期末数填列。本指标为"负债合计"与"所有者权益合计"之和,与会计核算的恒等关系,所有企业报表数据均应满足这一审核条件。

所有者权益合计:所有者权益是指所有者在企业资产中享有的经济利益,它等于企业资产减去负债后的余额。包括实收资本(或股本)、资本公积、盈余公积和未分配利润等。根据"资产负债表"中的"所有者权益合计"项填列,不必考虑是否包括利润表中的"少数股东权益"。

实收资本:指投资者按照企业章程,或合同、协议的约定,实际投入企业的资本。企业实收资本按照投资主体划分为国家资本、集体资本、法人资本、个人资本、港澳台资本和外商资本六种。根据"资产负债表"中的"实收资本"项填列。实收资本中如有以外币形式投入的资本,需折合成人民币形式填写。

国家资本:指有权代表国家投资的政府部门或机构以国有资产投入企业形成的资本。不论企业的资本是哪个政府部门或机构投入的,只要是以国家资金进行投资的,均作为国家资本。根据会计"实收资本"科目期末余额分析填列。

集体资本:指劳动群众集体所有的资产实际投人企业形成的资本。根据会计"实收资本"科目期末余额分析填列。

法人资本:指我国具有法人资格的单位以其依法可以支配的资产投入企业形成的资本。根据会计"实收资本"科目期末余额分析填列。

个人资本:指我国公民以其合法财产投入企业形成的资本。根据会计"实收资本"科目期末余额分析填列。

港澳台资本:指我国香港、澳门和台湾地区投资者将所有的资产实际投入企业形成的资本。根据会计"实收资本"科目期末余额分析填列。

外商资本:指外国投资者(不包括我国香港、澳门和台湾地区投资者)将所有的资产实际投入企业形成的资本。根据会计"实收资本"科目期末余额分析填列。

营业收入：指企业(单位)在报告期内从事销售商品、提供劳务及转让资产使用权等日常活动中所形成的总收入，包括主营业务收入和其他业务收入。根据会计“利润表”中对应指标计算填列。

主营业务收入：指企业经营主要业务所取得的收入总额。此项目应根据会计“利润表”中对应指标计算填列。执行2006年《企业会计准则》的企业，如果未设置该科目以营业收入发生额代替填列。

营业成本：指企业(单位)在报告期内从事销售商品、提供劳务等日常活动发生的各种耗费。根据会计“利润表”中对应指标计算填列。为主营业务收入与其他业务的合计。

主营业务成本：指企业经营主要业务发生的实际成本。根据会计“利润表”中对应指标计算填列。执行2006年《企业会计准则》的企业，如果未设置该科目以营业成本发生额代替填列。

营业税金及附加：指与企业营业收入有关的，应由各项经营业务分担的税金及附加，包括营业税、消费税、城市维护建设税、资源税、土地增值税、教育费附加等。根据会计“利润表”中对应指标“本年累计数”填列。

主营业务税金及附加：指企业经营主要业务应负担的营业税、消费税、城市维护建设税、资源税、土地增值税、教育费附加等。根据会计“利润表”中对应指标“本年累计数”填列。

主营业务利润：指企业经营主要业务实现的利润。根据会计“利润表”中对应指标本年累计数填列。执行2006年《企业会计准则》的企业，如果未设置该科目以营业利润发生额代替填列。

其他业务收入：是指企业主营业务以外的收入。根据会计“利润表”中对应指标的本年累计数填列。执行2006年《企业会计准则》的企业，如果未设置该科目则在此处填0。

其他业务利润：指企业经营除主要业务以外的其他业务实现的利润。根据会计“利润表”中对应指标的本年累计数填列。执行2006年《企业会计准则》的企业，如果未设置该科目则在此处填0。

营业费用、管理费用和财务费用合计：指企业报告期内营业费用、管理费用、财务费用三项费用的合计(限下法人企业填报指标)。

营业费用：指企业在销售商品过程中发生的各项费用，根据“利润表”中对应项目的“本年累计数”填列。

管理费用：指企业行政管理部门和企业的董事会为组织和管理企业生产经营活动而发生的各项费用，根据“利润表”中“管理费用”项的“本年累计数”填列。

财务费用：指企业为筹集生产经营所需资金等发生的费用，包括利息净支出、汇兑净损失(已减汇兑收益)、以及相关的手续费等，根据会计“利润表”中“财务费用”项的“本年累计数”填列。

税金：指企业按照规定从管理费用中支付的房产税、印花税、车船使用税和土地使用税。本指标根据“管理费用”科目中相关项目归纳填列。

利息支出：指企业短期借款利息、长期借款利息、应付票据利息、票据贴现利息、应付债券利息、长期应付引进国外设备款利息等利息支出(除资本化的利息外)减去银行存款等的利息收入后的净额。根据会计“财务费用明细资料”中的利息支出项目填列。

营业利润：指企业从事生产经营活动所取得的利润，即主营业务收入减主营业务成本和主营业务税金及附加，加上其他业务利润，减去营业费用、管理费用、财务费用后的金额。本指标根据会计“利润表”中对应指标的“本年累计数”填列。执行2006年《企业会计准则》的企业，同样根据会计“利润表”中对应指标的“本年累计数”直接填列。

资产减值损失：是指企业各项资产发生的减值损失。根据“利润表”中的“资产减值损失”填列。

公允价值变动收益：指企业应当计入当期损益的资产或负债公允价值变动收益。根据“利润表”中的“公允价值变动收益”填列，如为损失以“-”号记。

职工工资和福利费：包括职工工资总额和职工福利费两部分，是企业为获得职工提供服务而给予的各种形式的报酬以及其他相关支出。

工资总额根据企业会计核算中“应付工资”科目的本期贷方累计发生额填列，而不是“应付工资”科目的余额。

职工福利费指企业在报告期内根据国家有关规定开支的各项福利支出，包括企业为职工提存的基本养老保险基金、基本医疗保险费、失业保险费、工伤保险费、生育保险费、住房公积金、补充养老保险费和补充医疗保险费，以及从成本费用中列支的集体福利补贴、职工生活困难补助、房租补贴、上下班交通补贴、冬季取暖费，以及按规定发生的其他职工福利支出，它反映企业在报告期实际发生的各项福利费用。职工福利费根据企业会计成本和费用科目中的相关项目归纳计算填列。而不仅是会计“应付福利费”科目。

劳务派遣工及其劳动报酬：劳务派遣工，是指直接与劳务派遣单位订立劳动合同，并被劳务派遣单位派遣到用工单位工作，且劳务派遣单位与用工单位订立劳务派遣协议的人员。使用的劳务派遣工年平均人数计算公式同全部从业人员年平均人数计算公式。由用工单位根据劳动合同中实际使用人数填报。

劳务派遣工劳动报酬，是指用工单位为使用劳务派遣工所付出的各项人工成本之和扣除劳务派遣单位收取的中介服务费之后的剩余部分。包括：用工单位支付的属于劳务派遣工的应付工资总额、应付福利费总额、社会保险缴费、实物报酬以及其他属于劳务派遣工劳动报酬的部分。由用工单位根据会计报表中有关项目填报。

全部从业人员年平均人数：指企业单位年内各月平均拥有的人数，其计算公式为：

$$全部从业人员年平均人数=\frac{1月平均人数+2月平均人数+\cdots+12月平均人数}{12}$$

$$月平均人数=\frac{月初从业人员数+月末从业人员数}{2}$$

● 批发零售和住宿餐饮业

批发和零售业、住宿和餐饮业基本情况

(按登记注册类型)

指标名称	法人企业(个)	所属批发和零售、住宿和餐饮活动单位(个)	年末营业面积(平方米)	年末从业人员(个)
总　计	**19843**	**23923**	**5147011**	**341126**
一、批发和零售业小计	18254	21941	4010175	256995
(一) 批发业	12024	13202	661374	150153
其中:国有控股	373	773	379060	28649
内资企业	11909	13044	654013	142119
国有企业	218	339	120969	13350
集体企业	232	413	31920	3466
股份合作企业	64	66	1124	1606
联营企业	18	18	430	646
国有联营企业	6	6	400	522
集体联营企业	3	3		14
国有与集体联营企业	3	3		30
其他联营企业	6	6	30	80
有限责任公司	698	940	131621	20544
国有独资公司	16	19	728	654
其他有限责任公司	682	921	130893	19890
股份有限公司	152	356	144287	15272
私营企业	10315	10695	168456	84310
私营独资公司	592	597	16540	3905
私营合伙企业	248	253	4802	1727
私营有限责任公司	9149	9507	138613	75709
私营股份有限公司	326	338	8501	2969
其他企业	212	217	55206	2925
港、澳、台商投资企业	48	84	4135	3129
合资经营企业(港或澳台、合资)	14	50	343	1319
合作经营企业(港或澳台、合资)	1	1	100	10
港、澳、台商独资经营企业	29	29	3592	1767
港、澳、台商投资股份有限公司	4	4	100	33
外商投资企业	67	74	3226	4905
中外合资经营企业	20	22	350	868
中外合作经营企业	1	1		17

批发和零售业、住宿和餐饮业基本情况

(按登记注册类型)(续表1)

指标名称	法人企业(个)	所属批发和零售、住宿和餐饮活动单位(个)	年末营业面积(平方米)	年末从业人员(个)
外资企业	45	50	2876	3563
外商投资股份有限公司	1	1		457
(二)零售业	6230	8739	3348801	106842
其中:国有控股	185	753	390259	11950
内资企业	6162	8092	2347471	81866
国有企业	138	206	110736	4040
集体企业	159	268	85116	2686
股份合作企业	53	56	6704	554
联营企业	17	34	3935	146
国有联营企业	8	8	1060	88
集体联营企业	4	5	445	36
国有与集体联营企业	3	3	1930	11
其他联营企业	2	18	500	11
有限责任公司	315	1142	706121	16432
国有独资公司	5	7	15148	63
其他有限责任公司	310	1135	690973	16369
股份有限公司	77	119	285737	8926
私营企业	5326	6130	1106410	47662
私营独资企业	713	767	80073	4044
私营合伙企业	201	220	15497	1165
私营有限责任公司	4238	4922	981792	41096
私营股份有限公司	174	221	29048	1357
其他	77	137	42712	1420
港、澳、台商投资企业	27	34	245198	3717
与港澳台商合资经营企业	8	10	55426	1155
与港澳台商合作经营企业	2	2	186	32
港、澳、台商独资经营企业	14	19	189386	2501
港、澳、台商投资股份有限公司	3	3	200	29
外商投资企业	41	613	756132	21259
中外合资经营企业	12	567	629989	18281
中外合作经营企业	2	7	9514	274

批发和零售业、住宿和餐饮业基本情况

(按登记注册类型)(续表 2)

指标名称	法人企业(个)	所属批发和零售、住宿和餐饮活动单位(个)	年末营业面积(平方米)	年末从业人员(个)
外资企业	22	34	95026	2005
外商投资股份有限公司	5	5	21603	699
二、住宿和餐饮业小计	1589	1982	1136836	84131
(一)住宿业	556	593	264119	34300
其中:国有控股	152	165	121865	15379
内资企业	543	580	243431	30471
国有企业	127	132	102673	12389
集体企业	46	46	6665	954
股份合作企业	5	5	1080	328
联营企业	3	3	580	171
国有联营企业	1	1	400	124
集体联营企业	1	1	180	39
其他联营企业	1	1		8
有限责任公司	72	85	64585	7111
国有独资公司	3	3	2392	350
其他有限责任公司	69	82	62193	6761
股份有限公司	12	12	9322	1432
私营企业	270	285	54386	7222
私营独资企业	52	56	7172	1042
私营合伙企业	14	14	880	241
私营有限责任公司	197	208	45734	5798
私营股份有限公司	7	7	600	141
其他	8	12	4140	864
港、澳、台商投资企业	6	6	10358	2335
与港澳台商合资经营企业	2	2	3248	1228
港、澳、台商独资经营企业	4	4	7110	1107
外商投资企业	7	7	10330	1494
中外合资经营企业	2	2	1300	77
中外合作经营企业	1	1	6725	391
外资企业	3	3	5	642
外商投资股份有限公司	1	1	2300	384

批发和零售业、住宿和餐饮业基本情况

(按登记注册类型)(续表3)

指标名称	法人企业(个)	所属批发和零售、住宿和餐饮活动单位(个)	年末营业面积(平方米)	年末从业人员(个)
(二)餐饮业	1033	1389	872717	49831
其中:国有控股	35	38	47068	3262
内资企业	990	1127	802422	40276
国有企业	29	32	33376	1893
集体企业	23	27	29543	743
股份合作企业	9	12	3735	126
联营企业	2	2	2400	119
国有联营企业				
集体联营企业	1	1	2000	111
国有与集体联营企业				
其他联营企业	1	1	400	8
有限责任公司	72	101	145748	8787
国有独资公司	2	2	2800	180
其他有限责任公司	70	99	142948	8607
股份有限公司	13	16	10140	513
私营企业	807	902	549621	26654
私营独资企业	137	140	70041	3511
私营合伙企业	38	38	16631	693
私营有限责任公司	615	706	446400	21657
私营股份有限公司	17	18	16549	793
其他	35	35	27859	1441
港、澳、台商投资企业	24	57	24143	2189
与港澳台商合资经营企业	8	40	9266	1273
与港澳台商合作经营企业	1	1	500	57
港、澳、台商独资经营企业	12	13	12499	772
港、澳、台商投资股份有限公司	3	3	1878	87
外商投资企业	19	205	46152	7366
中外合资经营企业	3	3	3145	283
中外合作经营企业	2	5	1900	90
外资企业	13	155	41107	6993
外商投资股份有限公司	1	42		

批发和零售业、住宿和餐饮业基本情况

（按行业）

指标名称	法人企业（个）	所属批发和零售、住宿和餐饮活动单位（个）	年末营业面积（平方米）	年末从业人员（个）
总　计	**19843**	**23923**	**5147011**	**341126**
一、批发和零售业小计	18254	21941	4010175	256995
（一）批发业	12024	13202	661374	150153
1. 按国民经济行业分组				
农畜产品批发	176	247	10950	2993
食品、饮料及烟草制品批发	756	850	22216	14441
纺织、服装及日用品批发	1198	1278	37408	18100
文化、体育用品及器材批发	429	471	7086	5209
医药及医疗器材批发	321	349	14386	6763
矿产品、建材及化工产品批发	3517	4071	475928	36707
机械设备、五金交电及电子产品批发	4742	4939	78056	56339
贸易经纪与代理	154	158	1355	2578
其他批发	731	839	13989	7023
2. 按经营方式分组				
独立门店	5538	6184	182090	69975
连锁总店（总部）	10	88	3765	1799
连锁门店	57	153	260832	4490
其他	6419	6777	214687	73887
（二）零售业	6230	8739	3348801	106842
1. 按国民经济行业分组				
综合零售	270	884	1448668	36545
食品、饮料及烟草制品专门零售	579	1393	126025	7779
纺织、服装及日用品专门零售	651	828	280714	8751
文化、体育用品及器材专门零售	658	752	137691	7745
医药及医疗器材专门零售	588	1031	117159	8572
汽车、摩托车、燃料及零配件专门零售	625	674	470916	10215
家用电器及电子产品专门零售	1583	1820	363690	16700
五金、家具及室内装修材料专门零售	662	704	302055	5255
无店铺及其他零售	614	653	101883	5280
其他未列明的零售	541	562	60774	3896
2. 按经营方式分组				
独立门店	3724	4354	1856738	51978
连锁总店（总部）	32	1513	81823	3515
连锁门店	96	219	1091869	33485
其他	2378	2653	318371	17779
3. 按零售业态分组				
食杂店	128	215	32420	1342
便利店	136	176	54474	3487

批发和零售业、住宿和餐饮业基本情况

（按行业）（续表）

指标名称	法人企业（个）	所属批发和零售、住宿和餐饮活动单位（个）	年末营业面积（平方米）	年末从业人员（个）
折扣店	12	20	5676	188
超市	94	1002	365771	12678
大型超市	22	32	485433	11811
仓储会员店	5	5	9156	274
百货店	257	363	653888	11652
专业店	3355	4065	795217	36983
专卖店	1172	1788	553040	19582
家居建材店	93	99	212666	1704
购物中心	35	40	126852	1702
厂家直销中心	242	248	28569	1836
电话购物	314	315	23298	2026
二、住宿和餐饮业小计	1589	1982	1136836	84131
（一）住宿业	556	593	264119	34300
1. 按国民经济行业分组				
旅游饭店	184	196	217814	25018
一般旅馆	336	361	38440	7602
其他住宿服务	36	36	7865	1680
2. 按星级等级分组				
五星	10	10	29729	5298
四星	21	23	46167	5359
三星	59	60	77063	7210
二星	29	29	11094	1589
其他	437	471	80409	11233
3. 按经营方式分组				
独立门店	481	505	250272	30897
连锁总店（总部）			70	41
连锁门店	24	30	3137	1534
其他	51	58	10640	1820
（二）餐饮业	1033	1389	872717	49831
1. 按国民经济行业分组				
正餐服务	849	949	774678	38836
快餐服务	79	323	66508	9364
饮料及冷饮服务	58	61	21876	987
其他餐饮服务	47	56	9655	644
2. 按经营方式分组				
独立门店	920	1000	712640	36397
连锁总店（总部）	11	266	15695	697
连锁门店	15	21	72731	8869
其他	87	102	71651	3868

限额以上批发和零售业、住宿和餐饮业基本情况

（按登记注册类型）

指标名称	限额以上法人企业（个）	所属批发和零售、住宿和餐饮活动单位（个）	年末营业面积（平方米）	年末从业人员（个）
总　计	**2561**	**5766**	**4098945**	**208202**
一、批发和零售业小计	1964	4837	3211055	141912
（一）批发业	1350	2224	458625	71359
其中：国有控股	169	541	374847	25657
内资企业	1333	2169	454459	64794
国有企业	67	175	118614	11555
集体企业	29	192	26684	1381
股份合作企业	7	7	232	1172
联营企业	2	2	250	484
国有联营企业	2	2	250	484
有限责任公司	239	450	120018	13665
国有独资公司	6	9	100	392
其他有限责任公司	233	441	119918	13273
股份有限公司	48	251	142393	14035
私营企业	925	1073	29946	21536
私营独资公司	27	28	211	509
私营合伙企业	9	9	605	217
私营有限责任公司	866	1013	25705	19937
私营股份有限公司	23	23	3425	873
其他企业	16	19	16322	966
港、澳、台商投资企业	9	44	1500	2460
合资经营企业（港或澳台、合资）	5	40	100	1133
合作经营企业（港或澳台、合资）				2
港、澳、台商独资经营企业	4	4	1400	1313
港、澳、台商投资股份有限公司				12
外商投资企业	8	11	2666	4105
中外合资经营企业	1	1		665
外资企业	7	10	2666	2992
外商投资股份有限公司				448

限额以上批发和零售业、住宿和餐饮业基本情况

(按登记注册类型)(续表1)

指标名称	限额以上法人企业(个)	所属批发和零售、住宿和餐饮活动单位(个)	年末营业面积(平方米)	年末从业人员(个)
(二)零售业	614	2613	2752430	70553
其中:国有控股	58	617	357418	10549
内资企业	588	2014	1812546	46126
国有企业	33	92	83790	2832
集体企业	15	103	61862	1549
股份合作企业	5	6	1994	207
联营企业	4	20	2820	75
国有联营企业	1	1	500	57
集体联营企业			20	2
国有与集体联营企业	1	1	1800	5
其他联营企业	2	18	500	11
有限责任公司	103	903	672730	14518
国有独资公司	2	4	15000	49
其他有限责任公司	101	899	657730	14469
股份有限公司	16	51	280015	7574
私营企业	402	781	679176	18450
私营独资企业	17	48	21189	754
私营合伙企业	8	11	1656	119
私营有限责任公司	360	674	639389	17031
私营股份有限公司	17	48	16942	546
其他	10	58	30159	921
港、澳、台商投资企业	12	17	186806	3448
与港澳台商合资经营企业	4	4	47624	1075
与港澳台商合作经营企业			26	2
港、澳、台商独资经营企业	8	13	139156	2371
外商投资企业	14	582	753078	20979
中外合资经营企业	4	559	629359	18199
中外合作经营企业	1	5	9464	271
外资企业	7	16	92903	1851
外商投资股份有限公司	2	2	21352	658

限额以上批发和零售业、住宿和餐饮业基本情况

(按登记注册类型)(续表 2)

指标名称	限额以上法人企业(个)	所属批发和零售、住宿和餐饮活动单位(个)	年末营业面积(平方米)	年末从业人员(个)
二、住宿和餐饮业小计	597	929	887890	66290
(一)住宿业	206	225	232620	28569
其中:国有控股	95	107	110485	13747
内资企业	196	215	211932	24752
国有企业	74	78	91393	10796
集体企业	8	8	5350	491
股份合作企业	3	3	1080	277
联营企业	2	2	580	163
国有联营企业	1	1	400	124
集体联营企业	1	1	180	39
有限责任公司	45	57	56774	6539
国有独资公司	3	3	2392	350
其他有限责任公司	42	54	54382	6189
股份有限公司	6	6	9022	1349
私营企业	55	58	43743	4347
私营独资企业	13	16	6080	807
私营合伙企业	1	1	800	52
私营有限责任公司	40	40	36263	3443
私营股份有限公司	1	1	600	45
其他	3	3	3990	790
港、澳、台商投资企业	4	4	10358	2328
与港澳台商合资经营企业	2	2	3248	1228
港、澳、台商独资经营企业	2	2	7110	1100
外商投资企业	6	6	10330	1489
中外合资经营企业	1	1	1300	72
中外合作经营企业	1	1	6725	391
外资企业	3	3	5	642
外商投资股份有限公司	1	1	2300	384

限额以上批发和零售业、住宿和餐饮业基本情况

(按登记注册类型)(续表3)

指标名称	限额以上法人企业(个)	所属批发和零售、住宿和餐饮活动单位(个)	年末营业面积(平方米)	年末从业人员(个)
(二)餐饮业	391	704	655270	37721
其中:国有控股	20	22	37823	2383
内资企业	364	460	591757	28838
国有企业	15	17	24722	1134
集体企业	5	5	26130	505
股份合作企业	1	1	600	12
联营企业	1	1	2000	111
集体联营企业	1	1	2000	111
有限责任公司	45	72	129075	7460
国有独资公司	2	2	2800	180
其他有限责任公司	43	70	126275	7280
股份有限公司	3	3	3901	263
私营企业	282	349	381799	18218
私营独资企业	33	34	36055	1903
私营合伙企业	10	10	9990	368
私营有限责任公司	232	298	321837	15324
私营股份有限公司	7	7	13917	623
其他	12	12	23530	1135
港、澳、台商投资企业	17	50	20432	1610
与港澳台商合资经营企业	7	39	7966	797
与港澳台商合作经营企业	1	1	500	57
港、澳、台商独资经营企业	7	8	10366	674
港、澳、台商投资股份有限公司	2	2	1600	82
外商投资企业	10	194	43081	7273
中外合资经营企业	2	2	2945	279
中外合作经营企业	2	5	1900	90
外资企业	5	145	38236	6904
外商投资股份有限公司	1	42		

限额以上批发和零售业、住宿和餐饮业基本情况

（按行业）

指标名称	限额以上法人企业（个）	所属批发和零售、住宿和餐饮活动单位（个）	年末营业面积（平方米）	年末从业人员（个）
总　计	**2561**	**5766**	**4098945**	**208202**
一、批发和零售业小计	1964	4837	3211055	141912
（一）批发业	1350	2224	458625	71359
1. 按国民经济行业分组				
农畜产品批发	25	90	5357	1678
食品、饮料及烟草制品批发	86	152	5101	8060
纺织、服装及日用品批发	119	171	11506	8826
文化、体育用品及器材批发	30	54	1361	2352
医药及医疗器材批发	47	61	8900	3271
矿产品、建材及化工产品批发	628	1122	406745	17840
机械设备、五金交电及电子产品批发	334	426	18469	26393
贸易经纪与代理	17	18		1016
其他批发	64	130	1186	1923
2. 按经营方式分组				
独立门店	671	1177	64522	33498
连锁总店（总部）	10	88	3715	1512
连锁门店	5	83	260147	3912
其他	664	876	130241	32437
（二）零售业	614	2613	2752430	70553
1. 按国民经济行业分组				
综合零售	58	641	1398120	34742
食品、饮料及烟草制品专门零售	47	714	70326	3667
纺织、服装及日用品专门零售	56	110	225696	4791
文化、体育用品及器材专门零售	49	110	75518	3899
医药及医疗器材专门零售	46	404	72512	5493
汽车、摩托车、燃料及零配件专门零售	175	210	412112	7310

限额以上批发和零售业、住宿和餐饮业基本情况

（按行业）（续表 1）

指标名称	限额以上法人企业（个）	所属批发和零售、住宿和餐饮活动单位（个）	年末营业面积（平方米）	年末从业人员（个）
家用电器及电子产品专门零售	125	322	276677	7467
五金、家具及室内装修材料专门零售	26	49	184896	1655
无店铺及其他零售	32	53	36573	1529
其他未列明的零售	22	29	19515	643
2. 按经营方式分组				
独立门店	416	725	1502410	30635
连锁总店（总部）	32	1513	76876	3185
连锁门店	19	47	1071024	31117
其他	147	328	102120	5616
3. 按零售业态分组				
食杂店	5	13	19936	290
便利店	3	27	42391	2749
折扣店			350	9
超市	26	921	347845	11919
大型超市	15	23	484163	11780
仓储会员店			8906	230
百货店	44	137	610462	10146
专业店	257	729	514459	16998
专卖店	208	699	453802	12936
家居建材店	7	10	135708	1125
购物中心	7	11	122879	1405
厂家直销中心	27	28	8825	576
电话购物	15	15	2704	390
二、住宿和餐饮业小计	597	929	887890	66290
（一）住宿业	206	225	232620	28569
1. 按国民经济行业分组				

限额以上批发和零售业、住宿和餐饮业基本情况

(按行业)(续表2)

指标名称	限额以上法人企业(个)	所属批发和零售、住宿和餐饮活动单位(个)	年末营业面积(平方米)	年末从业人员(个)
旅游饭店	144	156	205652	23788
一般旅馆	51	58	22567	3707
其他住宿服务	11	11	4401	1074
2. 按星级等级分组				
五星	10	10	29729	5298
四星	21	23	46167	5359
三星	57	58	77063	7040
二星	23	23	10694	1245
其他	95	111	54162	7137
3. 按经营方式分组				
独立门店	182	195	221752	25977
连锁总店(总部)				
连锁门店	11	13	2698	1170
其他	13	17	8170	1422
(二)餐饮业	391	704	655270	37721
1. 按国民经济行业分组				
正餐服务	354	423	588191	28556
快餐服务	21	262	54863	8551
饮料及冷饮服务	11	13	10446	469
其他餐饮服务	5	6	1770	145
2. 按经营方式分组				
独立门店	349	402	522842	26264
连锁总店(总部)	11	266	12743	580
连锁门店	3	3	65320	8246
其他	28	33	54365	2631

批发和零售业商品销售总额

（按登记注册类型）

计量单位：万元

指标名称	商品销售总额	批发额	零售额
批发和零售业	63248271.8	53265912.3	9982359.5
一、批发业	54293130.1	52672735	1620395.1
其中：国有控股	22144639.9	21485697.7	658942.2
内资企业	51474976.2	49864538.7	1610437.5
国有企业	7386046.9	7286200.1	99846.8
集体企业	358154.7	313488	44666.7
股份合作企业	1065495.8	1059710.2	5785.6
联营企业	319581.9	251463.6	68118.3
国有联营企业	312187.6	244104.3	68083.3
集体联营企业	665.6	665.6	
国有与集体联营企业	424.2	424.2	
其他联营企业	6304.5	6269.5	35
有限责任公司	12353415.5	12037987.2	315428.3
国有独资公司	2040771.2	1988130.1	52641.1
其他有限责任公司	10312644.3	10049857.1	262787.2
股份有限公司	12156458.9	11797906.1	358552.8
私营企业	17249048.1	16645929.6	603118.5
私营独资企业	474447	429870.6	44576.4
私营合伙企业	139600.8	128255.1	11345.7
私营有限责任公司	16108189	15572786.6	535402.4
私营股份有限公司	526811.3	515017.3	11794
其他	586774.4	471853.9	114920.5
港、澳、台商投资企业	818622.6	811461	7161.6
与港澳台商合资经营企业	159539.4	157041.8	2497.6
与港澳台商合作经营企业	886.2	709.2	177
港、澳、台商独资经营企业	627806.7	623348.3	4458.4
港、澳、台商投资股份有限公司	30390.3	30361.7	28.6
外商投资企业	1999531.3	1996735.3	2796
中外合资经营企业	562265.2	561464.3	800.9
中外合作经营企业	1793.9	1793.9	
外资企业	1420398	1418402.9	1995.1
外商投资股份有限公司	15074.2	15074.2	

批发和零售业商品销售总额

（按登记注册类型）（续表）

计量单位：万元

指标名称	商品销售总额	批发额	零售额
二、零售业	8955141.7	593177.3	8361964.4
其中：国有控股	1679759.6	280920.2	1398839.4
内资企业	7266496.8	579941.7	6686555.1
国有企业	456542.2	48491.2	408051
集体企业	189127.1	27491.7	161635.4
股份合作企业	19472.3	670.3	18802
联营企业	10527.3	3072.6	7454.7
国有联营企业	7430.7	2863.1	4567.6
集体联营企业	956.2	209.5	746.7
国有与集体联营企业	575		575
其他联营企业	1565.4		1565.4
有限责任公司	2170666.5	152744.1	2017922.4
国有独资公司	8312.3		8312.3
其他有限责任公司	2162354.2	152744.1	2009610.1
股份有限公司	1374294.9	165382.9	1208912
私营企业	2970036.4	178166.1	2791870.3
私营独资企业	194734.1	4148.4	190585.7
私营合伙企业	40190.7	151.2	40039.5
私营有限责任公司	2682155.9	170452.1	2511703.8
私营股份有限公司	52955.7	3414.4	49541.3
其他	75830.1	3922.8	71907.3
港、澳、台商投资企业	348560.3	12629.3	335931
与港澳台商合资经营企业	170937.7	9916.3	161021.4
与港澳台商合作经营企业	996.4		996.4
港、澳、台商独资经营企业	175768.3	2713	173055.3
港、澳、台商投资股份有限公司	857.9		857.9
外商投资企业	1340084.6	606.3	1339478.3
中外合资经营企业	900481.1	50	900431.1
中外合作经营企业	54981.1		54981.1
外资企业	347916.4	556.3	347360.1
外商投资股份有限公司	36706		36706

批发和零售业商品销售总额
（按行业）

计量单位：万元

指标名称	商品销售总额		
		批发额	零售额
批发和零售业	63248271.8	53265912.3	9982359.5
一、批发业	54293130.1	52672735	1620395.1
农畜产品批发	361690.3	347321.2	14369.1
食品、饮料及烟草制品批发	3649154.8	3539643.2	109511.6
纺织、服装及日用品批发	5182502.7	5114135.2	68367.5
文化、体育用品及器材批发	1104535.7	1076701.4	27834.3
医药及医疗器材批发	1036835.1	969793.4	67041.7
矿产品、建材及化工产品批发	23437909.6	22509870	928039.6
机械设备、五金交电及电子产品批发	13875211.7	13606576.9	268634.8
贸易经纪与代理	1198326.8	1191887.5	6439.3
其他批发	4446963.4	4316806.2	130157.2
二、零售业	8955141.7	593177.3	8361964.4
综合零售	2433041.2	15395.3	2417645.9
食品、饮料及烟草制品专门零售	362918	11865.6	351052.4
纺织、服装及日用品专门零售	413873.7	10151	403722.7
文化、体育用品及器材专门零售	389036.7	57315.9	331720.8
医药及医疗器材专门零售	768738.8	184361.5	584377.3
汽车、摩托车、燃料及零配件专门零售	2107095.3	138599.5	1968495.8
家用电器及电子产品专门零售	1934638.9	160374.6	1774264.3
五金、家具及室内装修材料专门零售	260992.8	7850.3	253142.5
无店铺及其他零售	284806.3	7263.6	277542.7

批发和零售业商品销售总额

（按经营方式和业态）

计量单位：万元

指标名称	商品销售总额	批发额	零售额
一、批发业	54293130.1	52672735	1620395.1
独立门店	24888509	24392423.9	496085.1
连锁总店（总部）	2438397.2	2331674.4	106722.8
连锁门店	1679470.2	1333379	346091.2
其他	25286753.7	24615257.7	671496
二、零售业	8955141.7	593177.3	8361964.4
独立门店	4821120.2	436279.5	4384840.7
连锁总店（总部）	552232.2	29118.1	523114.1
连锁门店	2661906.6	62240.6	2599666
其他	919882.7	65539.1	854343.6
三、按零售业态分组			
食杂店	60468.8	4088.1	56380.7
便利店	107813.6	1526.6	106287
折扣店	12643.7	69.2	12574.5
超市	597222.3	3966.6	593255.7
大型超市	646956.6		646956.6
仓储会员店	54957.4		54957.4
百货店	975859.5	14852.7	961006.8
专业店	3330020	421400.8	2908619.2
专卖店	2549469.5	137152.3	2412317.2
家居建材商店	94477.9	2999	91478.9
购物中心	339548.2	1959.9	337588.3
厂家直销中心	113686.4	4571	109115.4
电视购物	129.3		129.3
邮购	792.2	25.5	766.7
网上商店	6094.3	103.5	5990.8
自动售货亭	46.2		46.2
电话购物	64954.1	462.1	64492

限额以上批发和零售业商品销售总额
(按登记注册类型)

计量单位:万元

指标名称	商品销售总额	批发额	零售额
批发和零售业	52220029.9	44033421	8186608.9
一、批发业	44453752.9	43503764.5	949988.4
内资企业	41705494.9	40756639.3	948855.6
国有企业	6737274.3	6647413.5	89860.8
集体企业	271869.4	234550.6	37318.8
股份合作企业	1038371.5	1036720.2	1651.3
联营企业	311574.9	243576.2	67998.7
国有联营企业	311574.9	243576.2	67998.7
有限责任公司	9773155.3	9586661.2	186494.1
国有独资公司	206328.4	205764.8	563.6
其他有限责任公司	9566826.9	9380896.4	185930.5
股份有限公司	11784507.8	11441305.4	343202.4
私营企业	11469252.7	11261096.1	208156.6
私营独资企业	212447.2	206765.5	5681.7
私营合伙企业	40806.5	38070.9	2735.6
私营有限责任公司	10903910.4	10705564.7	198345.7
私营股份有限公司	312088.6	310695	1393.6
其他	319489	305316.1	14172.9
港、澳、台商投资企业	780700.3	780536.6	163.7
与港澳台商合资经营企业	150711.3	150711.3	
与港澳台商合作经营企业	1.2	1.2	
港、澳、台商独资经营企业	600870.8	600707.1	163.7
港、澳、台商投资股份有限公司	29117	29117	
外商投资企业	1967557.7	1966588.6	969.1
中外合资经营企业	553205.8	553205.8	
外资企业	1399590.1	1398621	969.1
外商投资股份有限公司	14761.8	14761.8	

限额以上批发和零售业商品销售总额

(按登记注册类型)(续表)

计量单位:万元

指标名称	商品销售总额	批发额	零售额
二、零售业	7766277	529656.5	7236620.5
内资企业	6117770.2	518388.9	5599381.3
国有企业	433678.2	48171.7	385506.5
集体企业	166902.1	26768	140134.1
股份合作企业	9084.9	667.5	8417.4
联营企业	8798.5	2863.1	5935.4
国有联营企业	6659.1	2863.1	3796
集体联营企业	74		74
国有与集体联营企业	500		500
其他联营企业	1565.4		1565.4
有限责任公司	2124858.6	151123.5	1973735.1
国有独资公司	8190		8190
其他有限责任公司	2116668.6	151123.5	1965545.1
股份有限公司	1298973.2	129995.8	1168977.4
私营企业	2014773.2	155825.9	1858947.3
私营独资企业	80182.2	3083.3	77098.9
私营合伙企业	12490.6	100	12390.6
私营有限责任公司	1895797.3	150911.5	1744885.8
私营股份有限公司	26303.1	1731.1	24572
其他	60701.5	2973.4	57728.1
港、澳、台商投资企业	315283.4	10711.3	304572.1
与港澳台商合资经营企业	169931.7	9916.3	160015.4
与港澳台商合作经营企业	98.9		98.9
港、澳、台商独资经营企业	145252.8	795	144457.8
外商投资企业	1333223.4	556.3	1332667.1
中外合资经营企业	898287.2		898287.2
中外合作经营企业	54892.6		54892.6
外资企业	343847.3	556.3	343291
外商投资股份有限公司	36196.3		36196.3

限额以上批发和零售业商品销售总额

(按行业)

计量单位:万元

指标名称	商品销售总额	批发额	零售额
批发和零售业	52220029.9	44033421	8186608.9
一、批发业	44453752.9	43503764.5	949988.4
农畜产品批发	271596.2	266449.9	5146.3
食品、饮料及烟草制品批发	3164417.1	3111234.6	53182.5
纺织、服装及日用品批发	4444649.8	4435802.5	8847.3
文化、体育用品及器材批发	923170.7	914151.5	9019.2
医药及医疗器材批发	733741.4	679906.1	53835.3
矿产品、建材及化工产品批发	19571299.1	18860204	711095.1
机械设备、五金交电及电子产品批发	11989676.9	11901130.4	88546.5
贸易经纪与代理	1133478.2	1133478.2	
其他批发	2221723.5	2201407.3	20316.2
二、零售业	7766277	529656.5	7236620.5
综合零售	2391198	15060.6	2376137.4
食品、饮料及烟草制品专门零售	264463.7	8146.1	256317.6
纺织、服装及日用品专门零售	310110.7	6149.6	303961.1
文化、体育用品及器材专门零售	278952.3	56332.3	222620
医药及医疗器材专门零售	683672.4	183806	499866.4
汽车、摩托车、燃料及零配件专门零售	1989461.6	136972.1	1852489.5
家用电器及电子产品专门零售	1572633.7	116746.6	1455887.1
五金、家具及室内装修材料专门零售	116998.8	3072.7	113926.1
无店铺及其他零售	158785.8	3370.5	155415.3

限额以上批发和零售业商品销售总额

（按经营方式和业态）

计量单位：万元

指标名称	商品销售总额	批发额	零售额
批发和零售业	52220029.9	44033421	8186608.9
一、批发业	44453752.9	43503764.5	949988.4
1. 按经营方式分			
独立门店	21201610.6	21004388.3	197222.3
连锁总店（总部）	2422543.3	2315850.7	106692.6
连锁门店	1641930.2	1297864.7	344065.5
其他	19187668.8	18885660.8	302008
二、零售业	7766277	529656.5	7236620.5
1. 按经营方式分			
独立门店	4147946.2	425408.8	3722537.4
连锁总店（总部）	538932.2	28101.4	510830.8
连锁门店	2573717.9	25846.3	2547871.6
其他	505680.7	50300	455380.7
2. 按零售业态分			
食杂店	37257	3323.3	33933.7
便利店	89174.2	859.3	88314.9
折扣店	576		576
超市	578350.3	3521.7	574828.6
大型超市	643862.6		643862.6
仓储会员店	52776.9		52776.9
百货店	940556	13684.7	926871.3
专业店	2640874.4	370494.1	2270380.3
专卖店	2303343.6	132387.2	2170956.4
家居建材商店	49639.6	858.3	48781.3
购物中心	333821	1959.9	331861.1
厂家直销中心	76775.5	2568	74207.5

批发和零售业法人企业财务状况(一)

(按登记注册类型)

计量单位:万元

指标名称	固定资产原价	本年折旧	所有者权益合计	实收资本
批发和零售业	3819280.7	273352.2	7506091.8	4578294.6
一、批发业	2516286.5	169960	5436796.3	3138008.1
其中:国有控股	1620319.3	84898.4	2996552.7	1317476.9
内资企业	2478741	165960	5350008.2	3049350.6
国有企业	458868.3	30006.7	1404057	304693
集体企业	48145.4	4018.6	55975.6	28104.2
股份合作企业	115840.3	6763.4	140797.2	10118.1
联营企业	16153.7	1634.3	8960.8	2786.4
国有联营企业	15692.2	1582.1	7549.6	1695.2
集体联营企业	24.3	7.5	42.8	42
国有与集体联营企业	16.3	0.8	227.1	217.2
其他联营企业	420.9	43.9	1141.3	832
有限责任公司	374333.5	29690.8	868879.6	643388.7
国有独资公司	34247.8	2304.8	153639.6	40787.7
其他有限责任公司	340085.7	27386	715240	602601
股份有限公司	913910	39483.5	1280877.3	713756
私营企业	508127.6	50749.4	1554413.7	1312668.9
私营独资企业	25001.7	2646.2	52578.8	39673.4
私营合伙企业	6789.3	675.1	23727.4	18763.1
私营有限责任公司	464270.7	46166	1429848.8	1214884.4
私营股份有限公司	12065.9	1262.1	48258.7	39348
其他企业	43362.2	3613.3	36047	33835.3
港、澳、台商投资企业	10838	1082.7	28736.7	30357.9
与港澳台商合资经营企业	5812.7	640.4	13020.5	14083.6
与港澳台商合作经营企业	154.1	15.4	199.8	199.8
港、澳、台商独资经营企业	4636.7	399.2	13537.1	14112.8
港、澳、台商投资股份有限公司	234.5	27.7	1979.3	1961.7
外商投资企业	26707.5	2917.3	58051.4	58299.6
中外合资经营企业	8149.6	658	25344.1	24797.4
中外合作经营企业	50	4.6	2269.2	1551
外资企业	18503.4	2254	29954.2	31467.3
外商投资股份有限公司	4.5	0.7	483.9	483.9

批发和零售业法人企业财务状况(一)

(按登记注册类型)(续表)

计量单位:万元

指标名称	固定资产原价	本年折旧	所有者权益合计	实收资本
二、零售业	1302994.2	103392.2	2069295.5	1440286.5
其中:国有控股	267109.5	17622.2	231110.4	116939.9
按登记注册类型分类				
内资企业	952600.8	77197.1	1613089.6	1072632.9
国有企业	70764.8	5019.1	39321.6	30839.5
集体企业	16592.5	1766.8	8314.2	8205.2
股份合作企业	1658.6	180.3	3212.3	2944.5
联营企业	33806.8	785.2	13090.4	18796.1
国有联营企业	802.9	27.6	221	1103
集体联营企业	29.2	1.5	54.8	203.6
国有与集体联营企业	40.9	3	80.7	39
其他联营企业	32933.8	753.1	12733.9	17450.5
有限责任公司	222021.7	18814.3	267646.1	153833
国有独资公司	15697	694.7	4951.3	5109.2
其他有限责任公司	206324.7	18119.6	262694.8	148723.8
股份有限公司	274504	21848.3	716987.4	388766.7
私营企业	305096	27032.3	539728.3	454301.6
私营独资企业	12409.2	1107.4	30639.1	26500.4
私营合伙企业	9383.9	1454.4	8870.1	8176.9
私营有限责任公司	276322.3	23873	478070.4	403946.7
私营股份有限公司	6980.6	597.5	22148.7	15677.6
其他企业	28156.4	1750.8	24789.3	14946.3
港、澳、台商投资企业	52635.7	4133.7	25578.2	28290.3
与港澳台商合资经营企业	42077.4	3229.2	21166.6	15966.2
与港澳台商合作经营企业	88.2	8.6	100.8	41.4
港、澳、台商独资经营企业	10447.4	893.4	3927.6	11901.5
港、澳、台商投资股份有限公司	22.7	2.5	383.2	381.2
外商投资企业	297757.7	22061.4	430627.7	339363.3
中外合资经营企业	147546.2	14315.9	206862.1	162526.4
中外合作经营企业	23693.6	2065	7145.3	9982.9
外资企业	101414.1	5133.5	196034.2	141168.5
外商投资股份有限公司	25103.8	547	20586.1	25685.5

批发和零售业法人企业财务状况(二)

(按登记注册类型)

计量单位:万元

指标名称	主营业务收入	主营业务成本	主营业务税金及附加	费用合计
批发和零售业	59783999.1	54855644.9	102561.9	3424021.5
一、批发业	51576438.5	47719557.6	74665.1	2495648
其中:国有控股	23931473.4	22382919.3	28371.7	971866.9
内资企业	50111290.3	46540712.4	72956.5	2220824.8
国有企业	5633740.7	5133362.3	13356.9	236261
集体企业	379861.3	331410.2	901.7	27583.9
股份合作企业	1060738	1012208.6	736.6	45368.8
联营企业	311720.7	296578.8	184.2	8155
国有联营企业	305260	291283.7	161.3	6831.1
集体联营企业	569	537	0.6	27.2
国有与集体联营企业	375	297.2	5.4	752.7
其他联营企业	5516.7	4460.9	16.9	544
有限责任公司	10851981.2	10161548.4	10713.1	481628.1
国有独资公司	1768504.6	1716307.5	336.5	31086.3
其他有限责任公司	9083476.6	8445240.9	10376.6	450541.8
股份有限公司	16336510.8	15412489.5	13482.2	568494
私营企业	15023270.1	13763296.4	31916.8	798762.7
私营独资企业	427129.9	379735.8	1919.5	26898
私营合伙企业	123754.9	106861.1	446	9759.6
私营有限责任公司	14053028.9	12896303	28669.1	739612.3
私营股份有限公司	419356.4	380396.5	882.2	22492.8
其他企业	513467.5	429818.2	1665	54571.3
港、澳、台商投资企业	645152.7	591298.1	1053.5	41689.9
与港澳台商合资经营企业	144390.1	110537.4	406.2	25461.6
与港澳台商合作经营企业	881.9	772.5	2	59.6
港、澳、台商独资经营企业	498777.1	479103.4	638.9	16027.2
港、澳、台商投资股份有限公司	1103.6	884.8	6.4	141.5
外商投资企业	819995.5	587547.1	655.1	233133.3
中外合资经营企业	17863.5	13636.1	214	2855
中外合作经营企业	1467.5	1033.1	0.5	482.7
外资企业	800397.5	572714.2	440.4	229730.5
外商投资股份有限公司	267	163.7	0.2	65.1

批发和零售业法人企业财务状况(二)

(按登记注册类型)(续表)

计量单位:万元

指标名称	主营业务收入	主营业务成本	主营业务税金及附加	费用合计
二、零售业	8207560.6	7136087.3	27896.8	928373.5
其中:国有控股	1461349.9	1300672.2	4672.7	133519.3
按登记注册类型分类				
内资企业	5880949.8	5092053	22116.6	618077.9
国有企业	297433.4	270259	631.9	25190.3
集体企业	103715.2	85117.4	422	12555.7
股份合作企业	18215.4	15422.6	83.1	2607
联营企业	157262.1	148519.6	180.1	15302
国有联营企业	6378.6	5920	15.6	96.7
集体联营企业	825.3	598.6	1.4	179.6
国有与集体联营企业	492	455.1	3.3	8.4
其他联营企业	149566.2	141545.9	159.8	14492.5
有限责任公司	1569507.4	1384712.2	3630.8	152734.9
国有独资公司	9723.3	4410.1	291.3	2915.7
其他有限责任公司	1559784.1	1380302.1	3339.5	149819.2
股份有限公司	1189085.5	1001364.1	6385.2	127491.4
私营企业	2477886.1	2127364.8	10572.1	273209.1
私营独资企业	153985.7	126235.4	1122	16684.7
私营合伙企业	34263.9	27467.2	138.9	3890.7
私营有限责任公司	2246738.2	1938808.8	9095.5	246741
私营股份有限公司	42898.3	34853.4	215.7	5892.7
其他企业	67844.7	59293.3	211.4	8987.5
港、澳、台商投资企业	193136.7	170069.9	170.2	34346.8
与港澳台商合资经营企业	110812.2	101868.8	66.2	10765.1
与港澳台商合作经营企业	812.6	636.3	2	132.7
港、澳、台商独资经营企业	80778.7	66916.2	101.2	23359.7
港、澳、台商投资股份有限公司	733.2	648.6	0.8	89.3
外商投资企业	2133474.1	1873964.4	5610	275948.8
中外合资经营企业	1745621.8	1554983	5103.9	219396.8
中外合作经营企业	73616.3	63053.3	0.2	16816.4
外资企业	282775.2	228683.9	418.2	24406.1
外商投资股份有限公司	31460.8	27244.2	87.7	15329.5

批发和零售业法人企业财务状况(三)

(按登记注册类型)

计量单位:万元

指标名称	营业利润	职工工资和福利费	本年应交增值税	从业人员年平均人数(人)
批发和零售业	1521317.7	888157.5	830156.1	271485
一、批发业	1252580.9	545904.5	681843.2	164055
其中:国有控股	508200	173379.1	356263.1	39263
内资企业	1240017.5	493354.1	642583.5	148340
国有企业	268167.5	72217.9	71748.4	13217
集体企业	23577	9416.1	3639.7	3657
股份合作企业	7164.8	9038.4	36617.2	1600
联营企业	6840.2	3106.1	3107.3	638
国有联营企业	7021.4	2856.4	3069.2	520
集体联营企业	4.2	48.2	4.4	11
国有与集体联营企业	-680.3	15.3	3.3	28
其他联营企业	494.9	186.2	30.4	79
有限责任公司	213733.9	96059.3	113312.2	21317
国有独资公司	21558.1	4436.5	3988.1	661
其他有限责任公司	192175.8	91622.8	109324.1	20656
股份有限公司	246279	79878.5	230616.1	22010
私营企业	446462.7	211588.5	171592.2	83177
私营独资企业	19758.8	9216.1	7251.1	3901
私营合伙企业	6798.5	4007	2177.3	1705
私营有限责任公司	403860.2	191399.8	157834.4	74690
私营股份有限公司	16045.2	6965.6	4329.4	2881
其他企业	27792.4	12049.3	11950.4	2724
港、澳、台商投资企业	13084.1	11319.4	8496.7	2802
与港澳台商合资经营企业	9759.6	6330.8	4467	1734
与港澳台商合作经营企业	47.8	16.2	18.1	8
港、澳、台商独资经营企业	3205.8	4913.8	3992.4	1039
港、澳、台商投资股份有限公司	70.9	58.6	19.2	21
外商投资企业	-520.7	41231	30763	12913
中外合资经营企业	1136.6	916.4	243.9	262
中外合作经营企业	1.2	42.5	54.9	14
外资企业	-1696.5	40253.6	30459.1	12628
外商投资股份有限公司	38	18.5	5.1	9

批发和零售业法人企业财务状况(三)

(按登记注册类型)(续表)

计量单位:万元

指标名称	营业利润	职工工资和福利费	本年应交增值税	从业人员年平均人数(人)
二、零售业	268736.8	342253	148312.9	107430
其中:国有控股	30134.2	41270.5	21376.2	11641
按登记注册类型分类				
内资企业	193637	204232.2	97296.2	77191
国有企业	4199.1	10405.7	2905	3249
集体企业	5950.9	5007.9	1329.4	2434
股份合作企业	463.7	1179	262.4	533
联营企业	−3923.2	1536.5	1331	401
国有联营企业	−149.2	262.1	16.6	86
集体联营企业	46	94.3	30.3	33
国有与集体联营企业	−0.7	19.6	8.3	11
其他联营企业	−3819.3	1160.5	1275.8	271
有限责任公司	52198.1	43880.2	28309.3	15630
国有独资公司	2241.4	881.6	196.1	435
其他有限责任公司	49956.7	42998.6	28113.2	15195
股份有限公司	55995	33292.3	23104.1	8157
私营企业	78368.7	105417.8	38432.4	45521
私营独资企业	10941.6	7515.9	3164.2	3779
私营合伙企业	2862.8	2882.9	505	1166
私营有限责任公司	62773.3	92610.7	33948.2	39235
私营股份有限公司	1791	2408.3	815	1341
其他企业	384.7	3512.8	1622.6	1266
港、澳、台商投资企业	6152.3	8412	4876.2	2088
与港澳台商合资经营企业	7296.6	2403.4	2476.3	595
与港澳台商合作经营企业	41.6	87	17.4	29
港、澳、台商独资经营企业	−1180.4	5844.6	2374.4	1435
港、澳、台商投资股份有限公司	−5.5	77	8.1	29
外商投资企业	68947.5	129608.8	46140.5	28151
中外合资经营企业	23700	114053.8	34003.8	23542
中外合作经营企业	1846.1	2669.8	1241.8	1826
外资企业	43101.8	10887	9943.5	2096
外商投资股份有限公司	299.6	1998.2	951.4	687

批发和零售业法人企业财务状况(一)

(按行业)

计量单位:万元

指标名称	固定资产原价	本年折旧	所有者权益合计	实收资本
批发和零售业	3819280.7	273352.2	7506091.8	4578294.6
一、批发业	2516286.5	169960	5436796.3	3138008.1
1. 按国民经济行业分组				
农畜产品批发	82151.6	5741.8	83330	68753.2
食品、饮料及烟草制品批发	173359.3	11315.2	716546.8	174583.7
纺织、服装及日用品批发	250064.7	22486.5	755099.5	531889.5
文化、体育用品及器材批发	118844.6	8105.3	322274.4	123938.7
医药及医疗器材批发	44657.3	3447.9	112786.4	87277.8
矿产品、建材及化工产品批发	1329711.9	76827.7	1841818.1	1329242.6
机械设备、五金交电及电子产品批发	428659.6	33550	1304675.5	670878.6
贸易经纪与代理	18125.6	1528.2	58750.9	49259.3
其他批发	70711.9	6957.4	241514.7	102184.7
2. 按经营方式分组				
独立门店	803614.1	68178.8	2319195.3	1280778.4
连锁总店(总部)	854547.8	32765.2	907152.5	501234.6
连锁门店	6403.8	766.3	24456.4	14010.1
其他	851720.8	68249.7	2185992.1	1341985
二、零售业	1302994.2	103392.2	2069295.5	1440286.5
1. 按国民经济行业分组				
综合零售	644126.2	54218	609408.3	385241.8
食品、饮料及烟草制品专门零售	51160.7	4092.3	85291	45036
纺织、服装及日用品专门零售	32312.1	2966.4	61028.6	57320.8
文化、体育用品及器材专门零售	38886.9	3546.9	79568.3	65003.3

批发和零售业法人企业财务状况(一)

(按行业)(续表)

计量单位:万元

指标名称	固定资产原价	本年折旧	所有者权益合计	实收资本
医药及医疗器材专门零售	36302.6	2725.5	104518.2	63780
汽车、摩托车、燃料及零配件专门零售	221893.7	17427.8	207171.6	161507.3
家用电器及电子产品专门零售	140698.7	10709.9	789726.8	529161.4
五金、家具及室内装修材料专门零售	103351.1	5151.9	65304.8	78669.6
无店铺及其他零售	34262.2	2553.5	67277.9	54566.3
2. 按经营方式分组				
独立门店	864951.4	64200.4	875415.8	620355.6
连锁总店(总部)	331802.3	27678.4	950389.9	608580.8
连锁门店	28537.2	4089.7	16652.4	15589
其他	77703.3	7423.7	226837.4	195761.1
3. 按零售业态分组				
食杂店	4460.9	435.5	7464.3	8481
便利店	1871.1	255.9	7114.2	6412.5
折扣店	576	14.5	526.4	615
超市	123158.7	13834.3	103204.2	78345.2
大型超市	78370.1	6221	34879.1	45320.2
仓储会员店	62.9	7.2	158.4	157.7
百货店	392160.1	32689.2	313559	166495
专业店	338521.7	24781.5	996067.2	711242.6
专卖店	192897.8	16388.8	328228.2	204740.4
家居建材商店	86341	2349.9	23049.3	41650.1
购物中心	65433.3	4464.1	197820.1	121559.1
厂家直销中心	7300.6	1026.5	23046.8	21205.8

批发和零售业法人企业财务状况(二)

(按行业)

计量单位:万元

指标名称	主营业务收入	主营业务成本	主营业务税金及附加	费用合计
批发和零售业	59783999.1	54855644.9	102561.9	3424021.5
一、批发业	51576438.5	47719557.6	74665.1	2495648
1. 按国民经济行业分组				
农畜产品批发	352038.2	313877.8	612.2	30271
食品、饮料及烟草制品批发	2836289.9	2475419.4	6166.3	148243.1
纺织、服装及日用品批发	4752686.1	4209683.6	5836	406827.4
文化、体育用品及器材批发	933141.6	830925.9	2981.1	79687.3
医药及医疗器材批发	919171	747209.8	3180.4	145889.4
矿产品、建材及化工产品批发	24873378.7	23417897.6	31803.2	866164
机械设备、五金交电及电子产品批发	12311003.5	11340678.1	17434.6	693792
贸易经纪与代理	595571	527154.2	2660.4	49035.7
其他批发	4003158.5	3856711.2	3990.9	75738.1
2. 按经营方式分组				
独立门店	19812542.1	18091446	38868.6	1018267.9
连锁总店(总部)	8459117.9	7956889.3	7750.5	316643.7
连锁门店	137934.9	129518	366.7	5711.8
其他	23166843.6	21541704.3	27679.3	1155024.6
二、零售业	8207560.6	7136087.3	27896.8	928373.5
1. 按国民经济行业分组				
综合零售	2498733.8	2145196.2	9436.6	356269.2
食品、饮料及烟草制品专门零售	311419.3	250490.2	1535.4	33564.8
纺织、服装及日用品专门零售	323148	260639.1	1773.2	61615.2
文化、体育用品及器材专门零售	289087.7	219708.6	2849.2	54693.4

批发和零售业法人企业财务状况(二)

(按行业)(续表)

计量单位:万元

指标名称	主营业务收入	主营业务成本	主营业务税金及附加	费用合计
医药及医疗器材专门零售	569638.8	503611.3	1636.2	55158.8
汽车、摩托车、燃料及零配件专门零售	1830558	1686885	2721	115477.4
家用电器及电子产品专门零售	2028559.9	1781518.9	6309.6	190472.8
五金、家具及室内装修材料专门零售	200573	160496.5	887.2	38627.1
无店铺及其他零售	155842.1	127541.5	748.4	22494.8
2. 按经营方式分组				
独立门店	3972979.2	3449954.2	14615.8	456616
连锁总店(总部)	3139710.7	2759789.3	8314.6	337606
连锁门店	224895.9	196903.3	601	29466.9
其他	869974.8	729440.5	4365.4	104684.6
3. 按零售业态分组				
食杂店	49976.6	42484.2	141.9	6185
便利店	21927.3	17035.6	95.7	3629.3
折扣店	10105.8	8537.5	17	918.9
超市	1313853.9	1178457.7	3557.6	157709.9
大型超市	283669.3	241367.2	413.6	69075.4
仓储会员店	1882.7	1599.3	2.8	190.9
百货店	826665.3	664695	5751.3	143192.6
专业店	2907233	2520641.6	9786.8	304757.4
专卖店	2294224.4	2062942.9	6494.6	172429.3
家居建材商店	54858.3	37142.3	393.9	20248.7
购物中心	296138.2	240094.3	555.5	26727.5
厂家直销中心	82155.7	69660.2	280	10695.3

批发和零售业法人企业财务状况(三)

(按行业)

计量单位:万元

指标名称	营业利润	职工工资和福利费	本年应交增值税	从业人员年平均人数(人)
批发和零售业	1521317.7	888157.5	830156.1	271485
一、批发业	1252580.9	545904.5	681843.2	164055
1. 按国民经济行业分组				
农畜产品批发	8866.2	12403.6	5323.2	3379
食品、饮料及烟草制品批发	195713.8	46109.3	42765	13622
纺织、服装及日用品批发	72865.7	71790.6	107266.7	16615
文化、体育用品及器材批发	18933.5	23337.6	18781.1	6197
医药及医疗器材批发	22909.4	26402.9	25170.7	6563
矿产品、建材及化工产品批发	556910.6	131885.2	279874.9	45859
机械设备、五金交电及电子产品批发	288743.1	196786.3	169352.9	61777
贸易经纪与代理	20169.3	10978	21480.8	2220
其他批发	67469.3	26211	11827.9	7823
2. 按经营方式分组				
独立门店	630134.7	233856.3	245129.3	65474
连锁总店(总部)	146435.2	37699.1	138548.1	14559
连锁门店	2427.5	2514.6	489.9	926
其他	473583.5	271834.5	297675.9	83096
二、零售业	268736.8	342253	148312.9	107430
1. 按国民经济行业分组				
综合零售	105430.3	156927.9	63152.5	38595
食品、饮料及烟草制品专门零售	26591.4	14863.7	7331.5	6857
纺织、服装及日用品专门零售	10081.2	21382.5	8425.1	8959
文化、体育用品及器材专门零售	13057.1	21166.2	4478.5	7083

批发和零售业法人企业财务状况(三)

(按行业)(续表)

计量单位:万元

指标名称	营业利润	职工工资和福利费	本年应交增值税	从业人员年平均人数(人)
医药及医疗器材专门零售	12727.3	22992.5	9021.9	7810
汽车、摩托车、燃料及零配件专门零售	29844.5	28656.3	22600.1	9999
家用电器及电子产品专门零售	62118	54236.6	26277.6	19004
五金、家具及室内装修材料专门零售	3278.8	12705.4	3600.1	4820
无店铺及其他零售	5608.2	9321.9	3425.6	4303
2. 按经营方式分组				
独立门店	116183.1	146736.3	70998.1	50748
连锁总店(总部)	121112.9	144795.5	57265.1	34442
连锁门店	3753.7	7867.4	3775.4	4198
其他	27687.1	42853.8	16274.3	18042
3. 按零售业态分组				
食杂店	2432.9	2832.7	685.9	1347
便利店	1326.8	1556.9	509.6	795
折扣店	632.3	141.2	141.9	113
超市	29378	102004.3	27087.4	22985
大型超市	871.2	12914.9	4989.2	6120
仓储会员店	89.7	79.9	26	43
百货店	42784.2	45381.4	26120.6	11936
专业店	88424	95980.4	40996.6	35945
专卖店	50598	57135.6	31961.3	20415
家居建材商店	-1410.8	5343.7	1315.1	1556
购物中心	50645.1	9520.7	11454.3	1975
厂家直销中心	1917	4250.5	1490.8	1645

限额以上批发和零售业法人企业财务状况(一)

(按登记注册类型)

单位:万元

指标名称	固定资产原价	本年折旧	所有者权益合计	实收资本
批发和零售业	3194973.2	215339.9	5709250.7	3080656.5
一、批发业	2048381.7	125593.4	4063267.7	2001057.8
其中:国有控股	1566363.5	81964.4	2918300.1	1249404.9
内资企业	2021228.6	122851.5	4020519.7	1953118.1
国有企业	415997.5	27971.7	1352969.6	259036.5
集体企业	35134.8	3003.9	32619.9	13839.3
股份合作企业	113158.6	6497.1	136502.9	7081.3
联营企业	15647.8	1577.4	7172.3	1359
国有联营企业	15647.8	1577.4	7172.3	1359
有限责任公司	316191.2	25428.2	731988.3	532137.6
国有独资公司	30976.4	2151.8	130028.9	29035.7
其他有限责任公司	285214.8	23276.4	601959.4	503101.9
股份有限公司	910667.8	39109.9	1265257.7	698554.2
私营企业	207886.2	18674	479417.1	428669.5
私营独资企业	6663	648	11157.8	9136.3
私营合伙企业	1005.3	104.9	2099.7	1605
私营有限责任公司	196554	17572.2	455100.5	408704
私营股份有限公司	3663.9	348.9	11059.1	9224.2
其他企业	6544.7	589.3	14591.9	12440.7
港、澳、台商投资企业	7093.6	738.6	18042.4	19375.7
与港澳台商合资经营企业	5337.3	535.3	9858.2	10386.4
港、澳、台商独资经营企业	1756.3	203.3	8184.2	8989.3
外商投资企业	20059.5	2003.3	24705.6	28564
中外合资经营企业	6319.5	510	9661.8	10588
外资企业	13740	1493.3	15043.8	17976

限额以上批发和零售业法人企业财务状况(一)

(按登记注册类型)(续表)

单位:万元

指标名称	固定资产原价	本年折旧	所有者权益合计	实收资本
二、零售业	1146591.5	89746.5	1645983	1079598.7
其中:国有控股	256809.4	17030	213742.3	103679.5
内资企业	800685.8	63931.2	1197071.2	721014.6
国有企业	61334.3	4505.5	23693.3	19622.4
集体企业	8738.2	884.8	4497.5	2242.4
股份合作企业	327.5	47.9	456.4	914.1
联营企业	33655.9	773.4	12989.1	17998.5
国有联营企业	685	17.6	176.7	518
国有与集体联营企业	37.1	2.7	78.5	30
其他联营企业	32933.8	753.1	12733.9	17450.5
有限责任公司	208656.4	17809.3	236911.5	130638.6
国有独资公司	15635.8	694.5	4854	5014.2
其他有限责任公司	193020.6	17114.8	232057.5	125624.4
股份有限公司	272536.3	21698.6	710901.1	384587.2
私营企业	194542.7	16627.4	189427.1	156627.9
私营独资企业	1404.2	116.6	4500.7	4056.4
私营合伙企业	565.4	190.7	909.4	880
私营有限责任公司	189769.9	16065.3	173671.3	147128.3
私营股份有限公司	2803.2	254.8	10345.7	4563.2
其他企业	20894.5	1584.3	18195.2	8383.5
港、澳、台商投资企业	49795.3	4012.3	21788.6	22646
与港澳台商合资经营企业	40110	3184.9	17257	12424.6
港、澳、台商独资经营企业	9685.3	827.4	4531.6	10221.4
外商投资企业	296110.4	21803	427123.2	335938.1
中外合资经营企业	147356.3	14292.5	205787.2	161439.1
中外合作经营企业	23688.6	2065	7095.3	9932.9
外资企业	100016.7	4904	193760.4	138986.4
外商投资股份有限公司	25048.8	541.5	20480.3	25579.7

限额以上批发和零售业法人企业财务状况(二)

(按登记注册类型)

单位:万元

指标名称	主营业务收入	主营业务成本	主营业务税金及附加	费用合计
批发和零售业	50642215.8	46812002.8	69133.8	2663057.8
一、批发业	43380099.4	40433527.3	47269.3	1878610.6
其中:国有控股	21866808.2	20357339.2	27482.3	946992.4
内资企业	41978280	39302730.8	46058	1615688.8
国有企业	5288963.2	4803505.6	12994.3	225118
集体企业	302365.2	266037.1	524.1	20475.7
股份合作企业	1037505.5	993558.2	548	42957.2
联营企业	304736.3	290851	160.6	6694.2
国有联营企业	304736.3	290851	160.6	6694.2
有限责任公司	8646015.4	8095698	7375.7	369646.6
国有独资公司	200442.3	163768.4	101.1	24257
其他有限责任公司	8445573.1	7931929.6	7274.6	345389.6
股份有限公司	16225504.1	15311270.4	13277.3	561304.6
私营企业	9912191.5	9301295.7	10927.1	371437
私营独资企业	194504.7	181560.9	355.4	9288.9
私营合伙企业	35944.9	32221.9	32.2	2097.6
私营有限责任公司	9452234.9	8873769.5	10363.7	350278.7
私营股份有限公司	229507	213743.4	175.8	9771.8
其他企业	260998.8	240514.8	250.9	18055.5
港、澳、台商投资企业	611925.2	564962.2	990.1	36621.6
与港澳台商合资经营企业	136817.8	104697.2	392	23713.9
港、澳、台商独资经营企业	475107.4	460265	598.1	12907.7
外商投资企业	789894.2	565834.3	221.2	226300.2
中外合资经营企业	8892.2	7347		1437.3
外资企业	781002	558487.3	221.2	224862.9

限额以上批发和零售业法人企业财务状况(二)

(按登记注册类型)(续表)

单位:万元

指标名称	主营业务收入	主营业务成本	主营业务税金及附加	费用合计
二、零售业	7262116.4	6378475.5	21864.5	784447.2
其中:国有控股	1439740.3	1280157.7	4491	128328.3
内资企业	4944814	4341543	16114.5	476271.3
国有企业	280683.7	253836.7	489.6	20780.1
集体企业	84762.8	70876	300.1	8744.7
股份合作企业	7965.6	7049.2	16.3	1363.5
联营企业	155685	147318.5	173.2	15017.3
国有联营企业	5691.5	5371.2	12.9	
国有与集体联营企业	427.3	401.4	0.5	
其他联营企业	149566.2	141545.9	159.8	14492.5
有限责任公司	1528177.9	1354275.8	3207.2	144492.9
国有独资公司	9605.4	4305.2	290.7	2902.2
其他有限责任公司	1518572.5	1349970.6	2916.5	141590.7
股份有限公司	1180726	995399.1	6288.3	125614.1
私营企业	1649824	1461811.1	5534.9	153714
私营独资企业	51724.2	47629.5	444.5	3236.7
私营合伙企业	8970.2	8351.4	8	552.9
私营有限责任公司	1567794.1	1387493	5047.9	147643
私营股份有限公司	21335.5	18337.2	34.5	2281.4
其他企业	56989	50976.6	104.9	6544.7
港、澳、台商投资企业	189937.7	167547.8	164.2	33275.5
与港澳台商合资经营企业	109936.2	101148.3	63.6	10163.4
港、澳、台商独资经营企业	80001.5	66399.5	100.6	23112.1
外商投资企业	2127364.7	1869384.7	5585.8	274900.4
中外合资经营企业	1743701.5	1553512.8	5093.2	219235
中外合作经营企业	73474.9	62927		16804.7
外资企业	279144.1	226008.8	406.2	23605.1
外商投资股份有限公司	31044.2	26936.1	86.4	15255.6

限额以上批发和零售业法人企业财务状况(三)

(按登记注册类型)

单位:万元

指标名称	营业利润	职工工资和福利费	本年应交增殖税	从业人员年平均人数(人)
批发和零售业	1196948.3	630168.9	675688.6	162423
一、批发业	972489.1	355894.6	546886	88524
其中:国有控股	492618.1	166562.1	330383.9	36524
内资企业	962944.6	307573	508973.1	74204
国有企业	263923.6	68261.4	69317.4	11646
集体企业	18143.5	5021.2	2628.6	1681
股份合作企业	5178.2	7937.3	36155.7	1172
联营企业	7030.5	2783.9	3066.4	495
国有联营企业	7030.5	2783.9	3066.4	495
有限责任公司	186549.2	75388.1	73176.7	15206
国有独资公司	12315.8	3738.6	1866.9	409
其他有限责任公司	174233.4	71649.5	71309.8	14797
股份有限公司	243282	76906.1	230039.8	20934
私营企业	236366.7	67957.5	92741.2	22251
私营独资企业	4399.9	1891.8	2295	590
私营合伙企业	1638.5	676.7	616.5	230
私营有限责任公司	224463.5	63137.1	88334.1	20629
私营股份有限公司	5864.8	2251.9	1495.6	802
其他企业	2470.9	3317.5	1847.3	819
港、澳、台商投资企业	11248.9	9516.2	7900	2147
与港澳台商合资经营企业	9789.4	5959.1	4277.1	1548
港、澳、台商独资经营企业	1459.5	3557.1	3622.9	599
外商投资企业	-1704.4	38805.4	30012.9	12173
中外合资经营企业	107.9	205.1		40
外资企业	-1812.3	38600.3	30012.9	12133

限额以上批发和零售业法人企业财务状况(三)

(按登记注册类型)(续表)

单位:万元

指标名称	营业利润	职工工资和福利费	本年应交增殖税	从业人员年平均人数(人)
二、零售业	224459.2	274274.3	128802.6	73899
其中:国有控股	33860.8	38901.3	21004.9	10367
内资企业	149504.5	137400.7	78052.4	44090
国有企业	8089.1	8433.3	2641.6	2165
集体企业	4987.5	2676	870	1176
股份合作企业	-442.3	532.9	87.2	200
联营企业	-4008.2	1379.9	1284.7	333
国有联营企业	-188.4	208.1	3.2	57
国有与集体联营企业	-0.5	11.3	5.7	5
其他联营企业	-3819.3	1160.5	1275.8	271
有限责任公司	49176.9	40092.8	26964.1	13851
国有独资公司	2242.5	865.1	187	423
其他有限责任公司	46934.4	39227.7	26777.1	13428
股份有限公司	55571.9	32542	22915.6	7649
私营企业	35855.1	49065.8	21841.5	17825
私营独资企业	1243.9	1161.1	413.3	543
私营合伙企业	106.8	328.6	51.5	112
私营有限责任公司	33995.8	46657.5	21038.4	16624
私营股份有限公司	508.6	918.6	338.3	546
其他企业	274.5	2678	1447.7	891
港、澳、台商投资企业	6530.3	7899.3	4817.5	1912
与港澳台商合资经营企业	7723	2091.2	2459.9	504
港、澳、台商独资经营企业	-1192.7	5808.1	2357.6	1408
外商投资企业	68424.4	128974.3	45932.7	27897
中外合资经营企业	23416.6	113859.8	33923.9	23463
中外合作经营企业	1842.9	2663.8	1240.7	1820
外资企业	42898.6	10507.7	9830.1	1956
外商投资股份有限公司	266.3	1943	938	658

限额以上批发和零售业法人企业财务状况

（按行业）

单位：万元

指标名称	固定资产原价	本年折旧	所有者权益合计	
				实收资本
批发和零售业	3194973.2	215339.9	5709250.7	3080656.5
一、批发业	2048381.7	125593.4	4063267.7	2001057.8
农畜产品批发	70805.1	4704.6	56352.6	45207.9
食品、饮料及烟草制品批发	128173.7	7672.3	624057.9	113512.9
纺织、服装及日用品批发	199360.6	17248.1	638983.8	429181.3
文化、体育用品及器材批发	106127.4	7007.7	281369	85174.3
医药及医疗器材批发	16782	1396.7	48270.6	38230.7
矿产品、建材及化工产品批发	1165399.4	62613.4	1385665	929681.3
机械设备、五金交电及电子产品批发	312539.2	20030.3	827895.2	287012.3
贸易经纪与代理	5025	511.1	30031.3	22750
其他批发	44169.3	4409.2	170642.3	50307.1
二、零售业	1146591.5	89746.5	1645983	1079598.7
综合零售	633444	53437.7	595801.5	372923.2
食品、饮料及烟草制品专门零售	25875.9	1688.9	52683.6	19368.1
纺织、服装及日用品专门零售	18703.8	1670.8	25140.1	24625
文化、体育用品及器材专门零售	28700.7	2403.6	25070.8	16297.7
医药及医疗器材专门零售	25550.8	1793	74181.1	41406.7
汽车、摩托车、燃料及零配件专门零售	199112	16004.3	167476.6	123616.2
家用电器及电子产品专门零售	117049.7	8075.7	673629.3	431195.6
五金、家具及室内装修材料专门零售	88416.4	3861.9	19392	41140.4
无店铺及其他零售	9738.2	810.6	12608	9025.8

限额以上批发和零售业法人企业财务状况

(按行业)(续表1)

单位:万元

指标名称	主营业务收入	主营业务成本	主营业务税金及附加	费用合计
批发和零售业	50642215.8	46812002.8	69133.8	2663057.8
一、批发业	43380099.4	40433527.3	47269.3	1878610.6
农畜产品批发	267175.7	241388.9	206.3	24291.2
食品、饮料及烟草制品批发	2408475.7	2094800.2	4523.8	116341
纺织、服装及日用品批发	4086367.2	3641426.2	3130.1	335223.5
文化、体育用品及器材批发	781395.6	702024.5	1835.7	63809.3
医药及医疗器材批发	652670.5	573341.4	1040.7	61192.4
矿产品、建材及化工产品批发	21924476.5	20769248	24887.3	684513.9
机械设备、五金交电及电子产品批发	10648079.9	9931354.2	7595.5	513312.5
贸易经纪与代理	532976.4	482086.5	1905.5	38574.4
其他批发	2078481.9	1997857.4	2144.4	41352.4
二、零售业	7262116.4	6378475.5	21864.5	784447.2
综合零售	2465720.2	2120590.1	9275.5	349159
食品、饮料及烟草制品专门零售	226764.5	183159.8	906.3	20387.3
纺织、服装及日用品专门零售	235048.1	192651.7	1100.3	45040.8
文化、体育用品及器材专门零售	192031.5	143053.5	2042.1	37592.6
医药及医疗器材专门零售	495214.6	448875	915.1	42010.6
汽车、摩托车、燃料及零配件专门零售	1741301.2	1614285.7	2105.7	103824.9
家用电器及电子产品专门零售	1761256	1556455.1	4983.1	157490
五金、家具及室内装修材料专门零售	100048	81170.7	406.5	23887.3
无店铺及其他零售	44732.3	38233.9	129.9	5054.7

限额以上批发和零售业法人企业财务状况

(按行业)(续表2)

单位:万元

指标名称	营业利润	职工工资和福利费	本年应交增殖税	从业人员年平均人数(人)
批发和零售业	1196948.3	630168.9	675688.6	162423
一、批发业	972489.1	355894.6	546886	88524
农畜产品批发	2719.9	9542.1	4417.1	2073
食品、饮料及烟草制品批发	180204.3	32355.8	36957.7	7419
纺织、服装及日用品批发	47799	49020.3	72379.4	7901
文化、体育用品及器材批发	12760.4	16459.7	16678	3364
医药及医疗器材批发	17735.8	12881.5	10452.4	3302
矿产品、建材及化工产品批发	440803.7	87900.8	244383.5	28055
机械设备、五金交电及电子产品批发	219441.8	125965.2	136182.4	32894
贸易经纪与代理	13591.7	6858.3	20415.9	744
其他批发	37432.5	14910.9	5019.6	2772
二、零售业	224459.2	274274.3	128802.6	73899
综合零售	103622	153064.9	62343.7	36697
食品、饮料及烟草制品专门零售	22595.7	7422.8	5743	3126
纺织、服装及日用品专门零售	6744.8	13754.4	6275.8	5248
文化、体育用品及器材专门零售	9559.9	13607.7	2719.1	3388
医药及医疗器材专门零售	6679	16939.7	6930.3	4830
汽车、摩托车、燃料及零配件专门零售	24817.5	23545.2	20934.5	7330
家用电器及电子产品专门零售	52091	38173.5	21491.3	10965
五金、家具及室内装修材料专门零售	-2797.5	5827.8	1540.7	1628
无店铺及其他零售	1146.8	1938.3	824.2	687

住宿业和餐饮业经营情况(一)

(按登记注册类型)

计量单位:万元

指标名称	营业额	客房收入	餐费收入	商品销售额	其他收入
住宿和餐饮业	1140326.9	264318.5	778041.9	45831.8	52134.7
一、住宿业	491066.8	237714.9	186710.7	31638.8	35002.4
其中:国有控股	226276.6	92355.7	91796.4	24296.9	17827.6
内资企业	418035	195244.7	162093.1	31227.4	29469.8
国有企业	149877.3	66060.9	65005.2	4904.5	13906.7
集体企业	9090	5241.1	2131.1	744.6	973.2
股份合作企业	3281.2	1679.6	830.9	54.1	716.6
联营企业	3250.3	1437.7	1362.9	230.8	218.9
国有联营企业	2601.7	1104.0	1063.8	230.8	203.1
集体联营企业	614.9	300.0	299.1		15.8
其他联营企业	33.7	33.7			
有限责任公司	110652.1	53821.9	46669.5	2585.4	7575.3
国有独资公司	4921.5	2272.3	2458.7	50.5	140.0
其他有限责任公司	105730.6	51549.6	44210.8	2534.9	7435.3
股份有限公司	52035.4	15411.6	16289.2	18837.6	1497.0
私营企业	71957.7	41776.2	23891.7	2286.4	4003.4
私营独资企业	11882.7	5859.3	3584.5	600.1	1838.8
私营合伙企业	938.5	509.1	416.8	12.6	
私营有限责任公司	58223.8	34898.1	19656.4	1557.7	2111.6
私营股份有限公司	912.7	509.7	234.0	116	53.0
其他	17891	9815.7	5912.6	1584	578.7
港、澳、台商投资企业	41002.9	21971.5	15296.8	205.5	3529.1
与港澳台商合资经营企业	21271.5	10114.4	9798.4		1358.7
与港澳台商合作经营企业					
港、澳、台商独资经营企业	19731.4	11857.1	5498.4	205.5	2170.4
外商投资企业	32028.9	20498.7	9320.8	205.9	2003.5
中外合资经营企业	529.7	368.6	122.3		38.8
中外合作经营企业	8308.2	3539.6	3833.2	155.4	780.0
外资企业	12969.5	12825.2	10.9	3.7	129.7
外商投资股份有限公司	10221.5	3765.3	5354.4	46.8	1055.0

住宿业和餐饮业经营情况(一)

(按登记注册类型)(续表)

计量单位:万元

指标名称	营业额	客房收入	餐费收入	商品销售额	其他收入
二、餐饮业	649260.1	26603.6	591331.2	14193	17132.3
其中:国有控股	36885.2	6934.7	27398.9	528.5	2023.1
内资企业	514446.4	20660.7	463583	14092.8	16109.9
国有企业	21973.3	2895.8	17830.8	528.5	718.2
集体企业	7904.3	412.9	7451.2	15.0	25.2
股份合作企业	1895.3	36.2	1773.0	81.6	4.5
联营企业	1054.5		1054.5		
集体联营企业	964.1		964.1		
其他联营企业	90.4		90.4		
有限责任公司	112833.3	9723.8	93139.7	1406.7	8563.1
国有独资公司	1630.5		1630.5		
其他有限责任公司	111202.8	9723.8	91509.2	1406.7	8563.1
股份有限公司	7653.5	205.2	7388.2	9.6	50.5
私营企业	333991.2	7386.8	307969.8	12048.9	6585.7
私营独资企业	41675.3	557.6	38968.2	1859.1	290.4
私营合伙企业	7605.1	363.6	7072.3	150.1	19.1
私营有限责任公司	271907.9	6392.0	250478.0	8917.0	6120.9
私营股份有限公司	12802.9	73.6	11451.3	1122.7	155.3
其他	27141.0		26975.8	2.5	162.7
港、澳、台商投资企业	33105	5656.2	26450.9		997.9
与港澳台商合资经营企业	19762.4	5641.3	13123.2		997.9
与港澳台商合作经营企业	961.1		961.1		
港、澳、台商独资经营企业	11487.2	14.9	11472.3		
港、澳、台商投资股份有限公司	894.3		894.3		
外商投资企业	101708.7	286.7	101297.3	100.2	24.5
中外合资经营企业	3164.3	216.7	2824.4	99.2	24.0
中外合作经营企业	1235.1		1235.1		
外资企业	97309.3	70.0	97237.8	1.0	0.5

住宿业和餐饮业经营情况(二)
(按登记注册类型)

计量单位:万元

指标名称	客房数(间)	床位数(个)	餐位数(位)
住宿和餐饮业	48778	83665	371646
一、住宿业	43003	73495	92606
其中:国有控股	14899	26769	42221
内资企业	39395	68277	85908
国有企业	11968	21918	34487
集体企业	1700	3217	2490
股份合作企业	322	568	620
联营企业	375	772	560
国有联营企业	199	398	450
集体联营企业	150	326	110
其他联营企业	26	48	
有限责任公司	8509	14258	24223
国有独资公司	238	475	1020
其他有限责任公司	8271	13783	23203
股份有限公司	1401	2084	3236
私营企业	13393	22750	18096
私营独资企业	2133	3376	3230
私营合伙企业	434	662	338
私营有限责任公司	10539	18172	14178
私营股份有限公司	287	540	350
其他	1727	2710	2196
港、澳、台商投资企业	1752	2660	3952
与港澳台商合资经营企业	908	1258	3072
港、澳、台商独资经营企业	844	1402	880
外商投资企业	1856	2558	2746
中外合资经营企业	34	68	280
中外合作经营企业	426	665	1050
外资企业	1068	1389	16
外商投资股份有限公司	328	436	1400

住宿业和餐饮业经营情况(二)

(按登记注册类型)(续表)

计量单位:万元

指标名称	客房数(间)	床位数(个)	餐位数(位)
二、餐饮业	5775	10170	279040
其中:国有控股	1408	2434	28160
内资企业	5207	9329	253201
国有企业	800	1504	23661
集体企业	139	268	11383
股份合作企业	5	5	1244
联营企业			1300
集体联营企业			1200
其他联营企业			100
有限责任公司	1481	2506	39103
国有独资公司			1300
其他有限责任公司	1481	2506	37803
股份有限公司	78	129	3529
私营企业	2704	4917	164713
私营独资企业	236	426	23019
私营合伙企业	135	239	5788
私营有限责任公司	2313	4216	131761
私营股份有限公司	20	36	4145
其他			8268
港、澳、台商投资企业	434	636	7702
与港澳台商合资经营企业	425	625	3426
与港澳台商合作经营企业			150
港、澳、台商独资经营企业	9	11	3570
港、澳、台商投资股份有限公司			556
外商投资企业	134	205	18137
中外合资经营企业	104	175	1153
中外合作经营企业			420
外资企业	30	30	16564

住宿业和餐饮业企业经营情况

（按行业）

计量单位：万元

指标名称	营业额	客房收入	餐费收入	商品销售额	其他收入
住宿和餐饮业	1140326.9	264318.5	778041.9	45831.8	52134.7
一、住宿业	491066.8	237714.9	186710.7	31638.8	35002.4
1. 按国民经济行业分					
旅游饭店	397794.6	171643.3	165288.3	29183.6	31679.4
一般旅馆	79581.1	55416.3	18920.8	2302.6	2941.4
其他住宿服务	13691.1	10655.3	2501.6	152.6	381.6
2. 按星级等级分					
五星	130873.2	55633.1	47934.4	20999.3	6306.4
四星	97933.5	38933.3	45553.2	2930.6	10516.4
三星	85148.6	34541.1	40668.9	2004	7934.6
二星	17422.4	7549.6	7187.9	793.6	1891.3
其他	159631.2	100999.9	45366.3	4911.3	8353.7
3. 按经营方式分					
独立门店	437457.7	194998.7	178995.5	31309.1	32154.4
连锁总店（总部）	314.1	243.1	41	30	
连锁门店	27843.8	25775.7	1336.2	228.3	503.6
其他	25451.2	16697.4	6338	71.4	2344.4
二、餐饮业	649260.1	26603.6	591331.2	14193	17132.3
1. 按国民经济行业分					
正餐服务	505476.5	26456.4	448707.5	13624.6	16688
快餐服务	126867.6	91	126604.7	138.8	33.1
饮料及冷饮服务	10969.4	20	10462.5	419.1	67.8
其他餐饮服务	5946.6	36.2	5556.5	10.5	343.4
2. 按经营方式分					
独立门店	465687.6	24105.1	415416.8	12530.8	13634.9
连锁总店（总部）	14181.4	597.4	13271.8	310.6	1.6
连锁门店	126878	213.2	125955.4	620	89.4
其他	42513.1	1687.9	36687.2	731.6	3406.4

住宿业和餐饮业企业经营情况

(按行业)(续表)

计量单位:万元

指标名称	客房数(间)	床位数(个)	餐位数(位)
住宿和餐饮业	48778	83665	371646
一、住宿业	43003	73495	92606
1. 按国民经济行业分			
旅游饭店	23120	39331	75976
一般旅馆	17320	29859	14138
其他住宿服务	2563	4305	2492
2. 按星级等级分			
五星	3679	5096	10444
四星	4445	7446	16964
三星	6988	12528	26274
二星	2271	4326	7740
其他	25620	44059	31184
3. 按经营方式分级			
独立门店	35569	61653	88037
连锁总店(总部)	164	305	80
连锁门店	4073	6033	1019
其他	3197	5504	3470
二、餐饮业	5775	10170	279040
1. 按国民经济行业分			
正餐服务	5618	9904	235238
快餐服务	122	221	34189
饮料及冷饮服务	30	40	5907
其他餐饮服务	5	5	3706
2. 按经营方式分			
独立门店	4995	8693	219008
连锁总店(总部)	70	136	5049
连锁门店	62	120	31349
其他	648	1221	23634

限额以上住宿业和餐饮业经营情况(一)

(按登记注册类型)

单位:万元

指标名称	营业额	客房收入	餐费收入	商品销售额	其他收入
住宿和餐饮业	996572.6	226302.7	680248.6	42944.9	47076.4
一、住宿业	453106.9	208585.7	180008.6	31073.8	33438.8
其中:国有控股	213220.9	83536.8	88413.2	24268.4	17002.5
内资企业	380095.4	166135.8	155391	30662.4	27906.2
国有企业	137056.8	57451.8	61642	4881.2	13081.8
集体企业	6712.8	3274.4	1863.8	690	884.6
股份合作企业	3172.6	1571	830.9	54.1	716.6
联营企业	3216.6	1404	1362.9	230.8	218.9
国有联营企业	2601.7	1104	1063.8	230.8	203.1
集体联营企业	614.9	300	299.1		15.8
有限责任公司	107203.5	51295.7	46044.3	2487.9	7375.6
国有独资公司	4921.5	2272.3	2458.7	50.5	140
其他有限责任公司	102282	49023.4	43585.6	2437.4	7235.6
股份有限公司	51269	14691.2	16256.3	18824.7	1496.8
私营企业	53976.8	26877	21553.2	1987	3559.6
私营独资企业	10229.2	4524.3	3338.6	527.5	1838.8
私营合伙企业	463.8	79.5	384.3		
私营有限责任公司	42788.8	22128.7	17596.3	1343.5	1720.3
私营股份有限公司	495	144.5	234	116	0.5
其他	17487.3	9570.7	5837.6	1506.7	572.3
港、澳、台商投资企业	41002.9	21971.5	15296.8	205.5	3529.1
与港澳台商合资经营企业	21271.5	10114.4	9798.4		1358.7
港、澳、台商独资经营企业	19731.4	11857.1	5498.4	205.5	2170.4
外商投资企业	32008.6	20478.4	9320.8	205.9	2003.5
中外合资经营企业	509.4	348.3	122.3		38.8
中外合作经营企业	8308.2	3539.6	3833.2	155.4	780
外资企业	12969.5	12825.2	10.9	3.7	129.7
外商投资股份有限公司	10221.5	3765.3	5354.4	46.8	1055

限额以上住宿业和餐饮业经营情况(一)

(按登记注册类型)(续表)

单位:万元

指标名称	营业额	客房收入	餐费收入	商品销售额	其他收入
二、餐饮业	543465.7	17717	500240	11871.1	13637.6
其中:国有控股	28088.7	6582.9	19223.4	480	1802.4
内资企业	420188.8	17294	377636.2	11770.9	13487.7
国有企业	13614	2544	10089	480	501
集体企业	6598.3	412.9	6155.8	15	14.6
股份合作企业	263		263		
联营企业	964.1		964.1		
集体联营企业	964.1		964.1		
有限责任公司	102320.1	7932.6	85798.5	1334.4	7254.6
国有独资公司	1630.5		1630.5		
其他有限责任公司	100689.6	7932.6	84168	1334.4	7254.6
股份有限公司	6580	162.3	6382	9.6	26.1
私营企业	267335.2	6242.2	245622.4	9931.9	5538.7
私营独资企业	28938.8	333.1	26926.3	1451.8	227.6
私营合伙企业	4676.1	340.6	4285.1	50.1	0.3
私营有限责任公司	222070.6	5494.9	204112.9	7307.3	5155.5
私营股份有限公司	11649.7	73.6	10298.1	1122.7	155.3
其他	22514.1		22361.4		152.7
港、澳、台商投资企业	22474.8	136.3	22212.6		125.9
与港澳台商合资经营企业	10199.3	136.3	9937.1		125.9
与港澳台商合作经营企业	961.1		961.1		
港、澳、台商独资经营企业	10447		10447		
港、澳、台商投资股份有限公司	867.4		867.4		
外商投资企业	100802.1	286.7	100391.2	100.2	24
中外合资经营企业	3004.7	216.7	2664.8	99.2	24
中外合作经营企业	1235.1		1235.1		
外资企业	96562.3	70	96491.3	1	

限额以上住宿业和餐饮业经营情况(二)

(按登记注册类型)

指标名称	客房数(间)	床位数(个)	餐位数(位)
住宿和餐饮业	34308	58465	273847
一、住宿业	30344	51310	82423
其中:国有控股	12429	22018	38978
内资企业	26748	46116	75725
国有企业	9622	17417	31294
集体企业	677	1306	2070
股份合作企业	247	468	620
联营企业	349	724	560
国有联营企业	199	398	450
集体联营企业	150	326	110
有限责任公司	7222	12079	22037
国有独资公司	238	475	1020
其他有限责任公司	6984	11604	21017
股份有限公司	1122	1510	3086
私营企业	5944	10183	14012
私营独资企业	1378	2308	2740
私营合伙企业	49	66	300
私营有限责任公司	4469	7713	10622
私营股份有限公司	48	96	350
其他	1565	2429	2046
港、澳、台商投资企业	1752	2660	3952
与港澳台商合资经营企业	908	1258	3072
港、澳、台商独资经营企业	844	1402	880
外商投资企业	1844	2534	2746
中外合资经营企业	22	44	280
中外合作经营企业	426	665	1050
外资企业	1068	1389	16
外商投资股份有限公司	328	436	1400

限额以上住宿业和餐饮业经营情况(二)

(按登记注册类型)(续表)

指标名称	客房数(间)	床位数(个)	餐位数(位)
二、餐饮业	3964	7155	191424
其中:国有控股	1204	2068	15158
内资企业	3755	6800	168442
国有企业	596	1138	11159
集体企业	139	268	9750
股份合作企业			280
联营企业			1200
集体联营企业			1200
有限责任公司	1108	1837	34658
国有独资公司			1300
其他有限责任公司	1108	1837	33358
股份有限公司	55	95	1671
私营企业	1857	3462	103628
私营独资企业	133	246	10186
私营合伙企业	119	219	3250
私营有限责任公司	1585	2961	87092
私营股份有限公司	20	36	3100
其他			6096
港、澳、台商投资企业	75	150	5732
与港澳台商合资经营企业	75	150	2316
与港澳台商合作经营企业			150
港、澳、台商独资经营企业			2766
港、澳、台商投资股份有限公司			500
外商投资企业	134	205	17250
中外合资经营企业	104	175	1023
中外合作经营企业			420
外资企业	30	30	15807

限额以上住宿业和餐饮业经营情况
（按行业）

单位：万元

指标名称	营业额	客房收入	餐费收入	商品销售额	其他收入
住宿和餐饮业	996572.6	226302.7	680248.6	42944.9	47076.4
一、住宿业	453106.9	208585.7	180008.6	31073.8	33438.8
1. 按国民经济行业分					
旅游饭店	389171.1	165554.3	163439.9	29143.2	31033.7
一般旅馆	52093.9	33878.2	14294.5	1886.7	2034.5
其他住宿服务	11841.9	9153.2	2274.2	43.9	370.6
2. 按星级等级分					
五星	130873.2	55633.1	47934.4	20999.3	6306.4
四星	97630	38688.1	45494.9	2930.6	10516.4
三星	84838.2	34254.4	40668.9	1989.9	7925
二星	15200	6551	6100	775.7	1773.3
其他	124565.5	73459.1	39810.4	4378.3	6917.7
3. 按经营方式分					
独立门店	405176.1	170669.2	172644	30781.5	31081.4
连锁门店	25833.5	23900.5	1215.2	223.1	494.7
其他	22097.3	14016	6149.4	69.2	1862.7
二、餐饮业	543465.7	17717	500240	11871.1	13637.6
1. 按国民经济行业分					
正餐服务	417418.7	17717	374548.4	11620.1	13533.2
快餐服务	117678.2		117665.1		13.1
饮料及冷饮服务	6487.9		6236.1	251	0.8
其他餐饮服务	1880.9		1790.4		90.5
2. 按经营方式分					
独立门店	374280.6	15424.4	337628.5	10386.5	10841.2
连锁总店（总部）	13228.3	560.7	12363.5	302.5	1.6
连锁门店	121564.1	213.2	120643.2	618.3	89.4
其他	34392.7	1518.7	29604.8	563.8	2705.4

限额以上住宿业和餐饮业经营情况

（按行业）（续表）

指标名称	客房数（间）	床位数（个）	餐位数（位）
住宿和餐饮业	34308	58465	273847
一、住宿业	30344	51310	82423
1. 按国民经济行业分			
旅游饭店	21134	35685	72481
一般旅馆	7548	12884	8483
其他住宿服务	1662	2741	1459
2. 按星级等级分			
五星	3679	5096	10444
四星	4390	7342	16964
三星	6796	12183	26274
二星	1806	3423	6800
其他	13673	23266	21941
3. 按经营方式分			
独立门店	25177	43356	78715
连锁门店	3140	4569	883
其他	2027	3385	2825
二、餐饮业	3964	7155	191424
1. 按国民经济行业分			
正餐服务	3964	7155	163470
快餐服务			24499
饮料及冷饮服务			2920
其他餐饮服务			535
2. 按经营方式分			
独立门店	3320	5922	147555
连锁总店（总部）	50	106	3768
连锁门店	62	120	23747
其他	532	1007	16354

住宿和餐饮业法人企业财务状况(一)

(按登记注册类型)

计量单位:万元

指标名称	固定资产原价	本年折旧	所有者权益合计	实收资本
住宿和餐饮业	1146875.9	75431.9	609139.1	576868.5
一、住宿业	902279.9	56410.4	463100.5	416837.7
其中:国有控股	445086.8	27044.5	376921.7	228700.3
内资企业	716551.9	48017.9	470174.1	321573.5
国有企业	278731.9	16601.9	237907.7	161021.3
集体企业	16896.2	1213.8	11857.3	6650.6
股份合作企业	3504.5	341.3	2077.6	1541.7
联营企业	2215.1	296.6	-1720.6	353
国有联营企业	2060.1	285.2	-1710	300
集体联营企业	153.2	10.7	-13.6	50
其他联营企业	1.8	0.7	3	3
有限责任公司	232887.1	14660.4	80021.3	73417.3
国有独资公司	1148.7	96.2	1073.9	730
其他有限责任公司	231738.4	14564.2	78947.4	72687.3
股份有限公司	79786.8	5562.6	96568.4	35234
私营企业	98931.4	9021.6	42252.2	42455.2
私营独资企业	11371.9	1034.2	9484.2	6089.6
私营合伙企业	572.1	27.4	748.4	541.1
私营有限责任公司	86675	7920.3	31734.7	35510.4
私营股份有限公司	312.4	39.7	284.9	314.1
其他企业	3598.9	319.7	1210.2	900.4
港、澳、台商投资企业	128013.7	3423.9	-30827.1	56890.4
与港澳台商合资经营企业	127386.8	3318.4	-33823.5	48943.3
港、澳、台商独资经营企业	626.9	105.5	2996.4	7947.1
外商投资企业	57714.3	4968.6	23753.5	38373.8
中外合资经营企业	4165.5	447.7	3840.3	6257.9
中外合作经营企业	25736.6	2578.3	7579	21340.3
外资企业	1600.3	107.8	1583	992.6
外商投资股份有限公司	26211.9	1834.8	10751.2	9783

住宿和餐饮业法人企业财务状况(一)

(按登记注册类型)(续表)

计量单位:万元

指标名称	固定资产原价	本年折旧	所有者权益合计	实收资本
二、餐饮业	244596	19021.5	146038.6	160030.8
其中:国有控股	19463.7	1734	14466.4	13722
内资企业	161236.6	15703.8	105778.5	117478.8
国有企业	9105.5	668.2	3864.1	4090.3
集体企业	3084.3	310	2103.8	2518.6
股份合作企业	234.1	27.9	521.6	366.9
联营企业	197	28.3	99.3	56
集体联营企业	20.9	3.6	21	5
其他联营企业	176.1	24.7	78.3	51
有限责任公司	38860.5	3963.9	19550.6	27172
国有独资公司	210.9	31.7	-59.3	200
其他有限责任公司	38649.6	3932.2	19609.9	26972
股份有限公司	2502.2	124.5	2124.5	2134
私营企业	104649.1	10173	75937.3	78889.9
私营独资企业	16572	1338.9	8862.3	7577.5
私营合伙企业	3442.3	360.5	2808.6	2523
私营有限责任公司	82886.9	8288.9	62341.1	67401.6
私营股份有限公司	1747.9	184.7	1925.3	1387.8
其他企业	2603.9	408	1577.3	2251.1
港、澳、台商投资企业	10812.1	898.1	13751.1	15560.1
与港澳台商合资经营企业	2832.5	281	5474.3	1688.1
与港澳台商合作经营企业	6118.5	428.3	4634.1	7750.4
港、澳、台商独资经营企业	1454.1	153.2	3844.9	5237.2
港、澳、台商投资股份有限公司	407	35.6	-202.2	884.4
外商投资企业	72547.3	2419.6	26509	26991.9
中外合资经营企业	151.7	20.3	282.6	338.1
中外合作经营企业	1297.8	124.2	1015.3	225.1
外资企业	56244.4	2195.1	36645.2	17837.7
外商投资股份有限公司	14853.4	80	-11434.1	8591

住宿和餐饮业法人企业财务状况(二)

(按登记注册类型)

计量单位:万元

指标名称	主营业务收入	主营业务成本	主营业务税金及附加	费用合计
住宿和餐饮业	1143663	473162	58637.9	525638.8
一、住宿业	457693.8	160809.2	22909.9	253192.1
其中:国有控股	234476.5	90130.3	11015.9	128974.1
内资企业	404699	151928.1	20289	217467.5
国有企业	147448.2	55445	7226.7	87311.8
集体企业	8740.2	4734.5	440	2905.5
股份合作企业	3224.6	1181.6	179.5	1018.9
联营企业	3250.3	1225.1	163.1	2012
国有联营企业	2601.7	830.1	127.3	1801.3
集体联营企业	614.9	394.9	34	
其他联营企业	33.7	0.1	1.8	
有限责任公司	110862.6	32762.5	6093.6	69524.4
国有独资公司	4904	1569.1	264.2	2710
其他有限责任公司	105958.6	31193.4	5829.4	66814.4
股份有限公司	51434.4	25841.8	1825.1	16193.6
私营企业	68496.1	25701.5	3808.1	33447.2
私营独资企业	11709.1	3744.7	661.8	5034.9
私营合伙企业	1000.6	452.3	26.6	369.8
私营有限责任公司	54894.8	21186.8	3067.9	27810.8
私营股份有限公司	891.6	317.7	51.8	231.7
其他企业	11242.6	5036.1	552.9	5054.1
港、澳、台商投资企业	32199.9	4845.7	1576.4	21213.5
与港澳台商合资经营企业	21040.9	2943.4	1021.1	13152.4
港、澳、台商独资经营企业	11159	1902.3	555.3	8061.1
外商投资企业	20794.9	4035.4	1044.5	14511.1
中外合资经营企业	529.7	150.6	29.5	689.9
中外合作经营企业	8285.7	1717.3	411.7	6126.8
外资企业	1758	77.9	89.6	1263.3
外商投资股份有限公司	10221.5	2089.6	513.7	6431.1

住宿和餐饮业法人企业财务状况(二)

(按登记注册类型)(续表)

计量单位:万元

指标名称	主营业务收入	主营业务成本	主营业务税金及附加	费用合计
二、餐饮业	685969.2	312352.8	35728	272446.7
其中:国有控股	22413.2	8772.4	1098	10420.3
内资企业	479580.1	237762.2	25232.7	175982.6
国有企业	13840.8	5968.3	622.4	6062.3
集体企业	8069	4007.1	143.9	2798.1
股份合作企业	1227.6	627.2	65.2	
联营企业	1054.5	586.5	55.9	337.6
集体联营企业	964.1	532.1	50	307.8
其他联营企业	90.4	54.4	5.9	
有限责任公司	101134.6	44618.5	5464.1	43953.4
国有独资公司	1630.4	874.8	92.9	664.5
其他有限责任公司	99504.2	43743.7	5371.2	43288.9
股份有限公司	3598.4	1667.3	193.8	1557.9
私营企业	324390.9	165699.5	17319.5	110651.2
私营独资企业	38824.6	21926.9	2015.9	9025.2
私营合伙企业	7576.7	4021.5	344.4	2218.3
私营有限责任公司	267094.1	134098.7	14369.3	96229.1
私营股份有限公司	10895.5	5652.4	589.9	3178.6
其他企业	26264.3	14587.8	1367.9	9994.4
港、澳、台商投资企业	30528.6	12196.2	1535.5	13726.6
与港澳台商合资经营企业	18222.5	6388	925.3	8088.4
与港澳台商合作经营企业	961	192.3	42.5	897.6
港、澳、台商独资经营企业	10477.7	4950.6	525	4369.4
港、澳、台商投资股份有限公司	867.4	665.3	42.7	371.2
外商投资企业	175860.5	62394.4	8959.8	82737.5
中外合资经营企业	2015.2	836	100.1	843.8
中外合作经营企业	1215.2	602.9	64.1	
外资企业	136672.9	48021.6	6905.6	60985.9
外商投资股份有限公司	35957.2	12933.9	1890	20617.8

住宿和餐饮业法人企业财务状况(三)

(按登记注册类型)

计量单位:万元

指标名称	营业利润	职工工资和福利费	本年应交增殖税	从业人员年平均人数(人)
住宿和餐饮业	83490.4	206486.9	1670.3	84238
一、住宿业	26149.6	91375.8	697.8	32311
其中:国有控股	8051	47593.2	175.4	15858
内资企业	19939.2	81154.2	386.5	29432
国有企业	986.2	35434.6	93.2	12434
集体企业	789.1	2731	23.4	968
股份合作企业	868.1	723	1	321
联营企业	-150	467.1	6.4	202
国有联营企业	-157	380.5	6.4	124
集体联营企业	6.9	73.2		70
其他联营企业	0.1			8
有限责任公司	2712.9	19007.5	82.3	6961
国有独资公司	368	685.7	0.7	363
其他有限责任公司	2344.9	18321.8	81.6	6598
股份有限公司	7938.8	5768.7	74.7	1410
私营企业	6194.6	15575.8	98.2	6515
私营独资企业	2365.7	2528.2	0.7	1142
私营合伙企业	39.7	374		168
私营有限责任公司	3498.8	12531.8	94	5114
私营股份有限公司	290.4	141.8	3.5	91
其他企业	599.5	1446.5	7.3	621
港、澳、台商投资企业	4953.6	6890.5	12.3	1934
与港澳台商合资经营企业	4313.9	5151.9	8	1246
港、澳、台商独资经营企业	639.7	1738.6	4.3	688
外商投资企业	1256.8	3331.1	299	945
中外合资经营企业	-333.5	290.9	1.4	77
中外合作经营企业	29.9	1344.5	7.6	391
外资企业	373.3	279		91
外商投资股份有限公司	1187.1	1416.7	290	386

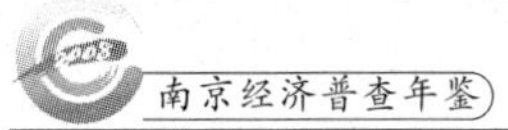

住宿和餐饮业法人企业财务状况(三)

(按登记注册类型)(续表)

计量单位:万元

指标名称	营业利润	职工工资和福利费	本年应交增殖税	从业人员年平均人数(人)
二、餐饮业	57340.8	115111.1	972.5	51927
其中:国有控股	1393.1	5028	23.7	2042
内资企业	36615.9	84824.3	967.8	37953
国有企业	404.2	3118.1	23.7	1310
集体企业	1143.5	1392.5	343.8	774
股份合作企业	-85.9	367.8	6.6	132
联营企业	74.5	362.5		119
集体联营企业	74.2	333		111
其他联营企业	0.3			8
有限责任公司	7148.7	17318.6	148.7	8298
国有独资公司	-3.5	484.9		180
其他有限责任公司	7152.2	16833.7	148.7	8118
股份有限公司	185.4	836.1	1.3	459
私营企业	27015.1	58275.4	416.2	25570
私营独资企业	5960.4	6573.5	81.7	3138
私营合伙企业	1058.2	1455.6	5.6	683
私营有限责任公司	18521.9	48313.3	327.7	21014
私营股份有限公司	1474.6	1933	1.2	735
其他企业	730.4	3153.3	27.5	1291
港、澳、台商投资企业	318.5	4444.3	0.4	2198
与港澳台商合资经营企业	650.7	2570.5		1394
与港澳台商合作经营企业	-152.5	158.7		57
港、澳、台商独资经营企业	32.1	1547.8	0.3	662
港、澳、台商投资股份有限公司	-211.8	167.3	0.1	85
外商投资企业	20406.4	25842.5	4.3	11776
中外合资经营企业	80.8	410.2		113
中外合作经营企业	258.2	144.8	0.1	93
外资企业	19551.9	23881	4.2	10359
外商投资股份有限公司	515.5	1406.5		1211

住宿和餐饮业法人企业财务状况

（按行业）

计量单位：万元

指标名称	固定资产原价	本年折旧	所有者权益合计	实收资本
住宿和餐饮业	1146875.9	75431.9	609139.1	576868.5
一、住宿业	902279.9	56410.4	463100.5	416837.7
1. 按国民经济行业分				
旅游饭店	835801	51166.8	407279.7	371149.1
一般饭店	56205.5	4383.6	50364.8	40402.7
其他住宿服务	10273.4	860	5456	5285.9
2. 按星级等级分				
五星	255396.2	13131.8	83758.4	126290.2
四星	229428.5	13771.3	120761.4	120824.4
三星	133240.7	10789.2	43169.2	52290.1
二星	16862.4	1284.5	6967.9	6045
其他	267352.1	17433.6	208443.6	111388
3. 按经营方式分				
独立门店	859584.4	53265.6	372434.8	379020.5
连锁门店	5120.3	685.9	9646.8	9225.4
其他	37575.2	2458.9	81018.9	28591.8
二、餐饮业	244596	19021.5	146038.6	160030.8
1. 按国民经济行业分				
正餐服务	165311.9	16106.7	111133	130394
快餐服务	73632.8	2530.7	29636.5	24067.5
饮料及冷饮服务	4151.6	245.8	3268.9	3081.5
其他餐饮服务	1499.7	138.3	2000.2	2487.8
2. 按经营方式分				
独立门店	146399.4	14187.1	97320	113305.9
连锁总店（总部）	72003.3	2536.3	26439.2	20745.7
连锁门店	748.9	66.7	759.5	863.2
其他	25444.4	2231.4	21519.9	25116

住宿和餐饮业法人企业财务状况

（按行业）（续表 1）

计量单位：万元

指标名称	主营业务收入	主营业务成本	主营业务税金及附加	费用合计
总　计	**1143663**	**473162**	**58637.9**	**525638.8**
一、住宿业	457693.8	160809.2	22909.9	253192.1
1. 按国民经济行业分				
旅游饭店	382749	131970.1	19214.2	215495.4
一般饭店	63203.4	23272.2	3119.1	31709.9
其他住宿服务	11741.4	5566.9	576.6	5986.8
2. 按星级等级分				
五星	115863.7	37570.4	5069.7	59433.7
四星	101131	36476.8	5092.6	56829.6
三星	82425	30710.9	4500.5	44857.1
二星	13849.2	5732.3	795	7251.5
其他	144424.9	50318.8	7452.1	84820.2
3. 按经营方式分				
独立门店	427035.7	151035.7	21314.2	233677
连锁门店	10812	2887.8	558.8	6809.4
其他	19846.1	6885.7	1036.9	12705.7
二、餐饮业	685969.2	312352.8	35728	272446.7
1. 按国民经济行业分				
正餐服务	463852.1	231431.3	24135.4	169842.8
快餐服务	207053.7	74452.9	10479.8	95569.4
饮料及冷饮服务	8235.3	3169.6	797.3	4286.8
其他餐饮服务	6828.1	3299	315.5	2747.7
2. 按经营方式分				
独立门店	441376.4	216723.9	23161.4	162025.9
连锁总店（总部）	203469.8	72930.6	10460.3	95428.9
连锁门店	5393.3	2711.5	321.4	2174.6
其他	35729.7	19986.8	1784.9	12817.3

住宿和餐饮业法人企业财务状况

(按行业)(续表2)

计量单位:万元

指标名称	营业利润	职工工资和福利费	本年应交增殖税	从业人员年平均人数(人)
住宿和餐饮业	83490.4	206486.9	1670.3	84238
一、住宿业	26149.6	91375.8	697.8	32311
1. 按国民经济行业分				
旅游饭店	20996.4	73101.9	598.7	24734
一般饭店	5503.7	15179.6	89.5	6361
其他住宿服务	-350.5	3094.3	9.6	1216
2. 按星级等级分				
五星	14512.6	17035.8	166.4	4681
四星	2289.1	19541.2	330.5	6442
三星	3002.9	19592	48.6	7380
二星	197	3818.4	12.7	1546
其他	6148	31388.4	139.6	12262
3. 按经营方式分				
独立门店	22506	84457.6	680.7	29944
连锁门店	819.7	2189.7	14.7	804
其他	2823.9	4728.5	2.4	1563
二、餐饮业	57340.8	115111.1	972.5	51927
1. 按国民经济行业分				
正餐服务	33607.4	81228.8	842.5	35831
快餐服务	23179	30870.4	32.2	14567
饮料及冷饮服务	92.4	1521	78.2	835
其他餐饮服务	462	1490.9	19.6	694
2. 按经营方式分				
独立门店	33485	79122	755.9	34965
连锁总店(总部)	21875.1	28667	2.4	13624
连锁门店	216	1582.6	5	579
其他	1764.7	5739.5	209.2	2759

限额以上住宿和餐饮业法人企业财务状况(一)

(按登记类型)

计量单位:万元

指标名称	固定资产原价	本年折旧	所有者权益合计	实收资本
住宿和餐饮业	1029543.1	67712.5	457840.1	489017.1
一、住宿业	824803	52375.1	350868.5	368679.5
内资企业	639077.4	43983.1	357948.1	273419.4
国有企业	253720.3	15301.7	151348.3	135079.9
集体企业	9182.4	401.8	6474.2	2266
股份合作企业	3449	340.7	1877.2	1473
联营企业	2213.3	295.9	-1723.6	350
国有联营企业	2060.1	285.2	-1710	300
集体联营企业	153.2	10.7	-13.6	50
有限责任公司	207111.7	14196.5	75869.6	69821.7
国有独资公司	1148.7	96.2	1073.9	730
其他有限责任公司	205963	14100.3	74795.7	69091.7
股份有限公司	78201.9	5457.2	96085.8	34500
私营企业	82425.1	7760.9	27051.4	29224.4
私营独资企业	9819.3	896	8179.1	4886.8
私营合伙企业	83.3	6.3	100.9	9
私营有限责任公司	72331.2	6830.1	18754.4	24278.6
私营股份有限公司	191.3	28.5	17	50
其他企业	2773.7	228.4	965.2	704.4
港、澳、台商投资企业	128013.7	3423.9	-30827.1	56890.4
与港澳台商合资经营企业	127386.8	3318.4	-33823.5	48943.3
港、澳、台商独资经营企业	626.9	105.5	2996.4	7947.1
外商投资企业	57711.9	4968.1	23747.5	38369.7
中外合资经营企业	4163.1	447.2	3834.3	6253.8
中外合作经营企业	25736.6	2578.3	7579	21340.3
外资企业	1600.3	107.8	1583	992.6
外商投资股份有限公司	1	1834.8	10751.2	9783

限额以上住宿和餐饮业法人企业财务状况(一)

(按登记类型)(续表)

计量单位:万元

指标名称	固定资产原价	本年折旧	所有者权益合计	实收资本
二、餐饮业	204740.1	15337.4	106971.6	120337.6
内资企业	122414.2	12135.2	70012.8	81167.4
国有企业	7886.4	560.4	1947.2	1974.9
集体企业	2676.2	214	1400.3	2098.4
股份合作企业	42.8	5.4	14.4	10
联营企业	20.9	3.6	21	5
集体联营企业	20.9	3.6	21	5
有限责任公司	34728	3601.9	19697.7	22551
国有独资公司	210.9	31.7	-59.3	200
其他有限责任公司	34517.1	3570.2	19757	22351
股份有限公司	1097.4	83.8	566.1	700
私营企业	73750.5	7301.4	45638.4	52337
私营独资企业	7476.9	670.8	4049.8	3532.8
私营合伙企业	2429.8	258.5	1569.5	1332
私营有限责任公司	62530	6219.8	38649.4	46507.2
私营股份有限公司	1313.8	152.3	1369.7	965
其他企业	2212	364.7	727.7	1491.1
港、澳、台商投资企业	10535.2	859.6	11637	13312.1
与港澳台商合资经营企业	2832.5	281	5474.3	1688.1
与港澳台商合作经营企业	6118.5	428.3	4634.1	7750.4
港、澳、台商独资经营企业	1182.2	114.9	1740.8	2999.2
港、澳、台商投资股份有限公司	402	35.4	-212.2	874.4
外商投资企业	71790.7	2342.6	25321.8	25858.1
中外合资经营企业	141.1	19.4	199.1	257.5
中外合作经营企业	1297.8	124.2	1015.3	225.1
外资企业	55498.4	2119	35541.5	16784.5
外商投资股份有限公司	14853.4	80	-11434.1	8591

限额以上住宿和餐饮业法人企业财务状况(二)

(按登记类型)

计量单位:万元

指标名称	主营业务收入	主营业务成本	主营业务税金及附加	费用合计
住宿和餐饮业	1032245.8	419466.5	53045.1	481169.2
一、住宿业	426928.6	147680.1	21346.9	237246.6
内资企业	373954.1	138811.4	18727.5	201529.3
国有企业	137244.6	51628.3	6686.7	80483.7
集体企业	6459.4	3713.2	347.1	1924
股份合作企业	3116	1092.6	173.7	1016.2
联营企业	3216.6	1225	161.3	1980.3
国有联营企业	2601.7	830.1	127.3	1801.3
集体联营企业	614.9	394.9	34	
有限责任公司	108481.6	31743.8	5984.1	68485.2
国有独资公司	4904	1569.1	264.2	2710
其他有限责任公司	103577.6	30174.7	5719.9	65775.2
股份有限公司	50989.1	25571.7	1803.6	15889.3
私营企业	53607.9	18967.2	3034.4	26814
私营独资企业	10053.5	2886.6	604.9	4479.6
私营合伙企业	463.8	335.5	10.8	33.5
私营有限责任公司	42595.6	15523.3	2388.9	22163
私营股份有限公司	495	221.8	29.8	137.9
其他企业	10838.9	4869.6	536.6	4936.6
港、澳、台商投资企业	32199.9	4845.7	1576.4	21213.5
与港澳台商合资经营企业	21040.9	2943.4	1021.1	13152.4
港、澳、台商独资经营企业	11159	1902.3	555.3	8061.1
外商投资企业	20774.6	4023	1043	14503.8
中外合资经营企业	509.4	138.2	28	682.6
中外合作经营企业	8285.7	1717.3	411.7	6126.8
外资企业	1758	77.9	89.6	1263.3
外商投资股份有限公司	10221.5	2089.6	513.7	6431.1

限额以上住宿和餐饮业法人企业财务状况(二)

(按登记类型)(续表)

计量单位:万元

指标名称	主营业务收入	主营业务成本	主营业务税金及附加	费用合计
二、餐饮业	605317.2	271786.4	31698.2	243922.6
内资企业	400820.1	197954.5	21287.4	148490.9
国有企业	12120	5181.6	556.1	5286.2
集体企业	6587.3	3200.2	85.7	2344.9
股份合作企业	263	107.9	14.5	
联营企业	964.1	532.1	50	307.8
集体联营企业	964.1	532.1	50	307.8
有限责任公司	94988	41882.8	5052.7	40861.9
国有独资公司	1630.4	874.8	92.9	664.5
其他有限责任公司	93357.6	41008	4959.8	40197.4
股份有限公司	2531.9	1190.5	140.6	1095.3
私营企业	260942.4	133148.4	14340.6	89313.3
私营独资企业	26545.4	15781	1413.2	5444.2
私营合伙企业	4651.7	2439	230.7	1583.2
私营有限责任公司	219991	109870.5	12153.8	79626.7
私营股份有限公司	9754.3	5057.9	542.9	2659.2
其他企业	22423.4	12711	1047.2	9206.1
港、澳、台商投资企业	29541.7	11799	1489.9	13165.2
与港澳台商合资经营企业	18222.5	6388	925.3	8087.6
与港澳台商合作经营企业	961	192.3	42.5	897.6
港、澳、台商独资经营企业	9517.7	4566.9	480.9	3822.3
港、澳、台商投资股份有限公司	840.5	651.8	41.2	357.7
外商投资企业	174955.4	62032.9	8920.9	82266.5
中外合资经营企业	1855.6	796.1	93.7	811.3
中外合作经营企业	1215.2	602.9	64.1	
外资企业	135927.4	47700	6873.1	60547.4
外商投资股份有限公司	35957.2	12933.9	1890	20617.8

限额以上住宿和餐饮业法人企业财务状况(三)

(按登记类型)

计量单位:万元

指标名称	营业利润	职工工资和福利费	本年应交增殖税	从业人员年平均人数(人)
住宿和餐饮业	72164.2	177606.2	1292	69625
一、住宿业	22178.3	82174	582	27915
内资企业	15973.8	71962.7	272.1	25041
国有企业	-1659.9	32362	63.9	11156
集体企业	534.9	1717.9	18	503
股份合作企业	857	650.9	1	272
联营企业	-150.1	453.7	6.4	194
国有联营企业	-157	380.5	6.4	124
集体联营企业	6.9	73.2		70
有限责任公司	2479.3	18244	76	6579
国有独资公司	368	685.7	0.7	363
其他有限责任公司	2111.3	17558.3	75.3	6216
股份有限公司	8089.4	5590	74.7	1335
私营企业	5327.1	11614.2	24.8	4446
私营独资企业	2181.7	2148.1	0.4	911
私营合伙企业	84	104.2		52
私营有限责任公司	2955.9	9296.1	22.7	3448
私营股份有限公司	105.5	65.8	1.7	35
其他企业	496.1	1330	7.3	556
港、澳、台商投资企业	4953.6	6890.5	12.3	1934
与港澳台商合资经营企业	4313.9	5151.9	8	1246
港、澳、台商独资经营企业	639.7	1738.6	4.3	688
外商投资企业	1250.9	3320.8	297.6	940
中外合资经营企业	-339.4	280.6		72
中外合作经营企业	29.9	1344.5	7.6	391
外资企业	373.3	279		91
外商投资股份有限公司	1187.1	1416.7	290	386

限额以上住宿和餐饮业法人企业财务状况(三)

(按登记类型)(续表)

计量单位:万元

指标名称	营业利润	职工工资和福利费	本年应交增殖税	从业人员年平均人数(人)
二、餐饮业	49985.9	95432.2	710	41710
内资企业	29290.6	65558	707.4	27945
国有企业	310.7	2568.6	15.1	1046
集体企业	956.5	797.5	342.5	493
股份合作企业	66.2	89.9		12
联营企业	74.2	333		111
集体联营企业	74.2	333		111
有限责任公司	7804.2	15668.2	124.2	7228
国有独资公司	-3.5	484.9		180
其他有限责任公司	7807.7	15183.3	124.2	7048
股份有限公司	108.4	568		219
私营企业	20095.1	42960.3	220.7	17769
私营独资企业	4020.9	3677.2	15	1686
私营合伙企业	396.5	844.3		370
私营有限责任公司	14183.4	36780.3	205.7	15150
私营股份有限公司	1494.3	1658.5		563
其他企业	-124.7	2572.5	4.9	1067
港、澳、台商投资企业	335.8	4265.1	0.4	2095
与港澳台商合资经营企业	651.5	2569.7		1386
与港澳台商合作经营企业	-152.5	158.7		57
港、澳、台商独资经营企业	47	1375.4	0.3	572
港、澳、台商投资股份有限公司	-210.2	161.3	0.1	80
外商投资企业	20359.5	25609.1	2.2	11670
中外合资经营企业		397.4		109
中外合作经营企业	258.2	144.8	0.1	93
外资企业	19585.8	23660.4	2.1	10257
外商投资股份有限公司	515.5	1406.5		1211

限额以上住宿和餐饮业法人企业财务状况

(按行业)

计量单位:万元

指标名称	固定资产原价	本年折旧	所有者权益合计	实收资本
住宿和餐饮业	1029543.1	67712.5	457840.1	489017.1
一、住宿业	824803	52375.1	350868.5	368679.5
1. 按国民经济行业分组				
旅游饭店	785451.3	49431.4	320271	344969.5
一般饭店	32542.4	2356.5	28762.2	21975.3
其他住宿服务	6809.3	587.2	1835.3	1734.7
2. 按星级等级分组				
五星	255396.2	13131.8	83758.4	126290.2
四星	229428.5	13771.3	120761.4	120824.4
三星	127349	10191.2	37271.4	47965.2
二星	14907	1215.5	5950.6	5103.9
一星				
其他	197722.3	14065.3	103126.7	68495.8
3. 按经营方式分组				
独立门店	801802	50260.9	340413.2	352050.7
连锁门店	4458	570.1	7937.9	7543.3
其他	18543	1544.1	2517.4	9085.5
二、餐饮业	204740.1	15337.4	106971.6	120337.6
1. 按国民经济行业分组				
正餐服务	131342	12812.8	79091.4	97505.6
快餐服务	72785.9	2439.2	27305.1	21945.4
饮料及冷饮服务	383	54.2	657.3	561.7
其他餐饮服务	229.2	31.2	-82.2	324.9
2. 按经营方式分组				
独立门店	110496.4	10978	64106.1	79042.9
连锁总店(总部)	72003.3	2536.3	26439.2	20745.7
连锁门店	333.4	27	-78.2	159.7
其他	21907	1796.1	16504.5	20389.3

限额以上住宿和餐饮业法人企业财务状况

(按行业)(续表1)

计量单位:万元

指标名称	主营业务收入	主营业务成本	主营业务税金及附加	费用合计
住宿和餐饮业	1032245.8	419466.5	53045.1	481169.2
一、住宿业	426928.6	147680.1	21346.9	237246.6
1. 按国民经济行业分组				
旅游饭店	375664.1	129074	18848.4	210327.4
一般饭店	41350.2	13828.5	2012.7	21832.6
其他住宿服务	9914.3	4777.6	485.8	5086.6
2. 按星级等级分组				
五星	115863.7	37570.4	5069.7	59433.7
四星	101131	36476.8	5092.6	56829.6
三星	82133.4	30596.1	4492.4	44692.1
二星	13106.7	5482.4	747.6	6632.4
其他	114693.8	37554.4	5944.6	69658.8
3. 按经营方式分组				
独立门店	401597.9	139996.8	20010.3	221904.5
连锁门店	9073.5	2031.4	481.1	6316
其他	16257.2	5651.9	855.5	9026.1
二、餐饮业	605317.2	271786.4	31698.2	243922.6
其中:国有控股	20358.7	7809.9	1012.9	9449.2
1. 按国民经济行业分组				
正餐服务	396956.8	197286.5	20819.7	146919.1
快餐服务	201661.8	71488.9	10259.5	93961.3
饮料及冷饮服务	3833.6	1526.1	465.8	1863.2
其他餐饮服务	2865	1484.9	153.2	1179
2. 按经营方式分组				
独立门店	369462.1	180521.8	19601.2	136425
连锁总店(总部)	203469.8	72930.6	10460.3	95428.9
连锁门店	2580.2	1403.1	146.9	1076.5
其他	29805.1	16930.9	1489.8	10992.2

限额以上住宿和餐饮业法人企业财务状况

(按行业)(续表2)

计量单位:万元

指标名称	主营业务收入	主营业务成本	主营业务税金及附加	费用合计
住宿和餐饮业	72164.2	177606.2	1292	69625
一、住宿业	22178.3	82174	582	27915
1. 按国民经济行业分组				
旅游饭店	18705.6	70869.4	572.4	23738
一般饭店	3908.6	8897	9.4	3256
其他住宿服务	-435.9	2407.6	0.2	921
2. 按星级等级分组				
五星	14512.6	17035.8	166.4	4681
四星	2289.1	19541.2	330.5	6442
三星	2989.6	19101.5	48	7210
二星	336.9	3401.6	11.8	1288
其他	2050.1	23093.9	25.3	8294
3. 按经营方式分组				
独立门店	20945.8	76858.2	578.6	26193
连锁门店	507.3	1622.4	2.4	571
其他	725.2	3693.4	1	1151
二、餐饮业	49985.9	95432.2	710	41710
其中:国有控股				
1. 按国民经济行业分组				
正餐服务	27315.6	64904.9	631.1	27215
快餐服务	22569.4	29523.8	2.3	13971
饮料及冷饮服务	54	500.1	70	331
其他餐饮服务	46.9	503.4	6.6	193
2. 按经营方式分组				
独立门店	27233.9	61994.5	559.2	25906
连锁总店(总部)	21875.1	28667	2.4	13624
连锁门店	-29.3	547.8		211
其他	906.2	4222.9	148.4	1969

指 标 解 释

批发零售和住宿餐饮业财务情况

固定资产原价:指企业在购置、自行建造、安装、改建、扩建、技术改造某项固定资产时所支出的全部支出总额。根据会计"资产负债表"中"固定资产原价"项目的期末数填列。执行2006年《企业会计准则》的企业,根据"资产负债表附表"中的"固定资产原价"项目的期末数填列。

固定资产折旧:指对固定资产由于磨损和损耗而转移到产品中去的那一部分价值的补偿。一般根据固定资产原价(选用双倍余额递减法计提折旧的企业,为固定资产账面净值)和确定的折旧率计算。"累计折旧":指企业在报告期末提取的历年固定资产折旧累计数。根据会计"资产负债表"中"累计折旧"项的年末数填列。

本年折旧:指企业在报告期内提取的固定资产折旧合计数。根据会计核算中《资产减值准备、投资及固定资产情况表》内"当年计提的固定资产折旧总额"项本年增加数填列。

所有者权益合计:所有者权益是指所有者在企业资产中享有的经济利益,它等于企业资产减去负债后的余额。包括实收资本(或股本)、资本公积、盈余公积和未分配利润等。根据"资产负债表"中的"所有者权益合计"项填列。

实收资本:指投资者按照企业章程,或合同、协议的约定,实际投入企业的资本。企业实收资本按照投资主体划分为国家资本、集体资本、法人资本、个人资本、港澳台资本和外商资本六种。根据"资产负债表"中的"实收资本"项填列。实收资本中如有以外币形式投入的资本,需折合成人民币形式填写。

主营业务收入:指企业经营主要业务所取得的收入总额。此项目应根据相关行业的"产品销售收入"、"商品销售收入"、"主营业务收入"、"营业收入"、"经营收入"、"工程结算收入"等科目发生额填列。执行2006年《企业会计准则》的企业,如果未设置该科目,则以营业收入发生额代替填列。

主营业务成本:指企业经营主要业务发生的实际成本。根据会计"利润表"中对应指标计算填列。执行2006年《企业会计准则》的企业,如果未设置该科目,则以营业成本发生额代替填列。

主营业务税金及附加:指企业经营主要业务应负担的营业税、消费税、城市维护建设税、资源税、土地增值税、教育费附加。根据会计"利润表"中对应指标"本年累计数"填列。执行2006年《企业会计准则》的企业,如未设置该项以营业税金及附加代替填列。

主营业务利润:指企业经营主要业务实现的利润。根据会计"利润表"中对应指标本年累计数填列。执行2006年《企业会计准则》的企业,如果未设置该科目,则以营业利润发生额代替填列。

营业费用、管理费用和财务费用合计:指企业报告期内营业费用、管理费用、财务费用三项费用的合计。

营业利润:指企业从事生产经营活动所取得的利润,即主营业务收入减主营业务成本和主营业务税金及附加,加上其他业务利润,减去营业费用、管理费用、财务费用后的金额。本指标根据会计"利润表"中对应指标的"本年累计数"填列。执行2006年《企业会计准则》的企业,同样根据会计"利润表"中对应指标的"本年累计数"直接填列。

职工工资和福利费:职工工资和福利费包括职工工资总额和职工福利费两部分,是企业为获得职工提供服务而给予的各种形式的报酬以及其他相关支出。其中:工资总额是指企业在报告期内支付给本单位全部职工的劳动报酬,包括工资、奖金、津贴和补贴,它反映企业报告期内累计应付的工资总额。工资总额根据企业会计核算中"应付工资"科目的本期贷方累计发生额填列。职工福利费:指企业在报告期内根据国家有关规定开支的各项福利支出,包括企业为职工提存的基本养老保险基金、基本医疗保险费、失业保险费、工伤保险费、生育保险费、住房公积金、补充养老保险费和补充医疗保险费,以及从成本费用中列支的集体福利补贴、职工生活困难补助、房租补贴、上下班交通补贴、冬季取暖费,以及按规定发生的其他职工福利支出,它反映企业在报告期实际发生的各项福利费用。职工福利费根据企业会计成本和费用科目中的相关项目归纳计算填列。

本年应交增值税:指企业按税法规定,从事货物销售或提供加工、修理修配劳务等增加货物价值的活动本期应交纳的税金。

批发和零售业商品销售情况

商品销售总额:指对本企业以外的单位和个人出售的商品金额(包括售给本单位消费用的商品,含增值税),本指标反映批发和零售业在国内市场上销售商品以及出口商品的总量。

批发额:指售给国民经济各行业用于生产、经营用的商品金额。

零售额:指售给城乡居民用于生活消费和社会集团用于公共消费的商品金额。

零售业态:指零售企业(单位)为满足不同的消费需求进行相应的要素组合而形成的不同经营形态;分类原则是,零售业态按零售店铺的结构特点,根据其经营方式、商品结构、服务功能,以及选址、商圈、规模、店堂设施、目标顾客和有无固定营业场所进行分类。零售业态从总体上可以分为有店铺零售业态和无店铺零售业态两类。按照零售业态分类原则分为食杂店、便利店、折扣店、超市、大型超市、仓储会员店、百货店、专业店、专卖店、家居建材商店、购物中心、厂家直销中心、电视购物、邮购、网上商店、自动售货亭、电话购物等17种零售业态。

有店铺零售:有固定的进行商品陈列和销售所需要的场所和空间,并且消费者的购买行为主要在这一场所内完成的零售业态。

食杂店:位于居民区内或传统商业区内;辐射半径0.3公里,目标顾客以相对固定的居民为主;营业面积一般在100平方米以内;以香烟、饮料、酒、休闲食品为主;以柜台式和自选式相结合的方式进行商品销售;营业时间一般在12个小时以上;不设立或者只设立初级信息管理系统。

便利店:位于商业中心区、交通要道以及车站、医院、学校、娱乐场所、办公楼、加油站等公共活动区;商圈范围小,顾客步行5分钟内到达,目标顾客主要为单身者、年轻人,顾客多为有目的的购买;营业面积一般在100平方米左右,利用率高;以即时食品、日用小百货为主,有即时消费性、小容量、应急性等特点,商品品种在3000种左右,售价一般高于市场平均水平;商品销售方式以开架自选为主,结算在收银处统一进行;营业时间一般在16小时以上,提供即时性食品的辅助设施,开设多项服务项目;信息管理系统程度较高。

折扣店:位于居民区、交通要道等租金相对便宜的地区;辐射半径2公里左右,目标顾客主要为商圈内的居民;自有品牌占有较大的比例,商品平均价格低于市场平均水平;以开架自选方式进行商品销售,并统一结算;用工精简,为顾客提供有限的服务;信息管理系统程度一般。

超市:位于市、区商业中心、居住区;辐射半径2公里左右,目标顾客以居民为主;营业面积在6000平方米以下;经营包装食品、生鲜食品和日用品。食品超市与综合超市商品结构有所不同;采用自选销售,出入口分设,在收银台统一结算;营业时间一般在12小时以上;信息管理系统程度较高。

大型超市:位于市、区商业中心、城郊结合部、交通要道及大型居住区;辐射半径2公里以上,目标顾客以居民、流动顾客为主;实际营业面积在6000平方米以上;以大众化衣、食、日用品为主,品种齐全,注重自有品牌开发;采用自选销售方式,出入口分设,在收银台统一结算;一般设不低于营业面积40%的停车场;信息管理系统程度较高。

仓储式会员店:位于城乡结合部的交通要道;辐射半径5公里以上,目标顾客以中小零售店、餐饮店、集团购买和流动顾客为主;营业面积一般在6000平方米以上;以大众化衣、食、日用品为主,自有品牌占相当部分,商品在4000种左右,实行低价、批量销售;采用自选销售,出入口分设,在收银台统一结算;设相当于营业面积的停车场;信息管理系统程度较高并对顾客实行会员制管理。

百货店:位于市、区级商业中心、历史形成的商业集聚地;目标顾客以追求时尚和品味的流动顾客为主;

营业面积一般在6000平方米以上；综合性商品结构，门类齐全，以服饰、鞋类、箱包、化妆品、家庭用品、家用电器为主；采取柜台销售和开架面售相结合方式进行商品销售；注重服务，设餐饮、娱乐等服务项目和设施；信息管理系统程度较高。

专业店：位于市、区级商业中心以及百货店、购物中心内；目标顾客以有目的选购某类商品的流动顾客为主；营业面积根据商品特点而定；以销售某类商品为主，体现专业性、深度性，品种丰富，选择余地大；采取柜台销售或开架面售方式进行商品销售；从业人员具有丰富的专业知识；信息管理系统程度较高。

专卖店：一般位于市、区级商业中心、专业街以及百货店、购物中心内；目标顾客以中高档消费者和追求时尚的年轻人为主；以销售某一品牌系列商品为主，具有销售量少、质优、高毛利等特点；采取柜台销售或开架面售方式进行商品销售，商店陈列、照明、包装、广告讲究；注重品牌声誉，从业人员具备丰富的专业知识，提供专业性服务；信息管理系统程度一般。

家居建材商店：位于城乡结合部、交通要道或消费者自有房产比较高的地区；目标顾客以拥有自有房产的顾客为主；营业面积一般在6000平方米以上；经营商品以改善、建设家庭居住环境有关的装饰、装修等用品、日用杂品、技术及服务为主；采取开架自选方式销售商品；提供一站式购足和一条龙服务，停车位一般在300个以上；信息管理系统程度较高。

购物中心：多种零售店铺、服务设施集中在由企业有计划地开发、管理、运营的一个建筑物内或一个区域内，向消费者提供综合性服务的商业集合体。商圈半径为5公里以上，建筑面积为一般在5万平方米以上，一般拥有20个以上租赁店，包括大型综合超市、专业店、专卖店、饮食服务及其他店等，各个租赁店独立开展经营活动，设有300个以上停车位，各个租赁店使用各自的信息系统。

工厂直销中心：一般远离市区；目标顾客多为重视品牌的有目的的购买；单个建筑面积在100～200平方米左右；品牌商品生产商直接设立，商品均为本企业的品牌；采用自选式售货方式进行商品销售；各个租赁店使用各自的信息管理系统。

无店铺零售：不通过店铺销售，由厂家或商家直接将商品递送给消费者的零售业态。

电视购物：目标顾客以电视观众为主；以电视作为向消费者进行商品宣传展示的渠道；送货到指定地点或自提。

邮购：目标顾客以地理上相隔较远的消费者为主；以邮寄商品目录为主向消费者进行商品宣传展示的渠道，并取得定单；送货到指定地点。

网上商店：目标顾客为有上网能力，追求快捷性的消费者；通过互联网络进行买卖活动；送货到指定地点。

自动售货亭：目标顾客以流动顾客为主；商品以香烟和碳酸饮料为主，品种在30种以内；由自动售货机器完成售卖活动。

电话购物：主要通过电话完成销售或购买活动；送货到指定地点或自提。

年末零售营业面积：指批发和零售业法人企业用于零售的对外营业的门店建筑面积，不包括其办公用房、仓库和加工场地。该指标按年末实有建筑面积统计。

住宿和餐饮业企业经营情况

营业额：指住宿和餐饮业企业在经营活动中因提供服务或销售商品所取得的总收入。包括：客房收入、餐费收入、商品销售额（含增值税）和其他收入。

客房收入：指住宿和餐饮业企业在经营活动中因提供住宿服务取得的收入。

餐费收入：指住宿和餐饮业企业提供就餐服务取得的收入。包括经烹饪、调制加工后出售的各种食品，如主食、炒菜、凉拌菜等所取得的收入。

商品销售额：指住宿和餐饮业企业出售商品的总金额（含增值税）。

其他收入：指营业额中除客房收入、餐费收入、商品销售额（含增值税）以外的其他收入，包括娱乐、健身和商务服务等。

客房数：指住宿和餐饮业企业提供住宿服务的房间数，该指标按年内正常情况下的实有数统计。

床位数:指住宿和餐饮业企业供应旅客使用的床位数,不包括临时加的床位和企业内部工作人员使用的床位。该指标按年内正常情况下的实有数统计。

餐位数:指住宿和餐饮业企业为顾客提供就餐服务时,正常可同时容纳就餐人员的餐位数量,不包括临时加的餐位。该指标按年内正常情况下的实有数统计。

年末餐饮营业面积:指住宿和餐饮业企业对外提供就餐服务的门店建筑面积和从事食品加工、烹饪、调制的厨房面积,不包括办公用房和仓库等面积。该指标按年末实有面积统计。

● 房地产业

房地产开发企业主要指标(一)

计量单位:万元

指标名称	企业数(个)	计划总投资	本年完成投资额	建筑工程	安装工程
总　计	**678**	**26073388**	**5081669**	**3093334**	**273370**
一、按登记注册类型分组					
内资企业	563	20431493	4169829	2472501	219434
国有企业	62	2007411	564770	287231	22413
集体企业	9	33776	14410	9600	0
股份合作企业	4	215580	35695	35695	0
联营企业	1			0	0
国有联营企业					
集体联营企业					
国有与集体联营企业	1			0	0
其他联营企业					
有限责任公司	203	10346398	1716278	979957	97765
国有独资公司	3	82897	15861	7208	0
其他有限责任公司	200	10263501	1700417	972749	97765
股份有限公司	37	1185079	269829	232275	7119
私营企业	245	6523449	1534892	920981	91767
私营独资企业	6	162500	32939	26593	803
私营合伙企业	1			0	0
私营有限责任公司	226	6146420	1427389	841385	84176
私营股份有限公司	12	214529	74564	53003	6788
其他企业	2	119800	33955	6762	370
港、澳、台商投资企业	71	2974651	454127	356848	11720
合资经营企业(港或澳、台资)	38	1802145	235191	183020	5333
合作经营企业(港或澳、台资)					
港、澳、台商独资经营企业	32	1096506	204755	159647	6387
港、澳、台商投资股份有限公司	1	76000	14181	14181	0
外商投资企业	44	2667244	457713	263985	42216
中外合资经营企业	25	1233738	207059	119333	22957
中外合作经营企业	1			0	0
外资企业	18	1433506	250654	144652	19259
外商投资股份有限公司					

房地产开发企业主要指标(一)(续表 1)

计量单位:万元

指标名称	设备工器具购置	其他费用	其中:土地购置费	住宅完成投资额	办公楼完成投资额
总　计	**60128**	**1654837**	**1218536**	**4100261**	**223067**
一、按登记注册类型分组					
内资企业	50436	1427458	1062862	3394421	197332
国有企业	2806	252320	247196	493917	9661
集体企业	0	4810	4010	13350	
股份合作企业	0	0	0	32327	
联营企业	0	0	0		
国有联营企业					
集体联营企业					
国有与集体联营企业	0	0	0		
其他联营企业					
有限责任公司	30760	607796	418618	1295346	158010
国有独资公司	0	8653	7200	13541	2320
其他有限责任公司	30760	599143	411418	1281805	155690
股份有限公司	4170	26265	5658	220040	6202
私营企业	12700	509444	365946	1321337	21803
私营独资企业	526	5017	0	27511	
私营合伙企业	0	0	0		
私营有限责任公司	12165	489663	365946	1242367	20803
私营股份有限公司	9	14764	0	51459	1000
其他企业	0	26823	21434	18104	1656
港、澳、台商投资企业	8289	77270	20703	288006	23595
合资经营企业(港或澳、台资)	1198	45640	0	129151	10603
合作经营企业(港或澳、台资)					
港、澳、台商独资经营企业	7091	31630	20703	145924	12992
港、澳、台商投资股份有限公司	0	0	0	12931	
外商投资企业	1403	150109	134971	417834	2140
中外合资经营企业	1403	63366	58550	179925	
中外合作经营企业	0	0	0		
外资企业	0	86743	76421	237909	2140
外商投资股份有限公司					

房地产开发企业主要指标(一)(续表 2)

计量单位:万元

指标名称	商业营业用房完成投资额	其他完成投资额	本年新增固定资产	本年购置土地面积(平方米)	本年土地成交价款
总　计	**367646**	**390695**	**2950383**	**2958071**	**1459190**
一、按登记注册类型分组					
内资企业	265475	312601	2194285	2352339	1143690
国有企业	11068	50124	104926	478790	353085
集体企业	1060		11276	0	0
股份合作企业	3338	30	496	0	0
联营企业				0	0
国有联营企业					
集体联营企业					
国有与集体联营企业				0	0
其他联营企业					
有限责任公司	123439	139483	992841	959079	419186
国有独资公司			23942	0	0
其他有限责任公司	123439	139483	968899	959079	419186
股份有限公司	22861	20726	263911	0	0
私营企业	98609	93143	820747	914470	371419
私营独资企业	2001	3427	6540	0	0
私营合伙企业				0	0
私营有限责任公司	92248	71971	773477	914470	371419
私营股份有限公司	4360	17745	40730	0	0
其他企业	5100	9095	88	0	0
港、澳、台商投资企业	86930	55596	427478	127964	20000
合资经营企业(港或澳、台资)	54530	40907	223170	0	0
合作经营企业(港或澳、台资)					
港、澳、台商独资经营企业	31150	14689	204308	127964	20000
港、澳、台商投资股份有限公司	1250			0	0
外商投资企业	15241	22498	328620	477768	295500
中外合资经营企业	13158	13976	144904	172986	55000
中外合作经营企业				0	0
外资企业	2083	8522	183716	304782	240500
外商投资股份有限公司					

房地产开发企业主要指标(一)(续表3)

计量单位:万元

指标名称	本年资金来源合计	1. 上年末结余资金	2. 资金来源小计	(1) 国内贷款	(2) 利用外资
总　计	**8950778**	**1873779**	**7076999**	**2430697**	**6278**
一、按登记注册类型分组					
内资企业	7212966	1380294	5832672	2013916	0
国有企业	827093	76699	750394	353850	0
集体企业	19660	0	19660	0	0
股份合作企业	53806	20829	32977	6000	0
联营企业	0	0		0	0
国有联营企业					
集体联营企业					
国有与集体联营企业	0	0		0	0
其他联营企业					
有限责任公司	3204764	813671	2391093	735802	0
国有独资公司	49330	375	48955	32100	0
其他有限责任公司	3155434	813296	2342138	703702	0
股份有限公司	522072	95471	426601	130063	0
私营企业	2540111	373624	2166487	785201	0
私营独资企业	34125	3545	30580	15000	0
私营合伙企业	0	0		0	0
私营有限责任公司	2416848	354894	2061954	753401	0
私营股份有限公司	89138	15185	73953	16800	0
其他企业	45460	0	45460	3000	0
港、澳、台商投资企业	818505	189863	628642	231881	6278
合资经营企业(港或澳、台资)	472527	159253	313274	146398	2362
合作经营企业(港或澳、台资)					
港、澳、台商独资经营企业	323687	25983	297704	78505	3916
港、澳、台商投资股份有限公司	22291	4627	17664	6978	0
外商投资企业	919307	303622	615685	184900	0
中外合资经营企业	377640	152262	225378	63500	0
中外合作经营企业	0	0		0	0
外资企业	541667	151360	390307	121400	0
外商投资股份有限公司					

房地产开发企业主要指标(一)(续表4)

计量单位:万元

指标名称	(3)自筹资金	(4)其他资金来源	各项应付未付款合计	其中:工程款	房屋施工面积总计(平方米)
总 计	**1610865**	**3029159**	**2524470**	**1717441**	**40977160**
一、按登记注册类型分组					
内资企业	1375572	2443184	2245949	1539451	33065704
国有企业	162465	234079	437964	312628	3692969
集体企业	14010	5650	4195	395	152660
股份合作企业	1900	25077	32964	32964	230968
联营企业	0	0	0	0	
国有联营企业					
集体联营企业					
国有与集体联营企业	0	0	0	0	
其他联营企业					
有限责任公司	719157	936134	596084	375063	13016731
国有独资公司	0	16855	0	0	118676
其他有限责任公司	719157	919279	596084	375063	12898055
股份有限公司	135968	160570	200545	95266	2182282
私营企业	341072	1040214	965953	717891	13569503
私营独资企业	5000	10580	18266	10838	164599
私营合伙企业	0	0	0	0	
私营有限责任公司	298003	1010550	927434	689120	12899189
私营股份有限公司	38069	19084	20253	17933	505715
其他企业	1000	41460	8244	5244	220591
港、澳、台商投资企业	141700	248783	181818	113365	5096938
合资经营企业(港或澳、台资)	80057	84457	76166	38378	2011637
合作经营企业(港或澳、台资)					
港、澳、台商独资经营企业	61643	153640	86244	60985	3022033
港、澳、台商投资股份有限公司	0	10686	19408	14002	63268
外商投资企业	93593	337192	96703	64625	2814518
中外合资经营企业	84647	77231	67534	43500	1384132
中外合作经营企业	0	0	0	0	
外资企业	8946	259961	29169	21125	1430386
外商投资股份有限公司					

房地产开发企业主要指标(一)(续表5)

计量单位:平方米

指标名称	住宅施工面积	办公楼施工面积	商业营业用房施工面积	其他用房施工面积	房屋新开工面积总计
总　计	**31796532**	**1508991**	**3955859**	**3715778**	**9399583**
一、按登记注册类型分组					
内资企业	25952816	1029997	3064296	3018595	7479430
国有企业	3037235	138233	122736	394765	1155515
集体企业	145160	0	7500	0	132030
股份合作企业	198895	0	28873	3200	32382
联营企业					
国有联营企业					
集体联营企业					
国有与集体联营企业					
其他联营企业					
有限责任公司	9866921	526000	1205901	1417909	3152656
国有独资公司	98616	20060	0	0	64561
其他有限责任公司	9768305	505940	1205901	1417909	3088095
股份有限公司	1710295	60166	269569	142252	406008
私营企业	10869236	298968	1391117	1010182	2600839
私营独资企业	143096	0	6980	14523	97647
私营合伙企业					
私营有限责任公司	10312481	277221	1363568	945919	2488192
私营股份有限公司	413659	21747	20569	49740	15000
其他企业	125074	6630	38600	50287	0
港、澳、台商投资企业	3560744	464916	623159	448119	1282600
合资经营企业(港或澳、台资)	1169097	311313	311964	219263	236442
合作经营企业(港或澳、台资)					
港、澳、台商独资经营企业	2328865	153603	310709	228856	1035900
港、澳、台商投资股份有限公司	62782	0	486	0	10258
外商投资企业	2282972	14078	268404	249064	637553
中外合资经营企业	1053750	0	140159	190223	197510
中外合作经营企业					
外资企业	1229222	14078	128245	58841	440043
外商投资股份有限公司					

房地产开发企业主要指标(一)(续表6)

计量单位:平方米

指标名称	住宅新开工面积	办公楼新开工面积	商业营业用房新开工面积	其他用房新开工面积	房屋竣工面积总计
总　计	**7548021**	**185416**	**774917**	**891229**	**10622624**
一、按登记注册类型分组					
内资企业	6100367	101788	613367	663908	8321144
国有企业	1015397	1955	12367	125796	434386
集体企业	124530	0	7500	0	50630
股份合作企业	32382	0	0	0	1980
联营企业					
国有联营企业					
集体联营企业					
国有与集体联营企业					
其他联营企业					
有限责任公司	2495923	59447	311618	285668	3481881
国有独资公司	64561	0	0	0	34055
其他有限责任公司	2431362	59447	311618	285668	3447826
股份有限公司	370843	0	11044	24121	573101
私营企业	2061292	40386	270838	228323	3779166
私营独资企业	78324	0	4800	14523	23360
私营合伙企业					
私营有限责任公司	1982968	40386	266038	198800	3622744
私营股份有限公司	0	0	0	15000	133062
其他企业	0	0	0	0	0
港、澳、台商投资企业	914905	83628	141410	142657	1646618
合资经营企业(港或澳、台资)	236442	0	0	0	603458
合作经营企业(港或澳、台资)					
港、澳、台商独资经营企业	668205	83628	141410	142657	1043160
港、澳、台商投资股份有限公司	10258	0	0	0	0
外商投资企业	532749	0	20140	84664	654862
中外合资经营企业	155024	0	3236	39250	406484
中外合作经营企业					
外资企业	377725	0	16904	45414	248378
外商投资股份有限公司					

房地产开发企业主要指标(一)(续表7)

计量单位:平方米

指标名称	住宅竣工面积	办公楼竣工面积	商业营业用房竣工面积	其他用房竣工面积	竣工房屋价值总计(万元)
总　计	**8929125**	**280242**	**743423**	**669834**	**2362097**
一、按登记注册类型分组					
内资企业	7205005	139544	392136	584459	1739337
国有企业	421209	0	11511	1666	75426
集体企业	50630	0	0	0	11276
股份合作企业	1980	0	0	0	230
联营企业					
国有联营企业					
集体联营企业					
国有与集体联营企业					
其他联营企业					
有限责任公司	3002332	51597	102557	325395	802874
国有独资公司	34055	0	0	0	11404
其他有限责任公司	2968277	51597	102557	325395	791470
股份有限公司	511383	18166	11638	31914	180426
私营企业	3217471	69781	266430	225484	669105
私营独资企业	21180	0	2180	0	6540
私营合伙企业					
私营有限责任公司	3078431	69781	264048	210484	631285
私营股份有限公司	117860	0	202	15000	31280
其他企业	0	0	0	0	0
港、澳、台商投资企业	1096824	140698	350287	58809	364838
合资经营企业(港或澳、台资)	327949	90123	175989	9397	164470
合作经营企业(港或澳、台资)					
港、澳、台商独资经营企业	768875	50575	174298	49412	200368
港、澳、台商投资股份有限公司	0	0	0	0	0
外商投资企业	627296	0	1000	26566	257922
中外合资经营企业	378918	0	1000	26566	85962
中外合作经营企业					
外资企业	248378	0	0	0	171960
外商投资股份有限公司					

房地产开发企业主要指标(一)(续表8)

计量单位:万元

指标名称	住宅竣工房屋价值	办公楼竣工房屋价值	商业营业用房竣工房屋价值	其他用房竣工房屋价值	房屋销售面积总计(平方米)
总　计	**1956309**	**64538**	**200354**	**140896**	**7035476**
一、按登记注册类型分组					
内资企业	1522301	30076	74502	112458	5920228
国有企业	73188	0	2021	217	549666
集体企业	11276	0	0	0	0
股份合作企业	230	0	0	0	26469
联营企业					
国有联营企业					
集体联营企业					
国有与集体联营企业					
其他联营企业					
有限责任公司	707342	13598	20587	61347	1785255
国有独资公司	11404	0	0	0	5836
其他有限责任公司	695938	13598	20587	61347	1779419
股份有限公司	162858	5748	3465	8355	427108
私营企业	567407	10730	48429	42539	3081706
私营独资企业	6142	0	398	0	99917
私营合伙企业					
私营有限责任公司	531617	10730	47999	40939	2794306
私营股份有限公司	29648	0	32	1600	187483
其他企业	0	0	0	0	50024
港、澳、台商投资企业	190522	34462	125752	14102	736142
合资经营企业(港或澳、台资)	52995	18025	90821	2629	178001
合作经营企业(港或澳、台资)					
港、澳、台商独资经营企业	137527	16437	34931	11473	540935
港、澳、台商投资股份有限公司	0	0	0	0	17206
外商投资企业	243486	0	100	14336	379106
中外合资经营企业	71526	0	100	14336	100534
中外合作经营企业					
外资企业	171960	0	0	0	278572
外商投资股份有限公司					

房地产开发企业主要指标(一)(续表9)

计量单位:平方米

指标名称	住宅销售面积	办公楼销售面积	商业营业用房销售面积	其他用房销售面积	现房销售面积总计
总　计	**6591150**	**155081**	**240328**	**48917**	**1403160**
一、按登记注册类型分组					
内资企业	5563860	95645	220734	39989	1214140
国有企业	538074	5682	5525	385	250344
集体企业	0	0	0	0	0
股份合作企业	26469	0	0	0	660
联营企业					
国有联营企业					
集体联营企业					
国有与集体联营企业					
其他联营企业					
有限责任公司	1650174	56527	69611	8943	365536
国有独资公司	5536	0	300	0	1235
其他有限责任公司	1644638	56527	69311	8943	364301
股份有限公司	376642	5805	42532	2129	70202
私营企业	2922477	27631	103066	28532	527398
私营独资企业	99917	0	0	0	79524
私营合伙企业					
私营有限责任公司	2653617	27631	99526	13532	373388
私营股份有限公司	168943	0	3540	15000	74486
其他企业	50024	0	0	0	0
港、澳、台商投资企业	663914	58524	5252	8452	125716
合资经营企业(港或澳、台资)	112674	56341	3408	5578	26821
合作经营企业(港或澳、台资)					
港、澳、台商独资经营企业	534034	2183	1844	2874	98895
港、澳、台商投资股份有限公司	17206	0	0	0	0
外商投资企业	363376	912	14342	476	63304
中外合资经营企业	86327	0	13731	476	45796
中外合作经营企业					
外资企业	277049	912	611	0	17508
外商投资股份有限公司					

房地产开发企业主要指标(一)(续表10)

计量单位:平方米

指标名称	住宅现房销售面积	办公楼现房销售面积	商业营业用房现房销售面积	其他用房现房销售面积	期房销售面积总计
总　计	**1208431**	**63522**	**118015**	**13192**	**5632316**
一、按登记注册类型分组					
内资企业	1044486	62120	100396	7138	4706088
国有企业	242995	3038	3980	331	299322
集体企业	0	0	0	0	0
股份合作企业	660	0	0	0	25809
联营企业					
国有联营企业					
集体联营企业					
国有与集体联营企业					
其他联营企业					
有限责任公司	291844	43712	28303	1677	1419719
国有独资公司	935	0	300	0	4601
其他有限责任公司	290909	43712	28003	1677	1415118
股份有限公司	42042	5185	20886	2089	356906
私营企业	466945	10185	47227	3041	2554308
私营独资企业	79524	0	0	0	20393
私营合伙企业					
私营有限责任公司	315049	10185	45113	3041	2420918
私营股份有限公司	72372	0	2114	0	112997
其他企业	0	0	0	0	50024
港、澳、台商投资企业	114848	1402	3888	5578	610426
合资经营企业(港或澳、台资)	17835	0	3408	5578	151180
合作经营企业(港或澳、台资)					
港、澳、台商独资经营企业	97013	1402	480	0	442040
港、澳、台商投资股份有限公司	0	0	0	0	17206
外商投资企业	49097	0	13731	476	315802
中外合资经营企业	31589	0	13731	476	54738
中外合作经营企业					
外资企业	17508	0	0	0	261064
外商投资股份有限公司					

房地产开发企业主要指标(一)(续表 11)

计量单位:平方米

指标名称	住宅期房销售面积	办公楼期房销售面积	商业营业用房期房销售面积	其他用房期房销售面积	商品住宅销售套数(套)
总　计	**5382719**	**91559**	**122313**	**35725**	**67563**
一、按登记注册类型分组					
内资企业	4519374	33525	120338	32851	58005
国有企业	295079	2644	1545	54	6112
集体企业	0	0	0	0	0
股份合作企业	25809	0	0	0	157
联营企业					
国有联营企业					
集体联营企业					
国有与集体联营企业					
其他联营企业					
有限责任公司	1358330	12815	41308	7266	16037
国有独资公司	4601	0	0	0	41
其他有限责任公司	1353729	12815	41308	7266	15996
股份有限公司	334600	620	21646	40	3696
私营企业	2455532	17446	55839	25491	31538
私营独资企业	20393	0	0	0	815
私营合伙企业					
私营有限责任公司	2338568	17446	54413	10491	28938
私营股份有限公司	96571	0	1426	15000	1785
其他企业	50024	0	0	0	465
港、澳、台商投资企业	549066	57122	1364	2874	6135
合资经营企业(港或澳、台资)	94839	56341	0	0	1182
合作经营企业(港或澳、台资)					
港、澳、台商独资经营企业	437021	781	1364	2874	4769
港、澳、台商投资股份有限公司	17206	0	0	0	184
外商投资企业	314279	912	611	0	3423
中外合资经营企业	54738	0	0	0	691
中外合作经营企业					
外资企业	259541	912	611	0	2732
外商投资股份有限公司					

房地产开发企业主要指标(一)(续表12)

计量单位:平方米

指标名称	空置面积总计	住宅空置面积	办公楼空置面积	商业营业用房空置面积	其他用房空置面积
总　计	**971436**	**713438**	**12945**	**206738**	**38315**
一、按登记注册类型分组					
内资企业	724010	505874	9755	181158	27223
国有企业	135102	135102	0	0	0
集体企业	527	527	0	0	0
股份合作企业	210	210	0	0	0
联营企业					
国有联营企业					
集体联营企业					
国有与集体联营企业					
其他联营企业					
有限责任公司	257735	151638	7870	83397	14830
国有独资公司	1264	0	0	1264	0
其他有限责任公司	256471	151638	7870	82133	14830
股份有限公司	14849	11005	1583	2261	0
私营企业	315587	207392	302	95500	12393
私营独资企业	0	0	0	0	0
私营合伙企业					
私营有限责任公司	304835	198064	302	94344	12125
私营股份有限公司	10752	9328	0	1156	268
其他企业	0	0	0	0	0
港、澳、台商投资企业	189739	161664	3190	24553	332
合资经营企业(港或澳、台资)	23654	21139	0	2515	0
合作经营企业(港或澳、台资)					
港、澳、台商独资经营企业	166085	140525	3190	22038	332
港、澳、台商投资股份有限公司	0	0	0	0	0
外商投资企业	57687	45900	0	1027	10760
中外合资经营企业	48277	36490	0	1027	10760
中外合作经营企业					
外资企业	9410	9410	0	0	0
外商投资股份有限公司					

房地产开发企业主要指标(二)

计量单位：万元

指标名称	企业数(个)	计划总投资	本年完成投资额	建筑工程	安装工程
二、按控股情况分组					
国有控股	118	6388936	1249876	718382	67279
集体控股	36	630221	162732	149126	1622
私人控股	359	11973885	2517336	1456923	128314
港澳台商控股	72	2974651	454127	356848	11720
外商控股	40	2300219	365892	231708	41991
其他	53	1805476	331706	180347	22444
三、按资质等级分组					
一级	26	5009107	1000532	613779	47845
二级	155	8382072	1588404	1162192	96434
三级	331	7928635	1642404	949343	96871
四级	12	67851	19937	17575	311
暂定	86	4424403	774759	319336	27627
其他	68	261320	55633	31109	4282
四、按隶属关系分组					
中央	4	15394	1888	1888	0
省(自治区、直辖市)	34	733054	143159	82496	4190
地(区、市、州、盟)	41	2245530	486198	270108	15130
县(区、市、旗)	74	3968889	639269	416582	61947
街道	10	62976	11159	11159	0
镇	2	19500	9368	5306	252
乡					
居委会					
村委会	1			0	0
其他	512	19028045	3790628	2305795	191851

房地产开发企业主要指标(二)(续表1)

计量单位：万元

指标名称	设备工器具购置	其他费用	其中：土地购置费	住宅完成投资额	办公楼完成投资额
二、按控股情况分组					
国有控股	4591	459624	412141	953310	118906
集体控股	2000	9984	4010	149558	788
私人控股	40618	891481	644734	2178160	42948
港澳台商控股	8289	77270	20703	288006	23595
外商控股	128	92065	78271	328147	2140
其他	4502	124413	58677	203080	34690
三、按资质等级分组					
一级	22653	316255	266458	739172	97919
二级	13621	316157	211366	1359099	34436
三级	11695	584495	391043	1379333	25159
四级	210	1841	200	17584	10
暂定	9730	418066	343969	574738	48363
其他	2219	18023	5500	30335	17180
四、按隶属关系分组					
中央	0	0	0	907	1
省(自治区、直辖市)	10	56463	54960	99349	7132
地(区、市、州、盟)	1350	199610	196700	460656	4680
县(区、市、旗)	6169	154571	103903	537237	2456
街道	0	0	0	11159	
镇	0	3810	3810	7130	
乡					
居委会					
村委会	0	0	0		
其他	52599	1240383	859163	2983823	208798

房地产开发企业主要指标(二)(续表2)

计量单位:万元

指标名称	商业营业用房完成投资额	其他完成投资额	本年新增固定资产	本年购置土地面积	本年土地成交价款
二、按控股情况分组					
国有控股	48342	129318	625726	858919	567085
集体控股	7398	4988	36758	0	0
私人控股	141569	154659	1483643	1641011	628039
港澳台商控股	86930	55596	427478	127964	20000
外商控股	23985	11620	292347	304782	240500
其他	59422	34514	84431	25395	3566
三、按资质等级分组					
一级	64437	99004	425306	519106	314500
二级	98297	96572	1504193	293354	187479
三级	124022	113890	739634	1014892	313676
四级	1338	1005	15057	0	0
暂定	74208	77450	233439	1130719	643535
其他	5344	2774	32754	0	0
四、按隶属关系分组					
中央	157	823		0	0
省(自治区、直辖市)	954	35724	67840	90859	94385
地(区、市、州、盟)	7840	13022	135767	346120	259500
县(区、市、旗)	26681	72895	465043	582509	84682
街道			5776	0	0
镇	2238		2358	0	0
乡					
居委会					
村委会				0	0
其他	329776	268231	2273599	1938583	1020623

房地产开发企业主要指标(二)(续表3)

计量单位:万元

指标名称	本年资金来源合计	1. 上年末结余资金	2. 资金来源小计	(1)国内贷款	(2)利用外资
二、按控股情况分组					
国有控股	2085747	422381	1663366	743709	0
集体控股	216542	32208	184334	31573	0
私人控股	4565202	865491	3699711	1097064	0
港澳台商控股	818505	189863	628642	231881	6278
外商控股	730924	219329	511595	170400	0
其他	533858	144507	389351	156070	0
三、按资质等级分组					
一级	1878481	610113	1268368	589934	0
二级	2652840	556540	2096300	676574	0
三级	2706655	428753	2277902	481392	4067
四级	22352	2189	20163	4330	0
暂定	1577732	249282	1328450	616267	2211
其他	112718	26902	85816	62200	0
四、按隶属关系分组					
中央	2898	578	2320	0	0
省(自治区、直辖市)	286424	22693	263731	73460	0
地(区、市、州、盟)	619345	61217	558128	285600	2362
县(区、市、旗)	1207839	346704	861135	177417	0
街道	19404	8760	10644	0	0
镇	9522	650	8872	0	0
乡					
居委会					
村委会	0	0		0	0
其他	6805346	1433177	5372169	1894220	3916

房地产开发企业主要指标(二)(续表 4)

计量单位:万元

指标名称	(3)自筹资金	(4)其他资金来源	各项应付未付款合计	其中:工程款	房屋施工面积总计(平方米)
二、按控股情况分组					
国有控股	467112	452545	732847	526636	8316763
集体控股	72277	80484	62298	44622	1230494
私人控股	803487	1799160	1353226	936892	21504426
港澳台商控股	141700	248783	181818	113365	5096938
外商控股	40773	300422	94566	63040	2479995
其他	85516	147765	99715	32886	2348544
三、按资质等级分组					
一级	433139	245295	535451	431230	6864517
二级	198933	1220793	828599	547430	16458199
三级	619156	1173287	603243	358411	12335252
四级	9029	6804	8023	4135	291682
暂定	329028	380944	530759	357840	4474836
其他	21580	2036	18395	18395	552674
四、按隶属关系分组					
中央	1756	564	265	265	31754
省(自治区、直辖市)	109975	80296	70279	21458	1283297
地(区、市、州、盟)	81508	188658	345719	250746	2585479
县(区、市、旗)	331395	352323	184094	133897	6106259
街道	0	10644	4374	3937	100630
镇	7410	1462	2012	1924	67090
乡					
居委会					
村委会	0	0	0	0	0
其他	1078821	2395212	1917727	1305214	30802651

房地产开发企业主要指标(二)(续表5)

计量单位:平方米

指标名称	住宅施工面积	办公楼施工面积	商业营业用房施工面积	其他用房施工面积	房屋新开工面积总计
二、按控股情况分组					
国有控股	6467896	326554	451967	1070346	2564256
集体控股	1058796	36091	83468	52139	486388
私人控股	17524408	451913	1776957	1751148	4313403
港澳台商控股	3560744	464916	623159	448119	1282600
外商控股	1954111	14078	389060	122746	452818
其他	1230577	215439	631248	271280	300118
三、按资质等级分组					
一级	5162882	319799	562556	819280	2217704
二级	12855618	517297	1835133	1250151	2096120
三级	10153309	374706	885315	921922	3365566
四级	255168	628	12672	23214	160127
暂定	3027612	204886	585960	656378	1560066
其他	341943	91675	74223	44833	0
四、按隶属关系分组					
中央	15257	2671	3216	10610	0
省(自治区、直辖市)	984060	101577	26797	170863	308293
地(区、市、州、盟)	2151926	127631	79363	226559	960383
县(区、市、旗)	5145102	29786	241386	689985	1720685
街道	100630	0	0	0	0
镇	51990	0	15100	0	67090
乡					
居委会					
村委会	0	0	0	0	0
其他	23347567	1247326	3589997	2617761	6343132

房地产开发企业主要指标(二)(续表6)

计量单位:平方米

指标名称	住宅新开工面积	办公楼新开工面积	商业营业用房新开工面积	其他用房新开工面积	房屋竣工面积总计
二、按控股情况分组					
国有控股	2179347	1955	36400	346554	1941801
集体控股	441285	0	28395	16708	178689
私人控股	3440735	87107	445665	339896	5958597
港澳台商控股	914905	83628	141410	142657	1646618
外商控股	390500	0	16904	45414	598322
其他	181249	12726	106143	0	298597
三、按资质等级分组					
一级	1688947	85583	137743	305431	1541809
二级	1732424	0	156928	206768	4792468
三级	2841779	23996	254539	245252	3462404
四级	151255	0	7600	1272	105353
暂定	1133616	75837	218107	132506	599049
其他	0	0	0	0	121541
四、按隶属关系分组					
中央	0	0	0	0	0
省(自治区、直辖市)	205823	0	3108	99362	184295
地(区、市、州、盟)	944556	0	0	15827	411320
县(区、市、旗)	1453432	14681	53636	198936	1966408
街道	0	0	0	0	20630
镇	51990	0	15100	0	17600
乡					
居委会					
村委会	0	0	0	0	0
其他	4892220	170735	703073	577104	8022371

房地产开发企业主要指标(二)(续表7)

计量单位:平方米

指标名称	住宅竣工面积	办公楼竣工面积	商业营业用房竣工面积	其他用房竣工面积	竣工房屋价值总计(万元)
二、按控股情况分组					
国有控股	1637797	18294	59285	226425	447187
集体控股	165089	0	7600	6000	36221
私人控股	5233398	69781	321077	334341	1214061
港澳台商控股	1096824	140698	350287	58809	364838
外商控股	578718	0	1000	18604	242091
其他	217299	51469	4174	25655	57699
三、按资质等级分组					
一级	1146238	18166	161169	216236	264883
二级	4192688	150044	173198	276538	1243042
三级	3050173	108509	172375	131347	618212
四级	88461	128	12672	4092	15057
暂定	372222	0	185206	41621	188439
其他	79343	3395	38803	0	32464
四、按隶属关系分组					
中央	0	0	0	0	0
省(自治区、直辖市)	106634	45541	7542	24578	67834
地(区、市、州、盟)	367818	0	8591	34911	98056
县(区、市、旗)	1698922	6056	58707	202723	336624
街道	20630	0	0	0	5776
镇	10000	0	7600	0	2358
乡					
居委会					
村委会	0	0	0	0	0
其他	6725121	228645	660983	407622	1851449

房地产开发企业主要指标(二)(续表8)

计量单位:万元

指标名称	住宅竣工房屋价值	办公楼竣工房屋价值	商业营业用房竣工房屋价值	其他用房竣工房屋价值	房屋销售面积总计(平方米)
二、按控股情况分组					
国有控股	383004	5765	13577	44841	1122995
集体控股	34323	0	1178	720	297546
私人控股	1078634	10730	59163	65534	4284095
港澳台商控股	190522	34462	125752	14102	736400
外商控股	229884	0	100	12107	328268
其他	39942	13581	584	3592	266172
三、按资质等级分组					
一级	196156	5748	27225	35754	1081261
二级	1109553	35950	38234	59305	2606841
三级	539706	21873	30571	26062	2681302
四级	12033	17	1787	1220	73441
暂定	78207	0	91677	18555	556466
其他	20654	950	10860	0	36165
四、按隶属关系分组					
中央	0	0	0	0	0
省(自治区、直辖市)	41473	12751	3195	10415	100766
地(区、市、州、盟)	85061	0	2604	10391	490809
县(区、市、旗)	297950	847	10560	27267	1114981
街道	5776	0	0	0	4753
镇	1180	0	1178	0	12210
乡					
居委会					
村委会	0	0	0	0	0
其他	1524869	50940	182817	92823	5311957

房地产开发企业主要指标(二)(续表9)

计量单位:平方米

指标名称	住宅销售面积	办公楼销售面积	商业营业用房销售面积	其他用房销售面积	现房销售面积总计
二、按控股情况分组					
国有控股	1060431	35354	22479	4731	463252
集体控股	267715	0	26731	3100	70024
私人控股	4040648	56895	155357	31195	676208
港澳台商控股	663914	58524	5252	8710	125974
外商控股	313187	912	14169	0	58104
其他	245255	3396	16340	1181	9598
三、按资质等级分组					
一级	1027507	33476	16007	4271	317049
二级	2504224	46855	46171	9591	469485
三级	2496877	43653	111512	29260	483012
四级	63288	0	10153	0	22309
暂定	465218	31097	55537	4614	108708
其他	34036	0	948	1181	2597
四、按隶属关系分组					
中央	0	0	0	0	0
省(自治区、直辖市)	99606	0	670	490	3236
地(区、市、州、盟)	469543	5274	9303	6689	232206
县(区、市、旗)	1093789	408	17208	3576	343094
街道	4753	0	0	0	0
镇	8460	0	3750	0	12210
乡					
居委会					
村委会	0	0	0	0	0
其他	4914999	149399	209397	38162	812414

房地产开发企业主要指标(二)(续表10)

计量单位:平方米

指标名称	住宅现房销售面积	办公楼现房销售面积	商业营业用房现房销售面积	其他用房现房销售面积	期房销售面积总计
二、按控股情况分组					
国有控股	415519	25753	17833	4147	659743
集体控股	44148	0	25876	0	227522
私人控股	582638	34019	56342	3209	3607887
港澳台商控股	114848	1402	3888	5836	610426
外商控股	44546	0	13558	0	270164
其他	6732	2348	518	0	256574
三、按资质等级分组					
一级	277332	25471	10841	3405	764212
二级	406743	36766	24423	1553	2137356
三级	419243	1285	54508	7976	2198290
四级	12156	0	10153	0	51132
暂定	91308	0	17142	258	447758
其他	1649	0	948	0	33568
四、按隶属关系分组					
中央	0	0	0	0	0
省(自治区、直辖市)	3236	0	0	0	97530
地(区、市、州、盟)	217401	2630	5540	6635	258603
县(区、市、旗)	328565	408	13645	476	771887
街道	0	0	0	0	4753
镇	8460	0	3750	0	0
乡					
居委会					
村委会	0	0	0	0	0
其他	650769	60484	95080	6081	4499543

房地产开发企业主要指标(二)(续表11)

计量单位:平方米

指标名称	住宅期房销售面积	办公楼期房销售面积	商业营业用房期房销售面积	其他用房期房销售面积	商品住宅销售套数(套)
二、按控股情况分组					
国有控股	644912	9601	4646	584	11595
集体控股	223567	0	855	3100	2407
私人控股	3458010	22876	99015	27986	42098
港澳台商控股	549066	57122	1364	2874	6135
外商控股	268641	912	611	0	3030
其他	238523	1048	15822	1181	2298
三、按资质等级分组					
一级	750175	8005	5166	866	10820
二级	2097481	10089	21748	8038	26872
三级	2077634	42368	57004	21284	24911
四级	51132	0	0	0	672
暂定	373910	31097	38395	4356	3995
其他	32387	0	0	1181	293
四、按隶属关系分组					
中央	0	0	0	0	0
省(自治区、直辖市)	96370	0	670	490	1273
地(区、市、州、盟)	252142	2644	3763	54	4638
县(区、市、旗)	765224	0	3563	3100	11709
街道	4753	0	0	0	42
镇	0	0	0	0	81
乡					
居委会					
村委会	0	0	0	0	0
其他	4264230	88915	114317	32081	49820

房地产开发企业主要指标(二)(续表 12)

计量单位:平方米

指标名称	空置面积总计	住宅空置面积	办公楼空置面积	商业营业用房空置面积	其他用房空置面积
二、按控股情况分组					
国有控股	215671	185949	1583	16301	11838
集体控股	24000	11340	0	9760	2900
私人控股	451127	313847	302	117995	18983
港澳台商控股	191807	161664	3190	24553	2400
外商控股	33522	33522	0	0	0
其他	55309	7116	7870	38129	2194
三、按资质等级分组					
一级	174138	130640	9453	23805	10240
二级	300896	228320	3190	56803	12583
三级	471834	343649	302	115887	11996
四级	10831	4143	0	6688	0
暂定	10246	5330	0	1420	3496
其他	3491	1356	0	2135	0
四、按隶属关系分组					
中央	0	0	0	0	0
省(自治区、直辖市)	0	0	0	0	0
地(区、市、州、盟)	108615	100861	0	5319	2435
县(区、市、旗)	231707	194230	0	23817	13660
街道	947	947	0	0	0
镇	5917	2067	0	3850	0
乡					
居委会					
村委会	1204	1204	0	0	0
其他	623046	414129	12945	173752	22220

房地产开发企业财务状况(一)

计量单位:千元

指标名称	企业数(个)	年末从业人员数(人)	资产总计	流动资产合计	存货
总　计	**678**	**21174**	**232815868**	**205952103**	**126782573**
一、按登记注册类型分组					
内资企业	563	17404	186360522	165427424	100972655
国有企业	62	1794	22987399	21455678	15890271
集体企业	9	80	444860	434664	129679
股份合作企业	4	65	1340194	1328781	1186138
联营企业	1	12	6956	5940	
国有联营企业					
集体联营企业					
国有与集体联营企业	1	12	6956	5940	
其他联营企业					
有限责任公司	203	6211	80328495	69907717	41734713
国有独资公司	3	86	1066877	915503	735855
其他有限责任公司	200	6125	79261618	68992214	40998858
股份有限公司	37	1672	14523180	13554275	7515882
私营企业	245	7531	65729890	57801873	33947521
私营独资企业	6	174	3083921	3044194	1875336
私营合伙企业	1	10	19180	19115	
私营有限责任公司	226	7049	58626301	52625732	31011208
私营股份有限公司	12	298	4000488	2112832	1060977
其他企业	2	39	999548	938496	568451
港、澳、台商投资企业	71	1856	23332054	20250920	12538264
合资经营企业(港或澳、台资)	38	940	12877522	11719252	7996181
合作经营企业(港或澳、台资)					
港、澳、台商独资经营企业	32	872	10018280	8096718	4137206
港、澳、台商投资股份有限公司	1	44	436252	434950	404877
外商投资企业	44	1914	23123292	20273759	13271654
中外合资经营企业	25	713	9110925	7550936	3994858
中外合作经营企业	1	1			
外资企业	18	1200	14012367	12722823	9276796
外商投资股份有限公司					

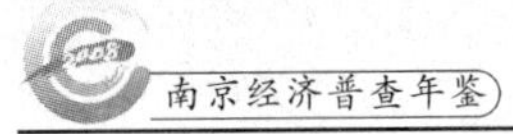

房地产开发企业财务状况(一)(续表1)

计量单位:千元

指标名称	固定资产原价	累计折旧	本年折旧	负债合计	所有者权益合计	实收资本
总　计	**8068160**	**1717855**	**408133**	**181524863**	**51291005**	**35696133**
一、按登记注册类型分组						
内资企业	5819122	1236649	303255	147345432	39015090	25610076
国有企业	683004	172295	32456	19073137	3914262	3274052
集体企业	5329	3929	503	409984	34876	36850
股份合作企业	6458	3309	888	1215274	124920	115000
联营企业	553	34		97	6859	10090
国有联营企业						
集体联营企业						
国有与集体联营企业	553	34		97	6859	10090
其他联营企业						
有限责任公司	2358489	392804	120756	60991539	19336956	11270788
国有独资公司	12133	3570	755	811053	255824	153058
其他有限责任公司	2346356	389234	120001	60180486	19081132	11117730
股份有限公司	576868	139366	19327	10782105	3741075	2567709
私营企业	2186046	524316	128938	54192073	11537817	7965587
私营独资企业	54316	19218	2336	2296415	787506	503210
私营合伙企业	61	23	11	14798	4382	10000
私营有限责任公司 1957603	477444	121215	48348070	10278231	7030847	
私营股份有限公司	174066	27631	5376	3532790	467698	421530
其他企业	2375	596	387	681223	318325	370000
港、澳、台商投资企业	983716	171486	48453	19228796	4103258	2708797
合资经营企业(港或澳、台资)	450123	70008	16729	10288626	2588896	1642512
合作经营企业(港或澳、台资)						
港、澳、台商独资经营企业	532287	101018	31497	8536744	1481536	1013126
港、澳、台商投资股份有限公司	1306	460	227	403426	32826	53159
外商投资企业	1265322	309720	56425	14950635	8172657	7377260
中外合资经营企业	498592	119928	23176	6599018	2511907	2037077
中外合作经营企业					0	
外资企业	766730	189792	33249	8351617	5660750	5340183
外商投资股份有限公司						

房地产开发企业财务状况(一)(续表2)

计量单位:千元

指标名称	主营业务收入				
	合计	土地转让收入	商品房屋销售收入	房屋出租收入	其他收入
总　计	**60501944**	**377796**	**58917973**	**135277**	**1070898**
一、按登记注册类型分组					
内资企业	48776330	377796	47492516	84568	821450
国有企业	4626010	177148	4397296	4370	47196
集体企业	72604	1188	71176		240
股份合作企业	506565		506565		
联营企业	415				415
国有联营企业					
集体联营企业					
国有与集体联营企业	415				415
其他联营企业					
有限责任公司	22231141	199460	21727118	67007	237556
国有独资公司	273924		273924		
其他有限责任公司	21957217	199460	21453194	67007	237556
股份有限公司	4591803		4428206	12000	151597
私营企业	16424994		16039357	1191	384446
私营独资企业	1568634		1568634		
私营合伙企业					
私营有限责任公司	14102157		13725700	991	375466
私营股份有限公司	754203		745023	200	8980
其他企业	322798		322798		
港、澳、台商投资企业	5841422		5735070	40603	65749
合资经营企业(港或澳、台资)	2275881		2232403	21894	21584
合作经营企业(港或澳、台资)					
港、澳、台商独资经营企业	3457751		3394877	18709	44165
港、澳、台商投资股份有限公司	107790		107790		
外商投资企业	5884192		5690387	10106	183699
中外合资经营企业	2284419		2243803		40616
中外合作经营企业					
外资企业	3599773		3446584	10106	143083
外商投资股份有限公司					

房地产开发企业财务状况(一)(续表3)

计量单位：千元

指标名称	主营业务成本	主营业务税金及附加	主营业务利润	其他业务利润	销售费用
总　计	**41211532**	**4251128**	**13616842**	**693468**	**1534388**
一、按登记注册类型分组					
内资企业	33517003	3474383	10730980	634899	1165910
国有企业	3149111	311343	1073689	13368	92333
集体企业	39026	3429	29610	472	539
股份合作企业	348704	44150	113648		5679
联营企业		23	392		0
国有联营企业					
集体联营企业					
国有与集体联营企业		23	392		0
其他联营企业					
有限责任公司	15105465	1516055	5109927	68835	529238
国有独资公司	154701	17812	94920	2472	6491
其他有限责任公司	14950764	1498243	5015007	66363	522747
股份有限公司	3018741	377698	1070425	42527	124939
私营企业	11604724	1203973	3291700	509697	400917
私营独资企业	1106847	101836	342976	8600	16975
私营合伙企业					0
私营有限责任公司	9966333	1049635	2795443	501025	363610
私营股份有限公司	531544	52502	153281	72	20332
其他企业	251232	17712	41589		12265
港、澳、台商投资企业	3927863	344144	1422733	20318	146682
合资经营企业(港或澳、台资)	1537171	164556	509582	18494	64572
合作经营企业(港或澳、台资)					
港、澳、台商独资经营企业	2322960	171587	887956	1824	75248
港、澳、台商投资股份有限公司	67732	8001	25195		6862
外商投资企业	3766666	432601	1463129	38251	221796
中外合资经营企业	1265743	224043	715858	35344	78775
中外合作经营企业					
外资企业	2500923	208558	747271	2907	143021
外商投资股份有限公司					

房地产开发企业财务状况(一)(续表4)

计量单位:千元

指标名称	管理费用	其中:税金	差旅费	工会经费	财务费用
总　计	**2937183**	**190173**	**86243**	**17043**	**737767**
一、按登记注册类型分组					
内资企业	2268381	137379	64591	13521	577624
国有企业	200926	13892	4734	2282	86679
集体企业	5751	560	34	19	-616
股份合作企业	11795	736	151	65	-808
联营企业	421	5	45	0	0
国有联营企业					
集体联营企业					
国有与集体联营企业	421	5	45	0	0
其他联营企业					
有限责任公司	908086	69728	29729	6210	277344
国有独资公司	21194	505	98	101	-24
其他有限责任公司	886892	69223	29631	6109	277368
股份有限公司	254499	5648	7681	1968	22547
私营企业	879737	45998	21600	2977	192481
私营独资企业	29059	2055	781	248	20175
私营合伙企业	1103	0	0	0	3444
私营有限责任公司	793153	40600	18930	2570	142417
私营股份有限公司	56422	3343	1889	159	26445
其他企业	7166	812	617	0	-3
港、澳、台商投资企业	312876	25165	13752	1087	59273
合资经营企业(港或澳、台资)	151590	6512	5610	516	17938
合作经营企业(港或澳、台资)					
港、澳、台商独资经营企业	155487	17577	7775	506	42155
港、澳、台商投资股份有限公司	5799	1076	367	65	-820
外商投资企业	355926	27629	7900	2435	100870
中外合资经营企业	142064	9117	3604	668	53697
中外合作经营企业	0	0	0	0	0
外资企业	213862	18512	4296	1767	47173
外商投资股份有限公司					

房地产开发企业财务状况(一)(续表5)

计量单位:千元

指标名称	其中:利息支出	营业利润	投资收益	利润总额	应交所得税
总 计	**508388**	**10522665**	**160670**	**10503170**	**2279692**
一、按登记注册类型分组					
内资企业	445457	8407179	148439	8385305	1771262
国有企业	76629	798237	6493	816598	86853
集体企业	－617	24947		24991	3929
股份合作企业	－808	97045		96247	24173
联营企业	0	－29		－29	
国有联营企业					
集体联营企业					
国有与集体联营企业	0	－29		－29	
其他联营企业					
有限责任公司	243923	3963788	121009	3909753	877363
国有独资公司	－35	76222	－7239	69702	17878
其他有限责任公司	243958	3887566	128248	3840051	859485
股份有限公司	－3839	835906	－2129	839369	176973
私营企业	130172	2652859	23066	2663950	599773
私营独资企业	20175	302342		303878	74604
私营合伙企业	0	－4547		－4677	
私营有限责任公司	83637	2288034	23066	2302707	513407
私营股份有限公司	26360	67030		62042	11762
其他企业	－3	34426		34426	2198
港、澳、台商投资企业	31656	1070902	8484	1072699	238619
合资经营企业(港或澳、台资)	2159	358548	8314	358021	127070
合作经营企业(港或澳、台资)					
港、澳、台商独资经营企业	30317	692138	170	694462	111549
港、澳、台商投资股份有限公司	－820	20216		20216	
外商投资企业	31275	1044584	3747	1045166	269811
中外合资经营企业	20982	555441	3493	552817	166249
中外合作经营企业	0	0			
外资企业	10293	489143	254	492349	103562
外商投资股份有限公司					

房地产开发企业财务状况(一)(续表6)

计量单位:千元

指标名称	劳动、失业保险费	住房公积金及住房补贴	应付工资总额	应付福利费总额	全部从业人员年平均人数(人)
总　计	**113725**	**45415**	**1059752**	**112809**	**18685**
一、按登记注册类型分组					
内资企业	93044	38884	831274	91140	15576
国有企业	14328	5697	90691	9007	1650
集体企业	262	128	2661	343	80
股份合作企业	164	93	4664	721	118
联营企业	14	0	241	11	12
国有联营企业					
集体联营企业					
国有与集体联营企业	14	0	241	11	12
其他联营企业					
有限责任公司	38600	17379	350271	37789	5385
国有独资公司	1248	518	6659	2576	93
其他有限责任公司	37352	16861	343612	35213	5292
股份有限公司	15373	7899	104280	10732	1688
私营企业	24300	7688	276492	32261	6610
私营独资企业	616	34	6788	832	145
私营合伙企业	27	0	69	9	4
私营有限责任公司	22565	7154	254038	30268	6209
私营股份有限公司	1092	500	15597	1152	252
其他企业	3	0	1974	276	33
港、澳、台商投资企业	8684	2692	114611	11248	1775
合资经营企业(港或澳、台资)	5060	1634	56722	5650	946
合作经营企业(港或澳、台资)					
港、澳、台商独资经营企业	3289	731	55055	5202	792
港、澳、台商投资股份有限公司	335	327	2834	396	37
外商投资企业	11997	3839	113867	10421	1334
中外合资经营企业	5021	1810	42076	3630	619
中外合作经营企业			0		
外资企业	6976	2029	71791	6791	715
外商投资股份有限公司					

房地产开发企业财务状况(二)

计量单位:千元

指标名称	企业数(个)	年末从业人员数(人)	资产总计	流动资产合计	
					存货
二、按控股情况分组					
国有控股	118	3535	56715688	51028170	33293692
集体控股	36	1137	8335094	7553001	3992898
私人控股	359	11075	109371057	96903247	56195281
港澳台商控股	72	1870	23494961	20413544	12554589
外商控股	40	1790	21075486	18620477	13187736
其他	53	1767	13823582	11433664	7558377
三、按资质等级分组					
一级	26	2546	41377519	34452710	20214737
二级	155	7318	89357678	79436262	45439729
三级	331	8040	63021262	57120557	37055634
四级	12	105	437824	428248	189975
暂定	86	2021	31265835	29778845	22185884
其他	68	1144	7355750	4735481	1696614
四、按隶属关系分组					
中央	4	69	1434664	1393798	1126691
省(自治区、直辖市)	34	988	15699489	13215987	8554437
地(区、市、州、盟)	41	1770	17767580	16441224	11194779
县(区、市、旗)	74	2105	27786070	24868941	15859962
街道	10	88	875903	859810	538529
镇	2	15	100062	95671	74546
乡					
居委会					
村委会	1	9	48843	26797	16212
其他	512	16130	169103257	149049875	89417417

房地产开发企业财务状况(二)(续表1)

计量单位:千元

指标名称	固定资产原价	累计折旧	本年折旧	负债合计	所有者权益合计	实收资本
二、按控股情况分组						
国有控股	1086979	294182	60676	42348324	14367364	8815893
集体控股	486391	96585	11083	7240864	1094230	617414
私人控股	2889079	724215	178224	88862412	20508645	13284428
港澳台商控股	985081	172627	48634	19307080	4187881	2730797
外商控股	1209502	291504	53035	12803745	8271741	7792967
其他	1411128	138742	56481	10962438	2861144	2454634
三、按资质等级分组						
一级	1382635	338280	50612	32000788	9376731	4525530
二级	3178749	624520	164484	71149201	18208477	12327244
三级	2456795	582815	153105	51195486	11825776	9333916
四级	9919	4315	934	412575	25249	63300
暂定	400847	49763	17589	21786637	9479198	7546482
其他	639215	118162	21409	4980176	2375574	1899661
四、按隶属关系分组						
中央	11836	3582	463	1201223	233441	200000
省(自治区、直辖市)	484113	94244	18251	11273497	4425992	3580490
地(区、市、州、盟)	502518	96386	18302	14927877	2839703	1858689
县(区、市、旗)	732691	202792	45313	20080240	7705830	2940771
街道	5409	2897	404	542394	333509	329000
镇	136	49	33	94594	5468	4800
乡						
居委会						
村委会	8541	1338	165	30711	18132	20500
其他	6322916	1316567	325202	133374327	35728930	26761883

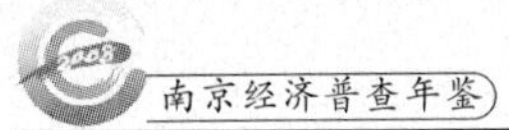

房地产开发企业财务状况(二)(续表2)

计量单位:千元

指标名称	主营业务收入				
	合计	土地转让收入	商品房屋销售收入	房屋出租收入	其他收入
二、按控股情况分组					
国有控股	11176303	376608	10663352	16459	119884
集体控股	2376037	1188	2288194	2549	84106
私人控股	32221511		31633091	1191	587229
港澳台商控股	5849854		5743070	41035	65749
外商控股	5346928		5153123	10106	183699
其他	3531311		3437143	63937	30231
三、按资质等级分组					
一级	8755357		8478915	30709	245733
二级	26961804	299460	26194352	54573	413419
三级	18513184	78336	18101616	7561	325671
四级	213561		213561		
暂定	5408763		5351497	22675	34591
其他	649275		578032	19759	51484
四、按隶属关系分组					
中央	6354		6354		
省(自治区、直辖市)	2156843		2123860	3372	29611
地(区、市、州、盟)	4697593	100000	4420507		177086
县(区、市、旗)	8157704	77148	7947581	1347	131628
街道	117092	1188	115557		347
镇	46524		46524		
乡					
居委会					
村委会	8038		5838	2200	
其他	45311796	199460	44251752	128358	732226

房地产开发企业财务状况(二)(续表3)

计量单位:千元

指标名称	主营业务成本	主营业务税金及附加	主营业务利润	其他业务利润	销售费用
二、按控股情况分组					
国有控股	7274771	850110	2793532	24959	258918
集体控股	1668830	168346	494428	36558	54433
私人控股	22530265	2269135	6742012	553327	781017
港澳台商控股	3933858	344696	1424551	22151	146749
外商控股	3460080	369372	1314926	29941	202550
其他	2343728	249469	847393	26532	90721
三、按资质等级分组					
一级	5595506	646046	2289593	40212	256183
二级	18296460	1868337	6278231	170681	558053
三级	13124423	1316658	3561322	57558	551391
四级	169091	15144	20127	14	9287
暂定	3612215	364547	1296263	14436	135738
其他	413837	40396	171306	410567	23736
四、按隶属关系分组					
中央	1967	440	3928	17	19
省(自治区、直辖市)	1473038	142987	495104	6724	45714
地(区、市、州、盟)	3149768	288043	1152997	45797	106785
县(区、市、旗)	5685579	587492	1709879	23725	210380
街道	74437	5917	36430	1348	308
镇	35635	3162	7171	1	556
乡					
居委会					
村委会	6542	318	1178		0
其他	30784566	3222769	10210155	615856	1170626

房地产开发企业财务状况(二)(续表4)

计量单位:千元

指标名称	管理费用	其中:税金	差旅费	工会经费	财务费用
二、按控股情况分组					
国有控股	568809	30670	13555	4696	173450
集体控股	151111	3900	2312	292	11647
私人控股	1382391	88306	40334	8288	307258
港澳台商控股	315777	25199	13752	1087	59271
外商控股	320524	21966	7436	2262	102887
其他	198571	20132	8854	418	83254
三、按资质等级分组					
一级	424782	25088	15638	3550	287481
二级	1190377	62675	32647	6868	243755
三级	965579	70638	29072	5030	110512
四级	9856	310	170	12	331
暂定	235148	24833	5903	693	41911
其他	111441	6629	2813	890	53777
四、按隶属关系分组					
中央	4459	215	141	41	-250
省(自治区、直辖市)	137758	6798	2351	1125	24280
地(区、市、州、盟)	185532	15945	6383	3889	57189
县(区、市、旗)	381646	19153	10003	2134	110403
街道	7594	1064	102	12	-471
镇	1740	63	30	14	-6
乡					
居委会					
村委会	1018	4	96	0	-25
其他	2217436	146931	67137	9828	546647

房地产开发企业财务状况(二)(续表5)

计量单位:千元

指标名称	其中:利息支出	营业利润	投资收益	利润总额	应交所得税
二、按控股情况分组					
国有控股	141160	2074455	120052	2176915	370162
集体控股	9386	358228		349004	50966
私人控股	225997	5504772	28296	5421357	1243890
港澳台商控股	31654	1071654	8484	1072913	238673
外商控股	33576	921456	3747	919231	232606
其他	66615	592100	91	563750	143395
三、按资质等级分组					
一级	233781	1585571	82628	1640762	407401
二级	147542	4975503	32143	4897128	1073771
三级	62581	2501430	14933	2512380	531034
四级	331	9866		5522	4325
暂定	31738	1033640	23413	1031583	226541
其他	32415	416655	7553	415795	36620
四、按隶属关系分组					
中央	-250	-1013	-749	-637	486
省(自治区、直辖市)	14417	339790	45345	378367	78238
地(区、市、州、盟)	53693	956073	4016	963286	150378
县(区、市、旗)	106668	1205929	80146	1252151	220238
街道	-552	30655		28017	4565
镇	-6	5438		1993	675
乡					
居委会					
村委会	-25	185		117	
其他	334443	7985608	31912	7879876	1825112

房地产开发企业财务状况(二)(续表6)

计量单位:千元

指标名称	劳动、失业保险费	住房公积金及住房补贴	应付工资总额	应付福利费总额	全部从业人员年平均人数(人)
二、按控股情况分组					
国有控股	26202	16043	261392	24447	3447
集体控股	12843	6068	46535	7472	1270
私人控股	47599	14681	483336	54932	10027
港澳台商控股	8767	2709	115178	11274	1789
外商控股	11066	3678	100737	9368	1144
其他	7248	2236	52574	5316	1008
三、按资质等级分组					
一级	13860	11605	181307	15459	2288
二级	51794	17962	423750	51709	7070
三级	37166	11785	327066	33584	6705
四级	242	198	3980	306	119
暂定	8395	3102	99177	9522	1943
其他	2268	763	24472	2229	560
四、按隶属关系分组					
中央	352	148	3040	250	71
省(自治区、直辖市)	7425	3814	58485	6269	898
地(区、市、州、盟)	16436	7941	78727	12446	1773
县(区、市、旗)	18502	8849	144579	13001	2134
街道	324	466	3988	374	94
镇	25	25	1803	135	36
乡					
居委会					
村委会		0	162	22	9
其他	70661	24172	768968	80312	13670

房地产物业管理企业主要指标(一)

指标名称	企业个数（个）	年末从业人员数（人）	在管物业占地面（平方米）	在管房屋建筑面积（平方米）	住宅
总　计	**626**	**41647**	**94730169**	**142094730**	**82063219**
一、按登记注册类型分组					
内资企业	617	41178	94506437	141441299	81643207
国有企业	57	5744	7411118	12649948	4762829
集体企业	23	1663	5619833	5338796	3412866
股份合作企业	7	698	1311133	2208669	1197503
联营企业	2	328	110914	635079	386635
国有联营企业					
集体联营企业	1	239	72286	596451	386635
国有与集体联营企业	1	89	38628	38628	
其他联营企业					
有限责任公司	170	14619	36073904	49329445	26947207
国有独资公司	5	465	663858	787928	603243
其他有限责任公司	165	14154	35410046	48541517	26343964
股份有限公司	15	1786	11776613	14308732	8302465
私营企业	332	15136	31635064	50024830	30387553
私营独资企业	21	399	1924098	1867956	1533751
私营合伙企业	10	119	58000	148100	122500
私营有限责任公司	281	13911	28763264	46162359	27902707
私营股份有限公司	20	707	889702	1846415	828595
其他企业	11	1204	567858	6945800	6246149
港、澳、台商投资企业	5	226	157732	583431	420012
合资经营企业(港或澳、台资)	2	120	151847	506831	405250
合作经营企业(港或澳、台资)					
港、澳、台商独资经营企业	3	106	5885	76600	14762
港、澳、台商投资股份有限公司					
外商投资企业	4	243	66000	70000	
中外合资经营企业	1	49	58000	60000	
中外合作经营企业					
外资企业	3	194	8000	10000	
外商投资股份有限公司					

房地产物业管理企业主要指标(一)(续表1)

指标名称				固定资产原价(千元)	本年折旧(千元)
	办公用房	商业营业用房	厂房		
总　计	**29849067**	**8075122**	**7303024**	**616462**	**50389**
一、按登记注册类型分组					
内资企业	29723822	7968049	7303024	535249	46421
国有企业	3769671	78003	192444	99959	6971
集体企业	670882	58894	60000	24425	6488
股份合作企业	38816	103000		6714	1313
联营企业	209816		38628	46052	1227
国有联营企业					
集体联营企业	209816			526	209
国有与集体联营企业			38628	45526	1018
其他联营企业					
有限责任公司	16922848	1673272	1361600	134632	13320
国有独资公司	162585		22000	9271	466
其他有限责任公司	16760263	1673272	1339600	125361	12854
股份有限公司	885841	2138300	2522123	3306	675
私营企业	6701397	3886130	3128229	218488	16104
私营独资企业	306975	25189		1280	339
私营合伙企业	21600	2000		1222	22
私营有限责任公司	6245641	3823483	3128229	208260	14909
私营股份有限公司	127181	35458		7726	834
其他企业	524551	30450		1673	323
港、澳、台商投资企业	65245	97073		21736	1072
合资经营企业(港或澳、台资)	11507	90073		294	50
合作经营企业(港或澳、台资)					
港、澳、台商独资经营企业	53738	7000		21442	1022
港、澳、台商投资股份有限公司					
外商投资企业	60000	10000		59477	2896
中外合资经营企业	60000			13747	1848
中外合作经营企业					
外资企业		10000		45730	1048
外商投资股份有限公司					

房地产物业管理企业主要指标(一)(续表2)

计量单位:千元

指标名称	实收资本	营业收入		主营业务成本	主营业务税金及附加
			主营业务收入		
总　计	**1452763**	**2330268**	**2289638**	**1575106**	**131097**
一、按登记注册类型分组					
内资企业	1336312	2305194	2264664	1560130	129794
国有企业	283300	236992	231674	168696	12688
集体企业	61638	517396	515217	438347	24666
股份合作企业	28180	42758	35334	27278	2031
联营企业	50000	17594	17594	15226	550
国有联营企业					
集体联营企业	5000	4069	4069	4459	238
国有与集体联营企业	45000	13525	13525	10767	312
其他联营企业					
有限责任公司	359363	606745	593491	353356	33954
国有独资公司	15897	20378	19765	12530	1099
其他有限责任公司	343466	586367	573726	340826	32855
股份有限公司	17518	68309	68309	45480	3832
私营企业	523060	789765	778234	492384	50614
私营独资企业	14422	12082	11826	6407	898
私营合伙企业	5606	6176	6176	1739	251
私营有限责任公司	479212	739048	731904	467939	47921
私营股份有限公司	23820	32459	28328	16299	1544
其他企业	13253	25635	24811	19363	1459
港、澳、台商投资企业	39758	10342	10242	6024	493
合资经营企业(港或澳、台资)	8772	4129	4029	4444	208
合作经营企业(港或澳、台资)					
港、澳、台商独资经营企业	30986	6213	6213	1580	285
港、澳、台商投资股份有限公司					
外商投资企业	76693	14732	14732	8952	810
中外合资经营企业	49800	8058	8058	2676	210
中外合作经营企业					
外资企业	26893	6674	6674	6276	600
外商投资股份有限公司					

房地产物业管理企业主要指标(一)(续表 3)

计量单位:千元

指标名称	营业费用、管理费用、财务费用合计	营业利润	职工工资和福利费	全部从业人员年平均人数(人)
总　计	**618284**	**44763**	**794592**	**41155**
一、按登记注册类型分组				
内资企业	594977	53644	788043	40648
国有企业	66437	-2958	118464	5759
集体企业	30055	28081	55276	1618
股份合作企业	8176	748	23091	1468
联营企业	2719	-901	4342	328
国有联营企业				
集体联营企业	874	-1502	2270	239
国有与集体联营企业	1845	601	2072	89
其他联营企业				
有限责任公司	214129	26230	266583	13894
国有独资公司	4095	2654	6240	464
其他有限责任公司	210034	23576	260343	13430
股份有限公司	16794	2271	35458	1781
私营企业	249868	2475	270850	14609
私营独资企业	3301	1286	6570	330
私营合伙企业	2251	1935	1767	113
私营有限责任公司	236021	-4836	253217	13500
私营股份有限公司	8295	4090	9296	666
其他企业	6799	-2302	13979	1191
港、澳、台商投资企业	5040	-1197	4120	240
合资经营企业(港或澳、台资)	1440	-1964	1889	120
合作经营企业(港或澳、台资)				
港、澳、台商独资经营企业	3600	767	2231	120
港、澳、台商投资股份有限公司				
外商投资企业	18267	-7684	2429	267
中外合资经营企业	6393	4161	878	49
中外合作经营企业				
外资企业	11874	-11845	1551	218
外商投资股份有限公司				

房地产物业管理企业主要指标(二)

指标名称	企业个数（个）	年末从业人员数（人）	在管物业占地面（平方米）	在管房屋建筑面积（平方米）	住宅
二、按控股情况分组					
国有控股	88	8476	10517602	16805440	7313044
集体控股	62	4312	10701176	15976612	11200522
私人控股	406	21485	57814504	85446094	46153582
港澳台商控股	5	226	157732	583431	420012
外商控股	4	243	66000	70000	
其他	61	6905	15473155	23213153	16976059
三、按资质等级分组					
一级	23	10778	21190991	42739162	23841999
二级	55	8260	23898710	27578928	18229115
三级	342	16950	40380337	58208502	33870154
其他	206	5659	9260131	13568138	6121951
四、按隶属关系分组					
中央	4	492	768754	847110	632966
省(自治区、直辖市)	34	5205	5695448	8239774	1333355
地(区、市、州、盟)	38	2132	3585260	4900014	3781028
县(区、市、旗)	51	2276	4205681	8560154	6152344
街道	8	706	3733877	4801712	3215870
镇	1	11	6500	30000	28000
乡					
居委会	6	108	146180	210936	204610
村委会					
其他	484	30717	76588469	114505030	66715046

房地产物业管理企业主要指标(二)(续表1)

指标名称				固定资产原价(千元)	本年折旧(千元)
	办公用房	商业营业用房	厂房		
二、按控股情况分组					
国有控股	4407951	216757	303072	159920	9206
集体控股	1268503	494029	85823	43731	9394
私人控股	19257527	6790645	6197129	281018	23978
港澳台商控股	65245	97073		21736	1072
外商控股	60000	10000		59477	2896
其他	4789841	466618	717000	50580	3843
三、按资质等级分组					
一级	8760072	3324939	3533300	22833	2970
二级	4751045	1513117	983400	32939	5362
三级	10794121	2989031	2058714	366395	28320
其他	5543829	248035	727610	194295	13737
四、按隶属关系分组					
中央	149310		64834	1270	273
省(自治区、直辖市)	4188312	37090		31309	5003
地(区、市、州、盟)	542796	263678	61138	71044	3619
县(区、市、旗)	217696	544290	160823	60447	3278
街道	13400	3560		1298	171
镇		2000		6	1
乡					
居委会	1626	4700		3480	83
村委会					
其他	24735927	7219804	7016229	447608	37961

房地产物业管理企业主要指标(二)(续表2)

计量单位:千元

指标名称	实收资本	营业收入	主营业务收入	主营业务成本	主营业务税金及附加
二、按控股情况分组					
国有控股	372777	351657	345608	248247	18476
集体控股	133168	628119	616760	500228	30734
私人控股	695136	1008776	992611	615938	63608
港澳台商控股	39758	10342	10242	6024	493
外商控股	76693	14732	14732	8952	810
其他	135231	316642	309685	195717	16976
三、按资质等级分组					
一级	187055	378274	370322	284795	20982
二级	165839	258467	255466	172635	13970
三级	694467	1202255	1182546	791861	61301
其他	405402	491272	481304	325815	34844
四、按隶属关系分组					
中央	3967	47379	47379	45389	2560
省(自治区、直辖市)	62802	183510	182285	125586	10864
地(区、市、州、盟)	211816	103605	99453	63357	4586
县(区、市、旗)	99133	77699	75555	38284	4130
街道	6615	10611	10237	3960	541
镇	500	143	143	86	1
乡					
居委会	3350	2806	2626	1899	114
村委会					
其他	1064580	1904515	1871960	1296545	108301

房地产物业管理企业主要指标(二)(续表3)

计量单位:千元

指标名称	营业费用、管理费用、财务费用合计	营业利润	职工工资和福利费	全部从业人员年平均人数(人)
二、按控股情况分组				
国有控股	94894	772	160597	8386
集体控股	78264	16936	108538	4959
私人控股	319945	14106	382217	20848
港澳台商控股	5040	-1197	4120	240
外商控股	18267	-7684	2429	267
其他	101874	21830	136691	6455
三、按资质等级分组				
一级	50809	21321	220155	10307
二级	102857	-30118	145316	8117
三级	293625	76083	320564	16604
其他	170993	-22523	108557	6127
四、按隶属关系分组				
中央	4564	-4912	15051	560
省(自治区、直辖市)	37039	15520	96564	5157
地(区、市、州、盟)	39804	-3609	43809	2149
县(区、市、旗)	46588	-5865	36500	2072
街道	13715	-7525	10093	652
镇	26	30	50	11
乡				
居委会	198	415	1644	92
村委会				
其他	476350	50709	590881	30462

房地产中介服务企业主要指标(一)

指标名称	企业个数（个）	年末从业人员数（人）	房屋代理销售		
			成交合同面积(平方米)	成交合同数（个）	成交合同金额(千元)
总　计	**497**	**7285**	**1729767**	**16069**	**10939558**
一、按登记注册类型分组					
内资企业	489	6477	1416632	12420	8062898
国有企业	10	310	34320	282	247240
集体企业	8	226			
股份合作企业	6	101	1000	12	500
联营企业	1	4			
国有联营企业					
集体联营企业					
国有与集体联营企业					
其他联营企业	1	4			
有限责任公司	39	837	107477	944	767737
国有独资公司					
其他有限责任公司	39	837	107477	944	767737
股份有限公司	12	489	103231	1217	653960
私营企业	400	4461	1169333	9953	6385705
私营独资企业	31	145	3397	42	18176
私营合伙企业	16	237	1907	20	7742
私营有限责任公司	339	3920	1138959	9709	6267957
私营股份有限公司	14	159	25070	182	91830
其他企业	13	49	1271	12	7756
港、澳、台商投资企业	5	387	8500	102	352990
合资经营企业(港或澳、台资)					
合作经营企业(港或澳、台资)					
港、澳、台商独资经营企业	4	381	7000	87	340990
港、澳、台商投资股份有限公司	1	6	1500	15	12000
外商投资企业	3	421	304635	3547	2523670
中外合资经营企业	1	20	4635	47	23670
中外合作经营企业					
外资企业	2	401	300000	3500	2500000
外商投资股份有限公司					

房地产中介服务企业主要指标(一)(续表1)

计量单位:千元

指标名称	房屋代理出租			固定资产原价	本年折旧
	成交合同面积(平方米)	成交合同数(个)	成交合同金额		
总　计	**1557664**	**19992**	**1108416**	**928872**	**86400**
一、按登记注册类型分组					
内资企业	965664	14377	91736	582551	38494
国有企业	2500	20	3000	65557	4344
集体企业	5500	50	1500	94275	2437
股份合作企业	31500	365	252	1653	251
联营企业				619	114
国有联营企业					
集体联营企业					
国有与集体联营企业					
其他联营企业				619	114
有限责任公司	67631	623	6201	92448	11007
国有独资公司					
其他有限责任公司	67631	623	6201	92448	11007
股份有限公司	22519	365	2333	6168	430
私营企业	827512	12810	78003	316055	19687
私营独资企业	32216	489	1494	2175	157
私营合伙企业	12879	265	1576	3710	487
私营有限责任公司	777887	12017	62315	306270	18206
私营股份有限公司	4530	39	12618	3900	837
其他企业	8502	144	447	5776	224
港、澳、台商投资企业	67000	615	16680	331324	47308
合资经营企业(港或澳、台资)					
合作经营企业(港或澳、台资)					
港、澳、台商独资经营企业	67000	615	16680	330933	47308
港、澳、台商投资股份有限公司				391	
外商投资企业	525000	5000	1000000	14997	598
中外合资经营企业				87	13
中外合作经营企业					
外资企业	525000	5000	1000000	14910	585
外商投资股份有限公司					

房地产中介服务企业主要指标(一)(续表2)

计量单位:千元

指标名称	实收资本	营业收入	主营业务收入	主营业务成本	主营业务税金及附加
总　计	**1464607**	**712943**	**695910**	**271929**	**34462**
一、按登记注册类型分组					
内资企业	1274540	635441	618408	230425	29463
国有企业	45753	33980	29149	10115	1503
集体企业	112411	17665	17665	10820	536
股份合作企业	2180	3533	3483	1137	131
联营企业	10000				
国有联营企业					
集体联营企业					
国有与集体联营企业					
其他联营企业	10000				
有限责任公司	190510	116245	109245	29168	5128
国有独资公司					
其他有限责任公司	190510	116245	109245	29168	5128
股份有限公司	19833	21618	21618	1200	1249
私营企业	880571	440596	435444	177167	20827
私营独资企业	3915	26382	26382	19318	557
私营合伙企业	8203	18887	18787	13528	540
私营有限责任公司	850683	368066	363014	137984	18178
私营股份有限公司	17770	27261	27261	6337	1552
其他企业	13282	1804	1804	818	89
港、澳、台商投资企业	167567	50032	50032	17207	3744
合资经营企业(港或澳、台资)					
合作经营企业(港或澳、台资)					
港、澳、台商独资经营企业	155987	49832	49832	17027	3644
港、澳、台商投资股份有限公司	11580	200	200	180	100
外商投资企业	22500	27470	27470	24297	1255
中外合资经营企业	1000	520	520	334	27
中外合作经营企业					
外资企业	21500	26950	26950	23963	1228
外商投资股份有限公司					

房地产中介服务企业主要指标(一)(续表3)

计量单位:千元

指标名称	营业费用、管理费用、财务费用合计	营业利润	职工工资和福利费	全部从业人员年平均人数(人)
总　计	**394384**	**11466**	**177375**	**6902**
一、按登记注册类型分组				
内资企业	357682	17079	157684	6094
国有企业	24978	-1499	15944	295
集体企业	3357	2952	6749	226
股份合作企业	1748	757	586	43
联营企业	628	-628	87	4
国有联营企业				
集体联营企业				
国有与集体联营企业				
其他联营企业	628	-628	87	4
有限责任公司	74517	4859	29315	819
国有独资公司				
其他有限责任公司	74517	4859	29315	819
股份有限公司	20164	-995	5734	484
私营企业	231601	11153	98528	4190
私营独资企业	4399	2911	3308	137
私营合伙企业	3517	3179	4238	233
私营有限责任公司	201246	7950	84942	3665
私营股份有限公司	22439	-2887	6040	155
其他企业	689	480	741	33
港、澳、台商投资企业	35720	-6549	13892	387
合资经营企业(港或澳、台资)				
合作经营企业(港或澳、台资)				
港、澳、台商独资经营企业	35720	-6559	13442	381
港、澳、台商投资股份有限公司		10	450	6
外商投资企业	982	936	5799	421
中外合资经营企业	682	-523	622	20
中外合作经营企业				
外资企业	300	1459	5177	401
外商投资股份有限公司				

房地产中介服务企业主要指标(二)

指标名称	企业个数(个)	年末从业人员数(人)	房屋代理销售		
			成交合同面积(平方米)	成交合同数(个)	成交合同金额(千元)
二、按控股情况分组					
国有控股	14	376	35420	297	255160
集体控股	16	533	57000	772	450500
私人控股	446	5191	1306546	11195	7157661
港澳台商控股	5	387	8500	102	352990
外商控股	3	421	304635	3547	2523670
其他	13	377	17666	156	199577
三、按隶属关系分组					
中央					
省(自治区、直辖市)	4	329	46736	450	200000
地(区、市、州、盟)	9	264	33150	272	234208
县(区、市、旗)	15	216	11851	85	95529
街道	2	7			
镇	1	8	2000	20	21000
乡					
居委会	1	55			
村委会					
其他	465	6406	1636030	15242	10388821

房地产中介服务企业主要指标(二)(续表1)

计量单位:千元

指标名称	房屋代理出租			固定资产原价	本年折旧
	成交合同面积(平方米)	成交合同数(个)	成交合同金额		
二、按控股情况分组					
国有控股	4800	29	4150	66939	4618
集体控股	57300	746	3602	99880	2908
私人控股	898144	13524	83224	413240	30530
港澳台商控股	67000	615	16680	331324	47308
外商控股	525000	5000	1000000	14997	598
其他	5420	78	760	2492	438
三、按隶属关系分组					
中央					
省(自治区、直辖市)	2500	20	3000	17550	1320
地(区、市、州、盟)	560	8	121	62461	3797
县(区、市、旗)	67672	583	7506	54083	3494
街道				137	4
镇				19	1
乡					
居委会				92935	2400
村委会					
其他	1486932	19381	1097789	701687	75384

房地产中介服务企业主要指标(二)(续表2)

计量单位:千元

指标名称	实收资本	营业收入	主营业务收入	主营业务成本	主营业务税金及附加
二、按控股情况分组					
国有控股	58153	37250	32419	11228	1632
集体控股	121791	27503	27453	11957	1102
私人控股	1082317	547914	535762	196309	25444
港澳台商控股	167567	50032	50032	17207	3744
外商控股	22500	27470	27470	24297	1255
其他	12279	22774	22774	10931	1285
三、按隶属关系分组					
中央					
省(自治区、直辖市)	22863	30317	30313	8627	1520
地(区、市、州、盟)	79560	18588	18524	2066	1166
县(区、市、旗)	22303	25458	13647	2945	569
街道	2666				
镇	2000	200	200	10	11
乡					
居委会	104755	13280	13280	10280	400
村委会					
其他	1230460	625100	619946	248001	30796

房地产中介服务企业主要指标(二)(续表3)

计量单位:千元

指标名称	营业费用、管理费用、财务费用合计	营业利润	职工工资和福利费	全部从业人员年平均人数(人)
二、按控股情况分组				
国有控股	26757	-1247	16835	362
集体控股	12167	2517	7770	470
私人控股	308801	15179	120900	4904
港澳台商控股	35720	-6549	13892	387
外商控股	982	936	5799	421
其他	9957	630	12179	358
三、按隶属关系分组				
中央				
省(自治区、直辖市)	20319	-153	9072	333
地(区、市、州、盟)	18436	813	7333	265
县(区、市、旗)	14949	898	2691	201
街道			68	7
镇	410	-231	220	8
乡				
居委会	570	2030	2400	55
村委会				
其他	339700	8109	155591	6033

其他房地产企业主要指标综合表(一)

计量单位:千元

指标名称	企业个数(个)	年末从业人员数(人)	固定资产原价	本年折旧	实收资本
总　计	**328**	**8149**	**1561815**	**79841**	**3463219**
一、按登记注册类型分组					
内资企业	312	7258	1411822	73052	2843700
国有企业	46	2218	220360	7375	1377643
集体企业	39	737	63512	5961	105040
股份合作企业	3	43	2233	304	58665
联营企业	1	21	752	126	2000
国有联营企业					
集体联营企业					
国有与集体联营企业					
其他联营企业	1	21	752	126	2000
有限责任公司	64	1669	509754	22517	738027
国有独资公司	2	9	726	64	20800
其他有限责任公司	62	1660	509028	22453	717227
股份有限公司	11	419	77505	2551	29351
私营企业	145	2118	532723	33457	521974
私营独资企业	11	111	14969	649	16640
私营合伙企业	7	124	40383	3611	23900
私营有限责任公司	120	1813	456444	28804	438094
私营股份有限公司	7	70	20927	393	43340
其他企业	3	33	4983	761	11000
港、澳、台商投资企业	9	827	46369	1266	388644
合资经营企业(港或澳、台资)	4	787	15690	949	320582
合作经营企业(港或澳、台资)					
港、澳、台商独资经营企业	5	40	30679	317	68062
港、澳、台商投资股份有限公司					
外商投资企业	7	64	103624	5523	230875
中外合资经营企业	4	33	86459	3933	141862
中外合作经营企业	1	7	16368	1450	24922
外资企业	2	24	797	140	64091
外商投资股份有限公司					

其他房地产企业主要指标综合表(一)(续表1)

计量单位:千元

指标名称	营业收入	主营业务收入	主营业务成本	主营业务税金及附加	营业费用、管理费用、财务费用合计
总　计	**1767801**	**1699753**	**1088620**	**64117**	**405088**
一、按登记注册类型分组					
内资企业	1720722	1654910	1083116	62493	360964
国有企业	491675	461119	225134	4075	79891
集体企业	174772	174742	158321	6025	20244
股份合作企业	305	305	100	7	3387
联营企业	6000	6000	2133	333	3952
国有联营企业					
集体联营企业					
国有与集体联营企业					
其他联营企业	6000	6000	2133	333	3952
有限责任公司	290907	259202	144483	18298	121825
国有独资公司	2315	2315	1738	110	245
其他有限责任公司	288592	256887	142745	18188	121580
股份有限公司	94655	94655	60548	4076	22453
私营企业	636739	633218	473770	28254	106436
私营独资企业	18997	18822	14819	733	641
私营合伙企业	20644	20644	7342	1159	13698
私营有限责任公司	573953	570607	434651	25748	89420
私营股份有限公司	23145	23145	16958	614	2677
其他企业	25669	25669	18627	1425	2776
港、澳、台商投资企业	31192	31056	4466	1578	22370
合资经营企业(港或澳、台资)	18020	18020	140	730	17860
合作经营企业(港或澳、台资)					
港、澳、台商独资经营企业	13172	13036	4326	848	4510
港、澳、台商投资股份有限公司					
外商投资企业	15887	13787	1038	46	21754
中外合资经营企业	13400	13400	870	27	8678
中外合作经营企业					466
外资企业	2487	387	168	19	12610
外商投资股份有限公司					

其他房地产企业主要指标综合表(一)(续表2)

计量单位:千元

指标名称	营业利润	职工工资和福利费	全部从业人员年平均人数(人)
总　计	**188585**	**146686**	**7699**
一、按登记注册类型分组			
内资企业	192835	136971	6764
国有企业	153953	33661	2204
集体企业	-2980	10604	690
股份合作企业	-3139	978	67
联营企业	-418	1080	20
国有联营企业			
集体联营企业			
国有与集体联营企业			
其他联营企业	-418	1080	20
有限责任公司	-2321	38137	1637
国有独资公司	222	108	9
其他有限责任公司	-2543	38029	1628
股份有限公司	7848	15354	406
私营企业	37051	36344	1710
私营独资企业	2889	1507	109
私营合伙企业	-1555	2949	125
私营有限责任公司	32821	30710	1414
私营股份有限公司	2896	1178	62
其他企业	2841	813	30
港、澳、台商投资企业	2808	7859	872
合资经营企业(港或澳、台资)	-710	5974	799
合作经营企业(港或澳、台资)			
港、澳、台商独资经营企业	3518	1885	73
港、澳、台商投资股份有限公司			
外商投资企业	-7058	1856	63
中外合资经营企业	3825	1034	32
中外合作经营企业	-466	95	7
外资企业	-10417	727	24
外商投资股份有限公司			

其他房地产企业主要指标综合表(二)

计量单位:千元

指标名称	企业个数(个)	年末从业人员数(人)	固定资产原价	本年折旧	实收资本
二、按控股情况分组					
国有控股	61	3045	503666	22834	1765233
集体控股	57	1187	124722	8294	380146
私人控股	177	2538	648006	35742	608380
港澳台商控股	9	827	46369	1266	388644
外商控股	7	64	103624	5523	230875
其他	17	488	135428	6182	89941
三、按隶属关系分组					
中央	1	48	8869	251	6416
省(自治区、直辖市)	3	37	533	12	23500
地(区、市、州、盟)	19	1402	159774	9826	863990
县(区、市、旗)	56	1919	279966	8071	398430
街道	13	176	17724	716	43823
镇	3	19	583	39	18500
乡					
居委会	1	6	600	42	1500
村委会	2	19	5550	45	1780
其他	230	4523	1088216	60839	2105280

其他房地产企业主要指标综合表(二)(续表1)

计量单位:千元

指标名称	营业收入	主营业务收入	主营业务成本	主营业务税金及附加	营业费用、管理费用、财务费用合计
二、按控股情况分组					
国有控股	625693	564929	260873	8137	150423
集体控股	283663	283390	236706	18294	55773
私人控股	678693	675122	498961	31029	117983
港澳台商控股	31192	31056	4466	1578	22370
外商控股	15887	13787	1038	46	21754
其他	132673	131469	86576	5033	36785
三、按隶属关系分组					
中央	7226	6613		367	6719
省(自治区、直辖市)	3079	3079	1	88	2779
地(区、市、州、盟)	46491	46191	15044	784	42214
县(区、市、旗)	278753	243541	112466	4988	88702
街道	195803	195803	181648	8212	12740
镇	6054	6024	3356	208	1398
乡					
居委会					
村委会	190	190	80	35	345
其他	1230205	1198312	776025	49435	250191

其他房地产企业主要指标综合表(二)(续表2)

计量单位:千元

指标名称	营业利润	职工工资和福利费	全部从业人员年平均人数(人)
二、按控股情况分组			
国有控股	167653	56103	3047
集体控股	-20086	20201	1170
私人控股	39976	43707	2103
港澳台商控股	2808	7859	872
外商控股	-7058	1856	63
其他	5292	16960	444
三、按隶属关系分组			
中央	106	2162	48
省(自治区、直辖市)	211	490	20
地(区、市、州、盟)	-11353	17160	1405
县(区、市、旗)	45365	33897	1879
街道	-1291	4128	177
镇	1072	394	19
乡			
居委会		64	6
村委会	75	332	19
其他	154400	88059	4126

指 标 解 释

房地产企业(单位)财务情况

存货:指企业在日常生产经营过程中持有以备销售,或者仍然处在生产过程,或者在生产或提供劳务过程中将消耗的材料或物资等,包括各类材料、商品、在产品、半成品、产成品等。存货根据会计“资产负债表”中“存货”项目填列。其中:“年初存货”根据会计“资产负债表”中“存货”项的年初数填列;“年末存货”根据会计“资产负债表”中“存货”项的期末数填列。

流动资产合计:指企业可以在一年内或者超过一年的一个生产周期内变现或者耗用的资产,包括现金及各种存款、短期投资、应收及预付款项、存货等。根据会计“资产负债表”中“流动资产合计”项的期末数填列。

应收账款:指企业因销售商品、产品、提供劳务等,应向购货单位或接受劳务单位收取款项。该指标根据会计“资产负债表”中“应收账款”项的年末数填报。未执行2001年《企业会计制度》的企业,用“应收账款净额”期末数代替。

流动资产年平均余额:指企业在报告期内全部流动资产的平均余额。计算公式为:

$$流动资产年平均余额=\frac{1至12月各月流动资产平均余额之和}{12}$$

或:

$$流动资产年平均余额=\frac{1至12月各月月初、月末流动资产之和}{24}$$

其中:

$$流动资产月平均余额=\frac{月初流动资产合计+月末流动资产合计}{2}$$

$$流动资产季平均余额=\frac{季内各月流动资产平均余额}{3}$$

长期投资:根据会计“资产负债表”中“长期投资”项的年末数填报。

固定资产合计:指企业使用期限超过一年的房屋、建筑物、机器、机械、运输工具以及其他与生产、经营有关的设备、器具、工具等。不属于生产经营主要设备的物品,单位价值在2000元以上,并且使用年限超过两年的,也应当作为固定资产。“固定资产合计”根据会计“资产负债表”中“固定资产合计”项的期末数填列。

固定资产原价:指企业在购置、自行建造、安装、改建、扩建、技术改造某项固定资产时所支出的全部支出总额。根据会计“资产负债表”中“固定资产原价”项目的期末数填列。执行2006年《企业会计准则》的企业,根据“资产负债表附表”中的“固定资产原价”项目的期末数填列。

固定资产折旧:指对固定资产由于磨损和损耗而转移到产品中去的那一部分价值的补偿。一般根据固定资产原价(选用双倍余额递减法计提折旧的企业,为固定资产账面净值)和确定的折旧率计算。“累计折旧”:指企业在报告期末提取的历年固定资产折旧累计数。根据会计“资产负债表”中“累计折旧”项的年末数填列。“本年折旧”:指企业在报告期内提取的固定资产折旧合计数。根据会计核算中《资产减值准备、投资及固定资产情况表》内“当年计提的固定资产折旧总额”项本年增加数填列。

其他资产:指除上述资产以外的其他资产。

资产总计:指企业拥有或控制的能以货币计量的经济资源,包括各种财产、债权和其他权利。资产按其流动性(即资产的变现能力和支付能力)划分为:流动资产、长期投资、固定资产、无形资产、递延资产和其他资产。根据会计"资产负债表"中"资产总计"项的期末数填列。

流动负债合计:指企业在一年内或超过一年的一个营业周期内需要偿还的债务,包括短期借款、应付票据、应付账款、预收账款、应付工资、应交税金、应付利润、预提费用等。根据企业会计"资产负债表"中"流动负债合计"的期末数填报。

应付账款:根据会计"资产负债表"中的"应付账款"的期末贷方余额填报。

长期负债合计:指企业偿还期在一年以上或者超过一年的一个营业周期以上的债务,包括长期借款、长期应付款、应付债券等。根据会计"资产负债表"中的"长期负债合计"的期末数填报。

负债合计:指企业所承担的能以货币计量,将以资产或劳务偿付的债务,偿还形式包括货币、资产或提供劳务。负债一般按偿还期长短分为流动负债和长期负债。根据会计"资产负债表"中"负债合计"的期末数填列。

所有者权益合计:所有者权益是指所有者在企业资产中享有的经济利益,它等于企业资产减去负债后的余额。包括实收资本(或股本)、资本公积、盈余公积和未分配利润等。根据"资产负债表"中的"所有者权益合计"项填列。

实收资本:指投资者按照企业章程,或合同、协议的约定,实际投入企业的资本。企业实收资本按照投资主体划分为国家资本、集体资本、法人资本、个人资本、港澳台资本和外商资本六种。根据"资产负债表"中的"实收资本"项填列。实收资本中如有以外币形式投入的资本,需折合成人民币形式填写。

国家资本:指有权代表国家投资的政府部门或机构以国有资产投入企业形成的资本。不论企业的资本是哪个政府部门或机构投入的,只要是以国家资金进行投资的,均作为国家资本。根据会计"实收资本"科目期末余额分析填列。

集体资本:指劳动群众集体所有的资产实际投人企业形成的资本。根据会计"实收资本"科目期末余额分析填列。

法人资本:指我国具有法人资格的单位以其依法可以支配的资产投入企业形成的资本。可根据会计"实收资本"科目期末余额分析填列。

个人资本:指我国公民以其合法财产投入企业形成的资本。根据会计"实收资本"科目期末余额分析填列。

港澳台资本:指我国香港、澳门和台湾地区投资者将所有的资产实际投入企业形成的资本。根据会计"实收资本"科目期末余额分析填列。

外商资本:指外国投资者(不包括我国香港、澳门和台湾地区投资者)将所有的资产实际投入企业形成的资本。根据会计"实收资本"科目期末余额分析填列。

主营业务收入:指企业经营主要业务所取得的收入总额。此项目应根据相关行业的"产品销售收入"、"商品销售收入"、"主营业务收入"、"营业收入"、"经营收入"、"工程结算收入"等科目发生额填列。执行2006年《企业会计准则》的企业,如果未设置该科目,则以营业收入发生额代替填列。

土地转让收入:指房地产开发企业(单位)按国家规定转让经开发的土地和未经开发的土地所得到的收入。根据会计"利润表"和相关核算资料计算填列。

商品房屋销售收入:指房地产开发企业(单位)在报告期售出商品房屋的收入,一次收清的,一次全部计入销售收入,按合同规定分期收款的,可按合同规定的时间分次计入收入。根据会计"利润表"和相关核算资料计算填列。

房屋出租收入:指房地产开发企业(单位)在报告期内,在不改变现有财产所有权关系的条件下,将企业的全部或部分房屋出租给其他单位或个人使用所得到的租金收入。根据会计"利润表"和相关核算资料计算填列。

其他收入:指房地产开发企业(单位)在报告期内从事除以上收入外的收入,包括配套设施销售收入、代建工程结算收入、出租产品租金收入等。根据会计"利润表"和相关核算资料计算填列。

营业成本:指企业(单位)在报告期内从事销售商品、提供劳务等日常活动发生的各种耗费。根据会计

"利润表"中对应指标计算填列。

主营业务成本:指企业经营主要业务发生的实际成本。根据会计"利润表"中对应指标计算填列。执行2006年《企业会计准则》的企业,如果未设置该科目,则以营业成本发生额代替填列。

营业收入:指企业(单位)在报告期内从事销售商品、提供劳务及转让资产使用权等日常活动中所形成的总收入,包括主营业务收入和其他业务收入。根据会计"利润表"中对应指标计算填列。

营业税金及附加:指企业与营业收入有关的,应由各项经营业务负担的税金及附加。根据会计"利润表"中"营业税金及附加"的本年累计数填列。

主营业务税金及附加:指企业经营主要业务应负担的营业税、消费税、城市维护建设税、资源税、土地增值税、教育费附加。根据会计"利润表"中对应指标"本年累计数"填列。执行2006年《企业会计准则》的企业,如未设置该项以营业税金及附加代替填列。

主营业务利润:指企业经营主要业务实现的利润。根据会计"利润表"中对应指标本年累计数填列。执行2006年《企业会计准则》的企业,如果未设置该科目,则以营业利润发生额代替填列。

其他业务收入:是指企业主营业务以外的收入。根据会计"利润表"中对应指标的本年累计数填列。执行2006年《企业会计准则》的企业,如果未设置该科目,则在此处填0。

其他业务利润:指企业经营除主要业务以外的其他业务实现的利润。根据会计"利润表"中对应指标的本年累计数填列。执行2006年《企业会计准则》的企业,如果未设置该科目,则在此处填0。

营业费用、管理费用和财务费用合计:指企业报告期内营业费用、管理费用、财务费用三项费用的合计。

营业费用:指企业在销售商品过程中发生的各项费用,根据"利润表"中对应项目的"本年累计数"填列。

管理费用:指企业行政管理部门和企业的董事会为组织和管理企业生产经营活动而发生的各项费用,根据"利润表"中"管理费用"项的"本年累计数"填列。

财务费用:指企业为筹集生产经营所需资金等发生的费用,包括利息净支出、汇兑净损失(已减汇兑收益)、以及相关的手续费等,根据会计"利润表"中"财务费用"项的"本年累计数"填列。

税金:指企业按照规定从管理费用中支付的房产税、印花税、车船使用税和土地使用税。本指标根据"管理费用"科目中相关项目归纳填列。

财产保险费:指企业向保险公司投保所支付的财产保险费用。根据会计"管理费用"科目中的对应项目的本期累计数填列。

差旅费:根据会计"管理费用"科目中的对应项目填列。

工会经费:根据会计"管理费用"科目中的对应项目填列。

利息支出:指企业短期借款利息、长期借款利息、应付票据利息、票据贴现利息、应付债券利息、长期应付引进国外设备款利息等利息支出(除资本化的利息外)减去银行存款等的利息收入后的净额。根据会计"财务费用明细资料"中的利息支出项目填列。

营业利润:指企业从事生产经营活动所取得的利润,即主营业务收入减主营业务成本和主营业务税金及附加,加上其他业务利润,减去营业费用、管理费用、财务费用后的金额。本指标根据会计"利润表"中对应指标的"本年累计数"填列。执行2006年《企业会计准则》的企业,同样根据会计"利润表"中对应指标的"本年累计数"直接填列。

投资收益:指企业以各种方式对外投资所取得的收益或发生的损失。根据"利润表"中的"投资收益"项填列。若为投资损失,应在本项目金额前加"-"号。

补贴收入:指企业实际收到的补贴收入,包括实际收到的先征后返的增值税;企业按销量或工作量等,依据国家规定的补助定额计算并按期给予的定额补贴。根据"补贴收入"的发生额分析填列。

营业外收入:根据企业会计"利润表"中"营业外收入"项的本年累计数填列。

营业外支出:根据企业会计"利润表"中"营业外支出"项的本年累计数填列。

利润总额:指企业在生产经营过程中各种收入扣除各种耗费后的盈余,反映企业在报告期内实现的亏盈总额,包括营业利润、补贴收入、投资净收益和营业外收支净额。根据会计"利润表"中的对应指标的本期累计数填列。

应交所得税:指企业按税法规定,应从生产经营等活动的所得中交纳的税金。根据会计“利润表”中的对应指标的本期累计数填列。

劳动、失业保险费:指企业向社会保障部门和保险公司为本单位职工支付的劳动保险、待业保险的费用。根据会计“管理费用”等科目中的相关项目归纳计算填列。

养老保险和医疗保险费:根据会计“营业费用”、“管理费用”科目中的相关项目归纳计算填列。

住房公积金和住房补贴:根据会计“营业费用”、“管理费用”科目中的相关项目归纳计算填列。

本年应付工资总额:指企业在报告期内支付给本单位职工的全部工资,它反映企业本期累计应付的工资总额,而不是会计“应付工资”科目的余额。根据会计“应付工资”科目的本期贷方累计发生额填列。

主营业务应付工资总额:指报告期内企业应付给与主营业务直接有关人员的工资。工业企业是指应付给与工业生产经营活动直接有关的职工工资总额,根据会计“应付工资”科目中本期转入“生产成本”、“制造费用”、“管理费用”、“产品销售费用”科目的贷方发生额(即本期应由上述科目负担的工资)归纳填列。

本年应付福利费总额:指企业在报告期内累计提取的福利费总额,它反映本期应付福利费的全部发生额,而不是会计“应付福利费”科目的余额。根据会计“应付福利费”科目的本期贷方累计发生额填列。

主营业务应付福利费总额:指报告期内企业应付给与主营业务直接有关人员福利费。工业企业是指应付给与工业生产经营活动直接有关的职工福利费总额,根据会计“应付福利费”科目的贷方发生额中从“生产成本”、“制造费用”、“管理费用”、“产品销售费用”科目中提取的福利费归纳填列。

职工工资和福利费:职工工资和福利费包括职工工资总额和职工福利费两部分,是企业为获得职工提供服务而给予的各种形式的报酬以及其他相关支出。其中:工资总额是指企业在报告期内支付给本单位全部职工的劳动报酬,包括工资、奖金、津贴和补贴,它反映企业报告期内累计应付的工资总额。工资总额根据企业会计核算中“应付工资”科目的本期贷方累计发生额填列。职工福利费:指企业在报告期内根据国家有关规定开支的各项福利支出,包括企业为职工提存的基本养老保险基金、基本医疗保险费、失业保险费、工伤保险费、生育保险费、住房公积金、补充养老保险费和补充医疗保险费,以及从成本费用中列支的集体福利补贴、职工生活困难补助、房租补贴、上下班交通补贴、冬季取暖费,以及按规定发生的其他职工福利支出,它反映企业在报告期实际发生的各项福利费用。职工福利费根据企业会计成本和费用科目中的相关项目归纳计算填列。

从业人员劳动报酬:企业在报告期内支付给本单位从业人员的全部劳动报酬,包括工资、福利费、奖金、津贴及各种补助。根据会计“应付工资”、“应付福利费”科目的本年贷方累计发生额填列。

资产减值损失:是指企业各项资产发生的减值损失。根据“利润表”中的“资产减值损失”填列。

公允价值变动收益:指企业应当计入当期损益的资产或负债公允价值变动收益。根据“利润表”中的“公允价值变动收益”填列,如为损失以“-”号记。

全部从业人员年平均人数:指企业单位年内各月平均拥有的人数,其计算公式为:

$$全部从业人员年平均人数=\frac{1月平均人数+2月平均人数+\cdots+12月平均人数}{12}$$

$$月平均人数=\frac{月初从业人员数+月末从业人员数}{2}$$

房地产开发企业(单位)投资、资金和土地情况

计划总投资:指房地产开发企业(单位)在建的房屋建设工程或正在开发的土地开发工程,按照总体设计规定的内容全部建成计划(或按设计概算或预算)需要的总投资。

自开始建设累计完成投资:指房地产开发企业(单位)在建的房屋建设工程或正在开发的土地开发工程从开始建设到本期止累计完成的全部投资。其计算范围原则上应与“计划总投资”指标包括的工程内容相一致。

本年完成投资:指从本年1月1日起至本年最后一天止完成的用于房屋建设工程、土地开发工程的全部投资额以及各种公益性及配套性建筑和土地购置费等的投资。

土地开发投资额:指房地产开发企业完成的前期工程投资,即路通、水通、电通、场地平整等(也称七通

一平)所完成的投资。一般指生地开发成熟地的投资。在旧城区(老区拆迁)的开发中,如果有统一的规划,如政府有关部门批准的小区建设的前期工程中,有场地平整,原有建筑物、构筑物拆除,供水供电工程等工作量也可计算。

配套工程投资:指为供出售、出租用的商品房屋工程配套的服务设施所完成的投资额。具体是指房地产开发企业(单位)为完成楼盘总体规划而进行的小区内的道路建设,以及为提高商品房的品质而进行的绿地和其他必要设施所完成的投资。

建筑工程:指各种房屋、建筑物的建造工程,又称建筑工作量。这部分投资额必须兴工动料,通过施工活动才能实现。

安装工程:指各种设备、装置的安装工程,又称安装工作量。

设备、工器具购置:指工业企业生产的产品转化为固定资产的购置活动,包括建设单位或企、事业单位购置或自制的,达到固定资产标准的设备、工具、器具的价值。

其他费用:指在固定资产建造和购置过程中发生的,除建筑安装工程和设备、工器具购置投资完成额以外的费用,不指经营中财务上的其他费用。包括土地出让金、大市政费、四源费(煤、热、自来水、污水)、不可预见费、旧房屋购置,基本畜禽支出,林木支出,退耕退牧还林还草、土壤改良、城市绿化,办公生活用家具、器具购置,建设单位管理费,土地征用、购置及迁移补偿费,政府收费,勘察设计费,研究实验费,可行性研究费,临时设施费,施工机械转移费,设备检验费,负荷联合试车费,土地占用、使用费,建设期应付利息,包干结余,企业债券发行费,合同公证费及工程质量监测费,国外借款手续费及承诺费,汇兑损益,调整器材调拨价格折价,坏账损失,固定资产亏损及损失等。

旧建筑物购置费:指购置已使用过的各种旧房屋及其他建筑物,即对旧房屋及其他建筑物的赔偿费。

土地购置费:指房地产开发企业通过各种方式取得土地使用权而支付的费用。土地购置费包括:(1) 通过划拨方式取得的土地使用权所支付的土地补偿费、附着物和青苗补偿费、安置补偿费及土地征收管理费等;(2) 通过出让方式取得土地使用权所支付的出让金;(3) 通过"招、拍、挂"方式取得土地使用权所支付的资金。

住宅:指专供居住的房屋,包括别墅、公寓、职工家属宿舍和集体宿舍(包括职工单身宿舍和学生宿舍)等。但不包括住宅楼中作为人防用、不住人的地下室等。住宅按照用途可以划分为普通商品住房、经济适用住房和别墅、高档公寓等。按照户型结构可以划分为90平方米以下住房,140平方米以上住房等。

经济适用房:指根据地方经济适用房计划安排建设的政策性住宅。经济是指房屋建筑造价和销售价格低于一般商品住宅;适用是指适合中低收入家庭购买使用。经济适用房主要是由地方政府统一下达投资计划,房地产公司开发,对外销售;用地一般采用行政划拨或招标投标方式,免收土地出让金;对各种经批准的收费减半征收,开发利润不超过3%;销售价格实行政府指导价。

别墅、高档公寓:指建筑造价和销售价格明显高于一般商品住宅的商品住宅。别墅一般指地处郊区,独立成栋的商品住宅;高档公寓一般指地处市内高尚社区,高层或多层的商品住宅。

90平方米以下住房:是指在房地产开发企业(单位)投资建设的商品住宅中,套型建筑面积不超过90平方米(包括90平方米)的住房。套型建筑面积是指单套住房的建筑面积,由套内建筑面积和分摊的共有建筑面积组成。现房应以商品房销售合同中实际测绘的建筑面积为统计标准,期房根据商品房预售合同中规划设计面积进行统计,待住宅竣工交付使用后,应根据实际测绘面积进行相应调整。

140平方米以上住房:是指在房地产开发企业(单位)投资建设的商品住宅中,套型建筑面积超过140平方米(不包括140平方米)的住房。现房应以商品房销售合同中实际测绘的建筑面积为统计标准,期房根据商品房预售合同中规划设计面积进行统计,待住宅竣工交付使用后,应根据实际测绘面积进行相应调整。

办公楼:指企业、事业、机关、团体、学校、医院等单位使用的各类办公用房(又称写字楼)。

商业营业用房:指商业、粮食、供销、饮食服务业等部门对外营业的用房,如度假村、饭店、商店、门市部、粮店、书店、供销店、饮食店、菜店、加油站、日杂等房屋。

其他:凡不属于上述各项用途的房屋建筑物,如中小学教学用房、托儿所、幼儿园、图书馆、体育馆、车库等。

本年新增固定资产：指在报告期已经完成建造和开发过程并交付使用的房屋和土地开发面积的价值。指房地产开发公司进行开发经营活动的最终成果，即为社会提供的固定资产，而且是在报告期内新增加的。不是反映房地产开发企业本身固定资产的增加。

本年完成开发土地面积：指报告期内对土地进行开发并已完成"七通一平"等前期开发工程，具备进行房屋建筑物施工或出让条件的土地面积。

待开发土地面积：指经有关部门批准，通过各种方式获得土地使用权，但尚未进行开发的土地面积。

本年购置土地面积：指在本年内通过各种方式获得土地使用权的土地面积。

本年土地成交价款：指进行土地使用权交易活动的最终金额。在土地一级市场，是指土地最后的划拨款、"招拍挂"价格和出让价；在土地二级市场是指土地转让、出租、抵押等最后确定的合同价格。

本年资金来源合计：指房地产开发企业（单位）在本年内收到的可用于房地产开发和经营的各种资金来源数之和，包括上年末结余资金、本年度内拨入、借入或以各种方式筹集的资金。

上年末结余资金：指上年资金来源中没有形成投资额而结余的资金。包括尚未用到工程上去的材料价值、未开始安装的需要安装设备价值及结存的现金和银行存款等。

本年资金来源小计：指房地产开发企业（单位）当年实际拨入的，用于房地产开发的各种货币资金。包括国内贷款、利用外资、自筹资金和其他资金。

国内贷款：指报告期房地产开发企业（单位）向银行及非银行金融机构借入的用于房地产开发与经营的各种国内借款，包括银行利用自有资金及吸收的存款发放的贷款、上级主管部门拨入的国内贷款、国家专项贷款（包括煤代油贷款、劳改煤矿专项贷款等），地方财政专项资金安排的贷款、国内储备贷款、周转贷款等。

银行贷款：指向各商业银行、政策性银行借入的用于房地产开发与经营的各项贷款。

非银行金融机构贷款：指向除上述银行之外从事金融业务的机构借入的用于房地产开发与经营的各项贷款。非银行金融机构包括城市信用社、农村信用社、保险公司、金融信托投资公司、证券公司、财务公司、金融租赁公司、融资公司（中心）等。

利用外资：指报告期收到的用于房地产开发与经营的境外资金（包括外国及港澳台地区），包括外商直接投资、对外借款（外国政府贷款、国际金融组织贷款、出口信贷、外国银行商业贷款、对外发行债券和股票）及外商其他投资（包括补偿贸易和加工装配由外商提供的设备价款、国际租赁）。

外商直接投资：指外国投资商在与中国企业（政府）合资、合作或独资中以外汇现金、设备（或实物）、技术、专利或其他方式投入的资金总量。

自筹资金：指各地区、各部门及企事业单位筹集用于房地产开发与经营的预算外资金。

自有资金：指凡属于房地产企业（单位）所有者权益范围内所包括的资金，是按财务制度规定归企业支配的各种自有资金。包括企业折旧资金、资本金、资本公积金、企业盈余公积金及其他自有资金，也包括通过发行股票筹集的资金。

其他资金来源：指在报告期收到的除以上各种资金之外其他用于房地产开发与经营的资金。包括国家预算内资金、债券、社会集资、个人资金、无偿捐赠的资金及用征地迁移补偿费、移民费等进行房地产开发的资金。

定金及预收款：指房地产开发企业（单位）预收的购买者用于买房的定金及预收款。定金是为了使签订合同的甲乙双方履行经济合同，根据有关规定由购房者或单位在报告期交纳的押金。预收款是甲乙双方签订购销房屋合同后，由于经营活动的需要，在报告期由购房者或单位提前交付的购房款（包括预收购房款中的外汇）。

个人按揭贷款：又称"个人住房商业性贷款"。是指按照中国人民银行（《个人住房贷款管理办法》，银发[1998]190号）中规定，贷款人（商业银行）向借款人发放的采用分期偿还方式用于购买自用普通住房的贷款。它是银行用其信贷资金所发放的自营性贷款。具体指具有完全民事行为能力的自然人，购买商品房时以其购买的产权住房（或银行认可的其他担保方式）为抵押，作为偿还贷款的保证而向银行申请的住房商业性贷款。从1999年2月开始，个人住房贷款可扩大到借款人自用的各类型住房贷款（《关于开展个人消费信贷的指导意见》，银发[1999]73号）。

本年各项应付款合计：指在房地产开发过程中应付未付的投资款。包括应付工程款、应付器材款、应付工资、应付有偿调入器材及工程款、其他应付款、应交税金、应交基建收入、应交投资包干结余、应交能源交通建设基金、应交预算调节基金及其他应交款。

工程款：指在房地产开发过程中应付未付给施工单位（乙方）的工程投资款。

房地产开发企业（单位）施工、销售和空置情况

房屋施工面积：指报告期内施工的全部房屋（包括地下室、半地下室以及配套房屋）建筑面积。包括本期新开工的面积和上年开工跨入本期继续施工的房屋面积，以及上期已停建在本期恢复施工的房屋面积。本期竣工和本期施工后又停建缓建的房屋面积仍包括在施工面积中，多层建筑应填各层建筑面积之和。

房屋新开工面积：指在报告期内新开工建设的房屋面积。不包括上期跨入报告期继续施工的房屋面积和上期停缓建而在本期恢复施工的房屋面积。房屋的开工应以房屋正式开始破土刨槽（地基处理或打永久桩）的日期为准。

房屋竣工面积：指报告期内房屋建筑按照设计要求已全部完工，达到住人和使用条件，经验收鉴定合格或达到竣工验收标准，可正式移交使用的各栋房屋建筑面积的总和。

不可销售面积：指报告期房地产公司竣工的用于拆迁还建的房屋面积；接受委托、定向开发建设，并收取一定的管理费所建设的统建代建房屋竣工面积；竣工的学校、幼儿园、派出所、居委会、商店等公益设施建筑面积。

住宅竣工套数：指报告期内按照设计要求已全部完工，经验收合格，达到住人或使用条件的正式交给开发公司的成套住宅数量（以设计图纸为准）。

竣工房屋价值：指在报告期内竣工房屋本身的建造价值。竣工房屋的价值一般按房屋设计和预算规定的内容计算。包括竣工房屋本身的基础、结构、屋面、装修以及水、电、卫等附属工程的建筑价值，也包括作为房屋建筑组成部分而列入房屋建筑工程预算内的设备（如电梯、通风设备等）的购置和安装费用；不包括厂房内的工艺设备、工艺管线的购置和安装，工艺设备基础的建造；办公和生活用家具的购置等费用；购置土地的费用；迁移补偿费和场地平整的费用及城市建设配套投资。竣工房屋价值一般按结算价格计算。

出租房屋面积：指在报告期期末房屋开发单位出租的商品房屋的全部面积。

商品房销售面积：指报告期内出售商品房屋的合同总面积（即双方签署的正式买卖合同中所确定的建筑面积）。由现房销售建筑面积和期房销售建筑面积两部分组成。

现房销售面积：是指在报告期内正式签订买卖合同、已经竣工达到入住条件的商品房屋建筑面积。包括以一次性付款方式和分期付款方式销售的现房建筑面积。

期房销售面积：是指在报告期内正式签订买卖合同、正在建设尚未竣工交付使用的商品房屋建筑面积。包括以一次性付款方式和分期付款方式销售的商品房屋建筑面积。期房销售建筑面积竣工后不再结转为现房销售建筑面积。

商品房销售额：指报告期内出售商品房屋的合同总价款（即双方签署的正式买卖合同中所确定的合同总价）。该指标与商品房销售面积同口径，由现房销售额和期房销售额两部分组成。

现房销售额：指报告期内销售的已竣工商品房屋的合同总价款。包括现房销售前期预收的定金、预收款、首付款及全部按揭贷款的本金等款项。该指标与现房销售面积同口径。

期房销售额：指报告期内销售的正在建设尚未竣工的商品房屋的合同总价款。包括预售房屋前期预收的定金、预收款、首付款及全部按揭贷款的本金等项。该指标与期房销售面积同口径。

商品住宅销售套数：指报告期内出售商品房屋合同中总的成套住宅数量（即双方签署的正式买卖合同中所确定的成套住宅数量）。由现房销售套数和期房销售套数两部分组成。

现房销售套数：指报告期内销售的已竣工商品房屋合同中总的成套住宅数量。

期房销售套数：指报告期内销售的正在建设尚未竣工的商品房屋合同中总的成套住宅数量。

空置面积：指报告期末已竣工的可供销售或出租的商品房屋建筑面积中，尚未销售或出租的商品房屋建筑面积，包括以前年度竣工和本期竣工的房屋面积，但不包括报告期已竣工的拆迁还建、统建代建、公共

配套建筑、房地产公司自用及周转房等不可销售或出租的房屋面积。按照商品房空置时间的长短可以划分为空置一年以下、空置一到三年(含一年)和空置三年以上(含三年)。空置时间在一年以内的为待销商品房;空置时间在一年到三年(含一年)的为滞销商品房;空置时间在三年以上(含三年)的为积压商品房。

房地产物业管理、中介服务及其他房地产业生产情况

(1) 物业管理情况

在管物业占地面积:指报告期末物业管理单位正在进行管理的物业所占用的全部土地面积。

在管房屋建筑面积:指报告期末物业管理单位正在进行管理的已竣工交付使用的全部房屋建筑面积。可根据物业委托人所移交的该物业的图纸面积或物业托管协议中的面积填列。

住宅:指专供居住的房屋,包括别墅、公寓、职工家属宿舍和集体宿舍(包括职工单身宿舍和学生宿舍)等。但不包括住宅楼中作为人防用、不住人的地下室等。以企业实际管理的住宅的房屋面积填列;数据可根据物业委托人所移交的该物业的图纸面积或物业托管协议中的面积填列。

办公用房:指企业、事业、机关、团体、学校、医院等单位使用的各类办公用房(又称写字楼)。以企业实际管理的办公用房的房屋面积填列;数据可根据物业委托人所移交的该物业的图纸面积或物业托管协议中的面积填列。

商业营业用房:指商业、粮食、供销、饮食服务业等部门对外营业的用房,如度假村、饭店、商店、门市部、粮店、书店、供销店、饮食店、菜店、加油站、日杂等房屋。以企业实际管理的商业营业用房的房屋面积填列;数据可根据物业委托人所移交的该物业的图纸面积或物业托管协议中的面积填列。

厂房:指直接用于生产或为生产配套的各种房屋,包括主要车间、辅助用房及附属设施用房。凡工业、农业、建筑业、交通运输业、商业等单位中的厂房都包括在内。以企业实际管理的厂房的房屋面积填列;数据可根据物业委托人所移交的该物业的图纸面积或物业托管协议中的面积填列。

(2) 中介服务情况

房屋代理销售成交合同面积:指经房地产中介服务机构代理,并签订销售合同的商品房及以外的所有房屋的成交面积。

房屋代理销售成交合同数:指房地产中介服务机构代理销售商品房及以外的所有房屋,并签订销售合同的业务笔数。

房屋代理销售成交合同金额:指房地产中介服务机构对商品房及以外的所有房产进行销售,并签订销售合同的商品房成交金额。

房屋代理出租成交合同面积:指经房地产中介服务机构代理,并签订租赁合同的商品房及以外的所有出租房屋的总面积。

房屋代理出租成交合同数:指房地产中介服务机构代理出租商品房及以外的所有房屋,并签订租赁合同的业务笔数。

房屋代理出租成交合同金额:指房地产中介服务机构对商品房及以外的所有房产进行租赁,并签订租赁合同的商品房租赁金额(按月度计算)。

● 非企业

按行业分组非企业主要指标

计量单位：千元

	企业单位数（个）	固定资产原价（行政事业）	本年支出合计（行政事业）	固定资产原价（其他）	本年费用合计（其他）
合　计	**7526**	**110466017**	**88590906**	**7272014**	**4436321**
农、林、牧、渔业					
采矿业					
制造业					
电力、燃气及水的生产和供应业					
建筑业					
交通运输、仓储和邮政业	27	971691	508884		
铁路运输业					
铁路旅客运输					
铁路货物运输					
铁路运输辅助活动					
道路运输业	18	593273	383306		
公路旅客运输					
道路货物运输	1	4549	3494		
道路运输辅助活动	17	588724	379812		
城市公共交通业	1	74147	32532		
公共电汽车客运					
轨道交通					
出租车客运					
城市轮渡	1	74147	32532		
其他城市公共交通					
水上运输业	5	12885	10381		
水上旅客运输					
水上货物运输					
水上运输辅助活动	5	12885	10381		
航空运输业	1	283957	81423		
航空客货运输					

按行业分组非企业主要指标(续表1)

计量单位:千元

	企业单位数(个)	固定资产原价(行政事业)	本年支出合计(行政事业)	固定资产原价(其他)	本年费用合计(其他)
通用航空服务					
航空运输辅助活动	1	283957	81423		
管道运输业					
管道运输业					
装卸搬运和其他运输服务业	1	4483	484		
装卸搬运					
运输代理服务	1	4483	484		
仓储业	1	2946	758		
谷物、棉花等农产品仓储					
其他仓储	1	2946	758		
邮政业					
国家邮政					
其他寄递服务					
信息传输、计算机服务和软件业	18	90847	154311		
电信和其他信息传输服务业	11	57805	27993		
电信	1	5	1868		
互联网信息服务	1	286	288		
广播电视传输服务	9	57514	25837		
卫星传输服务					
计算机服务业	2	15365	7728		
计算机系统服务					
数据处理					
计算机维修					
其他计算机服务	2	15365	7728		
软件业	5	17677	118590		
公共软件服务	3	11975	108220		
其他软件服务	2	5702	10370		

按行业分组非企业主要指标（续表 2）

计量单位：千元

	企业单位数（个）	固定资产原价（行政事业）	本年支出合计（行政事业）	固定资产原价（其他）	本年费用合计（其他）
批发和零售业					
住宿和餐饮业					
金融业	6	924513	230949		
银行业	2	778597	177161		
中央银行	2	778597	177161		
商业银行					
其他银行					
证券业	1	70494	11665		
证券市场管理	1	70494	11665		
证券经纪与交易					
证券投资					
证券分析与咨询					
保险业	2	24349	34798		
人寿保险					
非人寿保险					
保险辅助服务	2	24349	34798		
其他金融活动	1	51073	7325		
金融信托与管理					
金融租赁					
财务公司					
邮政储蓄					
典当					
其他未列明的金融活动	1	51073	7325		
房地产业					
房地产业					
房地产开发经营					
物业管理					

按行业分组非企业主要指标(续表3)

计量单位：千元

	企业单位数(个)	固定资产原价(行政事业)	本年支出合计(行政事业)	固定资产原价(其他)	本年费用合计(其他)
房地产中介服务					
其他房地产活动					
租赁和商务服务业	266	510575	473245	18806	49668
租赁业					
机械设备租赁					
文化及日用品出租					
商务服务业	266	510575	473245	18806	49668
企业管理服务	100	283255	211230	120	730
法律服务	64	19623	25760	17130	46106
咨询与调查	54	64622	90232	1383	2542
广告业					
知识产权服务	3	1296	7953		
职业中介服务	23	48478	80893		
市场管理	8	74881	26040		
旅行社					
其他商务服务	14	18420	31137	173	290
科学研究、技术服务和地质勘查业	336	8924056	11536666	16758	11045
研究与试验发展	72	5623563	7462010	5218	3194
自然科学研究与试验发展	15	730139	599717	1181	985
工程和技术研究与试验发展	15	4440571	6361695	2002	33
农业科学研究与试验发展	16	354744	341364		
医学研究与试验发展	2	9945	16687		
社会人文科学研究与试验发展	24	88164	142547	2035	2176
专业技术服务业	144	2363360	3433638	860	2506
气象服务	11	62149	54127		
地震服务	6	54932	96814		
海洋服务					

按行业分组非企业主要指标(续表4)

计量单位:千元

	企业单位数(个)	固定资产原价(行政事业)	本年支出合计(行政事业)	固定资产原价(其他)	本年费用合计(其他)
测绘服务	4	99786	101780		
技术检测	44	381139	436586	10	306
环境监测	7	56808	44964		
工程技术与规划管理	65	1674656	2669120	520	1824
其他专业技术服务	7	33890	30247	330	376
科技交流和推广服务业	104	244155	213356	10680	5345
技术推广服务	78	148138	125241	9918	4308
科技中介服务	14	24496	26473	762	1037
其他科技服务	12	71521	61642		
地质勘查业	16	692978	427662		
矿产地质勘查	7	234680	168508		
基础地质勘查	6	426694	167506		
地质勘查技术服务	3	31604	91648		
水利、环境和公共设施管理业	208	5222108	2152179	292	1006
水利管理业	96	1636981	687043		
防洪管理	35	155469	65708		
水资源管理	33	822390	68281		
其他水利管理	28	659122	553054		
环境管理业	38	317272	565307	27	700
自然保护	3	13486	7609		
环境治理	35	303786	557698	27	700
公共设施管理业	74	3267855	899829	265	306
市政公共设施管理	35	2668786	373623		
城市绿化管理	10	123771	144178		
游览景区管理	29	475298	382028	265	306
居民服务和其他服务业	111	208760	120135	30398	38986
居民服务业	99	177553	62068	30243	38655

按行业分组非企业主要指标(续表5)

计量单位:千元

	企业单位数(个)	固定资产原价(行政事业)	本年支出合计(行政事业)	固定资产原价(其他)	本年费用合计(其他)
家庭服务	2			25	205
托儿所	2	6266	1496	150	130
洗染服务					
理发及美容保健服务	1	37	575		
洗浴服务					
婚姻服务	5	592	767	972	1159
殡葬服务	13	169804	51231	7155	14140
摄影扩印服务					
其他居民服务	76	854	7999	21941	23021
其他服务业	12	31207	58067	155	331
修理与维护	1	716	7554		
清洁服务	4	4402	4236		
其他未列明的服务	7	26089	46277	155	331
教育	1326	47520478	24320747	2124316	1084619
教育	1326	47520478	24320747	2124316	1084619
学前教育	323	570525	322697	152867	165805
初等教育	268	3269341	1873723	2900	4143
中等教育	286	7869660	4084549	1005113	379459
高等教育	81	33623026	17181550	823354	348366
其他教育	368	2187926	858228	140082	186846
卫生、社会保障和社会福利业	730	11626175	12794895	313421	329713
卫生	388	11232235	12106855	169696	214329
医院	111	9799688	10438870	138617	158394
卫生院及社区医疗活动	120	560725	889298	7591	12448
门诊部医疗活动	62	10286	24142	10383	29109
计划生育技术服务活动	42	66079	44450	229	1051
妇幼保健活动	16	220839	77791		
专科疾病防治活动	2	14659	16996		

按行业分组非企业主要指标(续表6)

计量单位:千元

	企业单位数(个)	固定资产原价(行政事业)	本年支出合计(行政事业)	固定资产原价(其他)	本年费用合计(其他)
疾病预防控制及防疫活动	20	378156	476011	200	164
其他卫生活动	15	181803	139297	12676	13163
社会保障业	97	149980	126114	295	999
社会保障业	97	149980	126114	295	999
社会福利业	245	243960	561926	143430	114385
提供住宿的社会福利	162	227912	539253	121054	52074
不提供住宿的社会福利	83	16048	22673	22376	62311
文化、体育和娱乐业	269	2721575	1529958	33785	23122
新闻出版业	37	106631	119422	5076	1571
新闻业	3	2101	5178		
出版业	34	104530	114244	5076	1571
广播、电视、电影和音像业	22	849847	452076		
广播	5	40024	18454		
电视	8	772037	418799		
电影	8	34285	14020		
音像制作	1	3501	803		
文化艺术业	146	1132433	571253	15072	8487
文艺创作与表演	18	59809	73060	47	1210
艺术表演场馆	1	1040	6390		
图书馆与档案馆	24	492690	230306		
文物及文化保护	14	204672	66067	4391	1003
博物馆	14	237715	108497	4829	880
烈士陵园、纪念馆	5	12901	13280		
群众文化活动	66	113401	72410	5755	5276
文化艺术经纪代理					
其他文化艺术	4	10205	1243	50	118
体育	54	442209	249512	11243	12414
体育组织	34	43938	153077	10296	10942

按行业分组非企业主要指标(续表7)

计量单位:千元

	企业单位数(个)	固定资产原价(行政事业)	本年支出合计(行政事业)	固定资产原价(其他)	本年费用合计(其他)
体育场馆	9	377417	66853	242	920
其他体育	11	20854	29582	705	552
娱乐业	10	190455	137695	2394	650
室内娱乐活动					
游乐园					
休闲健身娱乐活动	7	30753	32796	109	371
其他娱乐活动	3	159702	104899	2285	279
公共管理和社会组织	4229	31745239	34768937	4734238	2898162
中国共产党机关	172	635357	1248305		
中国共产党机关	172	635357	1248305		
国家机构	1717	30705841	32936472	10	380
国家权力机构	30	244220	421600		
国家行政机构	1639	27750930	31095465	10	380
人民法院和人民检察院	29	1326083	1018465		
其他国家机构	19	1384608	400942		
人民政协和民主党派	30	117925	203250		
人民政协	15	80870	135890		
民主党派	15	37055	67360		
群众团体、社会团体和宗教组织	871	215145	352288	716584	948769
群众团体	101	162614	208542	75429	133294
社会团体	646	52531	143746	215103	753306
宗教组织	124			426052	62169
基层群众自治组织	1439	70971	28622	4017644	1949013
社区自治组织	826	3278	5278	1807400	848124
村民自治组织	613	67693	23344	2210244	1100889
国际组织					
国际组织					
国际组织					

按登记注册类型分组非企业主要指标

计量单位：千元

	企业单位数（个）	固定资产原价（行政事业）	本年支出合计（行政事业）	固定资产原价（其他）	本年费用合计（其他）
合　计	**7526**	**110466017**	**88590906**	**7272014**	**4436321**
内资企业	7520	110460477	88589121	7238772	4421409
国有企业	4032	103185302	84891170	536353	420094
集体企业	400	3518856	1830062	97469	59041
股份合作企业	19	368829	84923	83952	79230
联营企业	9	48006	4683	916	3084
国有联营企业	2			74	466
集体联营企业	2	3314	1280	500	400
国有与集体联营企业	1	44692	3403		
其他联营企业	4			342	2218
有限责任公司	4	337	5109	645	6227
国有独资公司					
其他有限责任公司	4	337	5109	645	6227
股份有限公司	3	3799	7553	11110	10826
私营企业	179	16129	6101	109790	168130
私营独资企业	103	8677	4119	67771	81008
私营合伙企业	51	7422	1776	27750	48179
私营有限责任公司	23	30	206	13569	38651
私营股份有限公司	2			700	292
其他企业	2874	3319219	1759520	6398537	3674777
港、澳、台商投资企业	4	5540	1785	33104	14346
合资经营企业(港或澳、台资)					
合作经营企业(港或澳、台资)	1			4035	5063
港、澳、台商独资经营企业	3	5540	1785	29069	9283
港、澳、台商投资股份有限公司					
外商投资企业	2			138	566
中外合资经营企业					
中外合作经营企业	1			98	166
外资企业	1			40	400
外商投资股份有限公司					

按机构类型分组非企业主要指标

计量单位：千元

	企业单位数（个）	固定资产原价（行政事业）	本年支出合计（行政事业）	固定资产原价（其他）	本年费用合计（其他）
合　计	**7526**	**110466017**	**88590906**	**7272014**	**4436321**
企业					
事业单位	3032	81977568	62764857	9901	6709
机关	1122	25651334	24312779		
社会团体	784	222582	360231	43918	622029
民办非企业单位	816	2323112	962066	2267138	1344833
基金会	17	50	196	15405	348801
居委会	832	3296	7299	1808395	850006
村委会	613	67693	23344	2210244	1100889
其他	310	220382	160134	487013	163054

指标解释

行政事业单位财务状况

固定资产原价:指使用年限在一年以上,单位价值在规定标准以上,并在使用过程中基本保持原来物质形态的资产。包括房屋和建筑物、专用设备、一般设备、文物和陈列品、图书、其他固定资产等。取自“资产负债表”中的固定资产原值年末数。

本年收入合计:指行政事业单位从各种渠道获得的收入,包括财政拨款、行政单位预算外资金、上级补助收入、事业收入、事业单位经营收入、附属单位上缴收入和其他收入。根据行政事业单位“收入支出决算总表”中的“本年收入合计”项目填报。

财政拨款:指单位本年度实际收到的本级财政拨款,含一般预算拨款和基金预算拨款。根据行政事业单位“收入支出决算总表”中的“财政拨款”项目填报。

事业收入:指事业单位开展专业业务活动及辅助活动取得的收入。根据“收入支出总表”中的“事业收入”项目填报。

经营收入:填列行政事业单位在专业业务活动及辅助活动之外开展非独立核算经营活动取得的收入。根据行政事业单位“收入支出决算总表”中的“经营收入”项目填报。

本年支出合计:指行政事业单位在业务活动中发生的各项资产耗费和损失等支出情况。根据行政事业单位“收入支出决算总表”中的“本年支出合计”项目填报。

工资福利支出:指单位支付给在职职工和临时聘用人员的各类劳动报酬,以及为上述人员缴纳的各项社会保险费等。具体包括基本工资、津贴、奖金、社会保障缴费和上述未包括的人员支出。根据“支出决算明细表”中的“工资福利支出”的对应项填报。

商品和服务支出:指单位在开展业务活动中购买商品和劳务的支出。具体包括办公费、印刷费、水电费、邮电费、取暖费、交通费、差旅费、会议费、培训费、招待费、福利费、劳务费、就业补助费、租赁费、物业管理费、维修费、专用材料费、办公设备购置费、专用设备购置费、交通工具购置费、图书资料购置费及上述科目未包括的日常公用支出。根据“支出决算明细表”中的“商品和服务支出”的对应项填报。

取暖费(降温费):指单位取暖用燃料费、热力费、炉具购置费、锅炉临时工工资、节煤奖以及由单位统一支付的在职职工和离退休人员宿舍取暖费等。根据“支出决算明细表”中的“商品和服务支出”的对应项填报。

劳务费:指支付给单位和个人的劳务费用,如翻译费、咨询费、手续费等。根据“支出决算明细表”中的“商品和服务支出”的对应项填报。

差旅费:指单位工作人员出差的住宿费、伙食补助费、杂费、干部及大中专学生调遣费、调干家属旅费补助等。根据“支出决算明细表”中的“商品和服务支出”的对应项填报。

出国费:指单位工作人员出国的住宿费、旅费、伙食补助费、杂费等支出。根据“支出决算明细表”中的“商品和服务支出”的对应项填报。

工会经费:指按职工工资总额(扣除按规定标准发放的住房补贴)的2%计提并拨交给工会使用的经费。根据“支出决算明细表”中的“商品和服务支出”的对应项填报。

福利费:指单位按国家规定提取的福利费。根据“支出决算明细表”中的“商品和服务支出”的对应项填报。

对个人和家庭的补助：指政府对个人和家庭的无偿性补助支出。包括离休费、退休费、退职(役)费、抚恤和生活补助、医疗费、住房补贴、助学金和其他未包括在上述科目的对个人和家庭补助支出等。根据“支出决算明细表”中的“对个人和家庭的补助”的对应项填报。

抚恤金：抚恤金指按规定支付给烈士家属、牺牲病故人员家属的一次性和定期抚恤金，革命残疾人员的抚恤金，离退休人员等其他人员的各项抚恤金。根据“支出决算明细表”中的“对个人和家庭的补助”的对应项填报。

生活补助：生活补助指按规定支付给优抚对象、退伍军人的生活补助费，行政事业单位职工和家属生活补助，因公负伤等住院治疗、住疗养院期间的伙食补助费，长期赡养人员补助费等。根据“支出决算明细表”中的“对个人和家庭的补助”的对应项填报。

救济费：反映按规定开支的城乡贫困人员、灾民、归侨、外侨及其他人员的生活救济费，包括城市居民的最低生活保障费，随同资源枯竭矿山破产但未参加养老保险统筹的矿山所属集体企业退休人员按最低生活保障标准发放的生活费，农村五保供养对象、贫困户、麻风病人的生活救济费，精简退职老弱残职工救济费，福利、救助机构发生的收养费以及救助支出等。实物形式的救济也在此科目反映。根据“支出决算明细表”中的“对个人和家庭的补助”的对应项填报。

助学金：指支付给各类学校学生助学金、奖学金、学生贷款贴息、出国留学(实习)人员生活费、青少年业余体校学员伙食补助费和生活费补贴，以及按协议由我方负担或享受我方奖学金的来华留学生、进修生生活费等。根据“支出决算明细表”中的“对个人和家庭的补助”的对应项填报。

退职(役)费：指行政事业单位退职人员的生活补贴，一次性支付给职工或军官、军队无军籍退职职工、运动员的退职补助，一次性支付给军官、文职干部、士官、义务兵的退役费，按月支付给自主择业的军队转业干部的退役金。根据“支出决算明细表”中的“对个人和家庭的补助”的对应项填报。

经营支出：填列行政事业单位在专业业务活动及辅助活动之外开展非独立核算经营活动发生的支出。根据行政事业单位收入支出决算总表中的“经营支出”项目填报。

经营税金：指事业单位提供劳务或销售产品应负担的税金及附加，包括营业税、城市维护建设税、资源税和教育费附加。根据实际情况计算填列。

社团财务状况

固定资产原价：指使用年限在一年以上，单位价值在规定标准以上，并在使用过程中基本保持原来物质形态的资产。包括房屋和建筑物、专用设备、一般设备、文物和陈列品、图书、其他固定资产等。取自“资产负债表”中的固定资产原值年末数。

本年收入合计：指民间非营利组织从各种渠道获得的收入，包括捐赠收入、会费收入、提供服务收入、商品销售收入、政府补助收入、投资收益和其他收入。根据会计“业务活动表”中“收入合计”科目的发生额填列。

捐赠收入：捐赠收入是指因接受赠送带来的资金流入。根据会计“业务活动表”中“捐赠收入”科目的发生额填列。

会费收入：指民间非营利组织根据章程等的规定向会员收取的会费收入。根据会计“业务活动表”中“会费收入”科目的发生额填列。

提供服务收入：指民间非营利组织根据章程等的规定向其服务对象提供服务取得的收入总额。根据会计“业务活动表”中“提供服务收入”科目的发生额填列。

政府补助收入：指民间非营利组织接受政府拨款或者政府机构给予的补助而取得的收入总额。根据会计“业务活动表”中“政府补助收入”科目的发生额填列。

本年费用合计：指民间非营利组织为完成各种目标所发生的费用，包括业务活动成本、管理费用、筹资费用和其他费用。根据会计“业务活动表”中“费用合计”科目的发生额填列。

业务活动成本：指民间非营利组织为了实现其业务活动目标、开展其项目活动或者提供服务所发生的费用。根据会计“费用明细表”中“业务活动成本”科目的发生额填列。

人员费用:根据会计“费用明细表”中“业务活动成本”科目下对应的指标本年累计数填列。

日常费用:根据会计“费用明细表”中“业务活动成本”科目下对应的指标本年累计数填列。

固定资产折旧:根据会计“费用明细表”中“业务活动成本”科目下对应的指标本年累计数填列。

税费:根据会计“费用明细表”中“业务活动成本”科目下对应的指标本年累计数填列。

管理费用:指民间非营利组织为组织和管理其业务活动所发生的各项费用总额。本项目应当根据“费用明细表”中“管理费用”科目的发生额填列。

净资产变动额:根据会计“业务活动表”中“净资产变动额”科目下对应的指标本年累计数填列。

使用的劳务派遣工年平均人数:根据《中华人民共和国劳动合同法》规定,劳务派遣工指直接与劳务派遣单位(用人单位)订立劳动合同,并被劳务派遣单位派遣到用工单位工作,且劳务派遣单位与用工单位订立劳务派遣协议的人员。

劳务派遣工劳动报酬:劳务派遣工劳动报酬的实质是用工单位为使用劳务派遣工所付出的各项人工成本之和扣除劳务派遣单位收取的中介服务费之后的剩余部分,包括:应付工资总额、应付福利费总额、社会保险缴费、实物报酬以及其他由用工单位支付的属于劳务派遣工劳动报酬的部分。

第3部分

附　　录

服务业基本情况

按行业中类分组服务业企业数及从业人员情况

计量单位：千元

指标名称	企业数（个）	年初存货	年末存货	全部从业人员年平均人数（人）
总　计				
交通运输、仓储和邮政业				
铁路运输业				
道路运输业				
城市公共交通业				
水上运输业				
航空运输业				
管道运输业				
装卸搬运和其他运输服务业				
仓储业	189	360892	308862	3416
谷物、棉花等农产品仓储	7	144465	60493	220
其他仓储	182	216427	248369	3196
邮政业	40	32864	31755	8260
国家邮政	2	32719	31598	7052
其他寄递服务	38	145	157	1208
信息传输、计算机服务和软件业	2127	949172	881914	53591
电信和其他信息传输服务业	197	62438	60082	13309
电信	64	44486	38110	10158
互联网信息服务	118	3820	3564	1790
广播电视传输服务	12	14132	13396	1321
卫星传输服务	3	0	5012	40
计算机服务业	941	125581	107134	7180
计算机系统服务	173	90546	76567	2224
数据处理	11	1896	1716	204
计算机维修	52	2342	3386	541
其他计算机服务	705	30797	25465	4211
软件业	989	761153	714698	33102
公共软件服务	830	666295	607604	21911
其他软件服务	159	94858	107094	11191

按行业中类分组服务业企业数及从业人员情况(续表1)

计量单位:千元

指标名称	企业数(个)	年初存货	年末存货	全部从业人员年平均人数(人)
金融业				
证券业				
保险业				
其他金融活动	207	64936	68580	1712
金融信托与管理	6		156	31
财务公司	1			9
典当	34	55127	56918	269
其他未列明的金融活动	166	9809	11506	1403
租赁和商务服务业	5497	21644499	24882091	103749
租赁业	263	13996	18205	3022
机械设备租赁	255	13960	18165	2984
文化及日用品出租	8	36	40	38
商务服务业	5234	21630503	24863886	100727
企业管理服务	619	20501018	23908450	29082
法律服务	161	695	697	2080
咨询与调查	1650	520135	600426	13197
广告业	1312	59277	65213	11323
知识产权服务	40	1431	1492	375
职业中介服务	283	4016	4629	18020
市场管理	236	366518	167916	10858
旅行社	361	82774	10864	5328
其他商务服务	572	94639	104199	10464
科学研究、技术服务和地质勘查业	1871	451273	676116	38933
研究与试验发展	333	143726	212229	5846
自然科学研究与试验发展	39	8899	9537	347
工程和技术研究与试验发展	203	94314	147489	4120
农业科学研究与试验发展	17	3945	4791	262
医学研究与试验发展	63	36554	50388	1078
社会人文科学研究与试验发展	11	14	24	39

按行业中类分组服务业企业数及从业人员情况(续表2)

计量单位:千元

指标名称	企业数(个)	年初存货	年末存货	全部从业人员年平均人数(人)
专业技术服务业	1222	232123	359426	28647
气象服务	6	60	66	73
地震服务	1			6
海洋服务	2	39		4
测绘服务	26	3549	3691	462
技术检测	92	5691	4642	2234
环境监测	19	3057	2694	201
工程技术与规划管理	677	159397	272716	19372
其他专业技术服务	399	60330	75617	6295
科技交流和推广服务业	308	55108	88419	2989
技术推广服务	196	51860	66525	2151
科技中介服务	72	2268	20906	472
其他科技服务	40	980	988	366
地质勘查业	8	20316	16042	1451
矿产地质勘查	3	17351	12857	840
基础地质勘查	1			33
地质勘查技术服务	4	2965	3185	578
水利、环境和公共设施管理业	193	358035	414894	7831
水利管理业	11	38554	34205	268
水资源管理	6	166	2138	99
其他水利管理	5	38388	32067	169
环境管理业	44	4170	7835	704
自然保护	2	4	45	109
环境治理	42	4166	7790	595
公共设施管理业	138	315311	372854	6859
市政公共设施管理	29	21546	62861	441
城市绿化管理	71	246906	265148	4137
游览景区管理	38	46859	44845	2281
居民服务和其他服务业	1227	177429	200751	17271

按行业中类分组服务业企业数及从业人员情况(续表3)

计量单位:千元

指标名称	企业数(个)	年初存货	年末存货	全部从业人员年平均人数(人)
居民服务业	567	21719	28728	10259
家庭服务	46	2425	4114	644
托儿所	3			23
洗染服务	19	1187	1608	868
理发及美容保健服务	125	2565	3158	1881
洗浴服务	123	5050	5376	2811
婚姻服务	69	600	774	251
殡葬服务	13	755	1137	183
摄影扩印服务	83	7987	11225	1178
其他居民服务	86	1150	1336	2420
其他服务业	660	155710	172023	7012
修理与维护	444	117224	133233	4276
清洁服务	81	1272	1122	1201
其他未列明的服务	135	37214	37668	1535
教育	201	4712	6433	4922
教育	201	4712	6433	4922
学前教育	21	226	77	429
中等教育	3			219
高等教育	3	0	0	11
其他教育	174	4486	6356	4263
卫生、社会保障和社会福利业	135	27365	40737	5491
卫生	129	27048	40320	5425
医院	63	22495	35364	4380
卫生院及社区医疗活动	4	429	802	97
门诊部医疗活动	48	1817	2236	588
妇幼保健活动	1	269	203	31
专科疾病防治活动	7	1293	859	209
其他卫生活动	6	745	856	120
社会保障业	1			2

按行业中类分组服务业企业数及从业人员情况(续表4)

计量单位：千元

指标名称	企业数(个)	年初存货	年末存货	全部从业人员年平均人数(人)
社会保障业	1			2
社会福利业	5	317	417	64
提供住宿的社会福利	5	317	417	64
文化、体育和娱乐业	489	941395	865209	14505
新闻出版业	70	845887	765065	4659
新闻业	1			7
出版业	69	845887	765065	4652
广播、电视、电影和音像业	58	34767	34903	3472
广播	2	326	292	8
电视	20	24632	23582	2561
电影	21	2955	4084	781
音像制作	15	6854	6945	122
文化艺术业	103	47883	49790	1688
文艺创作与表演	38	17632	19598	1378
艺术表演场馆	1			4
图书馆与档案馆	1			10
文物及文化保护	3			11
博物馆	1			2
群众文化活动	6	32	5	37
文化艺术经纪代理	30	30136	30139	110
其他文化艺术	23	83	48	136
体育	27	1065	1165	514
体育组织	11	154	417	156
体育场馆	7	911	728	275
其他体育	9	0	20	83
娱乐业	231	11793	14286	4172
室内娱乐活动	146	9906	10644	2545
游乐园	7	34	218	205
休闲健身娱乐活动	63	1803	3371	1272
其他娱乐活动	15	50	53	150

按行业中类分组服务业企业固定资产及营业收入情况

计量单位：千元

指标名称	固定资产原价	本年折旧	营业收入	主营业务收入
总　计				
交通运输、仓储和邮政业				
铁路运输业				
道路运输业				
城市公共交通业				
水上运输业				
航空运输业				
管道运输业				
装卸搬运和其他运输服务业				
仓储业	1299587	94822	1103561	1066306
谷物、棉花等农产品仓储	84846	7974	144871	131959
其他仓储	1214741	86848	958690	934347
邮政业	1587500	114008	853965	828425
国家邮政	1568136	111379	770097	744829
其他寄递服务	19364	2629	83868	83596
信息传输、计算机服务和软件业	31016472	2470292	25789235	25523410
电信和其他信息传输服务业	28450635	2247820	10017741	9928015
电信	27359239	2162716	9223524	9149263
互联网信息服务	207018	28746	291402	289513
广播电视传输服务	883180	56207	498265	484689
卫星传输服务	1198	151	4550	4550
计算机服务业	732897	47164	1984591	1965164
计算机系统服务	129306	8707	1183660	1171349
数据处理	8189	637	39129	38756
计算机维修	38876	628	73323	72620
其他计算机服务	556526	37192	688479	682439
软件业	1832940	175308	13786903	13630231
公共软件服务	1227894	109515	8192974	8048827
其他软件服务	605046	65793	5593929	5581404

按行业中类分组服务业企业固定资产及营业收入情况(续表1)

计量单位:千元

指标名称	固定资产原价	本年折旧	营业收入	主营业务收入
金融业				
证券业				
保险业				
其他金融活动	272278	19047	396574	388804
金融信托与管理	4524	358	7686	7686
财务公司	30	2	228	228
典当	22672	2086	81616	80051
其他未列明的金融活动	245052	16601	307044	300839
租赁和商务服务业	34408776	1831262	44368070	43926336
租赁业	949538	104319	694678	691322
机械设备租赁	948303	104283	691247	687891
文化及日用品出租	1235	36	3431	3431
商务服务业	33459238	1726943	43673392	43235014
企业管理服务	24664931	1063137	29574401	29289307
法律服务	42885	3434	537682	537237
咨询与调查	1036703	97262	1881278	1874326
广告业	1560606	194903	3861848	3821875
知识产权服务	22321	3175	56070	56050
职业中介服务	100227	8282	854392	846779
市场管理	4399682	223517	2000678	1949616
旅行社	356368	43268	3468484	3449429
其他商务服务	1275515	89965	1438559	1410395
科学研究、技术服务和地质勘查业	3580695	263938	10390179	10143129
研究与试验发展	579725	37299	1524080	1328840
自然科学研究与试验发展	21419	2354	49447	49442
工程和技术研究与试验发展	348909	22778	1240954	1046932
农业科学研究与试验发展	24995	1754	67050	66248
医学研究与试验发展	183968	10380	165394	164983
社会人文科学研究与试验发展	434	33	1235	1235

按行业中类分组服务业企业固定资产及营业收入情况(续表2)

计量单位:千元

指标名称	固定资产原价	本年折旧	营业收入	主营业务收入
专业技术服务业	2594332	199238	7765476	7725723
气象服务	7893	542	29264	29264
地震服务	120	10	173	173
海洋服务	94	11	87	87
测绘服务	31038	3184	93834	93814
技术检测	264801	19710	418409	414981
环境监测	40993	3075	86850	81523
工程技术与规划管理	1394838	117090	5200674	5183677
其他专业技术服务	854555	55616	1936185	1922204
科技交流和推广服务业	250657	16812	646906	638539
技术推广服务	210923	13611	406383	399184
科技中介服务	35065	2726	172679	171656
其他科技服务	4669	475	67844	67699
地质勘查业	155981	10589	453717	450027
矿产地质勘查	129070	9447	370910	367220
基础地质勘查	13761	87	1473	1473
地质勘查技术服务	13150	1055	81334	81334
水利、环境和公共设施管理业	2444989	308255	2044798	1997611
水利管理业	50491	1757	559308	554116
水资源管理	22135	1035	19680	19680
其他水利管理	28356	722	539628	534436
环境管理业	57686	4786	139186	135357
自然保护	31871	2641	15313	14731
环境治理	25815	2145	123873	120626
公共设施管理业	2336812	301712	1346304	1308138
市政公共设施管理	1340553	260372	178434	176040
城市绿化管理	172922	15129	795143	776124
游览景区管理	823337	26211	372727	355974
居民服务和其他服务业	687267	51225	2183651	2134474

按行业中类分组服务业企业固定资产及营业收入情况(续表3)

计量单位:千元

指标名称	固定资产原价	本年折旧	营业收入	
				主营业务收入
居民服务业	376693	28705	818279	816361
家庭服务	7123	624	32313	32292
托儿所	291	37	853	853
洗染服务	16990	898	43266	43252
理发及美容保健服务	38362	2967	122768	122652
洗浴服务	110134	9816	272553	271548
婚姻服务	5918	545	14588	14588
殡葬服务	29615	3513	56001	55621
摄影扩印服务	43855	3437	127597	127215
其他居民服务	124405	6868	148340	148340
其他服务业	310574	22520	1365372	1318113
修理与维护	173249	14236	1068167	1022003
清洁服务	29308	1882	62356	62153
其他未列明的服务	108017	6402	234849	233957
教育	321306	32681	543409	539919
教育	321306	32681	543409	539919
学前教育	17392	603	21264	21264
中等教育	11092	428	13382	13382
高等教育	403	39	265	265
其他教育	292419	31611	508498	505008
卫生、社会保障和社会福利业	1452290	114477	753630	750010
卫生	1434986	113855	749948	746328
医院	1392063	108623	627128	623833
卫生院及社区医疗活动	463	51	15023	15023
门诊部医疗活动	20206	2113	42982	42657
妇幼保健活动	1914	244	594	594
专科疾病防治活动	14937	2121	42965	42965
其他卫生活动	5403	703	21256	21256
社会保障业	135	15	100	100

按行业中类分组服务业企业固定资产及营业收入情况(续表4)

计量单位:千元

指标名称	固定资产原价	本年折旧	营业收入	主营业务收入
社会保障业	135	15	0	100
社会福利业	17169	607	3582	3582
提供住宿的社会福利	17169	607	3582	3582
文化、体育和娱乐业	5623662	359415	7911769	7482351
新闻出版业	1244666	64653	4311733	4154450
新闻业	510	65	285	285
出版业	1244156	64588	4311448	4154165
广播、电视、电影和音像业	1359824	121985	2906302	2648848
广播	185	10	2217	2217
电视	1152221	94554	2726258	2485817
电影	203266	27163	167213	150274
音像制作	4152	258	10614	10540
文化艺术业	292902	21942	135963	134384
文艺创作与表演	280646	21185	108499	106976
艺术表演场馆	250	30	120	120
图书馆与档案馆	80	8	405	405
文物及文化保护	307	31	743	743
博物馆	30	3	800	800
群众文化活动	3927	250	2083	2083
文化艺术经纪代理	2153	148	12959	12903
其他文化艺术	5509	287	10354	10354
体育	2191018	110853	95388	93263
体育组织	6401	594	41081	41078
体育场馆	2178844	109987	46430	44308
其他体育	5773	272	7877	7877
娱乐业	535252	39982	462383	451406
室内娱乐活动	235531	14751	315383	305883
游乐园	33489	2248	27952	27752
休闲健身娱乐活动	201997	19892	104330	103566
其他娱乐活动	64235	3091	14718	14205

按行业中类分组服务业企业营业成本及税金情况

计量单位：千元

指标名称	营业成本	主营业务成本	营业税金及附加	主营业务税金及附加
总　计				
交通运输、仓储和邮政业				
铁路运输业				
道路运输业				
城市公共交通业				
水上运输业				
航空运输业				
管道运输业				
装卸搬运和其他运输服务业				
仓储业	797764	756242	30069	24038
谷物、棉花等农产品仓储	126595	125413	111	111
其他仓储	671169	630829	29958	23927
邮政业	895203	716295	14426	14426
国家邮政	851709	672801	11980	11980
其他寄递服务	43494	43494	2446	2446
信息传输、计算机服务和软件业	14877121	14588344	506434	504593
电信和其他信息传输服务业	5677026	5520130	289981	289914
电信	5325885	5169482	271661	271661
互联网信息服务	78489	78478	10058	10057
广播电视传输服务	271095	270613	8168	8102
卫星传输服务	1557	1557	94	94
计算机服务业	1397831	1384594	36417	36168
计算机系统服务	963201	954462	10331	10277
数据处理	19912	19912	936	936
计算机维修	51816	51806	2902	2873
其他计算机服务	362902	358414	22248	22082
软件业	7802264	7683620	180036	178511
公共软件服务	5290779	5176119	145482	143962
其他软件服务	2511485	2507501	34554	34549

按行业中类分组服务业企业营业成本及税金情况(续表1)

计量单位:千元

指标名称	营业成本	主营业务成本	营业税金及附加	主营业务税金及附加
金融业				
证券业				
保险业				
其他金融活动	202479	202060	16967	16952
金融信托与管理	6054	6054	72	72
财务公司	212	212	13	13
典当	14157	14135	4398	4389
其他未列明的金融活动	182056	181659	12484	12478
租赁和商务服务业	26872758	26573229	1064838	1054927
租赁业	528010	526474	20106	14493
机械设备租赁	526527	524991	19926	14313
文化及日用品出租	1483	1483	180	180
商务服务业	26344748	26046755	1044732	1040434
企业管理服务	16947417	16816611	641138	639553
法律服务	237088	236455	31786	31692
咨询与调查	943196	938202	88485	88243
广告业	2831401	2820491	97251	96893
知识产权服务	24496	22474	2773	2773
职业中介服务	588282	586792	23812	23713
市场管理	706876	700129	88746	88361
旅行社	3156594	3037331	23330	23322
其他商务服务	909398	888270	47411	45884
科学研究、技术服务和地质勘查业	6750408	6414999	404911	395044
研究与试验发展	967973	869546	35140	26850
自然科学研究与试验发展	31554	31552	1871	1869
工程和技术研究与试验发展	827314	729850	31716	23434
农业科学研究与试验发展	60916	60471	146	146
医学研究与试验发展	48008	47492	1361	1355
社会人文科学研究与试验发展	181	181	46	46

按行业中类分组服务业企业营业成本及税金情况(续表2)

计量单位:千元

指标名称	营业成本	主营业务成本	营业税金及附加	主营业务税金及附加
专业技术服务业	4909319	4678978	348050	346667
气象服务	15617	15617	1227	1227
地震服务	189	189	7	7
海洋服务	49	49		
测绘服务	43671	42674	4651	4651
技术检测	234853	234653	23020	22679
环境监测	46459	46459	4682	4681
工程技术与规划管理	3299235	3085442	256500	255474
其他专业技术服务	1269246	1253895	57963	57948
科技交流和推广服务业	455026	450011	16512	16318
技术推广服务	286323	282528	11852	11700
科技中介服务	122849	121653	3118	3076
其他科技服务	45854	45830	1542	1542
地质勘查业	418090	416464	5209	5209
矿产地质勘查	343411	341785	2265	2265
基础地质勘查	1384	1384	7	7
地质勘查技术服务	73295	73295	2937	2937
水利、环境和公共设施管理业	1718140	1706525	39168	38256
水利管理业	532266	531735	866	866
水资源管理	13343	13343	296	296
其他水利管理	518923	518392	570	570
环境管理业	81816	81816	3815	3815
自然保护	1816	1816	526	526
环境治理	80000	80000	3289	3289
公共设施管理业	1104058	1092974	34487	33575
市政公共设施管理	194391	193560	2631	2497
城市绿化管理	649098	639525	26268	25493
游览景区管理	260569	259889	5588	5585
居民服务和其他服务业	1429068	1383692	55239	53040

按行业中类分组服务业企业营业成本及税金情况(续表3)

计量单位:千元

指标名称	营业成本	主营业务成本	营业税金及附加	主营业务税金及附加
居民服务业	410156	408227	34398	34322
家庭服务	19057	19040	1021	1021
托儿所	671	671	19	19
洗染服务	16477	16477	2251	2251
理发及美容保健服务	52085	52015	5733	5728
洗浴服务	98382	98042	15530	15510
婚姻服务	7344	7119	711	711
殡葬服务	33729	33729	243	243
摄影扩印服务	74173	74113	4116	4068
其他居民服务	108238	107021	4774	4771
其他服务业	1018912	975465	20841	18718
修理与维护	846294	806904	10970	8923
清洁服务	30529	30244	2804	2730
其他未列明的服务	142089	138317	7067	7065
教育	249401	248752	19517	19381
教育	249401	248752	19517	19381
学前教育	14384	14271	541	541
中等教育	1842	1842	10	10
高等教育	279	279	10	10
其他教育	232896	232360	18956	18820
卫生、社会保障和社会福利业	476878	468006	12486	12486
卫生	474639	465767	12298	12298
医院	411925	403927	10786	10786
卫生院及社区医疗活动	9741	9741	67	67
门诊部医疗活动	20532	19658	1227	1227
妇幼保健活动	507	507	32	32
专科疾病防治活动	17903	17903	144	144
其他卫生活动	14031	14031	42	42
社会保障业	49	49	5	5

按行业中类分组服务业企业营业成本及税金情况(续表4)

计量单位:千元

指标名称	营业成本	主营业务成本	营业税金及附加	主营业务税金及附加
社会保障业	49	49	5	5
社会福利业	2190	2190	183	183
提供住宿的社会福利	2190	2190	183	183
文化、体育和娱乐业	5708566	5609039	296648	293778
新闻出版业	3124904	3031477	134920	132446
新闻业	40	40	16	16
出版业	3124864	3031437	134904	132430
广播、电视、电影和音像业	2241084	2238683	111894	111555
广播	2063	1656	19	19
电视	2159418	2158778	107454	107449
电影	74718	73364	4121	3787
音像制作	4885	4885	300	300
文化艺术业	71854	71816	2720	2690
文艺创作与表演	57268	57230	1855	1825
艺术表演场馆	100	100	3	3
图书馆与档案馆	100	100	22	22
文物及文化保护	170	170	24	24
博物馆	769	769	1	1
群众文化活动	742	742	110	110
文化艺术经纪代理	6925	6925	303	303
其他文化艺术	5780	5780	402	402
体育	49159	49159	2655	2655
体育组织	17483	17483	359	359
体育场馆	31192	31192	1899	1899
其他体育	484	484	397	397
娱乐业	221565	217904	44459	44432
室内娱乐活动	147034	143899	36657	36643
游乐园	13609	13501	1507	1507
休闲健身娱乐活动	54511	54424	5795	5782
其他娱乐活动	6411	6080	500	500

按行业中类分组服务业企业营业利润情况

计量单位：千元

指标名称	主营业务利润	其他业务利润	营业费用、管理费用、财务费用合计	营业利润
总　计				
交通运输、仓储和邮政业				
铁路运输业				
道路运输业				
城市公共交通业				
水上运输业				
航空运输业				
管道运输业				
装卸搬运和其他运输服务业				
仓储业	279255	21431	223465	83993
谷物、棉花等农产品仓储	6435	11730	23868	-5703
其他仓储	272820	9701	199597	89696
邮政业	-231789	23642	332060	-386699
国家邮政	-269351	21380	299879	-394436
其他寄递服务	37562	2262	32181	7737
信息传输、计算机服务和软件业	5878775	154662	7249986	3133480
电信和其他信息传输服务业	1455138	27457	2777933	1170711
电信	1060281	22319	2525789	1010652
互联网信息服务	200590	819	108454	93343
广播电视传输服务	191388	4319	141967	65540
卫星传输服务	2879		1723	1176
计算机服务业	466620	17379	373543	186142
计算机系统服务	142084	8593	199363	14070
数据处理	17351	1124	11694	8102
计算机维修	17733	776	15292	3712
其他计算机服务	289452	6886	147194	160258
软件业	3957017	109826	4098510	1776627
公共软件服务	1970270	101595	2076739	750939
其他软件服务	1986747	8231	2021771	1025688

按行业中类分组服务业企业营业利润情况(续表1)

计量单位:千元

指标名称	主营业务利润	其他业务利润	营业费用、管理费用、财务费用合计	营业利润
金融业				
证券业				
保险业				
其他金融活动	112149	7289	219247	-32662
金融信托与管理	1560		2763	-1203
财务公司	3		14	-11
典当	61527	1421	38046	24902
其他未列明的金融活动	49059	5868	178424	-56350
租赁和商务服务业	20064837	539445	14131475	9111906
租赁业	129054	20168	141844	28304
机械设备租赁	127286	19939	139919	28232
文化及日用品出租	1768	229	1925	72
商务服务业	19935783	519277	13989631	9083602
企业管理服务	15879516	333614	10348169	8171900
法律服务	267843	2214	198970	72569
咨询与调查	829121	40638	723695	165758
广告业	884519	36474	632475	307597
知识产权服务	30775	3175	30240	3738
职业中介服务	226637	3831	195567	46688
市场管理	1087485	37961	1080809	119215
旅行社	342400	44277	295024	188756
其他商务服务	387487	17093	484682	7381
科学研究、技术服务和地质勘查业	2549935	166886	2286872	1004007
研究与试验发展	248883	100426	420655	91251
自然科学研究与试验发展	6367	0	14302	1116
工程和技术研究与试验发展	185646	99777	290129	83122
农业科学研究与试验发展	5631	407	15209	-9171
医学研究与试验发展	50231	242	100415	15776
社会人文科学研究与试验发展	1008	0	600	408

按行业中类分组服务业企业营业利润情况(续表2)

计量单位:千元

指标名称	主营业务利润	其他业务利润	营业费用、管理费用、财务费用合计	营业利润
专业技术服务业	2127131	54060	1696526	870153
气象服务	12420		13548	-1128
地震服务	-23		10	-33
海洋服务	38		243	-205
测绘服务	45790	23	24142	22317
技术检测	144209	6961	133683	30695
环境监测	30047	5450	26679	9154
工程技术与规划管理	1449697	27122	1108160	546050
其他专业技术服务	444953	14504	390061	263303
科技交流和推广服务业	169847	9411	136331	45282
技术推广服务	103637	4930	98599	11287
科技中介服务	45883	4307	23575	27651
其他科技服务	20327	174	14157	6344
地质勘查业	4074	2989	33360	-2679
矿产地质勘查	4124	-509	27132	-1635
基础地质勘查	82		31	51
地质勘查技术服务	-132	3498	6197	-1095
水利、环境和公共设施管理业	247716	39846	295676	-3206
水利管理业	21470	4815	22382	3948
水资源管理	5996	156	4533	1664
其他水利管理	15474	4659	17849	2284
环境管理业	49726	3829	36165	17390
自然保护	12389	582	13644	-673
环境治理	37337	3247	22521	18063
公共设施管理业	176520	31202	237129	-24544
市政公共设施管理	-20017	3853	91998	-108162
城市绿化管理	108706	11405	83125	39180
游览景区管理	87831	15944	62006	44438
居民服务和其他服务业	658933	24754	599887	119290

按行业中类分组服务业企业营业利润情况(续表3)

计量单位：千元

指标名称	主营业务利润	其他业务利润	营业费用、管理费用、财务费用合计	营业利润
居民服务业	357145	5004	338029	40746
家庭服务	5998	1614	11923	1922
托儿所	163		164	-1
洗染服务	24524	14	14992	9546
理发及美容保健服务	64856	915	60453	5321
洗浴服务	149658	1669	153320	6345
婚姻服务	6685	87	5885	958
殡葬服务	21619	213	10755	11107
摄影扩印服务	49012	378	47147	2265
其他居民服务	34630	114	33390	3283
其他服务业	301788	19750	261858	78544
修理与维护	189624	13247	158951	60572
清洁服务	28619	981	24541	5534
其他未列明的服务	83545	5522	78366	12438
教育	271767	4858	251007	26788
教育	271767	4858	251007	26788
学前教育	6452	0	7406	-954
中等教育	11530		3234	8296
高等教育	-24	0	252	-276
其他教育	253809	4858	240115	19722
卫生、社会保障和社会福利业	229446	4505	396631	-123130
卫生	228191	4505	394290	-122044
医院	169048	4047	338513	-125868
卫生院及社区医疗活动	5215	150	4204	1161
门诊部医疗活动	21772	308	20975	1105
妇幼保健活动	55		1205	-1150
专科疾病防治活动	24918	0	19988	4930
其他卫生活动	7183		9405	-2222
社会保障业	46		42	4

按行业中类分组服务业企业营业利润情况(续表4)

计量单位:千元

指标名称	主营业务利润	其他业务利润	营业费用、管理费用、财务费用合计	营业利润
社会保障业	46		42	4
社会福利业	1209		2299	-1090
提供住宿的社会福利	1209		2299	-1090
文化、体育和娱乐业	1299777	364121	1248088	769431
新闻出版业	761578	94695	745096	417439
新闻业	229		228	1
出版业	761349	94695	744868	417438
广播、电视、电影和音像业	281889	254919	190048	363539
广播	542	89	422	209
电视	211203	239456	120197	338871
电影	64789	15374	64191	24342
音像制作	5355	0	5238	117
文化艺术业	59145	1068	81174	-20228
文艺创作与表演	47228	987	64951	-16043
艺术表演场馆	17		20	-3
图书馆与档案馆	283		156	127
文物及文化保护	549		361	188
博物馆	30		45	-15
群众文化活动	1231	0	1491	-260
文化艺术经纪代理	5635	0	4450	1225
其他文化艺术	4172	81	9700	-5447
体育	13968	5607	57243	-13694
体育组织	-4245	3507	31299	-8063
体育场馆	11217	2100	16396	-3079
其他体育	6996		9548	-2552
娱乐业	183197	7832	174527	22375
室内娱乐活动	123169	7901	111472	21770
游乐园	12744	248	7546	5446
休闲健身娱乐活动	39659	-501	51044	-8185
其他娱乐活动	7625	184	4465	3344

按行业中类分组服务业企业职工工资和福利费情况

计量单位：千元

指标名称	职工工资和福利费	本年应交增值税	所有者权益合计	实收资本
总　计				
交通运输、仓储和邮政业				
铁路运输业				
道路运输业				
城市公共交通业				
水上运输业				
航空运输业				
管道运输业				
装卸搬运和其他运输服务业				
仓储业	99245	2144	1631551	1455585
谷物、棉花等农产品仓储	6396	2	64295	22126
其他仓储	92849	2142	1567256	1433459
邮政业	239211	66	2248930	349885
国家邮政	206900	47	2232679	324678
其他寄递服务	32311	19	16251	25207
信息传输、计算机服务和软件业	3877643	737911	52625538	10537117
电信和其他信息传输服务业	878995	2359	42451938	4346645
电信	725998	423	41093492	3259474
互联网信息服务	74483	912	393507	256827
广播电视传输服务	77286	962	922234	802959
卫星传输服务	1228	62	42705	27385
计算机服务业	202235	17485	1345343	1136853
计算机系统服务	81087	10906	691739	617277
数据处理	8581	1815	33984	24846
计算机维修	18142	240	61992	57535
其他计算机服务	94425	4524	557628	437195
软件业	2796413	718067	8828257	5053619
公共软件服务	1427984	227715	5234756	3544085
其他软件服务	1368429	490352	3593501	1509534

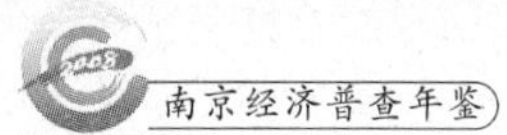

按行业中类分组服务业企业职工工资和福利费情况(续表1)

计量单位:千元

指标名称	职工工资和福利费	本年应交增值税	所有者权益合计	实收资本
金融业				
证券业				
保险业				
其他金融活动	100360	19275	3026740	2977604
金融信托与管理	956	42	39744	49980
财务公司	135		100	100
典当	8783	93	312538	278476
其他未列明的金融活动	90486	19140	2674358	2649048
租赁和商务服务业	3486405	154472	169177006	95344659
租赁业	82942	1686	874720	793668
机械设备租赁	81236	1686	870109	789128
文化及日用品出租	1706	0	4611	4540
商务服务业	3403463	152786	168302286	94550991
企业管理服务	1426280	92443	157546243	86755608
法律服务	95488	1288	112788	54833
咨询与调查	384890	6082	2765309	1951397
广告业	353744	28425	1986879	1328292
知识产权服务	11551	994	64096	52920
职业中介服务	357511	3992	212128	180552
市场管理	294225	7139	3297659	2049544
旅行社	182619	4155	737890	684291
其他商务服务	297155	8268	1579294	1493554
科学研究、技术服务和地质勘查业	1949991	49594	8439344	5387178
研究与试验发展	305910	21261	2559279	1754650
自然科学研究与试验发展	10740	977	59608	30681
工程和技术研究与试验发展	244847	19512	1498574	1250403
农业科学研究与试验发展	5749	56	29284	53632
医学研究与试验发展	43980	716	963969	412214
社会人文科学研究与试验发展	594		7844	7720

按行业中类分组服务业企业职工工资和福利费情况(续表2)

计量单位：千元

指标名称	职工工资和福利费	本年应交增值税	所有者权益合计	实收资本
专业技术服务业	1521937	20292	5270292	3120756
气象服务	2704		5502	4637
地震服务	166		100	100
海洋服务	88	2	39875	39934
测绘服务	14435	20	88226	43199
技术检测	78136	604	428588	273258
环境监测	4756	82	37995	34483
工程技术与规划管理	1063870	4508	3179328	1538459
其他专业技术服务	357782	15076	1490678	1186686
科技交流和推广服务业	84774	8041	468623	423676
技术推广服务	64324	7198	395384	335766
科技中介服务	11184	684	38163	58666
其他科技服务	9266	159	35076	29244
地质勘查业	37370		141150	88096
矿产地质勘查	27365		86822	41164
基础地质勘查	1033		33708	33708
地质勘查技术服务	8972		20620	13224
水利、环境和公共设施管理业	299913	7410	3115692	1570807
水利管理业	9777	4589	105110	97020
水资源管理	3177	97	67678	65115
其他水利管理	6600	4492	37432	31905
环境管理业	19553	1806	1876152	308095
自然保护	2412		-15413	2500
环境治理	17141	1806	1891565	305595
公共设施管理业	270583	1015	1134430	1165692
市政公共设施管理	23916	279	413908	645666
城市绿化管理	104165	649	390169	339352
游览景区管理	142502	87	330353	180674
居民服务和其他服务业	396829	30290	1049577	779446

按行业中类分组服务业企业职工工资和福利费情况(续表3)

计量单位:千元

指标名称	职工工资和福利费	本年应交增值税	所有者权益合计	实收资本
居民服务业	230417	4634	396595	346682
家庭服务	11083	199	16625	13093
托儿所	288		347	250
洗染服务	19958	1	10871	9523
理发及美容保健服务	42444	1225	44507	41760
洗浴服务	62570	283	84834	87517
婚姻服务	4911	385	15170	10720
殡葬服务	4362	1130	21887	20439
摄影扩印服务	26841	534	55013	66966
其他居民服务	57960	877	147341	96414
其他服务业	166412	25656	652982	432764
修理与维护	97834	20342	443521	288918
清洁服务	23162	452	38533	28541
其他未列明的服务	45416	4862	170928	115305
教育	140413	731	310636	246510
教育	140413	731	310636	246510
学前教育	12471	50	12938	15062
中等教育	7791		8990	8990
高等教育	202		3409	4060
其他教育	119949	681	285299	218398
卫生、社会保障和社会福利业	221125	438	689461	613181
卫生	219385	438	694368	611171
医院	192593	11	659702	574247
卫生院及社区医疗活动	2158		3173	3129
门诊部医疗活动	12643	375	24270	22407
妇幼保健活动	675		6358	1000
专科疾病防治活动	6556	0	1141	4290
其他卫生活动	4760	52	-276	6098
社会保障业	31		126	100

按行业中类分组服务业企业职工工资和福利费情况(续表4)

计量单位：千元

指标名称	职工工资和福利费	本年应交增值税	所有者权益合计	实收资本
社会保障业	31		126	100
社会福利业	1709		-5033	1910
提供住宿的社会福利	1709		-5033	1910
文化、体育和娱乐业	815001	50671	11716188	4118272
新闻出版业	386459	45971	6083319	1582648
新闻业	200		313	512
出版业	386259	45971	6083006	1582136
广播、电视、电影和音像业	242343	2111	4305157	1286608
广播	236	102	908	895
电视	207655	45	4128970	1120874
电影	31720	1209	160180	148219
音像制作	2732	755	15099	16620
文化艺术业	74446	142	426861	333069
文艺创作与表演	65573	39	215960	163238
艺术表演场馆	52	18	200	200
图书馆与档案馆	220	1	366	366
文物及文化保护	195	1	886	320
博物馆	40		100	100
群众文化活动	460	27	4614	6105
文化艺术经纪代理	3398	39	48140	49712
其他文化艺术	4508	17	156595	113028
体育	23321	275	378591	389920
体育组织	5835	169	18927	75750
体育场馆	14384	104	356763	311500
其他体育	3102	2	2901	2670
娱乐业	88432	2172	522260	526027
室内娱乐活动	53656	2065	179247	192310
游乐园	6658	1	30371	8950
休闲健身娱乐活动	25442	106	288803	299645
其他娱乐活动	2676		23839	25122

指 标 解 释

存货：指企业在日常生产经营过程中持有以备销售，或者仍然处在生产过程，或者在生产或提供劳务过程中将消耗的材料或物资等，包括各类材料、商品、在产品、半成品、产成品等。存货根据会计“资产负债表”中“存货”项目填列。其中：“年初存货”根据会计“资产负债表”中“存货”项的年初数填列；“年末存货”根据会计“资产负债表”中“存货”项的期末数填列。

流动资产合计：指企业可以在一年内或者超过一年的一个生产周期内变现或者耗用的资产，包括现金及各种存款、短期投资、应收及预付款项、存货等。根据会计“资产负债表”中“流动资产合计”项的期末数填列。

应收账款：指企业因销售商品、产品、提供劳务等，应向购货单位或接受劳务单位收取款项。该指标根据会计“资产负债表”中“应收账款”项的年末数填报。未执行2001年《企业会计制度》的企业，用“应收账款净额”期末数代替。

长期投资：根据会计“资产负债表”中“长期投资”项的年末数填报。

固定资产合计：指企业使用期限超过一年的房屋、建筑物、机器、机械、运输工具以及其他与生产、经营有关的设备、器具、工具等。不属于生产经营主要设备的物品，单位价值在2000元以上，并且使用年限超过2年的，也应当作为固定资产。“固定资产合计”根据会计“资产负债表”中“固定资产合计”项的期末数填列。

固定资产原价：指企业在购置、自行建造、安装、改建、扩建、技术改造某项固定资产时所支出的全部支出总额。根据会计“资产负债表”中“固定资产原价”项目的期末数填列。执行2006年《企业会计准则》的企业，根据“资产负债表附表”中的“固定资产原价”项目的期末数填列。

固定资产折旧：指对固定资产由于磨损和损耗而转移到产品中去的那一部分价值的补偿。一般根据固定资产原价（选用双倍余额递减法计提折旧的企业，为固定资产账面净值）和确定的折旧率计算。“累计折旧”：指企业在报告期末提取的历年固定资产折旧累计数。根据会计“资产负债表”中“累计折旧”项的年末数填列。“本年折旧”：指企业在报告期内提取的固定资产折旧合计数。根据会计核算中《资产减值准备、投资及固定资产情况表》内“当年计提的固定资产折旧总额”项本年增加数填列。

其他资产：指除上述资产以外的其他资产。

资产总计：指企业拥有或控制的能以货币计量的经济资源，包括各种财产、债权和其他权利。资产按其流动性（即资产的变现能力和支付能力）划分为：流动资产、长期投资、固定资产、无形资产、递延资产和其他资产。根据会计“资产负债表”中“资产总计”项的期末数填列。

流动负债合计：指企业在一年内或超过一年的一个营业周期内需要偿还的债务，包括短期借款、应付票据、应付账款、预收账款、应付工资、应交税金、应付利润、预提费用等。根据企业会计“资产负债表”中“流动负债合计”的期末数填报。

应付账款：根据会计“资产负债表”中的“应付账款”的期末贷方余额填报。

长期负债合计：指企业偿还期在一年以上或者超过一年的一个营业周期以上的债务，包括长期借款、长期应付款、应付债券等。根据会计“资产负债表”中的“长期负债合计”的期末数填报。

负债合计：指企业所承担的能以货币计量，将以资产或劳务偿付的债务，偿还形式包括货币、资产或提供劳务。负债一般按偿还期长短分为流动负债和长期负债。根据会计“资产负债表”中“负债合计”的期末数填列。

所有者权益合计：所有者权益是指所有者在企业资产中享有的经济利益，它等于企业资产减去负债后

的余额。包括实收资本(或股本)、资本公积、盈余公积和未分配利润等。根据"资产负债表"中的"所有者权益合计"项填列。

实收资本:指投资者按照企业章程,或合同、协议的约定,实际投入企业的资本。企业实收资本按照投资主体划分为国家资本、集体资本、法人资本、个人资本、港澳台资本和外商资本六种。根据"资产负债表"中的"实收资本"项填列。实收资本中如有以外币形式投入的资本,需折合成人民币形式填写。

国家资本:指有权代表国家投资的政府部门或机构以国有资产投入企业形成的资本。不论企业的资本是哪个政府部门或机构投入的,只要是以国家资金进行投资的,均作为国家资本。根据会计"实收资本"科目期末余额分析填列。

集体资本:指劳动群众集体所有的资产实际投人企业形成的资本。根据会计"实收资本"科目期末余额分析填列。

法人资本:指我国具有法人资格的单位以其依法可以支配的资产投入企业形成的资本。可根据会计"实收资本"科目期末余额分析填列。

个人资本:指我国公民以其合法财产投入企业形成的资本。根据会计"实收资本"科目期末余额分析填列。

港澳台资本:指我国香港、澳门和台湾地区投资者将所有的资产实际投入企业形成的资本。根据会计"实收资本"科目期末余额分析填列。

外商资本:指外国投资者(不包括我国香港、澳门和台湾地区投资者)将所有的资产实际投入企业形成的资本。根据会计"实收资本"科目期末余额分析填列。

主营业务收入:指企业经营主要业务所取得的收入总额。此项目应根据相关行业的"产品销售收入"、"商品销售收入"、"主营业务收入"、"营业收入"、"经营收入"、"工程结算收入"等科目发生额填列。执行2006年《企业会计准则》的企业,如果未设置该科目,则以营业收入发生额代替填列。

营业成本:指企业(单位)在报告期内从事销售商品、提供劳务等日常活动发生的各种耗费。根据会计"利润表"中对应指标计算填列。

主营业务成本:指企业经营主要业务发生的实际成本。根据会计"利润表"中对应指标计算填列。执行2006年《企业会计准则》的企业,如果未设置该科目,则以营业成本发生额代替填列。

营业收入:指企业(单位)在报告期内从事销售商品、提供劳务及转让资产使用权等日常活动中所形成的总收入,包括主营业务收入和其他业务收入。根据会计"利润表"中对应指标计算填列。

营业税金及附加:指企业与营业收入有关的,应由各项经营业务负担的税金及附加。根据会计"利润表"中"营业税金及附加"的本年累计数填列。

主营业务税金及附加:指企业经营主要业务应负担的营业税、消费税、城市维护建设税、资源税、土地增值税、教育费附加。根据会计"利润表"中对应指标"本年累计数"填列。执行2006年《企业会计准则》的企业,如未设置该项以营业税金及附加代替填列。

主营业务利润:指企业经营主要业务实现的利润。根据会计"利润表"中对应指标本年累计数填列。执行2006年《企业会计准则》的企业,如果未设置该科目,则以营业利润发生额代替填列。

其他业务收入:是指企业主营业务以外的收入。根据会计"利润表"中对应指标的本年累计数填列。执行2006年《企业会计准则》的企业,如果未设置该科目,则在此处填0。

其他业务利润:指企业经营除主要业务以外的其他业务实现的利润。根据会计"利润表"中对应指标的本年累计数填列。执行2006年《企业会计准则》的企业,如果未设置该科目,则在此处填0。

营业费用、管理费用和财务费用合计:指企业报告期内营业费用、管理费用、财务费用三项费用的合计。

营业费用:指企业在销售商品过程中发生的各项费用,根据"利润表"中对应项目的"本年累计数"填列。

管理费用:指企业行政管理部门和企业的董事会为组织和管理企业生产经营活动而发生的各项费用,根据"利润表"中"管理费用"项的"本年累计数"填列。

财务费用:指企业为筹集生产经营所需资金等发生的费用,包括利息净支出、汇兑净损失(已减汇兑收益)、以及相关的手续费等,根据会计"利润表"中"财务费用"项的"本年累计数"填列。

税金:指企业按照规定从管理费用中支付的房产税、印花税、车船使用税和土地使用税。本指标根据“管理费用”科目中相关项目归纳填列。

财产保险费:指企业向保险公司投保所支付的财产保险费用。根据会计“管理费用”科目中的对应项目的本期累计数填列。

差旅费:根据会计“管理费用”科目中的对应项目填列。

工会经费:根据会计“管理费用”科目中的对应项目填列。

利息支出:指企业短期借款利息、长期借款利息、应付票据利息、票据贴现利息、应付债券利息、长期应付引进国外设备款利息等利息支出(除资本化的利息外)减去银行存款等的利息收入后的净额。根据会计“财务费用明细资料”中的利息支出项目填列。

营业利润:指企业从事生产经营活动所取得的利润,即主营业务收入减主营业务成本和主营业务税金及附加,加上其他业务利润,减去营业费用、管理费用、财务费用后的金额。本指标根据会计“利润表”中对应指标的“本年累计数”填列。执行2006年《企业会计准则》的企业,同样根据会计“利润表”中对应指标的“本年累计数”直接填列。

投资收益:指企业以各种方式对外投资所取得的收益或发生的损失。根据“利润表”中的“投资收益”项填列。若为投资损失,应在本项目金额前加“-”号。

补贴收入:指企业实际收到的补贴收入,包括实际收到的先征后返的增值税;企业按销量或工作量等,依据国家规定的补助定额计算并按期给予的定额补贴。根据“补贴收入”的发生额分析填列。

营业外收入:根据企业会计“利润表”中“营业外收入”项的本年累计数填列。

营业外支出:根据企业会计“利润表”中“营业外支出”项的本年累计数填列。

利润总额:指企业在生产经营过程中各种收入扣除各种耗费后的盈余,反映企业在报告期内实现的亏盈总额,包括营业利润、补贴收入、投资净收益和营业外收支净额。根据会计“利润表”中的对应指标的本期累计数填列。

应交所得税:指企业按税法规定,应从生产经营等活动的所得中交纳的税金。根据会计“利润表”中的对应指标的本期累计数填列。

劳动、失业保险费:指企业向社会保障部门和保险公司为本单位职工支付的劳动保险、待业保险的费用。根据会计“管理费用”等科目中的相关项目归纳计算填列。

养老保险和医疗保险费:根据会计“营业费用”、“管理费用”科目中的相关项目归纳计算填列。

住房公积金和住房补贴:根据会计“营业费用”、“管理费用”科目中的相关项目归纳计算填列。

本年应付工资总额:指企业在报告期内支付给本单位职工的全部工资,它反映企业本期累计应付的工资总额,而不是会计“应付工资”科目的余额。根据会计“应付工资”科目的本期贷方累计发生额填列。

主营业务应付工资总额:指报告期内企业应付给与主营业务直接有关人员的工资。工业企业是指应付给与工业生产经营活动直接有关的职工工资总额,根据会计“应付工资”科目中本期转入“生产成本”、“制造费用”、“管理费用”、“产品销售费用”科目的贷方发生额(即本期应由上述科目负担的工资)归纳填列。

本年应付福利费总额:指企业在报告期内累计提取的福利费总额,它反映本期应付福利费的全部发生额,而不是会计“应付福利费”科目的余额。根据会计“应付福利费”科目的本期贷方累计发生额填列。

主营业务应付福利费总额:指报告期内企业应付给与主营业务直接有关人员福利费。工业企业是指应付给与工业生产经营活动直接有关的职工福利费总额,根据会计“应付福利费”科目的贷方发生额中从“生产成本”、“制造费用”、“管理费用”、“产品销售费用”科目中提取的福利费归纳填列。

职工工资和福利费:职工工资和福利费包括职工工资总额和职工福利费两部分,是企业为获得职工提供服务而给予的各种形式的报酬以及其他相关支出。其中:工资总额是指企业在报告期内支付给本单位全部职工的劳动报酬,包括工资、奖金、津贴和补贴,它反映企业报告期内累计应付的工资总额。工资总额根据企业会计核算中“应付工资”科目的本期贷方累计发生额填列。职工福利费:指企业在报告期内根据国家有关规定开支的各项福利支出,包括企业为职工提存的基本养老保险基金、基本医疗保险费、失业保险费、工伤保险费、生育保险费、住房公积金、补充养老保险费和补充医疗保险费,以及从成本费用中列支的集体

福利补贴、职工生活困难补助、房租补贴、上下班交通补贴、冬季取暖费，以及按规定发生的其他职工福利支出，它反映企业在报告期实际发生的各项福利费用。职工福利费根据企业会计成本和费用科目中的相关项目归纳计算填列。

从业人员劳动报酬：企业在报告期内支付给本单位从业人员的全部劳动报酬，包括工资、福利费、奖金、津贴及各种补助。根据会计“应付工资”、“应付福利费”科目的本年贷方累计发生额填列。

本年应交增值税：指企业按税法规定，从事货物销售或提供加工、修理修配劳务等增加货物价值的活动本期应交纳的税金。指企业在报告期应交增值税额。计算公式为：

本年应交增值税＝销项税额－(进项税额－进项税额转出)－

出口抵减内销产品应纳税额－减免税款＋出口退税

根据企业会计“应交增值税明细表”计算填列。

资产减值损失：是指企业各项资产发生的减值损失。根据“利润表”中的“资产减值损失”填列。

公允价值变动收益：指企业应当计入当期损益的资产或负债公允价值变动收益。根据“利润表”中的“公允价值变动收益”填列，如为损失以“-”号记。

全部从业人员年平均人数：指企业单位年内各月平均拥有的人数，其计算公式为：

$$全部从业人员年平均人数=\frac{1月平均人数+2月平均人数+\cdots+12月平均人数}{12}$$

$$月平均人数=\frac{月初从业人员数+月末从业人员数}{2}$$

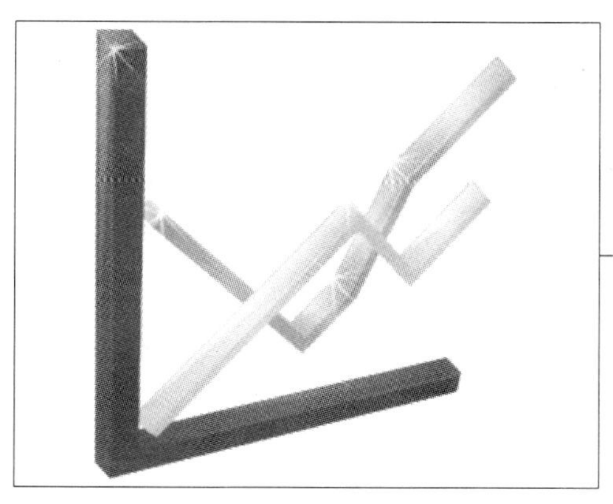

● 依据经济普查资料对地区生产总值历史数据调整情况

主要年份地区生产总值

计量单位：亿元

年　份	地区生产总值	第一产业	第二产业	#工业	第三产业
1990	176.52	17.26	96.03	87.40	63.23
1993	355.25	25.28	191.67	172.93	138.30
1994	472.17	34.85	248.26	227.99	189.06
1995	584.59	44.97	297.46	258.38	242.16
1996	682.78	45.93	339.49	286.12	297.36
1997	773.78	49.85	379.86	323.13	344.07
1998	850.24	51.72	406.18	341.89	392.34
1999	937.89	53.53	432.86	368.44	451.50
2000	1073.54	57.56	491.87	424.81	524.11
2001	1218.51	61.94	544.66	469.67	611.91
2002	1385.14	65.73	610.65	523.00	708.76
2003	1690.77	69.51	802.24	691.99	819.02
2004	2067.18	75.27	1003.99	869.51	987.92
2005	2451.94	102.00	1199.48	1043.58	1150.46
2006	2822.80	109.55	1359.94	1181.94	1353.31
2007	3340.05	115.28	1607.22	1412.22	1617.55
2008	3814.62	119.4	1771.28	1532.20	1923.94

注：本表数据均为现价。

(一) 综合

主要年份地区生产总值发展速度

计量单位:%

年　份	地区生产总值	第一产业	第二产业	#工业	第三产业
1990	109.2	97.2	105.1	111.8	121.8
1993	117.3	103.7	118.5	123.5	116.8
1994	115.6	98.6	119.2	120.6	112.8
1995	112.4	115.6	113.0	108.7	110.8
1996	113.0	108.9	113.6	111.1	112.8
1997	113.3	109.6	113.3	113.9	114.1
1998	111.8	104.5	111.9	111.3	112.6
1999	110.6	107.4	109.7	111.0	112.6
2000	112.3	108.1	112.1	112.8	113.1
2001	111.1	108.3	109.0	108.1	113.8
2002	112.8	106.8	112.3	111.2	114.0
2003	115.0	105.1	118.7	118.4	112.5
2004	117.3	105.9	120.7	123.0	114.9
2005	115.1	102.7	117.9	118.0	113.4
2006	115.1	104.0	115.4	115.9	115.7
2007	115.7	103.6	115.9	117.6	116.4
2008	112.1	102.7	109.6	109.9	115.3

注:本表的发展速度均按可比价计算。

依据经济普查资料调整后2006年分区、县生产总值

计量单位：亿元

指　标	地区生产总值	第一产业	第二产业	工业	第三产业
玄武区	158.18	0.19	16.51	6.19	141.48
白下区	183.76	0.02	27.31	18.49	156.43
秦淮区	57.52	0.04	24.92	20.19	32.56
建邺区	49.23	0.73	14.34	7.60	34.16
鼓楼区	216.18		29.36	18.58	186.82
下关区	97.47		24.83	21.02	72.87
浦口区	147.55	12.43	79.64	66.94	55.48
栖霞区	111.93	4.05	68.17	51.44	39.71
雨花区	87.51	0.83	55.28	47.36	31.40
江宁区	279.16	18.15	175.86	137.56	85.15
六合区	176.19	19.19	100.52	84.95	56.48
溧水县	103.02	11.67	61.01	52.31	30.33
高淳县	108.38	14.22	57.30	44.09	36.86

依据经济普查资料调整后2006年分区、县生产总值发展速度（按可比价计算）

计量单位：%

指　标	地区生产总值	第一产业	第二产业	工业	第三产业
玄武区	115.3	78.3	122.7	115.7	114.6
白下区	113.5	33.0	87.5	91.0	118.6
秦淮区	113.1	100.2	113.4	116.6	112.8
建邺区	112.7	84.3	103.4	112.9	117.7
鼓楼区	114.0		108.2	102.5	114.9
下关区	115.2		128.8	124.7	111.5
浦口区	118.6	104.4	121.9	122.0	117.8
栖霞区	118.7	103.8	116.5	116.5	124.8
雨花区	119.0	90.2	119.4	121.7	119.3
江宁区	119.8	105.0	122.4	124.4	118.1
六合区	120.5	104.6	126.0	125.9	117.2
溧水县	123.1	104.3	130.1	131.2	118.4
高淳县	117.9	104.3	120.6	124.7	119.8

依据经济普查资料调整后2005年分区、县生产总值

计量单位：亿元

指　标	地区生产总值	第一产业	第二产业	工业	第三产业
玄武区	134.13	0.23	13.38	5.29	120.52
白下区	170.53	0.06	32.47	21.59	138.00
秦淮区	52.96	0.04	22.29	17.59	30.63
建邺区	44.06	0.90	13.96	6.82	29.20
鼓楼区	196.58		26.72	17.71	169.86
下关区	86.69		21.08	18.64	65.69
浦口区	121.46	11.79	62.26	51.81	47.41
栖霞区	94.28	3.91	58.54	44.24	31.83
雨花区	73.41	0.92	47.37	39.97	25.12
江宁区	231.16	17.21	143.15	110.16	70.80
六合区	146.37	17.51	79.97	67.69	48.89
溧水县	83.05	10.79	46.46	39.46	25.80
高淳县	91.84	13.43	47.65	35.76	30.76

依据经济普查资料调整后2005年分区、县生产总值发展速度(按可比价计算)

计量单位：%

指　标	地区生产总值	第一产业	第二产业	工业	第三产业
玄武区	117.1	87.5	101.9	96.1	119.1
白下区	116.6	100.0	124.7	125.9	115.2
秦淮区	114.4	0.0	110.2	112.2	117.7
建邺区	115.0	98.3	108.0	106.0	122.8
鼓楼区	114.5		100.3	108.4	116.8
下关区	117.0		113.2	111.3	118.1
浦口区	119.4	109.7	125.6	120.1	116.3
栖霞区	119.4	103.8	120.8	118.1	118.1
雨花区	118.5	86.8	119.7	118.7	117.2
江宁区	118.8	104.0	117.9	115.6	122.6
六合区	118.6	107.9	123.0	121.0	118.1
溧水县	118.3	108.3	119.7	118.9	119.9
高淳县	118.2	105.1	122.4	118.8	115.2